清华时间简史

土木工程系

朱宏亮　郭红仙　杨　军
编著

清華大學出版社
北　京

内容简介

清华大学于1926年成立包含土木工程学科的工程学系，正式开始自行培养土木工程专业的大学生，九十多年来培养了大批优秀人才。作为学校的主干学科，在历史发展进程中开枝散叶、分分合合，学科内涵和外延均有诸多变迁。本书在收集、整理相关档案资料、校报校刊、图书著作、校友文集和数据图表的基础上，力图从不同时期的历史沿革、师资队伍、课程设置、人才培养和科学研究等多个层面展现土木工程系的发展演变，为读者提供一部较为完整的清华大学土木工程系简史，也激励着当代土木人继续为建设世界一流大学和一流学科而努力奋斗。

图书在版编目（CIP）数据

清华时间简史：土木工程系/朱宏亮，郭红仙，杨军编著. —北京：清华大学出版社，2022.4（2025.4重印）

ISBN 978-7-302-60356-6

Ⅰ. ①清…　Ⅱ. ①朱…　②郭…　③杨…　Ⅲ. ①清华大学-土木工程-专业-校史　Ⅳ. ①G649.281

中国版本图书馆CIP数据核字(2022)第042245号

责任编辑：秦　娜
封面设计：曲晓华
责任校对：欧　洋
责任印制：杨　艳

出版发行：清华大学出版社
网　　址：https://www.tup.com.cn，https://www.wqxuetang.com
地　　址：北京清华大学学研大厦A座　**邮　　编**：100084
社 总 机：010-83470000　**邮　　购**：010-62786544
投稿与读者服务：010-62776969，c-service@tup.tsinghua.edu.cn
质量反馈：010-62772015，zhiliang@tup.tsinghua.edu.cn
印 装 者：涿州市般润文化传播有限公司
经　　销：全国新华书店
开　　本：155mm×230mm　**印　　张**：28　**字　　数**：442千字
版　　次：2022年4月第1版　**印　　次**：2025年4月第2次印刷
定　　价：128.00元

产品编号：097060-01

清华大学校史编辑委员会

“清华时间简史”丛书
总　序

清华大学走过了110多年的沧桑历程。从一所留美预备学校，到独立培养人才的国立高等学府；从抗战烽火中的西南联大，到新中国成立回到人民的怀抱；从院系调整后的多科性工业大学，到改革开放后逐步发展成综合性、研究型、开放式的世界一流大学，清华见证了中国高等教育的发展壮大，也成为世界高等教育发展的重要组成部分。

在一所大学的历史中，学科与院系的建立、变迁与发展是十分重要的方面。1911年清华学堂建立，1912年更名为清华学校；1925年设立大学部，1926年设立了首批17个学系；1928年更名为国立清华大学，此后相继设立文、理、法、工4个学院，下设16个学系；1937年南迁长沙，与北京大学、南开大学合组长沙临时大学，1938年西迁昆明，成立国立西南联合大学，联大共设有5个学院26个学系；1946年复员后，清华大学设有文、理、法、工、农5个学院26个学系，1948年底清华园解放；20世纪50年代的高校院系调整后，清华大学成为多科性工业大学，设有8个系，至“文革”前发展成12个系；改革开放以来，大力加强学科建设，恢复和新设了许多院系，目前共有按学科设置的20多个二级学院，近60个系，以及承担人才培养和学术研究任务的若干研究院、中心等，覆盖理学、工学、文学、艺术学、历史学、哲学、经济学、管理学、法学、教育学和医学等11大学科门类。

清华大学始终非常重视校史研究和编纂，早在1959年就成立了校史编辑委员会，下设校史编写组，现已发展成校史研究室、党史研究室、校史馆“三位一体”从事校史研究和教育的专门机构。几十年来，先后编纂出版了《清华大学校史稿》《清华大学史料选编》《清华人物志》《清华大学志》《清华大学图史》《清华大学一百年》等一系列学校层面的校史系列图书。同时，许多院系和部门也结合院系庆等契机，组织编写了纪念文集、校友访谈录、大事记、人物名录及宣传画册等图书资料，多形式、多侧面、多角度地反映了自身历史的发展。但长期以来，全面系统的院系史研究、编写和出版，还是校史研究编纂工作中的空白。

2015年前后，校史编委会委员、教育研究所原所长王孙禺教授和校史研究室研究人员李珍博士，与相关院系合作，对电机系、人文社会科学学院、教育研究院等院系的历史进行了深入研究，相继编写出版了《清华时间简史：电机工程系》《清华时间简史：人文社会科学学院》《清华时间简史：教育研究院》等图书。这是推进院系史研究的一种有效形式，也是深化校史研究的一个重要途径。经过认真调研和周密筹划，我们提出在全校启动实施“学科院系部门发展史编纂工程”。

这一工程得到学校的充分肯定和大力支持。由校史研究室组织协调，实施“学科院系部门发展史编纂工程”，编写出版“清华时间简史”系列丛书，与档案馆牵头、校史馆参与的“清华史料和名人档案征集工程”，一同被写入清华大学党委颁布的《关于进一步加强和改进新形势下宣传思想工作的实施意见》和学校文化建设等发展规划，2018年还被列为清华大学工作要点的重点工作之一。从2017年起，学校每年拨付专门经费进行资助。先后担任校党委书记的陈旭、邱勇和先后担任校党委副书记分管校史工作的邓卫、向波涛等领导，对这一工作给予了亲切关心和具体指导。

这一工程更是得到各院系、各部门的热烈响应和踊跃参与。2017年工程正式启动，就有40多个院系等单位首批申报。经研究决定，采取“同步启动、滚动支持、校系结合、协力推进”的方式逐步实施。校史编委会多次召开专家会议，对各院系的编纂工作进展情况和经费预算进行评审，校史研究室通过年度检查和专家讲座等加强组织协调和学术指导。许多院系党委书记、院长主任等亲自负责，很多老领导、老同志热情参与，各院系单位都明确了主笔和联络人、成立了编写工作组等，落实编纂任务。档案馆在档案史料查阅等方面提供了积极帮助，出版社对本丛书的编辑出版给予了全力支持。

在大家的共同努力下，“学科院系部门发展史编纂工程”取得初步成效。按计划，首辑“清华时间简史”系列丛书于110周年校庆之际出版发行。现在，丛书第二辑也陆续交付出版。丛书在翔实、系统地搜集和梳理历史资料的基础上，全面、生动地回顾和总结各院系、学科、部门的发展历程，全方位、多样化地展示了清华的育人成果和办学经验，不仅有助于了解各院系的历史传承，结合各学科专业特点开展优良传统教育，促进各学科院系的长远发展，而且对更好地编纂“清华大学史”有重要帮助，也可为教育工作者和历史工作者研究高等教育史、学科发展史等，提供鲜活、细化的资料。

习近平总书记指出：“重视历史、研究历史、借鉴历史，可以给人类带来很多了解昨天、把握今天、开创明天的智慧。”学科院系部门发展史的研究与编纂是一项浩大的学术工程，意义重大、任务艰巨，需要持之以恒、不懈努力。我们要进一步加强组织协调、抓紧落实推进，确保“清华时间简史”丛书分批次、高质量地出版，力争“学科院系部门发展史编纂工程”不断取得新的成果，为清华新百年的发展积累宝贵的历史资源、提供有益的历史借鉴，为建设世界一流大学作出独特的贡献。

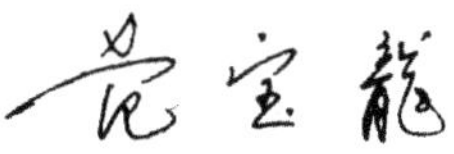

2022年4月

（作者系清华大学校史研究室主任、研究员）

“土木工程”一词出自我国古代。古人造房、修路、开渠、筑坝时所用的工程材料主要都是“土”和“木”，所以就把建造的这些工程称为“土木工程”。现代土木工程是建造各类工程设施的科学技术的总称。它既指工程建设活动的对象，即建造在地上、地下、水中的各类工程设施，也指其应用的材料、设备和必须进行的勘察、设计、施工、管理、保修、维修等专业技术。

我国现代土木工程专业高等教育始于1895年成立的北洋西学学堂。清华大学在清华学校时期即往美国派遣学习土木工程的留学生，后于1925年设立大学部，1926年成立包含土木工程学科的工程学系，正式开始自行培养土木工程专业的大学生。

目 录

第1章 清华学堂和清华学校时期土木工程人才的培养

1908年,经清政府驻美大使梁诚多方交涉,美国政府决定将部分超收"庚子赔款"退还给中国政府,作为派遣赴美留学生的专用款项,并于1909年1月1日正式退还部分赔款。为筹办留美学生派遣事宜,清政府设立了游美学务处,并于1909年7月17日正式办公①,选考第一批直接赴美留学生。与此同时,游美学务处还积极筹办游美肄业馆,让考选上的学生入馆肄习,"先在国内有计划地训练,培养出合格的毕业生送美留学"[1]。

1911年2月,游美学务处和筹建中的游美肄业馆迁入清华园,4月,清政府根据外务部、学部会奏,批准将游美肄业馆改名清华学堂②,并于4月29日正式开学。1911年辛亥革命后,清政府倒台,"中华民国"成立。1912年5月,游美学务处被撤销,同年10月,"清华学堂"改称为"清华学校"③,仍主要进行赴美留学生的培养。

这些派出的赴美留学生中有一些选修了土木工程,其中更有一些学成回国后,到清华大学土木工程系任教,为清华大学土木工程系的发展起到了重大作用。

1925年5月,清华学校正式成立大学部,开始招收大学生,并停招留美预备生。学校包括留美预备部、大学部、国学研究院三部分,开始向完全的综合大学过渡。大学部学生不再是留美预备生,称"新制生",留美预备部学生为"旧制生"。1928年8月,国民政府议决,"清华学校"更名为"国立清华大学",1929年,最后一级旧制生毕业,留美预备部结束,国学

---

① 《游美学务处为报宣统元年全年经费事致外务部呈文》(宣统二年三月十四日),见第一历史档案馆,《清游美学务处档案史料》,载《历史档案》,1997年第3期。

② 《学部札准游美肄业馆改名清华学堂并应将初等科改名中等科编定高等中等两科课程报部查核》(宣统二年十二月初五日),清华大学档案,全宗号1,目录号1,案卷号3。

③ 《呈外交部文》,清华大学档案,全宗号1,目录号1,案卷号3。

研究院停办[2]2。

1.1 前三批直接赴美土木工程留学生的选派

1909—1911年,游美学务处先后招考了三批共180名直接赴美留学生,第一批47名(见图1-1),第二批70名[3]131-135(见图1-2),第三批63名[3]135。

图1-1 第一批庚款留美学生合影①

(中有梅贻琦、吴玉麟、吴清度、张廷金、袁钟铨、曾昭权等)

图1-2 第二批庚款留美学生合影①

(中有杨锡仁、张谟实、徐尚、王鸿卓、陈茂康、许先甲、易鼎新等)

对于庚款留学生所选学的科目,清政府的学部和外务部都认为"学生留美,必须着重理、工、农、商等实际有用的学术与技能,庶几回国后,可望

① 清华大学校史馆提供。

对于祖国的改造和建设，有真正的贡献。少数学生亦可选习文、哲一类的科目”[4]。并在《派遣美国留学生章程草案》中规定：“派出的学生中有百分之八十将专修工业技术、农学、机械工程、采矿、物理及化学、铁路工程、建筑、银行、铁路管理，以及类似学科。另外百分之二十将专修法律及政治学”[3]107。根据这一规定，1909—1911 年选派的三批直接赴美的留学生大多选修了实科，如图 1-3～图 1-5 所示。其中第一批赴美留学生中选修

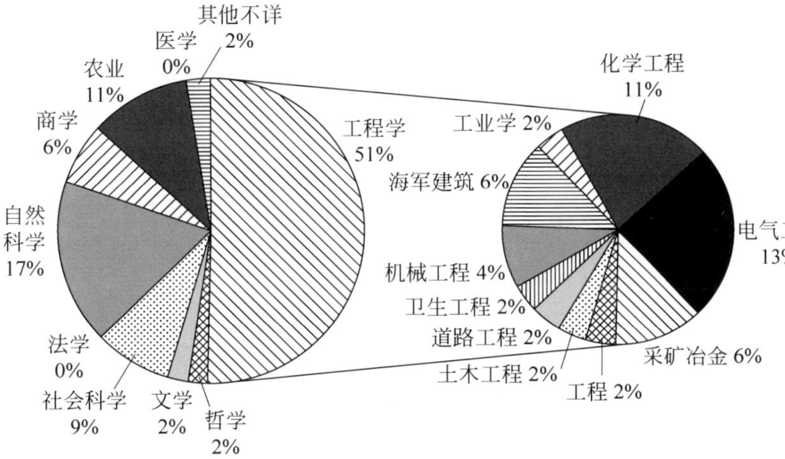

图 1-3　1909 年第一批庚款留美学生选习科目及工程学专业人数分布图①

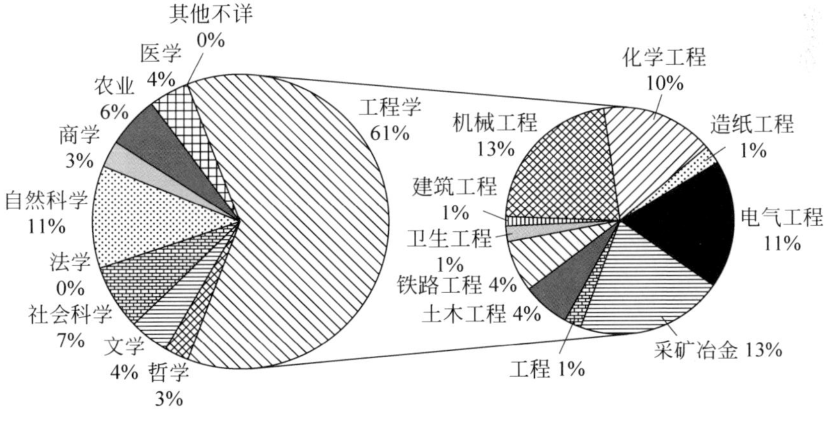

图 1-4　1910 年第二批庚款留美学生选习科目及工程学专业人数分布图①

① 《历年留美学生分科统计表(一、二)》，载《国立清华大学二十周年纪念刊》，1931 年。

土木工程的1人,选修道路工程的1人,选修海军建筑的3人。第二批赴美留学生中,选修土木工程的3人,选修铁路工程的3人,选修建筑工程的1人。第三批赴美留学生中选修土木工程的4人,选修建筑工程的1人,选修海军建筑的2人。

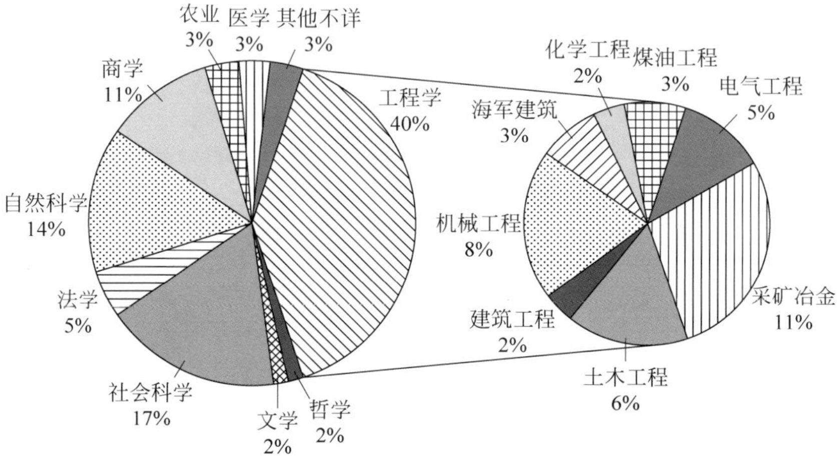

图1-5　1911年第三批庚款留美学生选习科目及工程学专业人数分布图[①]

由于有庚子赔款的经费保障,所选派的学生也经过认定考核,其自身的禀赋和基础都较好,选修工程实科的学生大多进入了麻省理工、康奈尔、伊利诺伊、哥伦比亚等美国著名综合性院校学习。虽然部分学生的选修科目中途有所变动,但绝大部分都按原定科目如期完成学业,取得相应学位。这三批赴美留学生中,获得土木工程学位的学生如表1-1所示[②]。

表1-1　1909—1911年清华庚款留美学生获得土木工程学位人员名单

1909年考选留美学生				
姓　　名	别　　号	籍　　贯	年　　份	取得之学位
朱　复	启明	江苏嘉定	1913	Lehigh 土木工程 C. E.
金　涛	旬卿	浙江绍兴	1912	Cornell 土木工程 C. E.

① 《历年留美学生分科统计表(一、二)》,载《国立清华大学二十周年纪念刊》,1931年。

② 《清华文库》,http://thulegacy.lib.tsinghua.edu.cn:4237/lib/htm/alumni.htm,检索日期:2019-01-14.

续表

1910 年考选留美学生				
姓　名	别　号	籍　贯	年　份	取得之学位
计大雄		江苏南汇	1914	Cornell 土木工程 C. E.
陈天骥	公亮	浙江海盐		Lehigh 土木工程 M. C. E.
刘寰伟	寰伟	广东台山	1914	Cornell 政治经济 B. A.
			1915	Ibid 土木工程 C. E.
			1916	U. S. Army Service Sch. 军事工程 Graduate
1911 年考选留美学生				
姓　名	别　号	籍　贯	年　份	取得之学位
陈承栻	钟英	福建闽侯	1915	Cornell 土木工程 B. C. E.
陈德芬	彦林	浙江嘉善	1915	Michigan 土木工程 B. C. E.
			1916	Ibid 土木工程 M. S.
郑　华	辅华	福建永定	1914	Michigan 土木工程 B. C. E.
			1915	Cornell 土木工程 M. C. E.
			1917	Ibid 土木工程 Ph. D.
严　肪		浙江吴县	1918	Michigan. 土木工程 C. E.
黄季岩		广东东莞		M. I. T. 土木工程 S. B.
				Harvard 土木工程 S. B.

1.2　清华学堂、清华学校时期留美预备生的培养

清华建校之初实为一所留美预备学校。根据《清华学堂章程》，学校参合中国及美国中学办法“设高等中等两科。高等科注重专门教育，以美国大学及专门学堂标准，其学程以四学年计”[1]552-556。不久《清华学堂章程》进行了修订，“中等科毕业年限原定四年，今改五年，高等科毕业年限原定四年，今改三年”[3]150-155。所修功课为：哲学教育、中国文学、世界文学、美术音乐、史学政治、数学天文、物理化学、动植生理、地文地质、体育手工（见表 1-2）。每类功课“分通修、专修二种。通修种期博赅，专修种期精深”[1]552-556。“以‘通修’课程为主，‘专修’课程则视学生志趣能力及程度，在高等科最后两年才逐渐开设”[5]。这些课程的学习，尤其是物理化学、动植生理、地文地质等自然科学的开设，与西式教育已趋接轨，为这些学生毕业后赴美留学打下了良好基础，所以“派赴美国之学生，习文科

者大半可入大学三四年级，习实科者大半入一二年级。”①据胡竞铭（1924级）校友记叙：“清华学校是八年制，四年中等科，四年高等科，年限较长，毕业后到美国直接插入各大学，文科可插三年级，工科可插二年级。又因教师多系饱学之士，教学严谨，所以我们的基础都打得比较好，到了国外，学习成绩大都优秀，能为国争光。英语是我们的一项外国语。在康奈尔大学1927级的英文班上，我们的教授有一次向同学们说，我为你们害羞，因为本班英文最好的竟是一位中国学生！1927年在康奈尔大学和1929年在米西根大学毕业时，我都获得金钥匙各一枚，出我意料。”②

表1-2 清华学堂中等和高等两科八年通修功课学分统计表[1]553

课程	第一	第二	第三	第四	第五	第六	第七	第八
哲学教育							2	2
中国文学	4	4	2	2	2	2		
世界文学	4	4	4	4	4	4	2	
美术音乐	1	1	1	1				
史学政治	2	2	2	2	2	2	2	2
数学天文	4	2	4	4	4	2	2	
物理化学					4	4		
动植生理	2	4	2	2		2		
地文地质			2	2			2	2
体育手工	1	1	1	1	1	1	1	1

据统计，1911年清华学堂成立至1929年最后一级留美预备生毕业，学校先后培养和选送留美学生1100人，其中清华学校毕业生968人[2]3。在这些学生中，选习土木工程、铁路工程、桥梁工程、建筑工程、海军建筑的约占8%（见图1-8）。1912—1928年获得土木工程学位的学生见表1-3。此间还有毕业于国内其他学校的学生考取清华留美官费研究生，如1916年毕业于交通部唐山工业专门学校的茅以升，当年考试成绩第一，入康奈尔大学土木工程系学习，次年获硕士学位（桥梁专业），1919年获卡耐基理工学院（现为卡耐基梅隆大学）博士学位。

① 《出洋问题上星期内学生方面之消息》，载《清华周刊》，第199期，1920年11月19日。
② 胡竞铭（1924级）：《亲爱的母校，我怀念你！》，载《清华校友通讯》，复5期。

图 1-6　清华学校 1918 级留美学生在上海登上船后的全体合影（中有王贵循等）①

图 1-7　清华学校 1923 级（1917 年的“中等科”二年级）学生合影（中有顾毓琇等）[6]

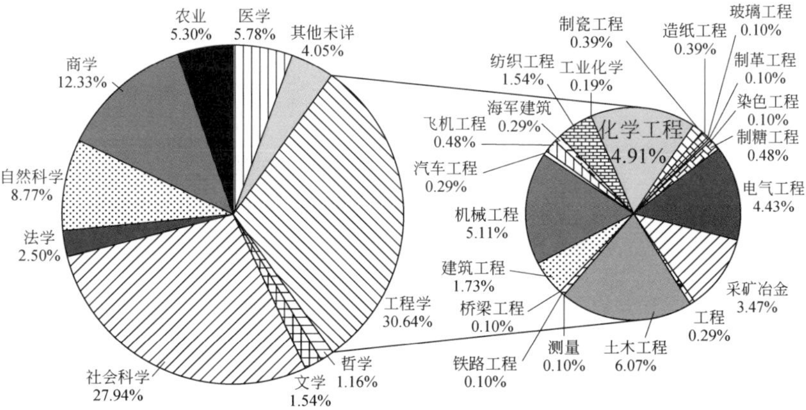

图 1-8　1912—1928 年清华赴美留学生选习科目及工程学专业人数分布图②

① 清华大学档案馆提供。

② 《历年留美学生分科统计表（一、二）》，载《国立清华大学二十周年纪念刊》，1931 年。

表 1-3　1912—1928 年清华庚款留美学生获得土木工程学位人员名单①

1912 年留美预备部毕业学生				
姓　名	别　号	籍　贯	年　份	取得之学位
卓　越	文悦	广东中山	1916	Cornell 土木工程 C. E.
廖慰慈	复生	福建闽侯	1917	Cornell 土木工程 C. E.

1913 年留美预备部毕业学生				
姓　名	别　号	籍　贯	年　份	取得之学位
王景贤	季良	天津	1918	Lehigh 土木工程 C. E.
			1920	Cornell 水利及桥梁工程 M. C. E.
何运煌		湖北武昌		Cornell 土木工程
陆凤书		江苏无锡	1918	Cornell 土木工程 C. E.
			1919	Cornell 土木工程 M. C. E
薛绳祖	尔宜	浙江杭县	1918	R. P. I. 土木工程 C. E.
			1922	R. P. I. 电机工程 D. Eng.
顾子毅		江苏上海		Purdue 土木工程

1914 年留美预备部毕业学生				
姓　名	别　号	籍　贯	年　份	取得之学位
李祖贤		浙江镇海		R. P. I. 土木工程
李国均	庆余	广东中山	1918	Purdue 土木工程 B. S. C. E.
				Harvard 铁路工程
李权亨	巽行	广东南海		Colorado 采矿冶金
			1918	Cornell 土木工程 C. E
涂羽卿		湖北黄冈		M. I. T. 土木工程
缪恩钊		江苏常州	1918	M. I. T. 土木工程 S. B.
				Harvard 土木工程 S. B.

1915 年留美预备部放洋学生				
姓　名	别　号	籍　贯	年　份	取得之学位
马育骐		福建厦门	1919	Cornell 土木工程 C. E.
			1919	Cornell 卫生工程

1918 年留美预备部放洋学生				
姓　名	别　号	籍　贯	年　份	取得之学位
王贵循		广东南海	1922	R. P. T. 土木工程 C. E.
余青松		福建同安	1921	Lehigh 土木工程 C. E.
			1922	Pittsburgh 天文数理 M. S.
			1925	California 天文数理 Ph. D.

1919 年留美预备部放洋学生				
姓　名	别　号	籍　贯	年　份	取得之学位
王国树	叔培	四川成都	1923	Cornell 土木工程 C. E.

① 《清华文库》，http://thulegacy. lib. tsinghua. edu. cn：4237/lib/htm/alumni. htm，检索日期：2019-01-14.

续表

1919 年留美预备部放洋学生				
姓　名	别　号	籍　贯	年　份	取得之学位
方颐朴	遐周	江苏仪征	1923	Cornell 土木工程 C. E.
			1924	Ibid 土木工程 M. C. E.
崔学攸	敦佑	广东南海	1922	M. I. T. 土木工程 B-S. C. E.
1920 年留美预备部放洋学生				
姓　名	别　号	籍　贯	年　份	取得之学位
王之翰	君干	河北丰润	1923	R. P. I. 土木工程 C. E
吴启佑		浙江杭县	1923	R. P. I. 土木工程 C. E.
洪　绅	书行	福建闽侯	1924	R. P. I. 土木工程 C. E.
莊秉权			1923	R. P. I. 土木工程 C. E.
翟维沣	会东	天津	1923	R. P. I. 土木工程 C. E.
				Cornell 铁路，水力
刘学濙	熙泉	福建闽侯	1924	M. I. T. 土木工程 B. S.
1921 年留美预备部放洋学生				
姓　名	别　号	籍　贯	年　份	取得之学位
周兹诸	在文	贵州安顺		R. P. I. 土木工程
			1925	Worcester，P. I. 电机工程 B. S.
			1927	M. I. T. 电机工程 M. S.
郭殿邦	殿邦	江苏江阴	1924	M. I. T. 土木工程 B. S.
			1926	Harvard 建筑工程 M. S.
1922 年留美预备部放洋学生				
姓　名	别　号	籍　贯	年　份	取得之学位
李吟秋	吟秋	河北迁安	1925	Illinois 土木工程 B. S. R. E.
			1926	Purdue 土木工程 M. S. C. E.
李家琛	献甫	湖南长沙	1923	Cornell 电机工程 E. E.
			1925	Virginia P. I. 土木工程 B. S. C. E.
			1927	Cornell 土木工程 M. C. E.
高镜莹		天津	1924	Michigan 土木工程 B. S. E.
			1925	Michigan 土木工程 M. S. E.
陈崇武	广忠	湖南湘阴	1924	M. I. T. 土木工程 B. S.
			1924	Norwich 军事工程
1923 年留美预备部放洋学生				
姓　名	别　号	籍　贯	年　份	取得之学位
江元仁		福建闽侯	1926	Cornell 土木工程 C. E.
李钟美	葆初	河南淇县	1926	Oregon 土木工程 B. S.
辛文锜	慕韩	山东即墨	1925	M. I. T. 土木工程 B. S.
			1926	M. I. T. 土木工程 S. M.

续表

1923 年留美预备部放洋学生				
姓　　名	别　　号	籍　　贯	年　　份	取得之学位
施嘉炀		福建闽侯	1925	M. I. T. 机械工程 B. S.
			1926	M. I. T. 机械工程 M. S.
			1927	M. I. T. 电机工程 S. B.
			1928	Cornell 土木工程 M. C. E.
孙立人	仲翘	安徽舒城	1925	Purdue 土木工程 B. S.
			1927	Virginia 军事工程 B. A.
刘锡嘏	子纯	河北滦县	1925	Purdue 土木工程 B. S. C. E.
			1926	Purdue 土木工程 M. S. C. E.

1924 年留美预备部放洋学生				
姓　　名	别　　号	籍　　贯	年　　份	取得之学位
李绍惪	范前	江西万载	1926	Purdue 土木工程 B. S. C. E.
			1927	Michigan 市政工程 M. S.
胡竟铭		安徽滁县	1927	Cornell 土木工程 C. E.
			1929	Michigan 土木工程 M. S. E.
黄育贤		江西崇仁	1926	C. I. T. 土木工程 B. S.
			1927	Cornell 水利工程 硕士
萧　津	季和	山东历城	1926	M. I. T. 土木工程 B. S.
			1929	Harvard 工商管理 M. B. A.

1925 年留美预备部放洋学生				
姓　　名	别　　号	籍　　贯	年　　份	取得之学位
徐振镛		河北天津	1927	Purdue 土木工程 B. S.
				Ibid 土木工程 C. E.
张　任	仲伊	山东安邱	1928	Cornell 土木工程 C. E.
			1929	M. I. T. 土木工程 S. M.
许　鉴	华封	浙江萧山	1928	Cornell 土木工程 C. E.
刘茀祺		陕西富平		Cornell 土木工程
蔡方荫	孟劬	江西南昌	1927	M. I. T. 建筑工程 B. S.
			1928	M. I. T. 土木工程 M. S.

1926 年留美预备部放洋学生				
姓　　名	别　　号	籍　　贯	年　　份	取得之学位
唐凤冈	歧欧	河北静海	1928	Purdue 土木工程 B. S. C. E.
			1930	Cornell 土木工程 M. S. C. E.
黄学诗		江西清江		土木工程科
陶葆楷	伯偕	江苏无锡	1929	M. I. T. 土木工程 B. S.
			1930	Harvard 市政卫生 M. S.
崔龙光	今亮	广东南海	1929	Purdue 土木工程 B. S. C. E.
				London 道路工程 D. I. C.

续表

1928 年留美预备部放洋学生				
姓　　名	别　　号	籍　　贯	年　　份	取得之学位
李谟炽	汉正	湖南浏阳	1931	Purdue 土木工程 学士
			1931	Michigan 道路工程 硕士
			1933	M. I. T. 卫生工程及公共卫生硕士
吴柳生	维藩	浙江东阳	1930	M. I. T. 土木工程,铁道组 B. S.
			1932	Illinois 土木工程,建筑组 M. S.
邢传禾		浙江嵊县		Purdue 土木科
				Michigan 土木科
雷从民(从敏)		陕西澄城	1930	Cornell 土木工程 C. E.
刘建熙		湖南醴陵	1930	Cornell 土木工程 C. E.
			1931	Cornell 铁道及建筑 M. C. E.

1.3　清华学校后期土木工程科目的设置

1916 年 7 月,清华学校校长周诒春上书学校主管部门外交部,申请将清华学校逐年扩充至大学程度,获得批准。此后,历任校长都努力推进改办大学,1925 年 5 月,清华学校正式成立大学部[2]2,并拟定了《北京清华学校大学部暂行章程》(见图 1-9)。1926 年 4 月,清华学校第一次、第二次评议会决定,大学部设立包括工程学系在内的 17 个学系①,工程学系下面则设电机、机械及土木三科[7]466,学制为四年,周永德任工程学系系主任。工程学系成立之时,其办学方针就是十分明确的。

一是要适应社会的实际需要,有利于学生的就业与发展。时任清华教务长的梅贻琦提出:“工程系学科之组织,亦有与外间不同者。盖今日社会上所需要之工程人才,不贵乎专技之长,而以普通的工程训练为最有用。是以本校设立工程系之始,即以此为原则,凡工程学之基本知识,或属于机械,或关乎电理,或为土木建筑之要义,使学生皆得有确切的了解,及运用之能力,俾将来在社会遇凡关工程问题,皆能有相当的应付;且工程事业往往一事关系数门,非简单属一门者,在今日中国之工商界中,能邀致数专家以经业一事者甚少,大多数只聘一工程师而望其无所不能。

---

① 《第二次评议会开会纪录》(1926 年 4 月 28 日),清华大学档案,全宗号 1,目录号 2:1,案卷号 6:1。《评议会》,载《清华周刊》,第 25 卷第 11 号(总第 378 期),1926 年 5 月 7 日,第 647 页。

故本校之工程学程中，认普通之基本训练较若干繁细之专门研究为重要也。”[1]胡求先生在其所发表的《清华的工科》一文中，更加明确地指出：“最近的将来及现在的中国，所有工业都在幼稚的状态里，所以研究工业的学生应该对于一切工业，都有相当的知识，所以清华应该办普通科的工科，不分什么电机，机械，土木等的细目”“现在南洋、唐山等的学生都只专一门，清华学生要想在社会上站在上风，非得比他们多知道些不可。”[2]

二是学习美国的经验，办出自己的特色。当时，国内办有工科的大学已为数不少。其中较为有名的就有北洋大学、南洋公学、唐山交通大学等。清华当局认为：“现在南北方的工科大学都是分科的，将来社会需要的普通人才一定不易找到；如果清华现在不办普通科的本科。普通科是不易办的，清华是在创造的时代，各种进行上比较便利一些，所以不可错过这个机会。”“美国有普通科，这条似乎有些滑稽，然而反正事实是这样，我们也何必避讳呢！学校当局以为美国现在趋向普通的工程科，他是一种新理想，新事业，中国要想沾些‘物质文明’的光，暂时学美国未尝不是一件有益的事情。”[2]

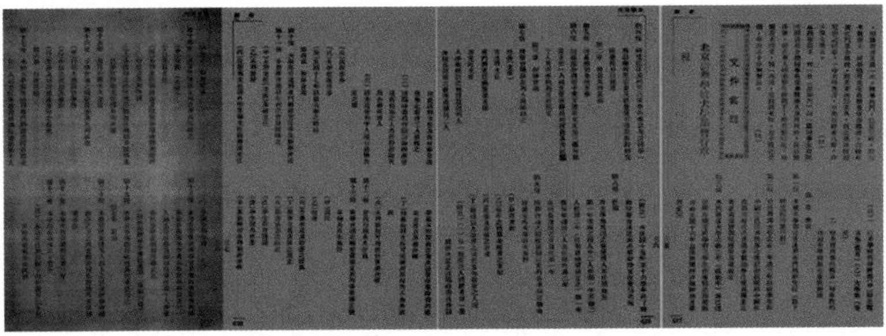

图 1-9 《北京清华学校大学部暂行章程》[3]

在上述办学方针指导下，工程学系提出了四年的课程表（见表 1-4）。1927 年 4 月，工程学系系主任周永德公布了工程学系的详细办学计划（见表 1-5）。从中可知，其时只有周永德一名土木工程教授。拟在两年内再

---

① 梅贻琦：《清华学校的教育方针》，载《清华周刊》，第 28 卷第 14 号（总第 426 期），1927 年 12 月 23 日。

② 胡求：《清华的工科》，载《清华周刊》，第 29 卷第 5 期（总第 432 期），1928 年 3 月 9 日。

③ 《北京清华学校大学部暂行章程》，载《清华周刊》，第 24 卷第 9 号（总第 358 期），1925 年 11 月 6 日。

聘土木工程教授一位。同时将购置一批实验设备，供教学实验之用。所开设的课程中，前三年除高级数学、化学、实用力学、热学、经济学等基础课外，涉及机械、电机、土木三个学科的专业基础课都不少，每个学生都必须学习。第四年，每个学生可任选一个学科的专业课学习。土木学科开设的专业课就有桥梁学、铁路及道路工程、卫生工程、铁筋洋灰建筑、砖石建筑等 12 门。应该说这个课程计划是具有较强的科学性及先进性的。学习了这些课程后，学生既具备扎实的理论基础，又有广博的专业知识；通过实验室的实验和工程实习，学生还具有一定的实践认知能力和动手能力，这对培养社会所急需的“兼通各类工程科学基本常识，具有跨专业解决工程实际问题的‘多面手’工程师是非常有效的”。

表 1-4　1926 年工程学系课程表①

ENGINEERING

All Courses（O. E. ，M. S. ，&E. E. ）

First Year

1st Term			2nd Term		
	Hour	Credit		Hour	Credit
Chinese	3	3	Chinese	3	3
English	3	3	English	3	3
Ad. Math.	4	4	Ad. Math.	4	4
Chemistry	6	4	Chemistry	6	4
Mech. Drawing	6	3	Descriptive Geo.	6	3
Shop Work	6	3	Shop Work	6	3
	28	**20**		**28**	**20**

Mechanical & Electrical Engineering

Second Year

1st Term			2nd Term		
	Hour	Credit		Hour	Credit
Specification & Contracts	4	4	Engineering Materials	4	4
Calculus	4	4	Calculus	4	4
Mechanism	3	3	Mechanism	3	3
Physics	6	4	Physics	6	4
Surveying	4	2	Surveying	4	2
Shop Work	6	3	Shop Work	6	3
	27	**20**		**27**	**20**

① 陈之迈：《与工程系主任周永德先生谈开办工科计划记》，载《清华周刊》，第 25 卷第 15 号（总第 382 期），1926 年 6 月 4 日，第 869—874 页。

续表

Mechanical & Electrical Engineering

Third Year

1st Term			2nd Term		
	Hour	Credit		Hour	Credit
General Econ.	3	3	General Econ.	3	3
Mech. Lab. Ⅰ	6	3	Mech. Lab. Ⅱ	6	3
Heat Eng. Ⅰ	4	4	Heat Eng. Ⅱ	4	4
Applied Mechanics Ⅰ	4	4	Applied Mechanics Ⅱ	4	4
Elec. Eng. Ⅰ	3	3	Elec. Eng. Ⅱ	3	3
Mach. Design(For M. E.) Or Differ. Equa. (E. E)	6	3	Materials Testing	6	3
				26	**20**
	26	**20**			

Mechanical Engineering

Fourth Year

1st Term			2nd Term		
	Hour	Credit		Hour	Credit
Heat Eng. Ⅲ	4	4	Mech, Lab. Ⅳ	6	3
Mech. Lab. Ⅲ	6	3	Power Plant Des.	6	3
Ad. Mach. Des.	6	3	Indus. Plants. Des.	6	3
Indus. Plants.	3	3	Electives		11
Electr Eng. Lab.	6	3			**20**
Hydraulics	3	3			
	28	**29**			

Elective Subjects:

Automotive Eng. 3, Locomotive Eng. 2, Electrical Measurements 3, Electrical Machines 3, Heat treatment 3, Safety Eng. 2, Industrial Management 2, Heat & Ventilation 2, Cast Accounting 2

Electrical Engineering

Fourth Year

1st Term			2nd Term		
	Hour	Credit		Hour	Credit
Theory of A. C. Cir.	3	3	Theory of A. C. Cir.	3	3
E. E. Lab.	6	3	E. E. Lab.	6	3
Hydraulics	3	3	Elect, Transmission & Distribution	3	3
Electric Design	3	3			
Electric Measurements	6	3	Electives		8~11

续表

Electrical Engineering Fourth Year					
1st Term			2nd Term		
	Hour	Credit		Hour	Credit
Elect. Eng. Abstracts	2	2			**17～20**
Electives		2～3			
	25	**19～20**			
Elective Subjects:				Hour	Credit
		Electric Railways		5	3
		Electric Communication		5	3
		Electrochemistry		5	3
		Electron Theory		4	4
		Cost Accounting		2	2
		Industrial Management		2	2
		Research or other Thesis		6	6

表 1-5　工程学系之计划[①]

(一) 学课上之计划

本系改定之学课，专为造就有用人才，有利于社会之实用者，先行开办。若电机机械，及土木三科，各以四年毕业。除一二特别课外，首先三年，大多力求普通，惟第四年之课程则属专门。如此，则电机学生转学土木机械，或土木转学电机机械，亦甚方便。一学生而欲兼习二科者，则多习一年即可矣。此种办法，在中国社会甚属便利。盖中国工业之情形，未有极大之规模，所需用之人才，不就独专一门，此亦实业幼稚时代之自然现象也。迨后实业进步，工厂规模宏大，则本系亦能应时势之需要，而重独专一科也。

(二) 设备上之计划

本系按照最初之预算，在设备上购置十一万元之机器，按三年购办。现已购得三万元之谱，于一二年级实验上应用之机器，已完备无缺。明年预算系属五万元，以一万五千元购置电机实验器，以一万五千元用于机械并土木科之设备，其余二万元拟添造机械实验室一所，所有水力汽机油机等实验室，并锻工铸工场，均附属焉。该屋之面积，与南洋大学之机械实验室相似，地近电灯厂，而与工艺馆之南面相毗连。其余之三万元，拟添购汽机油机水力电学实验等之机器。本系因经费之关系，不敢贸然扩大，所有每课之设备，只能供给学生十人之用，如果人数过多时，可以分组习学。如是，十一万元机器之设备，仅足供学生百余人实验之用矣。

(三) 教授人才

本系现有机械教授四位，土木教授一位。下学年添聘电机教授一位，足能分任各课。但至民国十八年时，拟添聘电机并土木教授各一位，又助教二位，助理实验室之功作。至所拟请之教授，必须负有声望，而兼富有教授上之经练者，以期协本系之进步。

现任教授

笪远纶　周永德(主任)　钱昌祚　潘文焕　罗邦杰　袁复礼

① 周永德：《工程学系之计划》，载《清华周刊》，第 27 卷第 11 号(总第 408 期)，1927 年 4 月 11 日。

续表

工程学系专修课程 第一年
高级数学、化学、机械画、画法几何、木工实习、铁工实习
第二年
机械原理、圆体三角、地形画法、电气测量、机械绘图、水力、建筑学、材料实习
第三年
经济学、机械实验、热学、实用力学、电气工程、机械计画或微分方程、工程材料
第四年(机械科)
热学、机械实验、机械计画、工厂建筑、工厂计画、电学、水力学、选习(选习科目：1. 油机工程,2. 机关车工程,3. 电气计画,4. 电机试验,5. 锻炼学,6. 防险工程气,7. 工业管理,8. 暖室及通气术,9. 计价学)
第四年(电机科)
交流学原理、电学试验、水力学、电学计画、电力计画、电学工程择要、电力传送及分配、选习(选习科目：1. 电车学,2. 电力交通,3. 电学化学,4. 电子原理,5. 计价学,6. 工业管理,7. 论文或高深研究)
第四年(土木科)
电机工程试验、桥梁学、铁路及道路工程、卫生工程、铁筋洋灰建筑、砖石建筑、排污术、供水术、暖室及通气术、矿物学、天文学、成本会计

然而,由于各种原因,这一办学计划并未真正得到实施。

一是当时学校并无办学自主权,此办学计划未能得到上级主管部门的支持。清华学校是一所用庚子赔款办的留美预备学校,经费的拨付和学生毕业后赴美留学的选派,都归外交部管辖,校长亦由外交部选派。所以,清华学校的上级主管部门为外交部。为加强对清华经费和校长职权的控制,1917 年 9 月 13 日,外交部颁布《筹备清华学校基本金章程》,规定:“设清华学校董事会,董事员定为十人,由外交总长遴员派任董事会董事。”1917 年 10 月 25 日公布的《清华学校董事会章程》中进一步规定:“清华学校关于工程或购置及临时筹费,每次支出数在二百元以上者,应由清华学校呈请部长交董事会核定后方得动支。”1920 年 2 月 5 日外交部颁布修订后的《清华学校董事会章程》中更明确规定:“董事会对于清华学校及游美监督处一切事务有协同校长管理之权,遇有清华学校或游美监督处发生各项问题,得由董事会处理。”1927 年 9 月,外交部无视学校多方要求再次修订《清华学校董事会章程》的呼吁,仍明确规定:“董事会议决并管理清华学校事务。”这些规定,使得学校一切事务皆由外交部控制的董事会决定,校长只是一个执行人,无任何办学自主权可言。二是学校办学经费紧张,工程学系原制订的教学计划根本无法得到具体落实。

三是当时时局动荡,在学校的反映就是负责人更换频繁。仅 1928 年一年内,担任学校校长、代理校长、暂代校务的就有曹云祥、严鹤龄、温应星、余日宣、梅贻琦、罗家伦等六人[1]20。

在这种情况下,工程学系办学计划只得不断加以修改。先是于 1927 年,“因限于经济未能发展,故将三科并作‘实用工程科’,意在缩小范围并以训练实用工程人才作为目的”[7]466。再于 1928 年“自严校长履新以来,全校的空气都紧张了,因为要节约经费,各系都有‘危危乎’不能保持原状的趋势,在这个空气里,工程系第一个改变了他原来的计划”①,使得实际执行的办学情况已远远脱离其办学计划。表 1-6 为 1928 年下学年工程学系实际施行的教学课程。

表 1-6　1928 年下学年工程学系课程表②

第一年			
第一学期		第二学期	
	学分		学分
国文	3	国文	3
英文	4	英文	4
高级数学	4	微分	4
物理	4	物理	4
机械画一	2	投影几何	3
工厂实习一	2	工厂实习二	2
第二年			
第一学期		第二学期	
	学分		学分
化学	4	化学	4
积分	4	应用力学一	5
经济学	3	经济学	3
机械原件	3	应用机械原件学	3
机械画二	1	机械画三	1
测量一	2	测量二	2
工厂实习三	2	工厂实习四	2

① 胡求:《清华的工科》,载《清华周刊》,第 29 卷第 5 期(总第 432 期),1928 年 3 月 9 日。

② 《下学期各学系课程(续)》,载《清华周刊》,第 29 卷第 5 期(总第 440 期),1928 年 5 月 11 日。

续表

暑期实习测量			
第三年			
第一学期		第二学期	
	学分		学分
应用力学二	4	水力学	3
热力工程一	4	热力工程二	4
电机工程一	4	电机工程二	4
工程材料	4	材料试验	2
机械实验一	1	电机实验一	2
道路及卫生工程	2	机械计划一	4
第四年			
第一学期		第二学期	
	学分		学分
热力工程三	4	原动力厂计划	4
机械计划二	4	铁筋洋灰建筑及计划	4
电机实验二	2	电机实验三	2
机械实验二	2	机械实验三	2
建筑及计划	4	电机厂	3
电机工程三	4	电机工程四	3

第2章 国立清华大学早期土木工程学系的设立与发展

1928 年 8 月,南京国民政府决定,清华学校更名为国立清华大学,任命罗家伦为校长。1929 年 6 月 29 日教育部下令取消清华大学董事会。因政局生变,罗家伦于 1930 年 5 月提出辞职。1931 年 4 月 3 日,教育部任命吴南轩为校长,因其行事不当引发全校师生极大愤慨,7 月 3 日即准其“因病”离职调养,由翁文灏、叶企孙代行校务。1931 年 10 月 14 日,教育部令,免去吴南轩任职并任命梅贻琦为校长。自此,学校结束了早期的动荡局面,校政建设日臻完善,教学、科研、校园建设均有较大发展[2]21-22。土木工程系也与学校一样,在经历了建系初期的动荡不定后日趋稳定,随后得到快速发展。

2.1 土木工程学系的成立

早在 1926 年,清华学校大学部就设立了工程学系。1928 年罗家伦上任校长之职后,主张“清华专办文理”,宣布要“培养市长兼工程师的人才”[8]34,将工程学系改名为市政工程系,笪远纶任系主任,文理课程各占二分之一。随后“因为增加设备的问题,清华董事会忽然无理由地议决,取消市政工程系,并勒令于 1929 年春完全裁撤。当时学校当局慑服于董事会威风之下,亦不惜违反全校人士的公意,毅然执行裁撤的步骤,把三年级学生转送唐山大学,二年级学生转送南洋大学,只余四年级一班使其得于是年暑假毕业,一年级则预备暑假后转入他系。”[7]465-467 这一裁撤市政工程系的行为遭到多数师生的极力反对,后校方迫于各方压力,在裁撤市政工程系半年后,又恢复工程系,限于当时的条件而专办土木工程系[9]55。由卢恩绪任系主任,一年后改由留美学成回到清华的施嘉炀任系主任。当时,学校只设有文学院、法学院和理学院,所以,决定将土木工程系附属于理学院。

由于社会发展的需要，国民政府进入20世纪30年代以后，确立了“提倡理工，限制文法”的教育政策，相继制定了《确定教育实施趋向办法》(1931年)、《改革大学文法等科设置办法》(1931年)等办法，要求大学教育要偏重发展实用学科。在这一政策影响下，进入清华大学学习的学生也纷纷投向土木工程系，全系师生都产生了设立工学院的强烈愿望。“事实上，本校自正式有工程系以来，每年新生，十之三四均入该系，因之该系同学，日益增加，占全校五分之一强，同学既多，而该系所有教授及设备，遂以附属理学院不能自由充分发展之故，而感不敷，且该系附属理学院，毕业为理学士，似乎名有不正也。况最近北洋被火，东北停顿，华北各工程学校，除唐山外，渐次凋零，而清华经费稳固，读书适宜，似应设一完美之工学院，以挽救华北工学之厄运。该系同学因环境种种之需要，改院之动机及趋向，遂更形坚定。”①1932年1月4日，土木工程学系召开全体同学大会，“全场通过议决请清华设立工学院，并充实成院之内容，在工学院未成立前，积极改进目下本系之实质，为设工学院之基础案，并组织改院促进委员会，由大会赋予该会全权，办理改院及改院前改进本系内容一切事宜”[7]465-467。1932年2月3日，梅贻琦向教育部提出设立工学院呈请并于2月28日获得批准②。当年暑假，学校工学院正式成立，开始招收电机、机械一年级新生及插班生，土木工程系也改属工学院[10]。

2.2 师资队伍

1926年，清华学校大学部设立工程学系时，有笪远纶、周永德、钱昌祚、潘文焕、罗邦杰、袁复礼六位教授，他们都有在美留学经历，但只有周永德所学专业是土木工程，毕业于美国南加州大学[11]，被聘为土木工程教授。其他几位则被聘为机械工程教授。1927年将土木、机械、电机三科合为实用工程科后，周永德、潘文焕、钱昌祚、罗邦杰等相继调出。后又经历改系、撤系风波，所以，教师队伍一直未能稳定下来。直到1929年秋复

---

① 炎炎：《土木工程系改院运动之经过》，载《清华周刊》，第37卷第1期(总第528期)，1932年2月27日。

② 《工学院筹备委员会成立消息》，载《国立清华大学校刊》，第376号，1932年3月2日。

系，尤其是梅贻琦担任校长以后，情况才大为改观。梅贻琦校长提出了"所谓大学者，非谓有大楼之谓也，有大师之谓也"的办学理念，学校的师资队伍建设得到大大加强。土木工程系也延聘了张泽熙、王裕光、张润田等知名学者来系任教。尤其是施嘉炀（见图 2-1）、蔡方荫、陶葆楷、张任、李谟炽、吴柳生等清华留美选习土木工程的学生相继回国来系任教，更是大大充实了土木工程系的师资力量，使得清华土木系的师资水平，很快就走到全国高校的前列。1932 年时，土木系的教授有施嘉炀、王裕光、张泽熙、蔡方荫、陶葆楷、张乙铭、张任 7 人；讲师有杨源荫、王韵文 2 人。教员有夏坚白、沙玉清 2 人；助教有陈永龄、周惠文、王德荣 3 人，共 14 人。而当时全系学生才一百人出头，可见师资力量十分雄厚（见图 2-2，表 2-1）。

图 2-1　施嘉炀当年照片[①]

图 2-2　1934 年土木工程学系全体教师合影[②]

当时所用教科书，多为美国大学所用的英文本。但已开始编著中文

① 《癸亥级刊》，1919 年。

② 清华大学档案馆提供。

教科书，如陶葆楷的《给水工程学》、吴柳生的《工程材料试验》、施嘉炀的《水文学讲义》、夏坚白及陈永龄合编的《养路工程学》等，当时颇受土木工程教育界的重视[12]19。1932 年毕业的杨曾艺回忆道，"回忆在母校土木系学习时，施嘉炀老师，还有罗邦杰、王明之、蔡方荫、陶葆楷等几位老师，他们教课的共同特点，就是在教学内容上尽力求新，并不照搬教科书上的内容来讲"[12]32。1937 年毕业的邹承增也记叙："张泽熙教授教土木系的铁路工程，对学生一向和颜悦色，分数容易及格，所用的教科书和参考书的著者，第一字母不是 W 便是 T，当时人称五个 W 和三个 T"。"蔡方荫教授所教土木系的结构学一门课，可说是土木系里最难的了。大家都很惧怕考结构学，记得大概都在晚上考试，地点在绘图室，题目都不太容易，大家考得面红耳赤、搔头叹息，他却口含烟斗往来巡视，非常得意。他有一习惯，大概因喉头发痒，常时吼叫一声，益增考生颤栗。第二天上课时，讲解试题解法，关键要点被他一句道破，则题目实不太难，巧妙之处令人折服"[13]403。

表 2-1　1932—1937 年度土木工程学系教师名单及薪额①　　元

职　别	姓名	薪额				
		二十一年度	二十二年度	二十三年度	二十四年度	二十五年度
教授兼主任	施嘉炀	300 320	320	本学年 休假 160	340	
教授	王裕光	320 340	340	360	360	
教授	张泽熙	340	360	360	380	380
二十三年度代理主任、教授	蔡方荫	300 300	320	320	340	340
教授	陶葆楷	280 280	300	300	320	320
教授	张乙铭	280	300	—	—	
讲师	杨源荫	60		60	—	
讲师	王韵文	60		下 60	60	
教授	张　任	110		300	320	320
教员	夏坚白	100 110	120	—	—	
教员	沙玉清	90 100	110	120	休假	

① 清华大学档案，全宗号 1，目录号 2：1，案卷号 112。

续表

职　别	姓名	薪额				
		二十一年度	二十二年度	二十三年度	二十四年度	二十五年度
助教	陈永龄	80 90	100	—	—	
助教	王树芳			—	—	
助教	周惠文	90	100	110	—	
助教	王德荣	80	90	100	—	
助教	衣复得		80	—	—	
专任讲师	李谟炽			280	上 280 下 300	
讲师	方颐朴			60		
助教	谢家泽			80	—	
助教	朱民声			80	—	
助教	徐芝纶			80	—	
讲师	梁思成			下 85	—	
讲师	李子安			下 60	60	
教授	张润田				360	
助教	方福森			90	100	
助教	刘嶲快				80	
助教	吴尊爵				80	
助教	张人俊				80	
助教	任正诚				90	
助教	茅荣林				80	
助教	周源桢				90	

注：表中“年度”为民国年份。

2.3　课 程 设 置

1929 年秋，清华复办市政工程学系并更名土木工程学系之时，认为当时社会最需要铁路工程、道路工程、水利工程和市政工程四个方面的工程师，但社会上对工程师的专业要求又不甚明确。为“使学生毕业后能在我国不甚分工的情形下，对于各种土木工程事件都能有把握的处置”，确定的“课程编制的原则是：前三年务求广阔，使学生了解各项工程的性质与门径，最后一年力求精细，学生可以就性能之所近，精修某一门类，成为专门人才”[12]19。“各年级的课程分配为：一年级课程大半属于自然科学方面；二年级则多系工程学的基本训练，如测量、静动力学、材料力学、热机学及材料学等；三年级功课注重土木工程普通科目，如构造学、铁道工程及给水工程等；至四年级则分为铁路及道路工程与水利及卫生工程两组，学生就其性之所好，选修一组。当时，除河海工科大学外，一般大学没有水利组，清华土木系设水利组，在国内是一种新的做法，成为土木系重点发展的一个组"[8]38（见表2-2）。

表2-2　土木工程学系1936—1937学年度课程设置表[8]39

年级	上学期课程	上课时数*	学分	下学期课程	上课时数*	学分
一	中101国文	3	3	中102国文	2	3
	外101第一年英文	4	3	外102第一年英文	4	3
	物103普通物理	7	4	物104普通物理	7	4
	算105微积分	4	4	算106微积分	4	4
	经101经济学概论	3	3	经102经济学概论	3	3
	机101画法几何	5	2	机102工程画	5	2
	机112锻铸实习	3	1	机113制模实习	3	1
	总数	29	20	总数	28	20
二	土111平面测量	6	2	土112高等测量	7	3
	土171工程地质学	3	3	土114应用天文	2	2
	机119金工实习	3	1	土142铁路曲线及土工	6	4
	机131机件学	3	3	机142热机学	3	3
	机121静动力学	4	4	机122材料力学	4	4
	算121微分方程	3	3	土126工程材料学	2	2
	化103普通化学74	7	4	化104普通化学	7	4
	总数	29	20	总数	31	22
三	土102.1构造学（一）	3	3	土120.2构造学（二）	3	3
	土131道路工程	3	3	土120.4构造设计	6	2
	土143铁路工程	3	3	土124钢筋混凝土构造	3	3
	土151水力学	4	3	土152水力实验	3	1.5
	土161都市卫生及设计	3	2	土162给水工程	4	3
	电107直流电机	3	3	电108交流电机	3	3
	土126材料试验	3	1.5	电120电机实验	3	1.5
	总数	22	18.5	总数	25	17
四	铁路及道路工程组					
	土123地基及房屋	3	3	土174工程估计及契约	2	2
	土121桥梁设计	6	2	土134道路材料试验	3	1.5
	土124.1钢筋混凝土设计	6	2	土144铁路设计	4	2

续表

年级	上学期课程	上课时数*	学分	下学期课程	上课时数*	学分
四	土 163 下水工程	3	3	土 164 铁路管理及会计	4	3
	土 133 道路设计	4	2	选修	10	10
	土 145 高等铁路工程	3	3			
	选修	4	4			
	总数	29	19	总数	23	18.5
	水利及卫生工程组					
	土 123 地基及房屋	3	3	土 174 工程估计及契约	2	2
	土 121 桥梁设计	6	2	土 154 水电工程	3	3
	土 124.4 钢筋混凝土设计	6	2	土 156 水工设计	6	2
	土 163 下水工程	3	3	土 164 卫生工程设计	4	2
	土 153 水文学	2	2	选修	10	10
	土 155 河港工程	3	3			
	选修	4	4			
	总数	27	19	总数	25	19
	各组选修科					
	土 127 高等道路学	4	4	土 128 高等构造设计	6	2
	土 135 高等道路学	2	2	土 146 养路工程	2	2
	土 159 灌溉工程	2	2	土 147 铁路材料管理	1	1
	土 181 专题研究	3	3	土 158 高等水力实验	4	2
				土 156 卫生工程实验	6	3
				土 182 专题研究	3	3

注：* 代表每周课时数。

说明：二年级暑期测量实习 5 周，课程为：土 119.1 地形及大地测量，土 119.2 水文测量，土 119.3 铁路及道路实践实习。

1936 年毕业的陈明绍对当年在清华的学习十分感慨：“在清华四年是紧张有序的四年，是严进严出的四年。当时清华大学土木工程学系的把关课程大致如下：一年级是微积分，把关老师为周鸿经和唐培经(人称‘二经’)。同级同学中绝大多数是天津南开中学、北平师大附中、汇文中学等名牌中学来的。他们在高中时大部分都读过微积分，课本就是同一课本。课本上所有习题他们都做过。‘二经’老师得知此情况，加大讲课深度，另出一套比课本上的习题难得多的习题，我们这些少数南方来的学生，如果不把课本上的习题做一遍，是做不出老师指定要交的习题的。……一年下来，有的同学转系了。工学院二年级把关的课程是工程力学和材料力学，把关的老师是王士倬先生。课程并不难，而是每周一次5分钟的小测试(Quiz)在作弄人，要求在5分钟内把题目答对，计算准确，一般不是100分就是0分。在答题过程中，老师在讲台上不断大声催说：‘快！快！’据说是从美国MIT学来的传统，目的是训练工程师在紧张气氛下，仍能心不烦乱，进行思考，进行计算(当时要求达到计算尺的精度)。确实有不少人过不了这一关。到了三年级，土木系把关的老师是蔡方荫老师。真正能在清华土木系四年时间内修完各种课程，按时毕业，这是最关键的一门课。当时蔡先生有一句话：‘不能因为我放松这一门课的把关，而丢了清华的脸！’……过了三关，到四年级时，虽然一些设计课很花费时间，基本上没有什么‘卡’人的课程了。当时我们一同进清华土木系的同学共60人，而一起毕业的同学只有23人(上一级留下的不算，淘汰率达61.67%)。”①(见表2-3)

表2-3 理、工学院淘汰率[14]36

学年度	理学院	工学院
1929	36.7%	67.5%
1930	69.8%	56.1%
1931	54.8%	59.4%
1932	60%	49.5%
1933	42%	32%

注：工学院于1932年成立，1932年前淘汰率仅指土木工程学系。

除理论学习外，土木系还非常重视实践教学和动手能力的培养，其中尤其重视“测量学”的教学与实习，“二年级要修平面测量、高等测量及天文测量三门课。高等测量为地形测量，其中三角测量均在圆明园内部进行。当时土木系同学一般都掌握专门的测量技术训练，都把它看成是土木系的‘看家本领’”②。除课堂教学和室外操作训练外，还要在暑假安排

① 陈明绍(1936级)：《清华园的情结》，载《清华校友通讯》，复54期，第73—74页。

② 施嘉炀：《土木工程系的成立与早期的发展》，载《辉煌七十秋》，清华大学出版社，1996。

测量实习。“至于暑期测量，为期两个月，学生毕业前均须参加一次，内容包括：(1)地形及大地测量、大三角测量及天文测算等，要绘制一大区域地形图。(2)水文测量，包括流量、深度及气象观测。(3)铁路及道路定线实习。”[12]20 第一次暑期测量实习是 1930 年 6 月 15 日至 7 月 20 日在青岛进行的，涉及青岛半个地区，参加实习的为 1928 年及 1929 年入学的二、三年级的学生 58 人，指导教师 6 人。对于第一次暑期测量实习，学校非常重视，事前向已有多年办学经验的上海交通大学、南京中央大学及唐山交通大学发函咨询有关实习时间、经费等相关问题，并得到各校的详细回复(见图 2-3~图 2-5)。

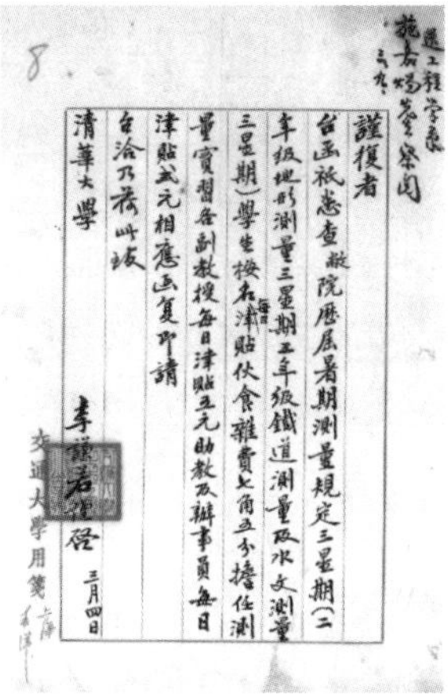

图 2-3　上海交通大学回函①

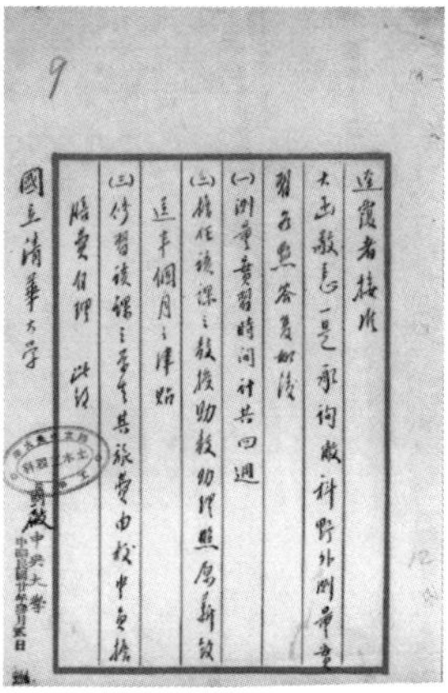

图 2-4　中央大学回函①

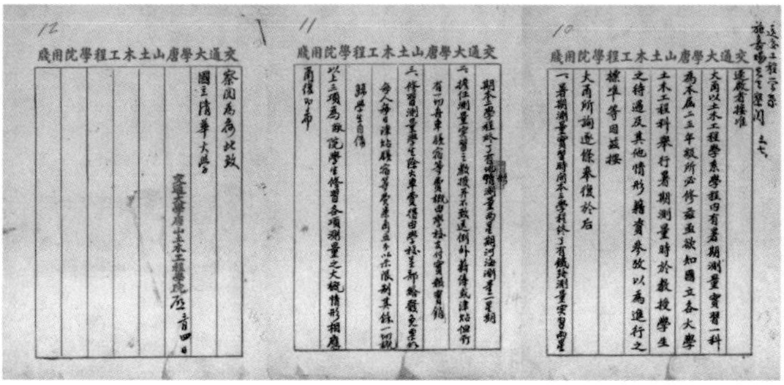

图 2-5　唐山交通大学回函①

① 清华大学档案馆提供。

对于选择青岛为实习地点，系主任施嘉炀向吴南轩校长呈交了专门报告加以说明并请求批准。“至实习测量地点，炀与系中同事曾数度讨论，咸以北平附近七八两月为雨季，可以工作之日数甚少，其他北方各地，以青岛较为适宜，因该地雨季较北平为晚，暑期中平均温度在华氏七十度左右，于实习工作之效率上极为有利。又该地有良好之天文台一所，其设备可以借用，于实习球面测量时甚有补益。”①并附上了此次测量实习预算表及清华大学与交通大学、中央大学的实习费用比较表(见图 2-6)。

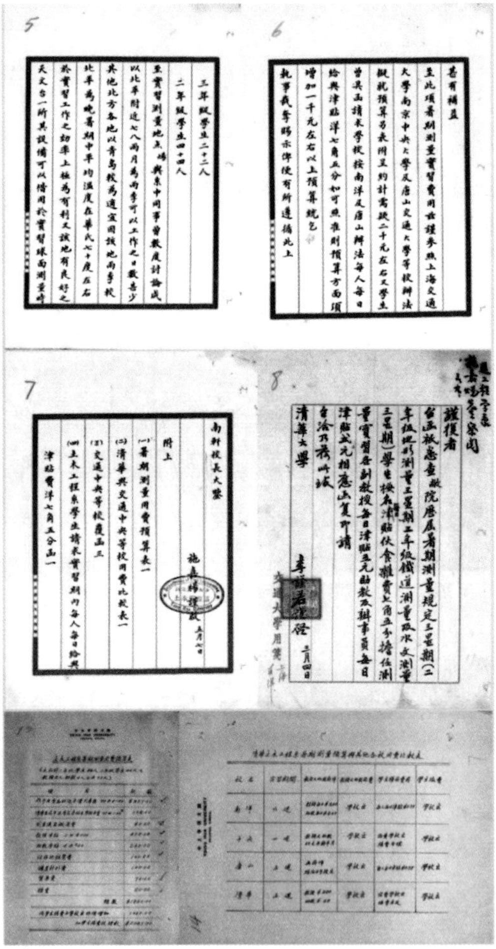
三年級學生二十二人
二年級學生四十四人
至實習測量地點炀與系中同事曾數度討論咸
以北平附近七八兩月為雨季可以工作之日數甚少
其他北方各地以青島較為適宜因該地雨季較
北平為晚暑期中平均溫度在華氏七十度左右
於實習工作之効率上極為有利又該地有良好之
天文台一所其設備可以借用於實習球面測量時
甚有補益
至此項暑期測量實習費用茲謹參照上海交通
大學南京中央大學及唐山交通大學等校辦法
擬就預算另表附呈約計需款二千元左右又學生
曾具函請求學校按南洋及唐山辦法每人每日
給與津貼洋七角五分如可照准則預算方面須
增加一千元左右以上預算統乞
執事裁奪賜示俾使有所遵循此上
南軒校長大鑒
施嘉炀謹啟 五月七日
附上
(一)暑期測量用費預算表一
(二)清華與交通中央等校用費比較表一
(三)交通中央等校覆函三
(四)土木工程系學生請求實習期內每人每日給與
津貼費洋七角五分函一

图 2-6 施嘉炀函①

① 清华大学档案馆提供。

为节省实习费用,实习期间,教师与学生皆借住在青岛大学校内。参加了青岛测量实习的利家和系友回忆道:“我们全班同学(土木系1933级)约有四十人,在系主任施嘉炀老师的率领下,从北京去青岛进行一个月的测量实习。还有夏坚白、陈永龄、彭树德几位先生协助教学(彭先生系上海交通大学应届毕业生特来帮助的)。……在青岛我们住在青岛大学,该时正值暑假,青大特别照顾,生活比较方便。施师一向重视我们的身体健康,为了让我们能在实习期间,既增长知识,又促进健康,规定下半天为自由活动时间,鼓励我们尽量利用青岛海滨泳场的大好环境,去游泳划船,锻炼身体,施师还经常亲自参加,进行指导。……白天上午是平面测量,几个同学为一组。我记得我的一组,有饶辅民、王学俊、冯式枨等几人。实习中的一项系铁路选线定线测量,要作出设计,画出平面图,算出土方量。起点终点系指定的,中途经过处所则系自行选择,线路长度似为4至5公里。在这样的要求下,我们有机会使用了各项测量仪器,进行实地测量,取得数据,然后按照规定的最大坡度、最小弯道进行室内定线设计和土方量的计算。我记得我们小组的设计是不好的,土方工程的数量比别的小组大。此外还有什么专题实习,已记不起来。每当天气晴朗的晚上(那时青岛的晚上绝大多数都是好的),我们就作天文测量的实习,用经纬仪测量天空的星座,从测量经纬度到测量时间等等,边测边算。有的经纬仪是备有照明的,有的还得打手电筒。这样就为我们补上清华园内所少进行的天文测量,对夜间操作仪器也作了实地锻炼。在实习的同时,我们还组织过旅游,如崂山等名胜,都有过我们的足迹。……此外为了增益见闻,我们还参观了胶济铁路的四方机厂等,在青岛的前辈清华校友,对我们的到来非常热情,既接见过我们,又为我们的参观学习提供舟车的便利,让我们在各方面都取得丰硕的收获。这次实习,虽则时间不长,但是对我们毕业后能胜任工作,并作出了一定的成绩,是起到奠基作用的。”①最后,这次实习费用为3218.90元,超出预算233.90元,先由施嘉炀垫付。回校后,向学校呈交了实习费用超资情况报告及相关决算表和单据,由代理校务的叶企孙签字核准后,由会计科补还施嘉炀实习期间垫付的相关费用。

---

① 利家和:《记青岛的一次暑期测量实习》,载《清华校友通讯》,复5期。

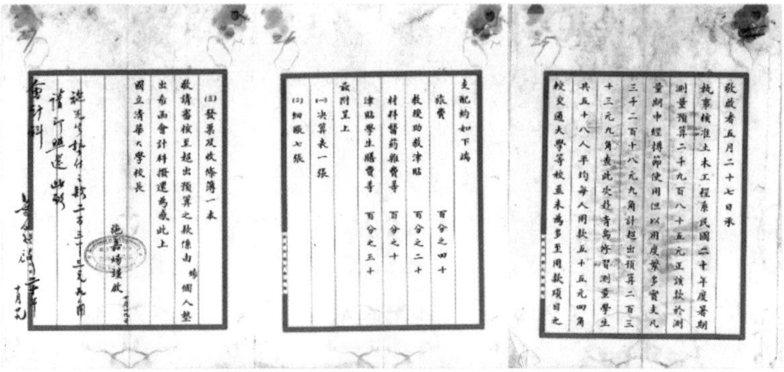

敬啟者五月二十七日承
執事核准土木工程系民國二十年度暑期
測量預算二千九百八十五元正該款於測
量期中經撙節使用但以用度繁多實支凡
三千二百十八元九角計超出預算二百三
十三元九角查此次赴青島修習測量學生
共五十八人平均每人用款五十五元四角
較交通大學等校並未為多至用款項目之
支配約如下端
旅費　百分之四十
教授助教津貼　百分之二十
材料醫藥雜費等　百分之十
津貼學生膳費等　百分之三十
茲附呈上
(一)決算表一張
(二)細賬七張
(三)發票及收條簿一本
敬請審核呈超出預算之款係由嘉煬個人墊
出希函會計科撥還為感此上
國立清華大學校長
施嘉煬謹啟

图 2-7　叶企孙签字核准补还施嘉炀垫付费用①

图 2-8　1932、1933 两级土木系同学测量实习制图①

图 2-9　1932、1933 两级土木系同学在青岛测量实习时到崂山游玩①

① 清华大学档案馆提供。

图 2-10　1932、1933 两级土木系同学在青岛测量实习时参观青岛天文台[①]

此后,每年的水文测量实习,都在颐和园的昆明湖内进行,并经学校向北平市政府申请并获得批准,每次实习都可免费进入颐和园。1935 年的水文测量实习,原想前往天津塘沽进行,但因故未能成行,最后仍是在颐和园内进行的。1933 年和 1934 年暑假,则两次在西山卧佛寺附近进行了大地地形及铁路测量实习。1933 年实习时间为 6 月 14 日至 7 月 24 日,教师及学生共 70 人,租用了香山慈幼院教室作实习办公用。1934 年实习时间为 8 月 5 日至 9 月 4 日,学生 65 人,指导教师 6 人,由张泽熙教授带队(见图 2-11~图 2-15)。

最后一次实习是"1937 年 6 月,土木系十级和十一级同学应'华北农村建设协进会'的邀请,到山东济宁进行全县大地测量,整个教师、学生及后勤人员共 100 人,分设大三角、天文、精密水平和若干地形组。济宁测量共进行了两个半月,那时爆发七七卢沟桥事变,北京沦陷,师生迳赴湖

① 清华大学档案馆提供。

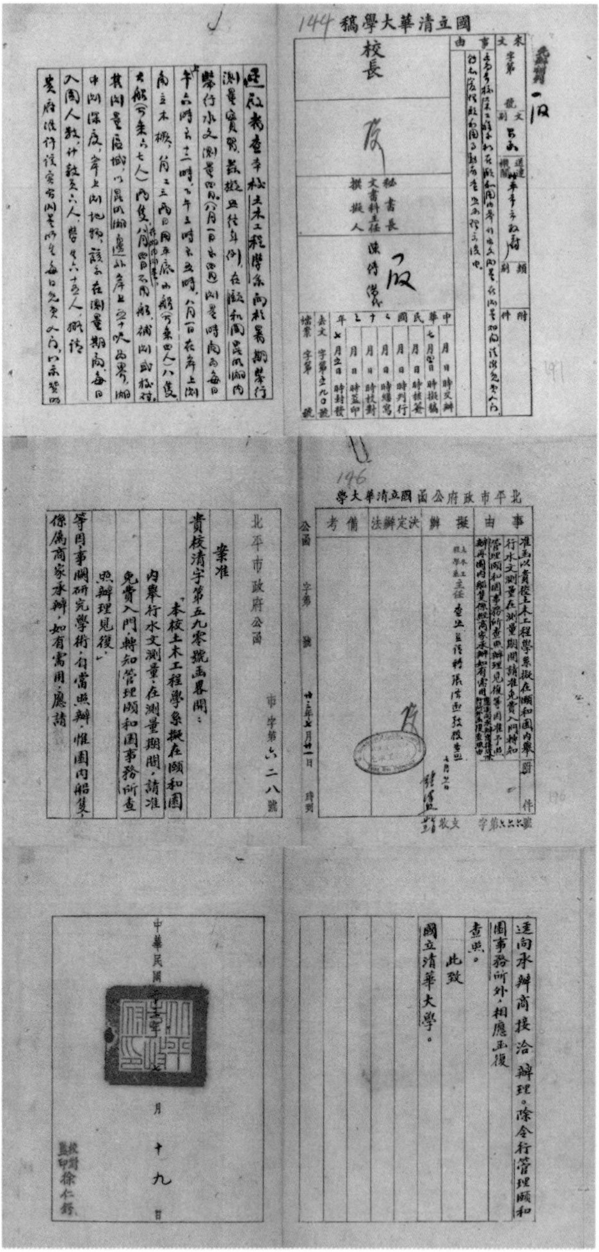
國立清華大學稿

校長

北平市政府公函國立清華大學

北平市政府公函 市字第六二八號

案准

貴校清字第五九零號函略開：「本校土木工程學系擬在頤和園內舉行水文測量，在測量期間，請准免費入門，轉知管理頤和園事務所查照辦理見復」，等因。事關研究學術，自當照辦。惟園內船隻係屬商家承辦，如有需用，應請逕向承辦商接洽辦理。除令行管理頤和園事務所外，相應函復查照。此致

國立清華大學。

中華民國二十三年 月 十九 日

图 2-11　北平市政府批准学生实习可免费进入颐和园①

① 清华大学档案馆提供。

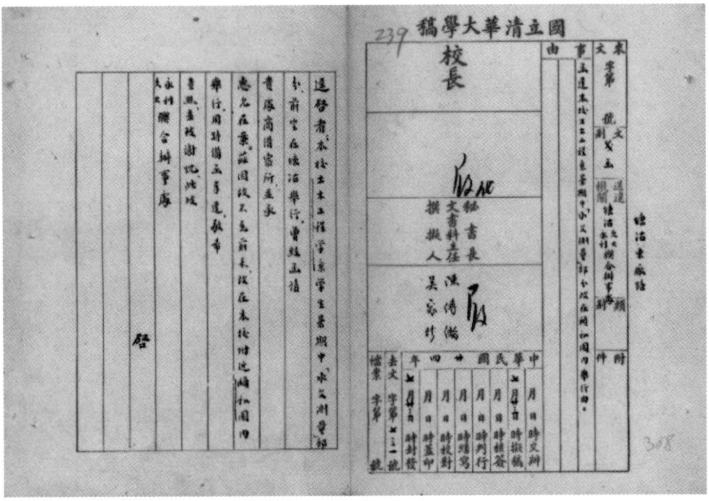

图 2-12　1935 年水文测量实习原定在天津塘沽进行，因故最后仍在颐和园内进行①

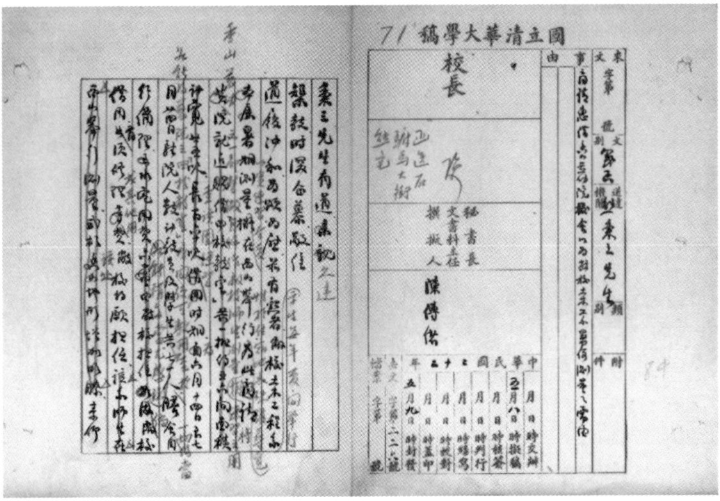

图 2-13　租用香山慈幼院教室作实习办公用①

① 清华大学档案馆提供。

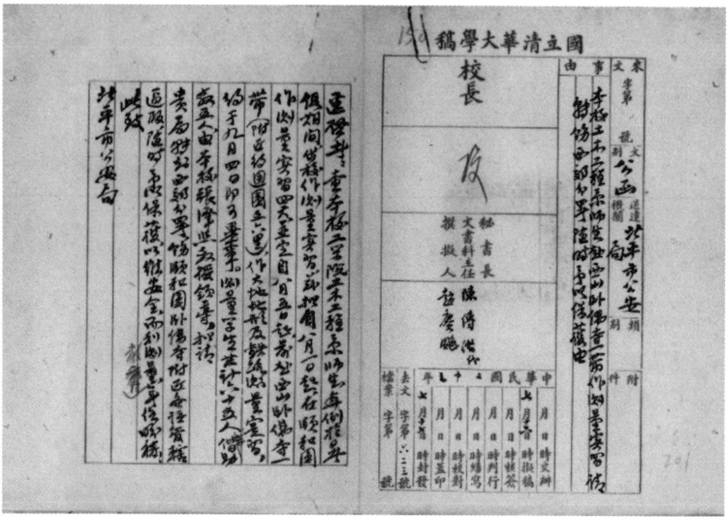

國立清華大學稿

校長

秘書長

文書科主任

擬撰人

來文字第　號

文别　公函

送達機關　北平市公安局

事由　本校土木工程系师生赴西山卧佛寺一帶作測量實習請飭西郊分署隨時予以保護由

附件

中華民國　年　月　日

逕啓者：查本校工学院土木工程系师生每年例於暑假期間舉行測量實習，兹規定六月一日起在頤和園作測量實習四天，並定自六月五日起赴西山卧佛寺一帶（附近約週圍五六里）作大地形及鐵路測量實習，約于九月四日即可畢事。測量学生共計六十五人，由本校張學正、彭福錦等□請

貴局轉飭西郊分署飭頤和園卧佛寺附近各該管警區隨時予以保護，以維安全而利測量，至紉公誼。

此致

北平市公安局

图 2-14　1934 年测量实习致北平市公安局函①

图 2-15　1934 年土木系学生进行测量实习[12]20

① 清华大学档案馆提供。

南参加长沙临时大学”[12]20。1938 级(十级)校友吕元平(吕明羲)回忆:“土木工程系 1938 级的测量实习,本应于 1936 年暑期进行,因当时北平正值强敌压境,处在失守的前夕,只好延期。在北平总算渡过了 1936 年。到 1937 年暑假,实习不能再拖延,只好 1938 级与 1939 级同时举行,致使参加实习的同学多达七十人左右。工学院院长施嘉炀老师接受了山东省济宁专署的邀请,决定我们赴济宁进行实地测量,为该县测出万分之一的地形图。1937 年 6 月中旬学年考试之后,测量队伍便出发了。施先生为领队,覃修典先生为副领队,土木系大部分助教都随行,担任各小组的指导教师。……到济宁后,我们开始都住在文庙大殿内(因济宁离曲阜很近,所以文庙很大),队部设在西厢房。这次实习队还来了一批工人,他们在县城内树起一座作为永久测量基点的钢塔,并在全县境内每约距二十华里便设一三角网点,用杉篙搭成观测塔,进行夜间观测。……正当我们的测量工作进行到兴头上时,传来了卢沟桥事变的消息。时局日趋紧张,测量工作便停止了,大家又集中住在县城文庙内。开始一段时间,大家还抱有幻想,时局一旦好转,还能回到慈母清华园的怀抱中。然而局势每况愈下,最后队部宣布有家的可回家,无家可归的同学去长沙。……无家可归的同行同学,在覃先生的率领下,抱着测量仪器(怕摔,不能托运),黯然离开济宁。……我们到长沙后,住在岳麓山麓的正建中的清华校舍,其时覃先生还在指导我们整理测量成果,这种精神尤为值得敬佩。”①

土木工程系还特别重视工程的参观与实习,每年的寒暑假,都由学校出面联系,安排教师带队前往相关工厂、工地和单位,进行参观和实习。1932—1936 年,前往参观实习的单位就有黄河铁桥工程、平绥铁路南口机车厂②、平汉铁路长辛店机车厂③、北宁铁路前门车站、平绥铁路西直门车站③、陇海铁路局、北平交通大学交通博物馆、北平观象台、燕京大学水厂③、上海市工务局、导淮委员会、广东黄淮商港办事处、津浦铁路济南机车厂、青岛四方机车厂、天津海河工程局、海河整理委员会、天津基泰工程公司③、天津济安自来水公司、中国第一水工试验所③、青岛市港务局、青

---

① 吕元平(吕明羲,1938 级):《终生难忘的一次测量实习》,《载清华校友通讯》,复 6 期。
② 清华大学档案,全宗号 1,目录号 2:1,案卷号 77:2。
③ 清华大学档案,全宗号 1,目录号 2:1,案卷号 77:1。

岛水族馆、汉口招商局、青岛天文台、钱塘江大桥、浙赣铁路南昌萍乡段、北平协和医院①、永定河工务局、北平门头沟车站、胶济铁路管理局①、陕西省水利局、青岛市工务局等。为节省参观实习经费，学校都与参观实习工程或单位所在地的有关学校联系借宿事宜，一般也都得到这些学校的支持。当时借宿过的学校就有国立山东大学、齐鲁大学、河北工业学院、唐山交通大学、国立武汉大学、国立中央大学、国立北洋工学院、国立浙江大学、青岛大学、山东省立第三中学等（见图 2-16～图 2-27）。

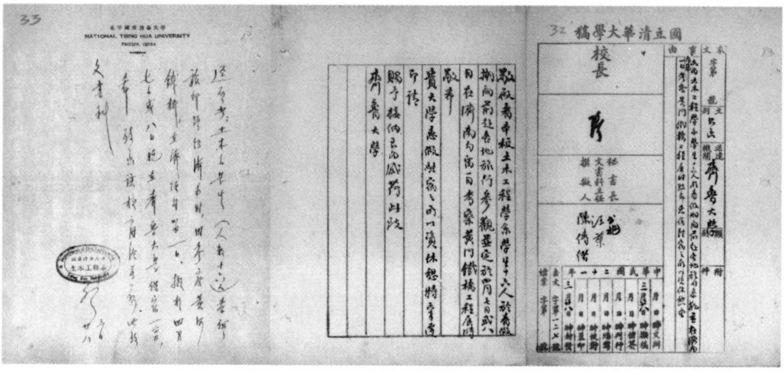

图 2-16　考察黄河铁桥工程②

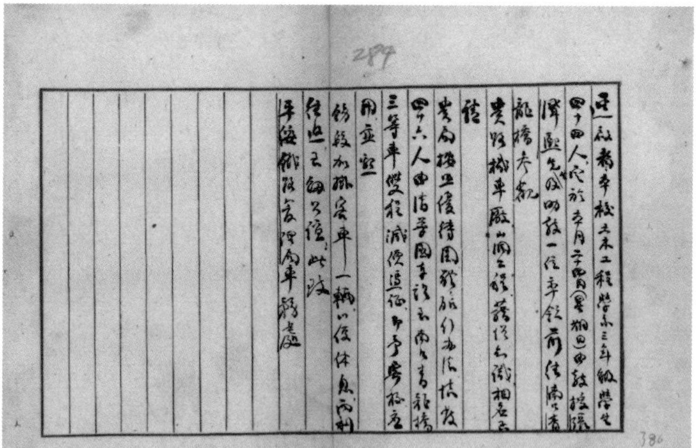

图 2-17　平绥铁路管理局参观实习②

① 清华大学档案，全宗号 1，目录号 2：1，案卷号 77：2。

② 清华大学档案馆提供。

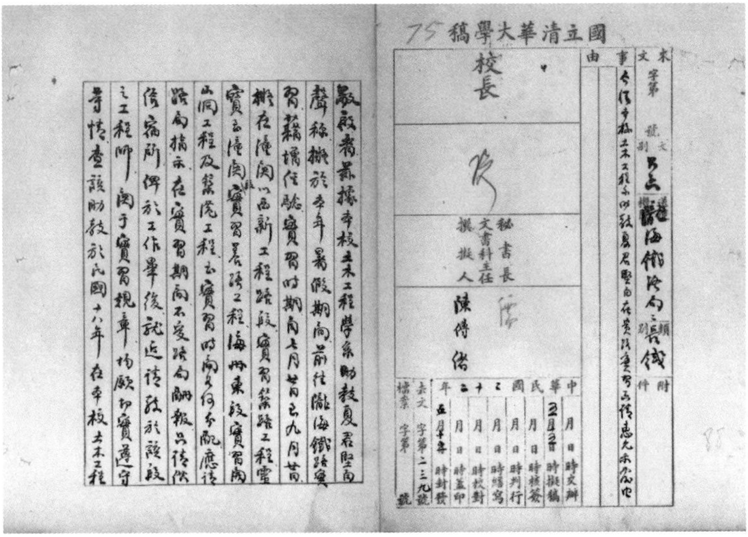

图 2-18　陇海铁路局实习①

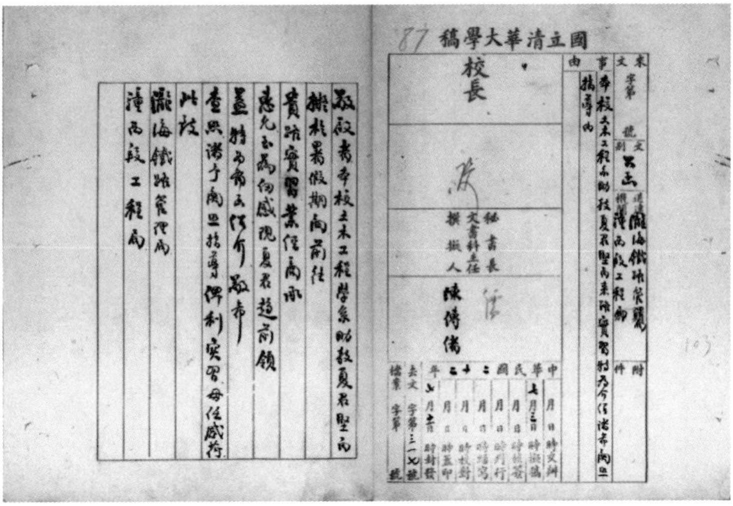

图 2-19　陇海铁路管理局潼西段工程局实习①

① 清华大学档案馆提供。

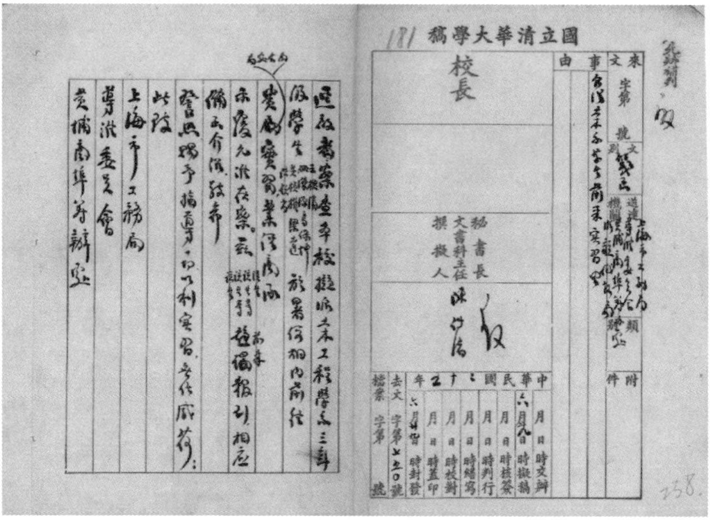

图 2-20　上海市工务局、导淮委员会实习①

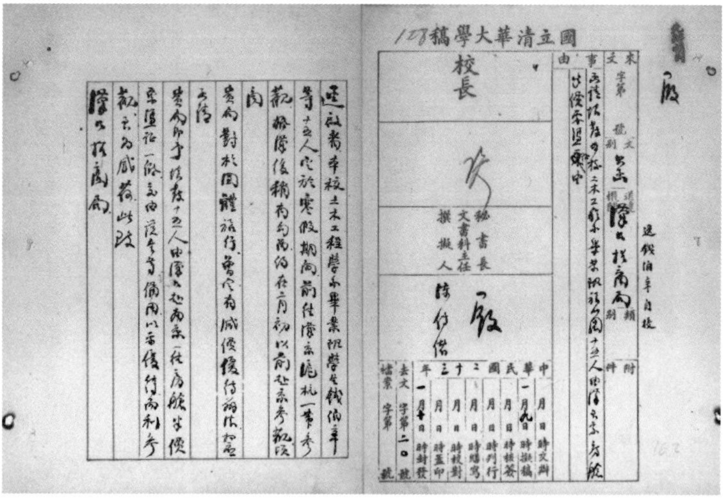

图 2-21　汉口招商局参观①

① 清华大学档案馆提供。

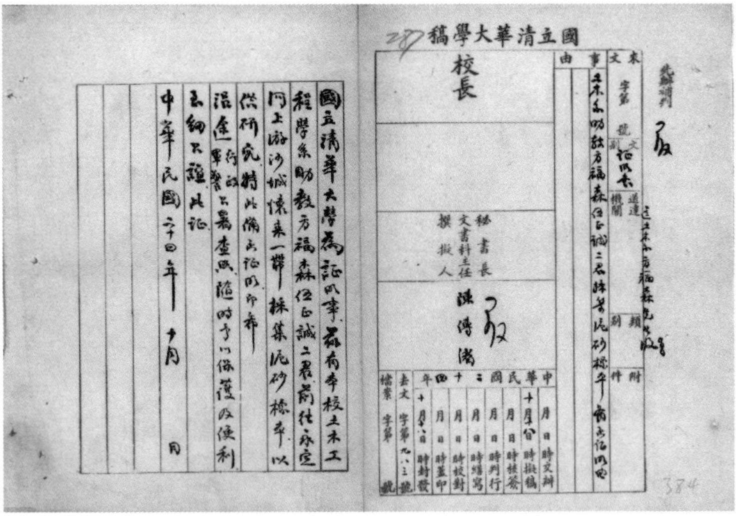
國立清華大學稿

國立清華大學為証明事。茲有本校土木工程學系助教方福森任正誠二君前往永定河上游沙城懷來一帶採集泥砂標本以供研究。特此備函証明，希沿途軍警准予查照，隨時予以保護及便利，至紉公誼。此証。

中華民國二十四年十月　日

图 2-22　方福森、任正诚前往永定河采集泥砂标本[①]

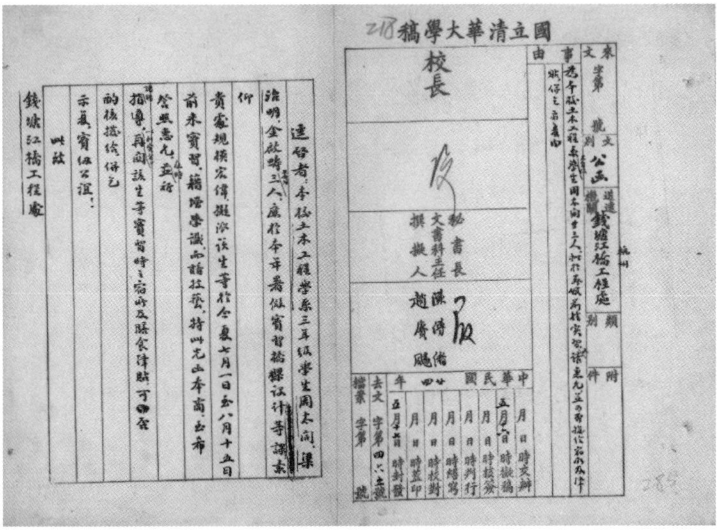
國立清華大學稿

逕啓者：本校土木工程學系三年級學生周宏閣、梁治明、金斌等三人，擬於本年暑假實習橋樑設計等課，素仰貴處規模宏偉，擬派該生等於本年七月一日至八月十五日前來實習，藉增學識而諳技藝。特此先函奉商，如荷俯允，並請給該生等實習時之宿所及膳食津貼，可否示覆，實紉公誼！

此致

錢塘江橋工程處

图 2-23　钱塘江大桥实习[①]

① 清华大学档案馆提供。

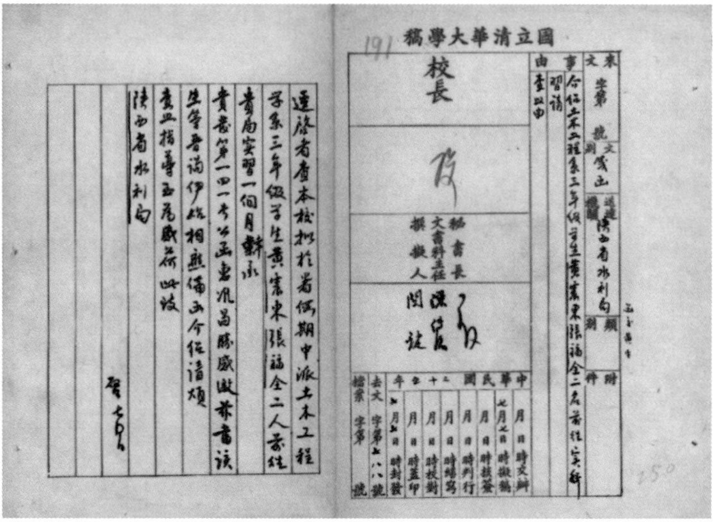

图 2-24　陕西省水利局实习①

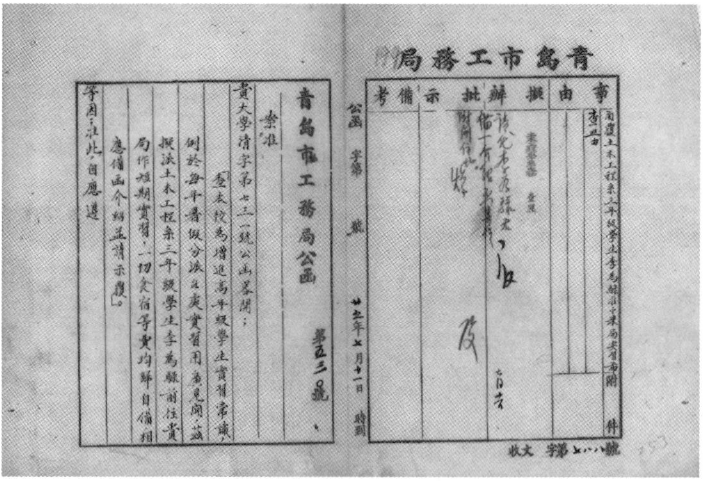

图 2-25　青岛市工务局实习①

① 清华大学档案馆提供。

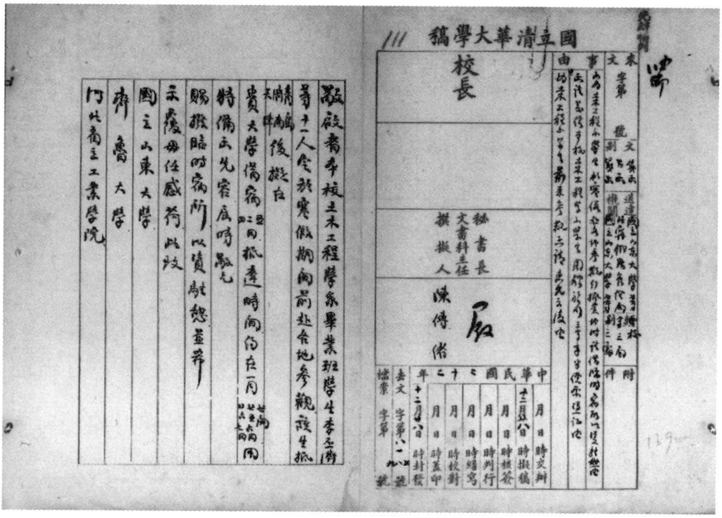
國立清華大學稿

图 2-26　实习期间借宿国立山东大学、齐鲁大学、河北工业学院①

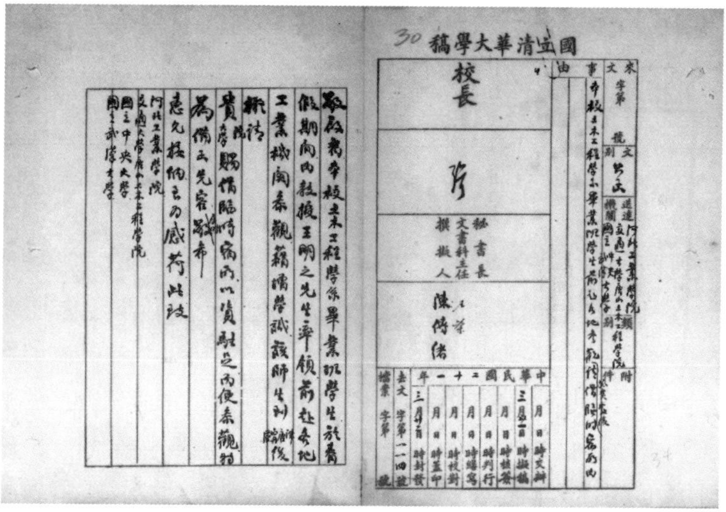
國立清華大學稿

图 2-27　实习期间借宿唐山交通大学、国立武汉大学、国立中央大学①

1933 级的利家和校友对于毕业前夕的寒假，与黄克纮、王鸿范、王柢、王学俊、方福森等同学一起去南方几个城市参观学习的往事，记忆十分深刻。“在毕业前夕的寒假（1933 年），母校将历年我们交纳的学费共 160

① 清华大学档案馆提供。

元发还给我们。我们就利用之款，自行组织一个参观团去南方几个城市参观学习，开阔我们的眼界，丰富我们的施工经验，学习一些施工操作方法，目的是为将来就业打下一些基础。同时也作些旅游活动，锻炼我们的身心。梅校长和施嘉炀师、张泽熙师等为此给拟去参观学习单位和有关负责人写了介绍信，因而我们参观顺利，收到了原来设想的效果，丰富了我们在学校里所不知道、未见过的知识。我们每到一地，都是既参观了著名的大工程，也没有忘了适时游览当地名胜古迹。我们有母校的介绍信，每到一地大都住在学校里，如南京的南京大学，上海的交通大学。又因为得到各地前辈校友的热心帮助，因而非常顺利。我们在南京得到许鉴(华封)师的帮助，参观了南京轮渡的修建工程，乘工程处的小轮船到南岸和北岸，详细了解了施工程序和方法。……在南京参观了江南水泥厂，从开采矿石，一直到烧制成品出厂的全过程，为尔后我们使用水泥丰富了经验。在杭州我们参观了钱塘江大桥的施工，由主管工程师为我们作了详细介绍，从施工筹建经过以至施工方案、桥式选择等等，至为详尽。我们在上海参观了徐家汇天文台和江南造船厂。我们也曾参观过某地的船闸工程和煤矿的采掘等。”①

2.4 人才培养

清华学校自 1925 年设立大学部起，即正式招收大学新生 95 人，称为第一级。至 1935 年录取的第十一级新生已达 345 人。自 1928 年第四级起，开始招收女学生，1928 年只招收女学生 10 人，至 1935 年，当年招收的女学生已多达 110 人。同时，每年还接收外校转来并通过清华考试合格的学生几十人[2]148。自 1928 年起，土木系招收新生的人数一直保持在 20~40 人。

1928 年裁撤市政工程学系时，二三年级学生全部转往唐山交通大学和南洋大学，四年级保留在校直至毕业，但仅余 8 人，他们即为土木系第一届毕业学生。当年入学的 44 名新生，有的转往南洋大学，有的转往清华其他系，到 1929 年秋复办土木工程学系仅余 17 人，后增至 19 人直至 1932 年毕业，他们就是土木系第二批毕业生(但仍称第四级毕业生)。因

① 利家和：《怀念同窗》，载《清华校友通讯》，复 8 期。

为是 19 人,他们自己取名曰“十九社”。1929—1937 年,土木系毕业学生九届共 182 人[12]171-172,见图 2-28～图 2-30。

图 2-28　1932 年毕业生①

图 2-29　1935 级部分校友毕业 60 周年合影①

1930 年后,土木工程学系进入稳定的发展时期。学生除正常的学习生活外,课余活动也日趋活跃。土木系各年级的同学都开始成立级会,都

① 清华大学档案馆提供。

图 2-30　1935 级部分校友毕业 60 周年合影[①]

以一个既能代表级别，又含“土木”字样的字作为级会的会名，并逐渐成为土木系的传统。

“土木系的同学，自第七级开始，每级都另有系内的级会。最早诞生的是八级的‘未’会，像是二年级时成立的，‘未’字是黄震东级友所提出，其中包括‘土’‘木’‘八’三字，又像一架经纬仪，真是妙极。未会成立不久，七级同学即成立‘毛’会，其后，九级以后又陆续组成‘染’‘耒’‘桂’各会，其中分别包含有‘七’‘八’‘九’‘十’‘十一’各字，‘土’或‘土木’各字，各会时常有各项交谊活动，‘毛’‘未’‘染’三会并曾举行过联动会，情形十分热烈。”

1933 年入学的第九级同学成立的是“染会”，染会会友共 1 女 37 男，寓意 1937，也就是他们学成毕业的时间。

1934 年入学的第十级同学成立的是“耒会”，共 38 人。1937 年日军占领北平时，他们正与十一级同学一起在山东济宁作测量实习，当时学校已南迁，他们接学校通知后，带着全部仪器设备，径直前往长沙。

1935 年入学的第十一级同学是在入学后第一个中秋节、桂花开放时

① 清华大学档案馆提供。

成立级会的,故取名“桂会”。他们后来都随学校到昆明,在西南联大学成毕业。

“桔会”是十二级系友的会名,会友约 40 人,他们中的很多人都参加了从长沙到昆明的徒步行军,后在西南联大毕业者有 32 人[12]116-117。

1931 年发生了“九一八”事变,东北沦陷,随后日军又不断向华北侵犯,抗日学生运动风起云涌。1933 年日伪军更是进犯至喜峰口长城,二十九军英勇作战,击退敌军,“未会级友敬佩之余,乃相约赴边地慰劳并代军筑路。每日汗流浃背,食不过馒头咸菜,而未会级友得直接参与抗敌工作,精神振奋”[12]117。而四级系友沈崇诲(见图 2-31)更是驾机撞沉日舰,以身报国。据四级系友黄中孚记叙,“沈崇诲是南京人,南开中学毕业,民国十七年考入清华土木系,在‘九一八’事变第二年长城战乱声中毕业。毕业后到绥远省工作(工程),业余运动精神被当时的主席傅作义发现,委他筹办全省运动会。其结果,自然是成绩特佳,博得全省舆论与省政当局的赞赏。当时清华毕业生有两人应召加入空军,一是胡家枚,一是林文奎,沈兄受他们的感召,想去投军,因为家庭不同意,偷着剃了光头到杭州投考,成为空校第三届学员,‘七七’事变以后,日军以大量多批海空军进攻上海,吴淞口集中舰艇十余艘。八月十九日清晨,我空军第二大队某中队——沈是副队长——派七架飞机往炸,沈兄驾的‘904’号机,在出发不久就因机件故障尾巴冒出一线黑烟,渐渐脱离了队伍。正午,另六架飞机两次投下五千多磅炸弹归航时,看到距地面五千尺处,沈副队长的‘904’号机孤独地在吴淞口岸逡巡,不肯在海滩降落,也不肯跳伞。忽然开足油门向日军司令旗舰‘长门号’直冲下去,全机撞入了‘长门号’中腰,长门号倾侧、倾侧,舰尾先沉没,然后‘轰’的一声,火药库爆炸,一切都沉入海底！第二天,世界各地报纸刊载此消息,我全国人心为之一振,认为空前的最大胜利——以一架飞机换一艘主力舰——而沈兄‘求仁得仁’了！并且那不是无意的,不是被迫的,是他意志的,有计划的,从容的瞄准完成了‘惊天地、泣鬼神’的最后一击”[13]201。另一位四级系友于涤川也回忆道:“我们始终怀念着的沈崇诲,江苏江宁人,1911 年生……崇诲是由南开中学考来的。高中没毕业,跳了一班,考进清华一年级,他学习刻苦,生活俭朴,平常不多说话,一笑就露出镶补的一只金牙套,显得那么憨厚。他对于那些不公正、不道德的坏事又是深恶痛绝非常愤怒的。

他是学校足球队和棒球队的队员。1932 年夏，我们毕业了……他和同级毕业的土木工程系的谭葆宪及化学系的张士培，到当时的绥远（现在的呼和浩特）教育厅当了三名‘额外科员’，没有一文工资，凑合着吃饭。……过了几个月，张士培补上缺，沈崇诲和谭葆宪只有卷铺盖走人。民族的危亡和个人的痛苦使得‘傻子’（他在校的外号叫‘沈傻子’）走上了另一条路。他考进杭州的航空学校，当了飞行员。他学的是轰炸。……记得在 1933 年 10 月间，我正在河北省深县中学教书，他寄给我一张相片：他站在一架飞机前，身穿飞行服，手拿着飞行帽，这是他在 solo（放单飞）之后照的，送我作纪念。1937 年‘七七’事变，抗日战争爆发了，同年‘八一三’沪战开始了。日本帝国主义的军舰就在黄浦江上‘耀武扬威’。……就在一次轰炸中，他驾着飞机连同炸弹一齐冲向敌人的旗舰——‘出云’号！大地在震动，祖国的天空冲上了火红的华云。全国人民在向他致敬！敌舰被炸毁了。崇诲为着中华民族的生存壮烈牺牲了！那时他只有二十六岁。”①

（编者注：据维基百科记载，日军“长门号”战舰于 1946 年 7 月 29 日被炸沉没；“出云号”战舰于 1945 年 7 月 24 日被击沉。所以，沈崇诲系友驾机撞沉的日军旗舰并非“长门号”或者“出云号”。）

图 2-31　沈崇诲②

第五级系友谈尔益回忆：“1933 年毕业后，先后在黄河水利委员会、青岛市政府工务局、天津塘沽港工务局工作，各处清华同学很多。1949 年秋到了台湾，1950 年加入高雄港工作。局长是王国华（清华 1923 级），总工程师是阎振兴（34 级），局内工程主干几乎都是清华人，计谈尔益（33）、张连荣（36）、邹承曾（36）、丁鹤年（39）、冯锺豫（39）、周学濂（40）、周树楠（40）、张宁馨（42）、冯树堃（43）。八年后，局长由海军人员接任。但主持全港工程业务的总工程师，却始终由清华人

① 于涤川（1932 级）：《想 1932 级，怀念沈崇诲君》，载《清华校友通讯》，复 5 期。

② 清华大学校史馆提供。

担任。阎振兴他调后，总工程师继任者依次是张连荣、谈尔益、邹承曾、龚乾一(42)。到1986年龚退休后，便后继无人了。新竹的清华大学没有土木系。高雄本是台湾南部的一个工业小港，1949年全年吞吐量才100万吨。经40年的整修扩建，到1987年，吞吐量已达9000万吨，大都是远洋运输。1988年夏，我于回乡探亲之便，参观了上海港的设施。认为还不及现在的高雄港，当然高雄港的自然条件比上海、塘沽都好。可是我们这批清华工程学生，也总算没辜负母校的培育，尤其施嘉炀老师的教诲也不少。"①

2.5　实验设备和科研成果

国立清华大学建立之初，依仗着稳定的庚款资金来源，投入了较大经费，用于扩充理工科设备。1928年，计有制模工厂、锻铸工厂、金工工厂及材料实验室，见图2-32，图2-33；1930年，复增设道路工程实验室一所，供道路材料试验之用，见图2-34，图2-35②。

图2-32　材料实验室(一)②

① 谈尔益：《毕业六十年》，载《清华校友通讯》，复27期，第81—83页。

② 国立清华大学土木工程学会，国立清华大学土木工程学会会刊，第3期，1934，3。

图 2-33　材料实验室(二)[①]

图 2-34　道路工程实验室(一)[②]

1929 年的《清华周刊》上，庄秉钧撰文谈道，“清华工程系设备及建筑

① 国立清华大学土木工程学会，国立清华大学土木工程学会会刊，第 3 期，1934，3。

图 2-35　道路工程实验室(二)①

有三十四万元之多,较之国内著名之各工科大学,如南洋、北洋、唐山,及中央大学,均无逊色,清华设备虽不能与美国麻省理工、康奈尔、英国曼彻斯特及德国之古廷根大学可比,亦国内各大学中之少有者矣"②。1929 年的国立清华大学校刊亦记载:"我校虽非专科工业学校,然因以前当局之注重工程科,设备上早驾乎唐山、北洋及工大之上"③。当时,相关馆舍就有工艺馆、工学馆及工程馆等,在工学馆内建有系图书馆,"将本校所有工程书籍集中于一处,现有图书共约八百册,内土木工程书籍占多数,电械机械工程次之,杂志约二十余种"④。

1932 年,由于土木工程系的发展,1921 年前建成的工艺馆(中间为两层,东西两翼为一层)已不能满足教学和实验的需要,便将其东西两翼各加建一层,并改名为土木工程馆[15]194,见图 2-36。1934 年,由土木工程系教师设计的水力实验室也竣工落成[8]451,见图 2-37,图 2-38。水力实验室建成的同时添设了卫生工程实验室(见图 2-39)及杂志阅览室(见图 2-40),

① 国立清华大学土木工程学会,国立清华大学土木工程学会会刊,第 3 期,1934,3。

② 庄秉钧:《清华市政工程系工场概况》,载《清华周刊》,第 30 卷,第 11、12 期(总第 452、453 期),1929 年 1 月 19 日。

③ 《北洋学生来校实习》,载《国立清华大学校刊》,第 51 期,1929 年 3 月 15 日。

④ 夏坚白:《清华之工艺馆》,载《清华周刊》,第 35 卷,第 11、12 期(总第 514、515 期),1931 年 6 月 1 日。

阅览室搜罗土木工程中西杂志共80余种①，涉及构造、水力、铁路、道路、建筑、卫生、测量等7大类，以及土木工程方面的主要参考资料[15]195。

图2-36　旧土木工程馆

图2-37　土木工程馆（右）及水力实验室（左）（1934年）①

图2-38　旧水利馆①

① 国立清华大学土木工程学会，国立清华大学土木工程学会会刊，第3期，1934，3。

图 2-39　卫生工程实验室[①]

图 2-40　杂志阅览室[①]

1934 年春,土木工程系陆续建成材料实验室、道路工程实验室、卫生工程实验室及水力实验室,材料实验室设有 5 万磅利雷电动式全能材料试验机和 10 万磅利雷式水压机及扭机各一台,可做钢材、木材、混凝土、砖瓦等各种工程材料的基本性能试验。除大学生实习试验外,北京区域所用建筑材料,也多先交清华该实验室试验。卫生工程实验室当时在国内是较新型的实验室,主要设备有氢游子("游子",现在的叫法为"离子")浓度试验器及培养箱等,能作给水及污水的分析,并可供气化、分凝、砂沥、消毒及其他卫生工程研究。道路工程实验室的设备,主要有磨耗、硬度、韧性、黏性试验机及沥青、煤焦之标准试验器多种,曾代北京工务局等单位试验沥青及焦油多种。水力实验室是当时土木系重点发展的实验室,整个实验室是设在本系教师自己设计的一座两层楼房内,设备等均同当时德国最新的水力实验室,较美国大学的水力实验室为优。室内设有

① 国立清华大学土木工程学会,国立清华大学土木工程学会会刊,第 3 期,1934,3。

地下水库一座，可蓄水 300 立方米，另在二楼设有 30 立方米的高水库一座，与地下水库连通。室内除河工模型试验槽外，另设水轮发电机试验台，可进行各种水轮机性能试验。室外另建有 80 米长的试验槽，安置钢轨及电车，可作为舰艇模型试验、大型河工模型试验和校正流量计用[15]19-20。

建系初期，土木系主要致力于教学和实验室建设，与此同时，土木系的教师也开展了一些科研工作。在国内刊物上发表的论文有 60 余篇，大多为土木工程学科技术的介绍或译述。约 10%的论文有试验数据或独立见解，其中蔡方荫的《打桩公式及桩基之承量》论文获中国工程师学会第五届年会第二名，施嘉炀关于黄河泥沙问题的研究，陶葆楷关于北平第一区环境卫生改良的研究，以及吴柳生关于国产建筑材料的试验研究，在国内都有较大的影响[15]191。

1932 年，土木系师生成立了“清华土木工程学会”，出版了学术性兼会务性的《会刊》，见图 2-41～图 2-44，1932—1937 年，共出了 4 期，其中有不少教师的论文[15]19。在第 1 期中，因发行刊物还以此次为“空前”，所以在第一次与读者相见的时候，简单介绍了“本刊的旨趣”。不是仅仅为了想办刊物而办刊物，而是为了借此能稍尽开发工程学术的责任，同时谋一般读者对于工程知识有较多认识的机会①。

图 2-41　1932 年清华土木工程学会②

① 国立清华大学土木工程学会，国立清华大学土木工程学会会刊，第 1 期，1932. 6。

② 清华大学档案馆提供。

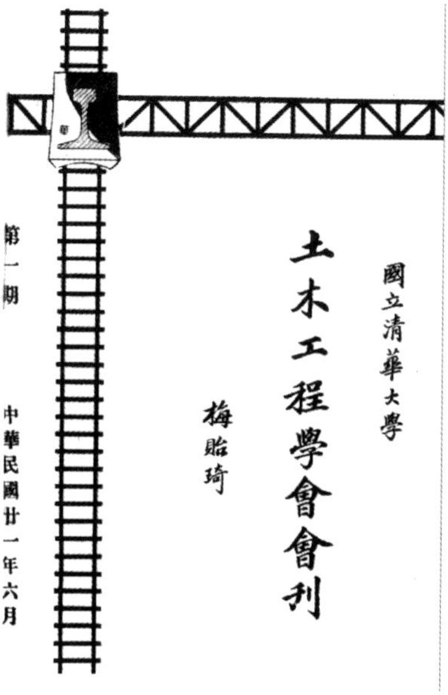

图 2-42　清华土木工程学会会刊第 1 期封面①

目　　錄　　1

國立清華大學

土木工程學會會刊

第　一　期

目　錄

图 2-43　土木工程学会会刊第 1 期目录(一)①

① 国立清华大学土木工程学会，国立清华大学土木工程学会会刊，第 1 期，1932.6。

2　會　刊

三角網形狀强度之研究	陳永齡
洪水之大小及其發生次數之研究	葉明升
土木工程之需要	劉光文
Frame Analysis by cross method of Moment Distribution in Camparison with other Approximation	張有齡
Analysis of Reinforced Concrete Floor Slab Supported by Beams and Girder	楊曾藝
中國水利經濟與民族統一	沙玉清
工程與科學	譚葆泰
三角測量之選點方法	張澤熙
混凝土塊夾墻之建築	方福森
青島暑期測量實習記略	覃修典　王傳元 談爾鑫　王洪範
青島天文台參觀記	薛永譽
南行日記摘錄	覃修典
中歐各國道路材料試驗室參觀記	崔龍光
重礮射擊原理	施嘉煬
關溝段鐵道工程	金旬卿

图 2-44　土木工程学会会刊第 1 期目录(二)①

1933 年出版发行了第 2 期，刊登了水力实验室的照片、施嘉炀等的研究论文、毕业校友文章和土木系消息等，见图 2-45。

1934 年发行了第 3 期，这一期还刊登了当时土木工程系的沿革、教师、课程及说明、实验室设备及工作概况、毕业生概况等，见图 2-46～图 2-48。

1937 年第 4 期，刊登在会刊上的研究主要有：张任的“水跃公式与水跃实验”，王明之的“震动器填打之混凝土”，陶葆楷的“卫生工程名词草案”等②。

① 国立清华大学土木工程学会，国立清华大学土木工程学会会刊，第 1 期，1932.6。

② 国立清华大学土木工程学会，国立清华大学土木工程学会会刊，第 4 期，1937.4。

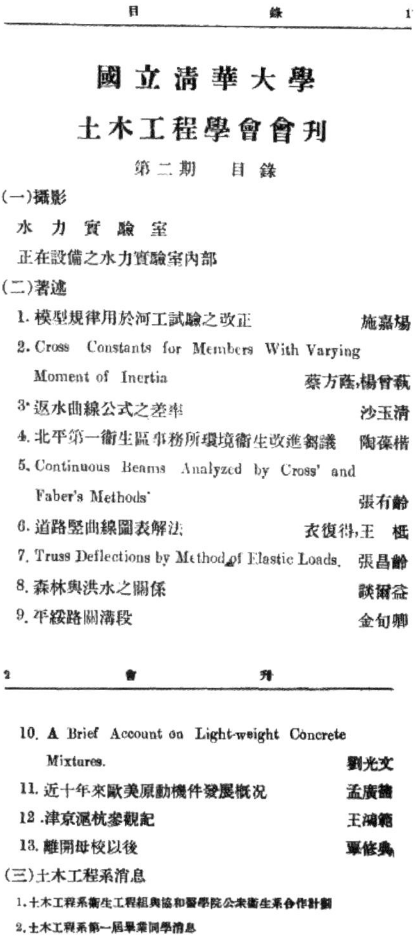

目　　錄　　1

國立清華大學

土木工程學會會刊

第二期　目錄

(一)攝影

水力實驗室

正在設備之水力實驗室內部

(二)著述

1. 模型規律用於河工試驗之改正　施嘉煬

2. Cross Constants for Members With Varying Moment of Inertia　蔡方蔭,楊曾藝

3. 返水曲線公式之差率　沙玉清

4. 北平第一衛生區事務所環境衛生改進芻議　陶葆楷

5. Continuous Beams Analyzed by Cross' and Faber's Methods'　張有齡

6. 道路竪曲線圖表解法　衣復得,王 柾

7. Truss Deflections by Method of Elastic Loads.　張昌齡

8. 森林與洪水之關係　談爾益

9. 平綏路關溝段　金旬卿

2　會　刊

10. A Brief Account on Light-weight Concrete Mixtures.　劉光文

11. 近十年來歐美原動機件發展概況　孟廣喆

12. 津京滬杭參觀記　王鴻韜

13. 離開母校以後　覃修典

(三)土木工程系消息

1. 土木工程系衛生工程組與協和醫學院公共衛生系合作計劃

2. 土木工程系第一屆畢業同學消息

图 2-45　土木工程学会会刊第 2 期目录①

① 国立清华大学土木工程学会,国立清华大学土木工程学会会刊,第 2 期,1933. 6。

土 木 工 程 學 會 會 刊

第 三 期

目 錄

图 2-46　土木工程学会会刊第 3 期目录(一)①

目 次

图 2-47　土木工程学会会刊第 3 期目录(二)①

① 国立清华大学土木工程学会,国立清华大学土木工程学会会刊,第 3 期,1934. 6。

图 2-48　1937 年土木工程学会[12]17

第3章 西南联合大学时期的土木工程学系

3.1 清华大学的南迁及西南联合大学的成立

1936年，日本军队已入侵华北，且华北局势日益混乱。有鉴于此，清华大学当局作出南迁准备，“首先将校中各部分主要设备及图书，在半天内搬上火车运出华北。……此外，并在长沙对岸岳麓山（系丁文江先生所勘定之地址）兴建校舍，学办特种研究专业”[13]79。

1937年7月卢沟桥事变发生，不久北平、天津相继陷落。9月奉教育部16696号令，清华大学南迁至长沙，与国立北京大学、私立南开大学合组国立长沙临时大学[2]2。由北大校长蒋梦麟、南开校长张伯苓、清华校长梅贻琦组成常务委员会，商决一切行政事务，并依教育部科系相同者合并设置的精神，将南开大学的文、理、商3个学院，北京大学的文、理、法3个学院，清华大学的文、理、法、工4个学院，归并设置为文、理、工、法商4个学科17个学系，见图3-1。

其中，工科设置土木工程、机械工程、电机工程、化学工程4个学系[17]12。由于北京大学、南开大学皆无土木工程类的专业，所以，长沙临时大学及后来的西南联合大学的土木工程学系其实就是原来的清华大学土木工程系。按规定各系均设置教授会议及主席，土木工程学系教授会议主席为施嘉炀[17]13。“长沙临时大学本部经教育部与湖南省教育厅事先租定韭菜园圣经学校。该校原为美国教会所办……理学院、法商学院、工学院土木系在该处上课”（见图3-2）[17]11。1937年10月25日，长沙临时大学开学。

“1937年11月1日，长沙临时大学如期开始上课（这个日子以后就成为西南联合大学的校庆日），但没有举行始业仪式。上午九点多，忽然响起空袭警报，大家并无躲避（实也无处可躲），日机来袭，幸未投弹。长沙

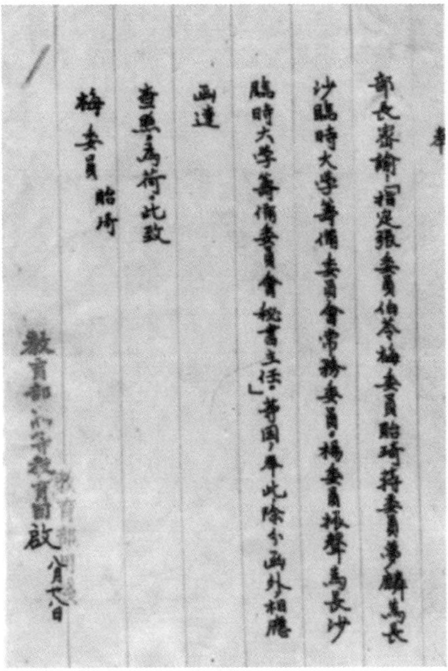

奉

部長密諭：「指定張委員伯苓、梅委員貽琦、蔣委員夢麟為長沙臨時大學籌備委員會常務委員，楊委員振聲為長沙臨時大學籌備委員會秘書主任」等因，奉此除分函外相應

函達

查照為荷，此致

梅委員 貽琦

教育部啟

八月廿八日

图 3-1　1937 年 8 月 28 日教育部关于任命张伯苓、梅贻琦、蒋梦麟为长沙临时大学负责人的密谕[16]58

图 3-2　长沙临时大学校址：租用的湖南圣经学校[16]58

首次被炸是 11 月 24 日，小吴门火车站附近中弹，伤亡甚众，临大未受损。但师生已饱受惊恐，开始体验到战时教育的艰辛了”[17]13。

图 3-3　1937 年吴柳生教授在长沙带学生实习①

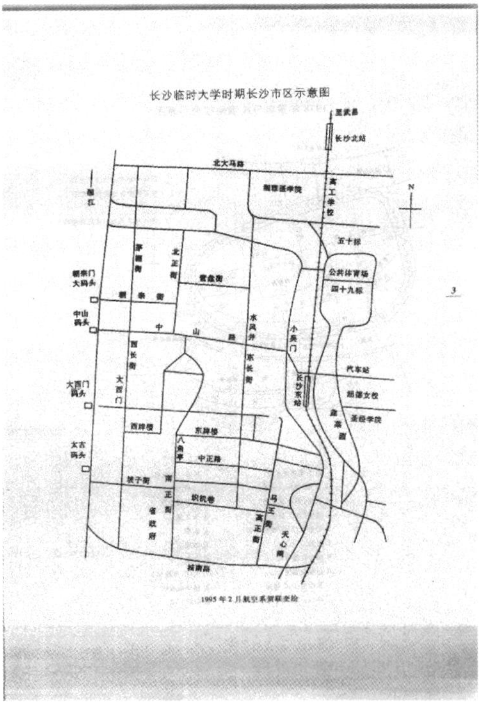

图 3-4　长沙临时大学时期长沙市区示意图[17]3

① 甘绍熺提供。

1937年12月13日南京陷落，不久武汉又告急，日机空袭长沙的次数不断增加，学校"常委会经反复研究，决定迁往云南省会昆明，一则昆明地处西南，距前线较远；再则有滇越铁路可通海外，采购图书设备比较方便。……经反复磋商，终于1938年1月上旬得到最高当局的批准"[17]16。1938年1月20日的第43次常委会做出即日放寒假，下学期在昆明上课的决定。全校师生由学校安排，分海陆两路前往昆明，并于5月2日正式开学。海路"经粤汉路到广州转香港，乘海船到安南（今越南）海防，由滇越路经河口入昆明"，陆路则由湘西经贵州步行至昆明，全程1600余公里，步行约1300公里[17]17-18。土木工程学系学生大多参加了学校组织的湘黔滇旅行团由陆路赴昆明。杨式德（1936年入学）在日记中记述：湘黔滇旅行团学生250人，教职员10人，团长是黄师岳师长。杨式德本人被编为第三大队十四中队九班。2月19日下午出发乘船往湘西，4月28日到昆明①，见图3-5。

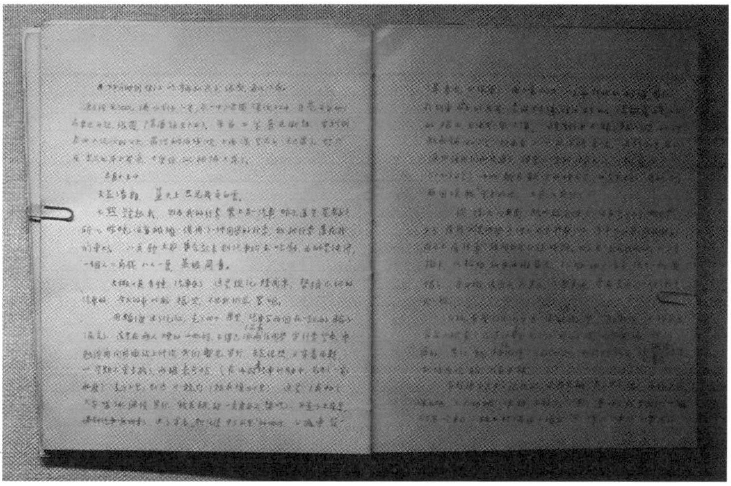

图3-5　校史馆展出的杨式德西南联大行军日记②

"1938年4月2日，教育部以命令转知：奉行政院命令，并经国防最高会议通过，国立长沙临时大学更名为国立西南联合大学"[17]23。初到昆明，"校舍无着，工料两难，建筑需时。……在云南省和昆明市各界人士的

① 《清华校友通讯》，复36期，第132—140页。

② 清华大学校史馆提供。

大力协助下，租得大西门外昆华农业学校作为理学院校舍，租得拓东路迤西会馆、江西会馆、全蜀会馆作为工学院校舍……”[17]24（见图3-6，图3-7）。

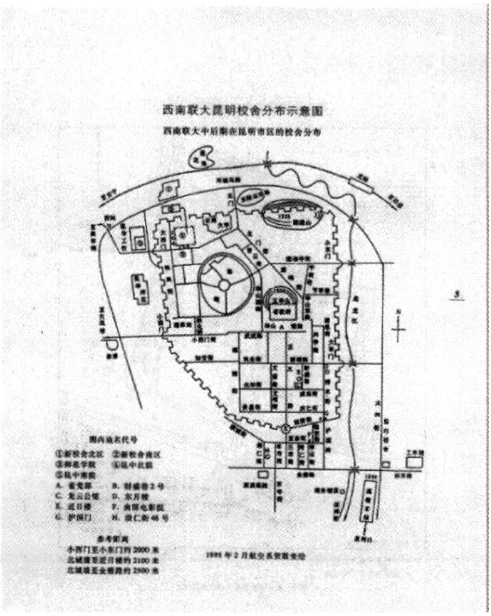

图3-6　西南联大昆明校舍分布示意图[17]5

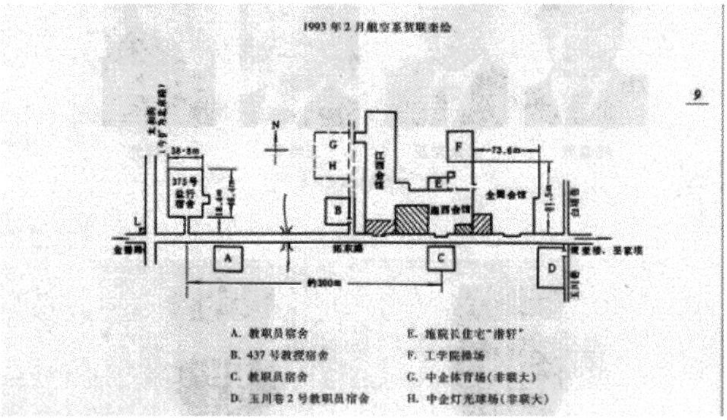

图3-7　工学院校舍位置示意图[17]9

在昆明的8年，土木工程系就一直在迤西会馆办学。西南联大建校初期的院系设置和行政组织系统基本上维持长沙临时大学时期的原状。后期院系虽有调整，但土木工程系皆未受到影响。

3.2　师资队伍

西南联大期间，由于各种原因，教师队伍变动较为频繁，但土木工程系的教师队伍相对较为稳定，变化不是很大。长沙临时大学时期，土木工程学系教授会主席为施嘉炀，迁至昆明后，施嘉炀担任工学院院长（见图 3-8），由蔡方荫继任教授会主席（1939 年起改称为系主任）。1940 年 6 月，蔡方荫调离后由陶葆楷担任，直到抗战胜利，三校复员。1938—1946 年先后受聘西南联大担任教授的有：施嘉炀、王裕光（王明之）、张泽熙、蔡方荫、陶葆楷、李谟炽、吴柳生、陈永龄、覃修典、张有龄、王龙甫、衣复得、张昌华、李庆海、阎振兴、刘恢先、谭葆泰，见表 3-1[8]37。

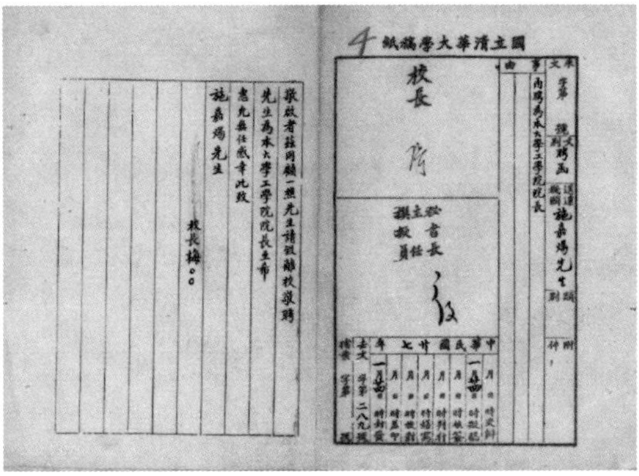
國立清華大學稿紙

施嘉煬先生

校長梅○○

校長

图 3-8　施嘉炀担任工学院院长聘书①

表 3-1　国立西南联大土木工程系教授名册[17]257-260

姓　名	籍　贯	出生年份	学　校	获得学位（学校）	备　注
施嘉炀	福建	1902	清华学校（1923）	土木工程硕士（康奈尔大学） 机械工程硕士（麻省理工学院）	
蔡方荫	江西	1901	清华学校（1925）	工程硕士（麻省理工学院）	中国科学院院士（1955）1940 年调离

① 清华大学档案馆提供。

续表

姓　　名	籍　　贯	出生年份	学　　校	获得学位(学校)	备　　注
陶葆楷	江苏	1906	清华学校(1926)	土木工程学士(麻省理工学院) 卫生工程硕士(哈佛大学)	
张泽熙	江西	1896	北京大学	土木工程学士(麻省理工学院) 市政卫生工程硕士(哈佛大学)	
王裕光(王明之)	上海	1898		土木工程硕士(康奈尔大学)	
吴柳生	浙江	1903	清华学校(1928)	学士(麻省理工学院) 硕士(伊利诺大学)	
李谟炽	湖南	1907		土木工程学士(普渡大学) 道路工程硕士(密歇根大学) 卫生工程硕士(麻省理工学院)	
王龙甫	江苏	1904		博士(康奈尔大学)	
阎振兴	河南			工程博士(衣阿华大学)	
李庆海	河北	1910	交通大学唐山工学院	哲学博士(康奈尔大学)	
陈永龄	北京	1910	清华大学土木系	博士(柏林大学)	中国科学院院士(1980)
刘恢先	江西	1912	交通大学唐山工学院	工程力学博士(康奈尔大学)	中国科学院院士(1980)

“在教师队伍中还有一批年轻的教员、讲师及助教……他们的更迭较大。这期间曾在土木工程学系任教的先后有刘嶲快、茅荣林、吴尊爵、邹承曾、梁治明、朱宝复、王茨蘅、袁随善、成莹犀、范纯一、冯钟豫、陈致忠、何广慈、陈善庄、杨式德、吴匡、廖仲周、卢肇钧、谢旭华、陈其亨、石光昌、王宝基、张爕、王国周、陈中(陈牧天)、高伟烈、梁衍、赵深、莘耘尊、赵璜、陈本善、陈继安、李学澄、黄宇庭、唐汉诚、孙训方、陈燕(陈雨波)、陈怀德、殷之书。”

据1942—1943学年的资料，全系教授共10人，他们是：施嘉炀、陶葆楷、王裕光、张泽熙、李谟炽、吴柳生、王龙甫、李庆海、阎振兴、张昌华。以后相继聘请陈永龄、衣复得、刘恢先任教授。副教授有覃修典、张有龄、唐振绪，另有教员、助教共 20 余人，见表 3-2。

土木工程系的教授平均年龄在 40 岁左右，他们多数曾留学美国，在麻省理工学院或康奈尔大学等攻读，获有硕士或博士学位。

表 3-2　国立西南联合大学土木工程系教职员名录[18]306-307①

系主任					
施嘉炀	（1937 年 10 月 4 日任，后辞）				
蔡方荫	（1938 年 5 月 7 日任，1940 年 6 月辞）				
陶葆楷	（1940 年 6 月 23 日任）				
教授					
蔡方荫	施嘉炀	王裕光	陶葆楷	张泽熙	李谟炽
吴柳生	王龙甫	陈永龄	衣复得	夏震寰	李庆海
阎振兴					
副教授					
覃修典	（1939 年已任）				
张有龄	（1939 年已任）				
唐振绪	（1940 年已任）				
讲师					
曾广樑	（1940 年 4 月 23 日聘）				
梁　衍	（1943 年 9 月 20 日聘）				
赵　深	（1943 年 9 月 20 日聘）				
张昌华	（1943 年已任）				
教员					
杨式德	（1943 年已任）	谢旭华	（1943 年已任）		
高伟烈	（1943 年已任）	张燮	（1943 年已任）		
王国周	（1943 年已任）	廖仲周	（1943 年已任）		
赵　潢	（1943 年已任）	陈本善	（1943 年已任）		
助教					
刘嶲快	（1939 年已任）	吴尊爵	（1939 年已任）		
茅荣林	（1939 年已任）	王次衡	（1939 年已任）		
袁随善	（1939 年已任）	陈永龄	（1939 年 7 月 11 日聘）		
邹承曾	（1939 年已任）	范纯一	（1940 年 1 月 14 日聘）		
李学澄	（半时，1943 年 9 月 22 日聘）				
莘耘尊	（1944 年 2 月 16 日聘）				
书记					
张明贵					

① 该名录数据不全，仅供参考，具体说明参见《国立西南联合大学教职员名录》，清华大学校史研究室，《清华大学史料选编》，第 3 卷下册，第 275 页。

续表

助教					
绘图员	段宗儒				
半时绘员	庞　福				
练习生	赵冠群	叶利芬			

土木工程系教授的个性也十分鲜明。1941 级校友廖仲周曾撰文回忆："'时间过得真快!'凡是土木系的同学,大概一听到这句话,便会想到当年系里十大教授中年纪最长而又最风度翩翩的张泽熙老师。每次在欢送毕业班的茶会上,张老师被请致辞时,一定少不了这一句开场白。因此,在我们 1941 级的毕业茶话会上,当张老师刚刚说完'各位同学',便有几位顽皮的同学,不约而同地,众口一词接下去'时间过得真快!'。一阵哄堂大笑之后,满以为张老师这一回一定会改弦易辙,推陈出新了。谁知他老人家却不慌不忙,等大家笑声初歇重新洗耳恭听的时候,还是微笑地说,'时间是真的过得很快!'于是又重新来一次哄堂大笑。工学院的教授们,大概十之八九是有这种'机械式'的习惯的,例如某教授讲任何一个问题,不论大小,一定要分 a、b、c 三点,好像缺一不可。……对于连任多年院长的施嘉炀教授,走起路来总是昂首挺胸,学生送给他的外号叫作'tension',他年轻、英俊,有行政头脑和风度。他是土木、机械、电机的三科硕士,而在联大时期,则专致于水力发电和水文学的研究。他的讲课笔记是最有条有理的,学生完全可以不用去课堂听讲,只要借上课同学记的笔记读一读,便可弄懂这一堂课所讲的内容。至今我还不明白他怎么能把一个问题如数家珍地、像潘光旦教务长分析家谱那样划分为 1、2、3、…,A、B、C、…,然后又分为 a、b、c、…,像树枝分杈地展开出去。曾任土木系主任的蔡方荫教授,精打桥牌,据说为清华的四个种子选手之一。……他讲结构学,讲得有声有色,专攻重点与疑难问题。在课堂上从来不说半句闲话,不点名,也不记学生名字。考试题采用'看图识字'式,决不多写一个字,但题目可不含糊,考公费出国留学的试题也拿来考月考。及格与否,全凭试卷,毫无半点感情成分。"当时,清华记分法分为五等：超、上、中、下、劣,分别以 E(学生们戏称为"金齿耙")、S("银麻花")、N("三节

鞭”)、I(“当头棒”)、F(“手枪”)标志①。“土木系九级同学送给蔡老师一个外号叫‘蔡妖’(妖是清华园里带有浓厚地方色彩的名词,并无贬义,意为与人不同的人)。事有凑巧,八级土木系有一位姓梅的同学,也精于及迷于打桥牌,桥牌的入迷程度又与众不同,同学也送他一个外号叫‘梅妖’,蔡、梅二妖在牌桌上曾多次交手,各有千秋。然而在课堂上,情况就截然不同,梅妖曾多次修习结构学,蔡老师亦多次以‘手枪’相赠,梅妖最后也看出‘雄关漫道真如铁’,闯过去谈何容易,于是就转到城里别一间大学,真是冤家路窄,蔡、梅二妖又在结构学课上再度相逢。第一次月考下来,梅妖的试卷得个优等。他兴高采烈地问蔡老师,为什么在清华尽得‘手枪’,而今却翻了个身呢,蔡老师微笑地说,标准不同嘛。大家相视而笑,前嫌尽释,又联袂去打桥牌。与蔡老师截然相反的是前面提到‘时间过得真快’的张泽熙老师,同学称之为‘印象派大师’。他对学生的看法是:好的终归是好的,坏的想变好也好不到哪里去。因此,考他的第一次月考非常关键,第一次月考考好了,以后就不必耽忧了。但是,张老师的印象主义,比起土木系教授王明之老师,则又小巫见大巫了。王老师学问渊博且经验丰富,清华园里的新洋楼和联大的新校舍,都由他主持设计和负责施工的。他的一口吴侬语,又土又地道,非江浙同学实在吃勿消。他对学生的考试卷,据说是从来不批阅的,学期终了,教务处催成绩了,他闭目一想,分数就此打好了,从60分到70分,既不多给,也不少算。”②

土木工程系的教师教学任务相当繁重,“几位主要教师在抗战期间始终坚持教学工作,而且每学期都开出两门乃至三四门必修基础课,并安排有关的实验、实习与设计等。教学认真,对学生要求严格。尽管当年生活条件十分艰苦,教学设备简陋,但他们都精神振奋、充满信心地默默耕耘”[17]257。

1938级的庞瑞及1941级的杨玉玮校友共同撰文回忆:“蔡方荫老师是位严肃的人,身材不高,平时重视仪表,走起路来急匆匆的,总是像忙着什么,在学生中威信很高,是同学们最敬爱的师表之一。……他讲课认真,并以英语授课……蔡老师的课,前十几分钟可不必太注意,常是就这

① 黄延复:《钱钟书在清华》,载《清华校友通讯》,复18期。

② 廖仲周(1941级):《联大时期的工学院》,载《清华校友通讯》,复5期。

一讲的疑难问题，说自己曾与某某学者通信讨论过，在某杂志上发表过论文，最终，常是慨叹自己的好东西被别人写进书里，而自己则不被人所知。十几分钟后，只要听到'Now，then'二字一出口，便在黑板上边画边讲，口若悬河，讲的全是要点，只要同学们注意听，抓紧记，下课后全章的疑难处都可迎刃而解。蔡师果然下功夫写书了。等到1941届同学在三年级读结构学时，终于不再选用英文课本而代之以蔡师写的书。最初是蓝晒的样本，广征博引，十分精深，是国内的第一部中文本结构学，堪称创举。……记得在1939年秋季，蔡师上第一堂结构课时，面有得色，指着蓝晒本巨著笑着说：'这本书里，吸收了当代最新的结构理论成果，是我的心血结晶……'后来这部《普通结构学》由商务印书馆出版，分上、中、下三卷，不仅是西南联大的传统教材，也成为国内各大学工学院和土木建筑工程师们的重要参考书。"①

3.3 课程设置

"西南联大的土木工程系可以说是战前清华大学土木工程学系的继续，其教育方针也同战前一样，着重培养具有土木工程方面广泛的基本知识的通才"[17]251。1938—1939年，国民政府相继制定了《战时各级教育实施纲要》《大学共同必修科目表》《各院系必修、选修科目表》等规定，以加强对各校课程的统制。但西南联大教授认为"大学为最高学府，包罗万象，要当同归而殊途，一致而百虑，岂可刻板文章，勒令从同。……盖本校承北大、清华、南开三校之旧，一切设施均有成规，行之多年，纵不敢谓为极有成绩，亦可谓当无流弊，似不必轻易更张。"[18]191-192 因此，"联大的课程，除少数是照'部定'科目执行外，其他课程均是按联大初期在原三校课程基础上，作调整变通后排定的科目组织教学"[19]。此时，土木工程系的师资更为充实，于是将原有的铁路及道路工程和水利及卫生工程两个学科组调整为结构工程、水利工程、铁路及道路工程和市政及卫生工程四个专业组，所开设课程大体与战前清华大学土木系相同。各组学生头三年所修课程完全一样，四年级才分别学习与本组有关的五六门必修课，以便

① 庞瑞，杨玉玮：《忆蔡方荫老师》，载《清华校友通讯》，复21期。

毕业后适应工作需要[17]251。四年所学课程学分累计达 140～143 学分，必修课程全部及格方可毕业。土木工程系开出的必修及选修课程达 60 余门（见表 3-3，表 3-4）。

表 3-3　土木工程学系必修课程及学分数[17]253-254

一年级		国文（6），英文（6），微积分（8），普通物理（8），经济学简要（4），工程画（2），投影几何（2），工厂实习（3），合计 39 学分
二年级		普通化学（8），静动力学（4），材料力学（4），热机学（3），机件学（3），工程地质学（2），测量学（10），工程制图（3），铁路曲线及土方（3），金工实习（1.5），暑期中：大地及地形测量（2），水文测量（0.5），铁路及道路曲线实习（1），合计 45 学分
三年级		工程材料学（3），微分工程（3），实用天文学（3），结构学（6），结构设计（4），钢筋混凝土结构（3），铁路工程（3），道路工程（3），电机学（3），电机实验（1.5），水力学（3），水力实验（1.5），合计 37 学分
四年级	结构工程组	给水工程（3），工程估计及契约（1），高等结构学（6），结构设计（二）（3），高等结构设计（2），铁路设计（2），合计 17 学分
	水力工程组	给水工程（3），工程估计及契约（1），水文学（2），河港工程（3），灌溉工程（2），水力发电工程（4），水工设计（2），合计 17 学分
	铁路道路工程组	给水工程（3），工程估计及契约（1），圬工地基及房屋（3），钢筋混凝土设计（3），道路工程（二）（1.5），道路设计（2）铁路工程（二）（3），铁路设计（二）（2），道路材料试验（1.5），合计 20 学分
	市政及卫生工程组	给水工程（3），工程估计及契约（1），水文学（2），下水工程（3），市政及卫生工程（3），卫生工程设计（2），卫生工程实验（1.5），道路设计（2），铁路设计（2），合计 19.5 学分

图 3-9　1942 年寒假测量①

① 清华大学档案馆提供。

图 3-10　1945 年寒假土木工程系学生在昆明大观楼测量实习[16]68

表 3-4　土木工程系专业必修课任课教师[17]254-255

课程名称	开课教师
测量学	吴柳生、张泽熙、陈永龄、李庆海等(本系)；杨式德、陶葆楷、梁治明(外系)
工程制图	张泽熙、杨式德、梁治明、李庆海、王明之、王龙甫
铁路曲线及土方	李谟炽、张泽熙
工程材料学	吴柳生(主要)、周惠、李谟炽、杨式德
实用天文学	张泽熙、覃修典、衣复得、李庆海
结构学	蔡方荫、王龙甫、王明之、刘恢先
结构设计	吴柳生
钢筋混凝土结构	王龙甫、王明之
道路工程	李谟炽、张昌华、王师羲、李庆海
铁路工程	张泽熙
水力学	覃修典、衣复得、陶葆楷、阎振兴(本系)；张有龄、吴尊爵、张昌华、冯钟豫等(外系)
水力实验	覃修典、衣复得、陶葆楷、阎振兴(本系)；朱宝复、李谟炽、施嘉炀、杨式德、刘俊潮、陶葆楷等(外系)
给水及下水工程	杨铭鼎、陶葆楷
工程估计及契约	王明之
高等结构学	蔡方荫、王龙甫
高等结构设计	吴柳生、王龙甫、王明之
铁路设计	张泽熙
水文学	施嘉炀
河港工程	施嘉炀、覃修典、衣复得
灌溉工程	覃修典、张有龄、衣复得、阎振兴
水力发电工程	覃修典、衣复得、施嘉炀、阎振兴
水工设计	覃修典、衣复得、阎振兴
圬工地基及房屋	王明之
钢筋混凝土设计	王明之、王龙甫

续表

课程名称	开课教师
道路设计	李谟炽、张昌华、王明之
道路材料试验	李谟炽、吴柳生
市政及卫生工程	陶葆楷
卫生工程设计	杨铭鼎、陶葆楷
卫生工程实验	杨铭鼎、陶葆楷、高伟烈

四年级各专业组的必修课程为 17~20 学分，而教务通则规定，每个学生每年必须修习 28 个学分以上，所以，在修完各组的必修课的同时，还必须修习 8~11 学分的选修课程，方能满足要求。在 1940 年以前，还开设过一些三四年级的必修课程，后期则未再开设（见表 3-5，表 3-6）。

表 3-5　土木工程系开设过的必修课程[17]255-256

课程名称	学分	授课教师	开课年份	修习年级	更改
环境卫生及都市设计	2	杨铭鼎	1937—1938	三年级	
都市计划	1.5	李谟炽	1938—1939	三四年级	
桥梁设计	2~3	吴柳生	1937—1939	四年级	
高等铁路工程	3	张泽熙	1937—1939	四年级	
高等道路工程	2	李谟炽	1937—1939	四年级	
养路工程	2	李谟炽	1937—1939	四年级	
铁路养护	2	张泽熙	1939—1940		
高等水力学	1~2	施嘉炀	1937—1942	四年级	1937—1942 年共开 5 次，1938—1940 年为必修，其余 3 次为选修
材料实验	1.5	吴柳生	1938—1938	三年级	
高等材料力学(一)	2	张有龄	1938—1939	四年级	1940—1941 年起改为选修，(一)(3)，(二)(2)，均由王龙甫讲授
高等材料力学(二)	2	张有龄	1939—1940	四年级	

续表

课程名称	学　分	授课教师	开课年份	修习年级	更　改
高等卫生工程	2~3	陶葆楷	1938—1939	四年级	1940—1941 年改为选修
土壤力学	2~3	张有龄	1938—1940	四年级	1941—1941 年以后改为选修，先后由王龙甫、阎振兴讲授。1942—1943 年还开出土壤力学(二)(3)，为四年级选修，由阎振兴讲授
河工学	2	施嘉炀	1944—1945		水力工程组必修

表 3-6　土木工程系开设过的选修课程[17]255-257

课程名称	学　分	授课教师	开课年份	备　注
堡垒工程	1	施嘉炀	1937—1939	
要塞建筑	1	施嘉炀	1938—1940	
要塞工程	1	斯达维司基	1940—1941	
野战堡垒	1	施嘉炀	1940—1941	
军事运输	1	张泽熙、李谟炽	1937—1938 1940—1942	共开 3 次
军用桥梁	1	蔡方荫、王明之	1937—1940	共开 3 次
军事卫生工程	1	杨铭鼎	1937—1940	共开 2 次
军用结构	1	王明之	1940—1944	共开 4 次
飞机场设计	1	吴柳生	1937—1945	共开 7 次 (1940—1941 年未开)
地形图投影法	2	陈永龄	1939—1940	
铁路号志	2~3	张泽熙	1939—1942 1943—1945	共开 5 次
悬桥	2	王明之	1940—1942	共开 2 次
航空测量	2	陈永龄、李庆海	1940—1942	共开 2 次
公路管理	2	张昌华	1942—1943	
建筑设计初步	1.5	梁衍	1943—1944	
造船学概要	2	白英 (Robert Payne)	1943—1945	共开 2 次
船舶设计	1.5	白英 (Robert Payne)	1944—1945	
专题研究	1~4		1941—1944	四年级选修

“继承清华和南开的传统，西南联大十分重视体育课。……为此从一年级到四年级每学期都有体育课。每周上课两次，每课都要点名。虽然不计学分，但体育不及格，同样必须重修。因某一学期体育课不及格需要

补修而推迟一年毕业者不乏其人。”[17]38

3.4 人才培养

长沙临时大学设立后，“学生之收纳以北大、清华、南开三校学生为主……之后，即在京、沪、汉、粤、浙、湘、鲁、豫各地登报公告，同时通过电台广播、私人通信等多种方式传出限期报到的消息，三校学生纷纷来到长沙……此外，又遵照教育部，酌收若干借读生。凡在教育部立案，性质相当，而现已停办之学校，其学生皆可来临大借读，计接纳借读生 218 人。另有北大和清华在武昌联合招收的新生和南开中学毕业后直升大学的新生 114 人……据长沙临大于 1938 年 1 月铅印学生名册，新旧学生共 1500 多人”[17]13。当时，清华大学土木系十、十一两级学生正在山东济宁进行测量实习，得到通知后，全数来到长沙，其他各级同学在获得信息后，也纷纷赶来。至长沙临时大学开学时，土木系学生已达 130 人，借读生 14 人[17]443，见表 3-7。

表 3-7　长沙临时大学土木工程系学生人数[17]443

年　　级	本校人数	借读生人数
一年级(1938)	22	5
二年级(1937)	33	5
三年级(1936)	32	1
四年级(1935)	43	3

1938 年后，西南联大通过全国高等院校统一招考录取新生和转学生，“这一时期，由于政府着重办工科，工学院在校学生人数续有增长”[20]。1938—1945 年，土木系招收新生共 298 名[17]457。1938—1945 年，共接收转学学生 88 人[17]486-497，毕业学生共 237 人[17]478-479（见表 3-8~表 3-10，图 3-11）。

表 3-8　西南联大土木工程系招生人数[17]457

入学年份	1938	1939	1940	1941	1942	1943	1944	1945	合计
招收新生	60（8N）	45	27	52	29	30	28	27	298

表 3-9　西南联大土木工程系转学生、借读生人数（二年级以上）[17]486-497

年份	1938	1939	1940	1941	1942	1943	1944	1945	小计
二年级	21	17	8	6	3	4	7	4	70
三年级	9	1			2			1	13
四年级		3			1	1			5
合计	88								

图 3-11 西南联大土木系 1945 级在昆明拓东路迤西会馆望苍楼前毕业合影①

表 3-10 西南联大土木工程系毕业生人数[17]478-479

学籍	1938/1939	1940	1941	1942	1943	1944	1945	1946	合计
联大		2	9	14	39	4（23）	18（1）	22	132
清华	27/25	17	17	5	3	0	4	1	99
南开	0	0	1	1	4				6
合计	237								

① 清华大学档案馆提供。

工学院一年级学生一年学习结束后，必修课程全部及格，才能成为工学院二年级学生。“工学院教师在教学中重视基本概念的讲解与基础知识的传授，对学生要求十分严格。如静动力学、机械原理、热力学、电工原理等基础课程或每月或两周考试一次。每个年级每周至少有一门考试，也有在两次以上的。考试一般随堂进行，有的于星期日上午举行，考试题目灵活多变，与平时练习作业绝不雷同。既能及时检查学生掌握知识的程度，又充分显示了任课教师的业务水平。评定考试及实验报告成绩也十分严格。图纸要上墨，这对培养未来的工程师十分必要。……工学院的学习纪律十分严格。上课时先检查出席情况。有的教师不准迟到的学生进教室。迟到等于旷课，旷课达到一定次数即不得参加考试，得不到学分，这门课程就需重读。有些基础课程有连续性，先修课程不及格，不得选读后续课程，势必影响毕业的年限。工学院学生有的学满五年才拿到毕业文凭，就是这个缘故。”[17]249-250

图 3-12 西南联大时期土木系师生

（就座者左起：王明之、吴柳生、蔡方荫、陈永龄、张泽熙、李谟炽，右一杨式德，站立的有陶葆楷）①

土木系也是完全继承了清华的传统，“即便学习条件极显不足而要求

① 清华大学档案馆提供。

仍严格，除每课均留有作业外，主课如机件学、静动力学、结构学等每两周（在不同学期、相间地）必测验一次。在高淘汰率制度下，能在既定期限（4年）完成学业是很不容易的”[17]253。土木系十九级学生胡兆炘记叙：“工学院二三年级的考试特多，几乎每周都有考，而考试大都不占上课时间，不是早上上课之前，便是晚上，再不然就是星期日。土木系李庆海先生的测量，大都在星期日考，一考便是四小时，这门课占五个学分，如不及格则威胁极大（当时教育部规定二分之一的学分不及格得离校，三分之一不及格则取消公费）。其他学校，测量这门课大都不属逼人的课，而李先生则逼得甚紧”[13]286。土木系1948级系友李方训（莫仲明）回忆：“土木系实习较多，如铁路曲线、水力学、材料试验、工程地质等，最多的还是与测量有关的实习，多在昆明拓东运动场作；水文测量是在大观楼公园海埂以内的水域于小船上进行；地形图平板仪实绘是在古幢公园（在状元楼以东，拓东运动场以南，园内驻滇军，平日不开放）。结合实际还是比较紧密的”①。学生生活虽紧张，课外活动仍很活跃，经常组织球类比赛、远足、郊游，保持身心健康。光德正在《联大工学院生活追忆》中写道：“工学院同学天天考试，算尺绘图仪器不离身，那是出了名的。……其实，工学院学生也有他们的忙中取乐、调剂生活的方式，那就是体育和音乐方面的格外爱好，什么铁马体育会啦，喷火体育会啦，参加各种球类比赛或其他团体活动，都是有声有色，从不后人，而更好音乐的尤其不少”[13]209。土木系十九级学生胡兆炘记叙：“工学院则有铁马体育会，倒是一直都有活动的，笔者也忝为会员之一。土木系十七、十八、十九三级曾举办过一次周末师生西山露营登龙门。胜利后在施嘉炀院长出国前，工学院曾在某星期日举办过一次运动会……同学纷纷报名参加，笔者自不例外……最后的大轴，是教职员的四百接力表演，施院长跑第四棒，真是老当益壮，姿态不减当年。工学院还办过一次营火会，是在工学院后面的秋收后的田地举行的”[13]290。

粟一凡（1941级）校友回忆：“在工学院学习期间，我们大多数人的生活都非常艰苦，经济也很紧张，但是有些同学每个月还是要挤出点点钱，到附近的南屏电影院去看一两场电影。因为只能买价钱最低的入场券，

① 李方训：《难忘的年代》，载《清华校友通讯》，复17期，第112页。

座位就紧挨着银幕，所以电影上演时必须用‘仰天长啸’的姿势，高高地抬起头来观看，经常是一场电影下来，脖子要痛很长的时间。然而当时正值40年代，除了国产的少数抗战影片以外，国外进口的一些优秀影片还是很有欣赏价值的，像《魂断蓝桥》《翠堤春晓》《侠盗罗宾汉》《铁马》等，都在南屏影院放演过，给工学院的影响也比较大。例如，工学‘铁马体育会’的会名、戴世伦兄的浮号 Robinhood 等就都是来自电影片名。另外，《翠堤春晓》中‘When we were young！’这首歌也曾在盐行宿合内风靡一时，不少同学都会哼上两句‘牛拖米，牛拉米’（You told me，you loved me）”①。

土木系同学还积极开展勤工俭学活动，利用自己所学知识为社会提供服务的同时也解决部分学习、生活费用。“为了采取‘勤工俭学’的办法，为同学们筹措些所需的学习和生活费用，在1941年1月的寒假中，我们班同学得到系主任陶葆楷老师的同意和支持，组织了‘联大土四同学寒假工程服务社’，推选我与卢肇钧担任正副社长，并且在《云南日报》上刊登了一个广告，公开向社会招生意，服务的项目包括有勘测试验、规划设计、制图施工等。没有几天，就接到了一些工作，其中主要有：昆明巫家坝飞机场排除积水的地形测量工作、昆明中央电工器材厂的天线定向测量工作、资源委员会厂房建筑施工的监督工作。它们之中又以巫家坝机场地形测量的工作量最大，所以班上的大部分同学都参加了这项工作，并且都住到机场一角的一所小房子内。每天黎明即起，早出晚归，晚上还要整理内业，工作相当紧张。到寒假结束时，机场的地形图还没有全部绘好，是由我与王宝基在上课后继续挤出了些时间，最后共同完成的。这次工程服务对我们不仅起了‘毕业前生产实习’的作用，而且所获得的酬金也是可观的。除去补助了同学们一部分生活和学习费用，编制了毕业纪念册以外，我们还向系办公室提供了一笔奖学基金，计划以每年的利息收入奖给我系当年学习成绩优秀的同学。”①

秉承土木系各年级都有自发组织级会的传统，到昆明后，各年级仍相继成立级会，并以一个具有代表意义的字作会名。

在昆明拓东路278号宿舍里，住着土木系二年级40余名学生……他

---

① 粟一凡（冀寰）：《盐行琐忆——西南联大工学院生活》，载《西南联大北京校友会期刊》，第46期，第169—170页。

们经过了暑假的测量实习和各种社会服务之后，又聚首在三年级课堂的时候，班级的学习和生活更加活跃和融洽，于是正式建立了级会，取名“沬”会（见图 3-13），并建立了“土三篮球队”，在工学院内无敌手……

图 3-13　1941 年土木系“沬”会合影

注：“沬”是水利、土木的合称，第一排左起：王龙甫、吴柳生、李谟炽、张泽熙、施嘉炀、陶葆楷、王明之，前排右二：杨式德[①]

“堞会”会友是 1938 年联大招生，1942 年联大毕业的学生，是联字学号土木系的老大哥，堞字代表“土木卅一”，即 1942 级级友。堞是军事工程，也意寓着与土木工程的关系。

1939 年教育部统一考试招进的新生，都住在大西门外新校舍，床位是按到校先后排列的，并不分系，二年级才搬到工学院住地拓东路，住在一个能容 40 人的大房间里。由于住在一起，大家很快就熟悉了，于是就组织了级会……同时也选定了孙玉祥级友所题“耘”字为会名，表示土木系 1943 级毕业，和三校大联合……

1940 年入学的土木系学生，是在四川叙永读一年级，共 20 余人，有 4 位女生。考试后准升入二年级者只有 8 人，二年级到了昆明，工学院只剩 7 人，加上复学、借读、试读的同学也有 20 余人。这就是土木系 16 级“耕会”会友[12]117-118。

① 清华大学档案馆提供。

“土木系每级级会都有个会名，大概土木系都是些测字先生，会名都是由土木及级别凑成，十九级名榉会，二十级名茉会，都是由何焕生兄提出经级友通过的”[13]290。

西南联大土木系的毕业生分布在铁道、公路、水利、水电、建筑、船舶等各个工业部门及科研院所任职，也有不少在高等学校相关专业任教，在各自领域内做出了重大贡献。其中被评选为中国科学院学部委员（院士）的有卢肇钧（1991）、陈彪（1980）；被评选为中国工程院院士的有龙驭球（1995）、李鹗鼎（1995）、叶铭汉（1995）。毕业后到美国麻省理工学院深造并留校深造的李诗颖则当选为美国工程科学院院士。此外，还有不少成为知名专家、研究员、大学教授及国家各部门、厂矿负责人，如姚渠芳、殷之书、姚应尊、庞瑞、沈功、张闻礼、王宝基、曹乐安、仝允杲、陈舜瑶、许京骐、杨式德、王国周、张良铎、王雄风、刘元鹤、余常昭、王继明、李国鼎、熊知行、李鼎声、魏兆麟、沈季能、何广慈、涂楚平等[17]261-263。

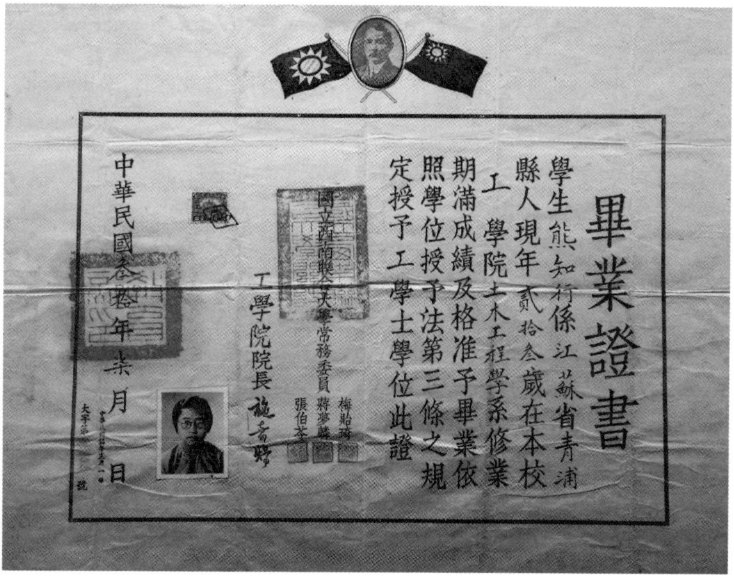

图 3-14　熊知行西南联大毕业证书①

① 清华大学校史馆提供。

3.5 科学研究及技术服务

1. 教学科研设施

西南联大期间，在试验及设备方面，土木系仍保持了战前清华土木系的4个实验室[17]261-263，即工程材料实验室、道路工程实验室、市政卫生工程实验室和水力实验室，以及测量仪器室[15]194。实验室方面在昆明开始建设时比较缓慢；经过4年后，因地区建设也有需要，得到经济上的援助，进展较快[21]21。但由于实验室需要重新建立，因此较之战前相差甚远，保留最好的是测量仪器室，损失最大的是水力实验室[15]172。由于战前土木系的大批书籍、仪器随学校的物资一起运往武汉暂存，1937年暑假二三年级学生在山东济宁测量实习后直接前往长沙，所有测量仪器都得以保全。其中除德国科恩厂制造的精密光学经纬仪和精密水准仪各一台外，尚有铟钢卷尺以及瑞士威特光学经纬仪、普测经纬仪、工程水准仪、平板仪、罗盘仪、求积仪等达数十件之多，从而充分满足了测量学科的教育与科研工作的需求①。供大地测量基线的铟钢尺是当时昆明地区唯一的一把，曾借给驻昆各机关轮番使用[17]251。

工程材料实验室设备较多，还曾为云南省建设厅林务处、滇缅铁路工程处做过滇产木材机械性能试验，与云南省建设厅林务处合设了滇产木材实验室；道路材料实验室与交通部公路管理总处合设公路研究实验室，研究路面改良和土壤稳定；水力实验室由于战前设备完全损失，虽经建设，规模甚小，1940年与经济部中央水工实验所合设昆明水工实验室后设备增多；卫生工程实验室曾为昆明市政府化验水样[17]251,[21]21。

2. 科研工作与技术服务

土木工程系在这一时期的科学研究工作在工学院各系中较为突出。曾与当地政府机关合作，在水利工程、公路研究、材料试验等方面做了不少实际工作，先后发表论文74篇。其中有试验依据和独立见解的计22篇，约占30%，杨式德的《空间钢架应力分析》《红烧土试验方法》等在当时是具有一定水平的论文[15]191,[17]251。

---

① 祝彤：《回忆清华土木系测量组若干事》，载《清华校友通讯》，57：35。

在水力工程方面,1938 年与资源委员会合作组成云南省水力发电勘测队,由施嘉炀主持。工作两年,完成两期勘测任务,提出了初步的水力资源开发计划,设计出一批小型水电站。其中螳螂川水力发电的设计被资源委员会采纳,动工兴建。1940 年,水力工程组开始与云南省经济委员会合作,勘测设计了发电量为 3000 千瓦的腾冲水电站。由于日军侵滇,工程被迫停止。后又设计并建成了发电量为 300 千瓦的富民县水电站。合办的昆明水工实验室,由施嘉炀、阎振兴负责,主要的试验工作有:(1)云南腾冲发电厂节制闸与引水模型试验;(2)甸溪河拦河坝改正计划模型试验;(3)云南省之水文研究;(4)昆明区附近之径流系数试验等,并出版了昆明水工研究丛刊。发表的论文有:施嘉炀的《昆明集雨之分析》《水力发电厂木引水管设计》《云南之水力开发问题》。

在公路研究方面,由李谟炽任公路研究实验室主任,试验工作进行了两年,主要研究有路面的改善、土壤的稳定、代用材料、经济分析等等。出版《公路月刊》(两卷八期)和《公路丛刊》。其中有实验报告 14 篇,公路学术介绍性论文 23 篇。还曾与美军工程处合作进行各种公路路面的多种实物的试验。

在材料试验方面,合设的滇产木材实验室开始研究滇产木材的种类及其力学性能,做了多种试验。同时还与中央研究院植物研究所合作,进行木材物理性能的试验,研究了木架连接问题,由吴柳生写出《木材结构接圈试验报告》。1944 年材料实验室接受滇缅公路工务局及美国陆军供应处工程部的委托,进行该路沿线所产木材强度之试验,完成《滇缅公路沿线木材之分布及强度》的报告。

在卫生工程方面,曾协助云南省抗疟委员会治理抗疟工程。陶葆楷曾到昆明附近各县建设阴沟排水,改善环境卫生。由于得不到地方的有力支持,此项工作未能取得进展[17]263。

这一时期,土木系还利用实验设备、结合教学,为社会提供了大量的技术服务。结合测量实习,进行了"螳螂川水电厂公路、川滇公路、可保村兵工厂、巫家坝飞机场等处的测量,从而使学生积累较多的测量经验,获得较高的测量技能,继续保持了清华大学土木系毕业生以测量见长的特色"[17]252。本系教授还为昆明的建筑公司设计了昆明大戏院、六层大楼等等[17]264。还与有关单位联合组织出版了《研究丛刊》《公路月刊》《公路丛刊》及《国立清华大学土木工程学会会刊》等期刊[8]47。

1944 年的《国立清华大学土木工程学会会刊》发表了不少那一时期的研究成果，目前能找到的发表论文见表 3-11。

表 3-11　西南联合大学时期发表的部分论文

作　　者	题　　名	来　　源	发表时间
施嘉炀	云南之水力开发问题	工程：中国工程学会会刊	1940
吴柳生	飞机场之排水问题	新工程	1940
吴柳生	试验红土方法之商榷	新工程	1940
张泽熙	电力气动连锁机中信号机梃改进之建议	国立清华大学土木工程学会会刊	1944
张　柢	滇缅铁路阿宜乐隧道工程报告	国立清华大学土木工程学会会刊	1944
杨式德	空间钢架应力分析	国立清华大学土木工程学会会刊	1944
陶葆楷	砂滤池因沉淀作用所能滤除之物粒	国立清华大学土木工程学会会刊	1944
吴柳生	木料结构接圈之试验报告	国立清华大学土木工程学会会刊	1944
稽储文	昆明市下水道之治标办法	国立清华大学土木工程学会会刊	1944
王龙甫	分析静不定结构诸古典法之演进与其比较	国立清华大学土木工程学会会刊	1944
阎振兴	计算地基垂压力之简易法	国立清华大学土木工程学会会刊	1944
施嘉炀	昆明集雨之分析	清华大学工学院研究丛刊	1946

3.6　爱国运动

西南联大办学期间，正是日本帝国主义对我国猖狂进逼，中华民族灾难日益深重的时日，西南联大师生的抗日爱国运动一直十分高涨。土木系师生也纷纷投身到这一运动当中。粟一凡（1941 级）校友回忆道："1939 年暑假，土木系我们班的全体同学到昆明西郊进行铁道测量实习，住在西南联大校本部的学生宿舍内，在那里生活了半个多月，耳濡目染，了解到文、法、理学院同学的课余活动非常活跃，特别是由各系各班、各种社团所办的'墙报'很多，校园内无处不是琳琅满目、百花齐放、万家争鸣的气氛非常浓厚。对比当时我们工学院的大多数同学，只知埋头读书，不愿多问国事的沉闷现象，实在是大有问题。当时我和几个同学就有了要把工学院的课余活动也搞起来的设想，因此在我们三年级开学的时候（1939 年 10 月），我就邀集我们班的许京骐（后来知道他是‘民先’成员）、戴昌年、王宝基以及机械系的肖人俊等同学商量在工学院里也组织一个社团办一个墙报，用‘公正’的态度评论国家和校、院内的大事，并建议采用‘引擎’（Engine）的名称，都得到了大家的同意。我们对办墙报的大致分工是：许京骐写评论时局的文章，肖人俊写短文和诗歌，戴昌年写抗战小说，王宝基主要负责总务工作，我主要负责版面的编排和刊头的设计绘制工作。经过我们的积极准备和夜以继日的紧张工作，第一期《引擎》墙报于 10 月上旬一天的清晨就在迤西会馆人们必经之处的一条雨道的墙壁上出现了。这对一贯平静的工学院来说，无异于响了一声清脆的礼炮，马上在师生职工中引起了强烈的反响，然而由于抗日战争时期的形势非常复杂，工学院也未能例外，《引擎》墙报的出现，虽然受到了大多数工学院人的欢迎，但也很快遇到了极少数人的捣乱和破坏。例如我们的墙报，就不止一次地被人偷偷地在晚上撕破过。当然这是我们所不能允许的，也曾立即在墙报上发表文章批评和斥责干这种不光彩勾当的人。但是，好人总是多的，一位署名‘图书馆一工友’的读者给我们送来了一份《工友求良友的公开信》的稿件。一些思想进步，甚至和中国共产党外围组织有联系的同学（如我们年级的李良广、下一年级的刘谋佶等），都很快地参加了我们的工作，通过他们，我们曾获得一些报导中国共产党和八路军在解放区和沦陷区领导群众进行抗日斗争情况的文章。我还记得比较清楚的有‘血泪话语石家庄’‘新疆来信’以及朱德总司令、叶挺军长驳斥国民党反动派何应钦、白崇禧对新四军进行诽谤污蔑的电报全文等，都在《引擎》墙报上刊出了，受到了广大师生职工的欢迎。除了发行墙报以外，我们引擎社还本着在工学院内开展文体活动，丰富同学们课余生活，鼓舞抗日斗志的宗旨，多次组织过系际、班际的球赛，也组织过歌咏队，鼓舞同学们大唱当时流行的抗战歌曲，如《我们在太行山上》《游击队之歌》和《孩子们起来吧》等。由于当时我们认为只要是对抗日战争有利的事情就应当干，为了响应当时动员群众参军抗日的运动，引擎社曾搞过一次下乡宣传。宣传的那天，我们除对到会的农民群众教唱了抗日歌曲外，还演出了一个抗日短剧，是由我导演、由肖人俊及昆华女中的一位同学主演的，效果很好。由于引擎社的最先推动，工学院的政治空气和同学们的课外活动都逐渐活跃起来。在我们即将毕业的那个学期(1941年的上半年)中,由于全院同学们的要求和协商,在工学院内正式成立了院学生会,从此便由它来领导工学院同学的一切课外活动。我们的《引擎》墙报也就停止出刊。不久便由院学生会组织稿件,在院图书馆外的东面墙上刊出了一个版面空前巨大的墙报。到了当年6月,我们毕业离开了学校,引擎社也就自动消亡了"①。

1941年年初,"沫会会友响应'青年号献机运动'举行了'土四义卖',使得工学院宿舍中轰动数日"。粟一凡(1941级)校友回忆:"1940年秋天,在昆明市和西南联大校园内都展开了捐献抗日飞机的募款运动,我们工学院的师生职工,也爱国不分先后地开展了义卖捐献活动。首先,我们向大家募集了很多书籍、用品和小工艺品等,然后进行义卖。在那一段时间内,每天晚上,电灯一亮,义卖活动就在盐行宿舍的中间院子里开始了。我和几个负责义卖的同学站在院子中间的小台子上,一件一件地展示着出卖的物品,在宿舍里住的同学则密密麻麻地围在四周。虽然他们之中也有一些人的经济条件较好,但绝大多数的人都是靠极其非薄的'贷金'来维持学习的,生活极为艰苦,然而大家仍都愿意进一步节衣缩食,为抗日战争的胜利,献出自己的微薄力量。因此每当我们拿出一件义卖品,四周的同学就争先恐后地报出自己愿付的金额,有时竞争得还非常剧烈。记得在义卖开始的那天,我用厚纸片剪的几个飞机小书签,刚刚拿出来就被几个同学争着买去了,直至我用'白蜜皂'雕刻的一颗用以在义卖品上铭记的'土四义卖'的印章,也在义卖的最后一天,被一位同学以高价买去了。这次义卖活动,大约延续了一个星期,不但为购买抗日飞机募集了一定数量的捐款,而且又一次显示出了当时穷秀才们的高度爱国热情"②。

八年抗战期间,西南联大曾有几次从军热潮。1937年12月10日,长沙临时大学"设立国防服务委员会和国防技术服务委员会(不久后二者合组为国防工作介绍委员会),要求该委员会'竭力向各有关国防单位接洽,俾学生多得服务之机会'。12月22日又定:'教职员有志与国防有关机

---

① 粟一凡(翼寰):《盐行琐忆——西南联大工学院生活》,载《西南联大北京校友会期刊》,第46期,第168—169页。

② 粟一凡(翼寰):《盐行琐忆——西南联大工学院生活》,载《西南联大北京校友会期刊》,第46期,第170页。

关服务者，经本校同意后，其所服务机关不能担负薪水时，本校得按在校服务薪水支给之’。于是，不到两个月，据教务处登记簿，提出申请保留学籍，领取肄业证明和参加抗战工作介绍信的就有 295 人[17]62。土木系练习生裴荫桐、盛寿龄先后申请辞职从军，获得批准。学校除发给当月薪金外，还多发给半月薪金，以励其为国服务之志。”（见图 3-15）

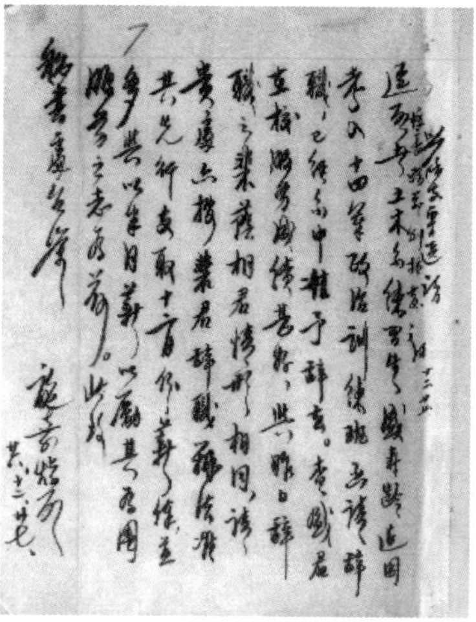

图 3-15　施嘉炀批准盛寿龄辞职从军函①

“1943 年 10 月教育部下令，1943—1944 学年度春季，将征调几所大学所有应届四年级身体合格的男生为美军翻译员。11 月 9 日、10 日，梅贻琦常委在新校舍和工学院分别动员学生应征：四年级同学服役期满发给毕业证书；低年级学生志愿应征期满可免修 32 学分（相当一个学年的学分数）。合格的应届毕业生，不服征调两年兵役者，不发毕业文凭。到 1943—1944 学年度上学期结束，四年级应征人数为 310 人，加上其他年级志愿应征的共 400 余人。中国远征军新一军军长孙立人（清华校友），还直接向联大负责人要工学院土木、机械、电机系的同学到他的部队去。”[17]65 施嘉炀在清华母校七十六年的回忆中也提道：“1944 年，全校毕业班学生都提前半年毕业，受英语翻译训练后，共 400 人都分配到太平洋战争爆发后和我国联合抗日的美军中担任翻译员。”②土木系 1944 级应征

① 清华大学档案馆提供。

② 施嘉炀：《在清华母校七十六年的回忆》，载《清华校友通讯》，23：48。

入伍学生有23人，他们是：罗大静、阎安素、黄兰谷、陈观勋、吴世英、王文俊、汪殿瑆、顾子政、王良、何鹏、李健行、朱传经、张焘、易少峋、陈濂、傅孝达、陈炎创、王正悦、张世珷、王伯惠、戴祖德、孙致远、陈琳。期间还有空军招考飞行员、招募青年军等活动，土木系十九级校友胡兆炘记叙："胜利前，一度从军热，加入青年军的有之，参加翻译官的有之，考空军领航（限定大学肄业）的有之，笔者即曾考过两次空军。第一次以未能通过肌肉放松而被刷，回到宿舍勤加练习，再度往考，这一关勉强通过。继续考到牙齿，医官说，'国家培植空军，花费甚大，你不必再来考了。'当时颇不服气。"[13]288 可见，土木系当时积极响应应征入伍号召的学生不在少数。

第4章 复员时期清华大学土木工程学系的恢复

1945年8月15日，日本宣布无条件投降，抗日战争取得胜利。8月23日，北大、清华、南开三大学联合迁移委员会正式成立，准备开展回迁事宜。但由于需要回迁的政府部门及大专院校众多，交通工具不敷分配，最高当局提出，回迁“准备愈充分愈好，归去愈迟愈好，政府不亟亟于迁都，各校也不应亟亟于回去。”于是，西南联大又在昆明继续办学近一年。直到1946年5月1日，才由联大肄业生填写志愿书，选择继续就读的学校，并于5月4日举行结业典礼。梅贻琦宣布西南联大正式结束，各校积极开展回迁工作。当时，志愿入读北京大学的学生647名，志愿入读清华大学的学生986名，志愿入读南开大学的学生70名，三校共同商定，于10月10日在原址复校开学。清华复校后，由于抗战期间校园惨遭破坏，图书设备损坏严重，随后国内又全面爆发内战，使得土木工程学系的教学、科研工作遇到很大困难，只能在勉强维持的前提下，逐步加以恢复和发展。

4.1 师资队伍

复员以后，原西南联大土木系教师也相继回到清华大学。至1947年4月，“本系陆续到校之教师，计教授八人，教员二人，助教九人”[22]53，未能到校的教授尚有五人。当时，按学校规定，教授每服务五年，可以休假一年，所以施嘉炀获学校批准休假赴美访问，工学院院长由土木系系主任陶葆楷代理(1946.8—1948.7)。在此期间，他非常注意师资队伍的建设。当时，工学院增设了建筑系，聘请了梁思成先生任系主任。“梁思成先生也在1946年出国，我向学校提请吴柳生先生代理系主任职务，吴良镛担任系秘书……此外，建筑系还聘请了刘致平、莫宗江、汪国瑜诸先生……其他各系(如土木、机械、电机、航空)也增加了很多教授，如张任、夏震寰、李丕济、金涛、王国周、钱伟长、张维、陆士嘉、储钟瑞、陈樑生等教授”[12]23-24。张维也记述：“1947 年年初，我在天津北洋大学执教，收到清华大学工学院代院长、土木系系主任陶葆楷先生来信，请我去北京，面谈士嘉和我来清华任教事。过去我和清华没有任何联系，这个邀请对我说有些实突如其来。北洋大学是我母校，但当时经费十分困难。清华的土木系虽然成立较晚，但因有美国退还的庚子赔款，抗战胜利后，较易恢复，图书和设施条件较好，这些对于士嘉和我都是有吸引力的。何况许多土木工程界的，深为我们所敬佩的前辈，如施嘉炀、蔡方荫、陶葆楷等先生都先后或仍在土木系执教。与陶先生的面谈很快结束。我的任务是与钱伟长同志分担工学院本科二年级的力学课（我教土木系和电机系）和为土木系四年级开设高等材料力学和板壳理论。遗憾的是，由于清华大学当时的不成文规定，夫妇二人不能同时任教授，士嘉只得任土木系与外单位合办的水工研究所研究员，但为航空工程系开设空气动力学的课。”[12]25 可见，复员期间，土木系的办学条件虽然艰苦，但师资队伍还是得到了很大的充实和加强，见表 4-1，表 4-2。

表 4-1　土木系教职员人数统计表[22]422-423 [23]704

年份	教授	副教授	讲师	教员	助教	职员	共计
1949 年 6 月	9		1	1	15	7	33
1950 年 4 月	10	2（其中兼任 1 人）	1	5	14	4	36
1952 年 2 月	11（其中兼任 1 人）	3	1		13	16	43

表 4-2　1949—1950 年土木系教职员评定支薪数额[23]1021-1047

职　别	姓　名	评定支给薪资数额（斤小米）
教授	张泽熙	1290
教授	施嘉炀	1220
教授	王裕光	1280
教授	吴柳生	1140
教授	李庆海	1000
教授	李丕济	1015
教授	夏震寰	980
教授	储钟瑞	920
教授	陈樑生	875
专任教授	王国周	670
教员	王继明	685
助教	殷之书	540

续表

职　　别	姓　　名	评定支给薪资数额(斤小米)
助教	解沛基	540
助教	王荫国	535
助教	郭日修	505
助教	余常昭	470
助教	潘梅祥	470
助教	施熙灿	470
助教	李国鼎	470
助教	袁作新	470
助教	张良铎	435
助教	胡多闻	435
助教	刘元鹤	435
助教	丁则裕	435
助教	祝　彤	435
助教	龙驭球	435
助教	钟国生	505
助教	董若允	540
绘图员	田光远	425
书记员	谢镇芝	420
书记员	任志良	395
书记员	谈润生	405
助教	孙　护	575
助教	瞿履谦	400
助教	张　仁	400

4.2 课程设置

复员以后,清华大学土木工程系基本沿袭了西南联大时期的课程设置,前三年所学皆同,四年级由同学志愿分为四组：结构组、水力组、道路组和市政卫生组。平时教育多注重基本知识和原理的灌输。1947 年度上学期开设的课程有 36 门[22]。这样的课程设置,学生的学习负担无疑是十分繁重的。“工学院的功课,在全校是最忙、压得最紧的一院。加重每小时所授的份量,加多习题,加紧制图,主要功课,每周交习题一次,考试一次,实习时却往往硬要从午饭之后干到晚饭铃响,……这一切似乎是‘天经地义’的了。正因为如此,工学院的同学谈天,扯不上三句就是谈到‘考试’”[22]187。对此,学校的师生展开了工程教育的讨论。晓宋在《清华旬刊》第九、十期上载文说:“多少年来,教育部制定了大学工程院系的学制与课程。这些东西原是资本主义国家高度工业化阶段的一套成货，却被从头到尾地抄袭了过来，当作中国这个生产水准低落、半封建半殖民地社会里的教育制度；正如联总救济的花旗高跟鞋配给一位乡下农妇一样，结果是削足适履，可笑而又可悲！同学们抱着愉快的理想跑进学校来，原是希望获得切实的知识技能的。然而在学校里，大家每天被压在繁重的功课负担下喘不过气来。微积分，普通物理，应用力学，测量实习，电工原理，水力学，结构学，热工，金工，木工……几十个 Courses 挤在四年里面一定要修完，结果弄得一学期二十个学分，手忙脚乱地应付着像车轮战一样逼上来的考试、报告和实习。一个夜车开到深宵、寒重的时分。清早爬起来赶快就要去对付周期性的小考，不幸领到上次的成绩全是二十、三十，于是没精打彩地听完了两堂演讲，下午又必须为了一个电工习题在斗室里头痛到日落西山。人家在愉快地开着夕阳草地会来恢复疲劳的时候，还不能不抖起精神来赶完一张工程制图。宿舍里十点钟就灭了灯，只好拖着丁字尺去借饭厅的灯光，又是一个三更夜车。就在梦里也在耽心着考试的分数。第二天疲惫得爬不起来，只好溜了一堂功课。就是这样累得连读报的时间也没有，更谈不到广泛的社会科学知识的学习。好容易三年半过去了，出路问题马上像阴云一样沉闷地压在心上。辛苦了这么些时日，上哪儿去呢？”[22]218-219 1948 年 2 月 20 日工学院教师 26 人开会就工学院的教学问题进行了讨论，达成一些共识：“（一）大学工科教育与职业教育不同，应使学生在毕业后可发展为有理想之工程师，并对社会及人生普通问题有相当之认识。（二）大学工科学程为顾到本国各种情形，仍可维持四年毕业之制度。（三）属于手艺性质之训练，应利用假期办理之，在学期内应尽量减少此种性质之训练。（四）基本训练（包括理论及实用两方面）应予充实，但现有课程须作通盘之调整，使内容充实而无叠床架屋之弊。（五）各系专门课程应予减少，许多专门课程可改为研究院课程。（六）各课程之学分应与实际工作时间配合，各课程所需要学生在上课外之工作时间，应由教师先作估计，然后规定各课程之学分。（七）普通学生每星期上课时间及课外在课程上之工作时间，应以五十小时为度，使学生有余暇可以思索各种问题，并吸收人文科学与社会科学方面之训练。”[22]216-217 会上还决定要分组研究各系基本课程的通盘调整及实习课程的调整。在“改善不合理的教育制度”的热潮里，“土木系的同学、先生，先后热烈地开过两次讨论会，而由系里拟定了‘课程改订计划’，如何减少必修课程，如何增加选修课程，如何减少上课钟点以便增加课外活动，他们看得很清楚，工学院不是训练一批批的死板的工程机器和肺痨的制造所，而是教育出一个真正懂得建设、懂得做人、懂得自己和人生的完善的青年”[22]207。但因时局的变化，这些调整工作并未真正得以实施。

表 4-3　1947 年土木工程学系开设的必修课程[22]358-364

工学院土木工程学系必修学程一览

第一年级

学程号数	学程名称	每周时数					学分	先修课程
		学期	演讲	讨论	实验次数	每次实验时数		
中 101	国文	上	3				3	
外 101	英文壹	上	5				3	
物 101	普通物理学	上	3		1	3	4	
数 103	微积分	上	4				4	
机 101	画法几何	上	3		1	3	2	
机 112	锻铸实习	上	1		1	3	$1\frac{1}{2}$	
经 103	经济简要	上	2				2	
	三民主义	上						
	体育	上	2					
中 102	国文	下	3				3	
外 102	英文壹	下	5				3	
物 102	普通物理学	下	3		1	3	4	
数 104	微积分	下	4				4	
机 102	工程画	下	2		1	4	3	
机 113	制模实习	下	1		1	3	$1\frac{1}{2}$	
经 104	经济简要	下	2				2	
	三民主义	下						
	体育		2					

第二年级

学程号数	学程名称	每周时数					学分	先修课程
		学期	演讲	讨论	实验次数	每次实验时数		
土 111	测量壹	上	4		2	3	5	
土 173	工程制图壹	上	1		1	3	$1\frac{1}{2}$	机 102
数 131	微分方程	上	3				3	
机 131	机动学壹	上	4				3	

续表

第二年级

学程号数	学程名称	每周时数					学分	先修课程
		学期	演讲	讨论	实验次数	每次实验时数		
机 121	应用力学	上	4	1			4	
化 103	普通化学	上	3		1	3	4	
	伦理学	上						
	体育	上	2					
土 112	测量贰	下	4		2	3	5	土 111
土 119.1	大地地形测量实习	暑					2	土 112
土 119.2	水文测量实习	暑					$\frac{1}{2}$	土 112
土 119.3	铁路及道路定线实习	暑					$1\frac{1}{2}$	土 112 土 142
土 142	铁路曲线及土工	下	3		1	3	3	土 111
土 174	工程制图贰	下	1		1	3	$1\frac{1}{2}$	土 173
机 142	热机学	下	3				3	
机 122	材料力学	下	3	1			4	机 121
化 104	普通化学	下	3		1	3	4	
	伦理学	下						
	体育	下	2					

第三年级

学程号数	学程名称	每周时数					学分	先修课程
		学期	演讲	讨论	实验次数	每次实验时数		
土 120.1	结构学壹	上	3	1			3	机 122
土 125	工程材料学	上	3				2	化 104 机 122
土 131	道路工程壹	上	3				3	土 142
土 143	铁路工程壹	上	4				3	土 142
土 151	水力学	上	3	1			3	机 121
土 171	工程地质学	上	2		1	2	2	
电 109	电机工程	上	3				3	
	体育	上	2					
土 114	实用天文	下	3		1	2	3	土 112
土 120.2	结构学贰	下	3	1			3	土 120.1
土 121.1	结构设计壹	下	1		2	3	4	土 120.1
土 123	钢筋混凝土结构	下	3				3	土 120.1

续表

第三年级

学程号数	学程名称	每周时数					学分	先修课程
		学期	演讲	讨论	实验次数	每次实验时数		
土 125.1	工程材料试验	下			1	3	$1\frac{1}{2}$	土 125
土 152	水力实验	下	1		1	3	$1\frac{1}{2}$	土 151
土 161	给水工程	下	3				3	土 151
电 120	电机实验	下			1	3	$1\frac{1}{2}$	
	体育	下	2					

结构工程组必修学程一览

第四年级

学程号数	学程名称	每周时数					学分	先修课程
		学期	演讲	讨论	实验次数	每次实验时数		
土 121.2	结构设计贰	上			2	3	3	土 120.2 土 121.1
土 122	圬工及地基	上					3	土 123 土 125
土 124	钢筋混凝土设计	上	2		1	3	3	土 123
土 127.1	高等结构学壹	上	3				3	土 120.2
	体育	上	2					
土 127.2	高等结构学贰	下	3				3	土 127.1
土 127.3	高等结构设计	下	1		1	3	2	土 127.1
土 128	房屋建筑	下	2				2	土 122 土 123
土 144	铁路设计	下			1	4	2	土 143
土 172	工程估计及契约	下	1				1	土 122 土 124
	体育	下	2					

续表

水力工程组必修学程一览

第四年级

学程号数	学程名称	每周时数					学分	先修课程
		学期	演讲	讨论	实验次数	每次实验时数		
土 121.2	结构设计贰	上			2	3	3	土 120.2 土 121.1
土 122	圬工及地基	上	3				3	土 123 土 125
土 124	钢筋混凝土设计	上	2		1	3	3	土 123
土 153	水文学	上	2				2	土 152
土 155.1	河港工程壹	上	3				3	土 152
	体育	上	2					
土 128	房屋建筑	下	2				2	土 122 土 123
土 154	水力发电工程	下	3				3	土 153
土 155.2	河港工程贰	下	2				2	土 155.1
土 156	水工设计	下			2	3	2	土 151 土 124
土 172	工程估计及契约	下	1				1	土 122 土 124
	体育	下	2					

铁路及道路工程组必修学程一览

第四年级

学程号数	学程名称	每周时数					学分	先修课程
		学期	演讲	讨论	实验次数	每次实验时数		
土 121.2	结构设计贰	上			2	3	3	土 120.2 土 121.1
土 122	圬工及地基	上	3				3	土 123 土 125
土 124	钢筋混凝土设计	上	2		1	3	3	土 123
土 145	铁路工程贰	上	3				3	土 143
土 155	道路工程贰	上	2				2	土 131
	体育	上	2					
土 128	房屋建筑	下	2				2	土 122 土 123
土 133	道路设计	下			1	4	2	土 131

续表

铁路及道路工程组必修学程一览

第四年级

学程号数	学程名称	每周时数					学分	先修课程
		学期	演讲	讨论	实验次数	每次实验时数		
土 134	道路材料试验	下			1	3	$1\frac{1}{2}$	土 131
土 144	铁路设计	下			1	4	2	土 143
土 172	工程估计及契约	下	1				1	土 122 土 124
	体育	下	2					

市政及卫生工程组必修学程一览

第四年级

学程号数	学程名称	每周时数					学分	先修课程
		学期	演讲	讨论	实验次数	每次实验时数		
土 121.2	结构设计贰	上			2	3	3	土 120.2 土 121.1
土 122	圬工及地基	上	3				3	土 123 土 125
土 124	钢筋混凝土设计	上	2		1	3	3	土 123
土 153	水文学	上	2				2	土 152
土 162	下水工程	上	3				3	土 161
土 166	环境卫生	上	2				2	土 161
	体育	上	2					
土 128	房屋建筑	下	2				2	土 122 土 123
土 133	道路设计	下			1	4	2	土 131
土 163	卫生工程设计	下			1	4	2	土 162
土 164	卫生工程实验	下			1	3	$1\frac{1}{2}$	土 161
土 165	都市计划	下	2				2	土 112
土 172	工程估计及契约	下	1				1	土 122 土 124
	体育	下	2					

4.3 人才培养

复员时，自愿入清华大学土木工程学系的生共计 109 人。其中一年级 31 人，二年级 35 人，三年级 28 人，四年级 15 人[24]434-436①。1946 年暑假，清华大学恢复全国招生，同时也接收少量转学生。1947 年，土木工程学系恢复研究生招生（见表 4-4）。

表 4-4　1946—1948 年土木系招生、转学及毕业人数[22]461-491

年　份	本科招生	研究生招生	转　学	毕　业
1946	78		7	
1947	85	1	4	27
1948	24	3	4	30

复员后，清华大学仍然秉持一贯的精益求精、追求卓越的精神，注重人才培养。梅贻琦在复员之初即说："盖我校既因容量之关系，学生人数终须加以限制，则毋宁多重质而少重量，舍其广而求其深"[22]34。土木系在注重学生的课业学习之外，还十分注意学生的全面发展，登载在 1948 年《清华年刊》上的《院系漫谈》，以充满了自然的气息为题对土木工程学系进行了介绍："假如你能够作个个性分析统计，你会明显看出，土木系同学的个性介乎文法和理'工'同学的中间。土木系同学很少机械的死脑筋，这个事实谁也不能否认。土木系同学，在全校来说，最活动，最肯干，也最能干。你可以从历届自治会理事的系别统计表中得到证明：土木系一直居于第一。他一方面潜心于工程学科的学习，一方面又参加各种团体活动，这不是一个听起来令人可怕的死板的系，'土木'的本身，就充满了自然的气息！你要找画家？这里有！你要找艺术家、小文豪？这里有！你要找戏剧人才、体育健将？这里有！你要找最热心服务的同学？这里更多！你要找踏实的工程人才？这里全体都是！土木系就是这样健壮、结实，充满了活力！我说他充满了自然的气息、充满了活力，并非只是因为他是'土木'而已。无论是哪一天的下午，甚至在烈日当空，大家都避暑休息的暑假里，你可以在校园的河边树下和每一个角落里，在颐和园昆明

① 四年级人数根据北京大学出版社《西南联大校史》修正。

湖的船上和水边，在荒凉枯燥的山脚下，常可碰见他们赤着背脊，戴着草帽，扛着测量仪器走来走去，认真地测量工作。太阳晒紫了他们的皮肤，也晒透了他们的心。同时在课外，他们有各种读书会、讨论班，并且假期里自动开办补习班，像教授上课一样，互相开讲听讲，但他们仍然对他所学的认为不满，不满里才有进步。在每次争民主的运动里，他们表现得也最好。艰巨辛劳的工作他们参加的人最多。他们是警卫校园担任纠察工作的柱石，每遇紧急的时候，不分白天和黑夜，他们都守卫在校园的四周。一个群众大会会场和营火会会场的布置，少不了他们。这一切的一切并非偶然的，一切的训练都在平时，在平时他们团结友爱如同一家人。可是，他们并不以土木为招牌而丢开功课。考试忙，功课紧，不亚于他系。通宵绘图，连夜讨论功课的艰苦紧张场面，不胜枚举”[22]206-208。

4.4　科研设备

抗战期间，清华大学校舍被日军占领，梅贻琦 1947 年 3 月在《复员后之清华》一文中讲述：“清华园校舍，经敌人八九年长期占住，最初驻兵，继改作伤兵医院，破坏甚重”[22]31。在 1942 年 4 月 27 日出版的《清华校友通讯》中有这样一条报道介绍校内设施的损毁情况：“图书馆……其他中西典籍，于去年秋少数移至伪北京大学，于是插架琳琅之书库，已告一空矣。……工学院全部机器被运去南口修理厂，专供敌人修械之用”①。

梅贻琦在《复员后之清华(续)》(1947 年 4 月)中对土木工程系的实验设备情况更进行了详细的介绍：“当抗日战争发生时，本系学生正在山东济宁测量实习，故原有仪器得以大部保存，运至昆明。其他材料试验及公路工程试验等设备，已有一部分先期运赴汉口，得以保存。在昆八年虽可勉强进行，但距吾人之理想尚远……复员以来……测量仪器已使用日久……工程材料试验仪器，去年亦由昆明运到一部，第一学期已可作水泥及混凝土之各种实验……初级水力试验设备装置完毕……交通工程实验室、卫生工程实验室与土工实验室均在装置中，而道路材料试验之设备已大致就绪……土木馆楼上为办公室、图书馆、教室及绘图室，楼下为测量

① 《清华校友通讯》，1942 年 4 月 27 日。

仪器室、工程材料实验室、卫生工程实验室与交通工程实验室。水力馆楼上除本系之办公室与土木实验室外，暂由建筑系借用为该系之办公室及绘图室；楼下除初级水力试验设备外，尚空无所有……旧有设备，大不敷用，新仪器之补充，实属刻不容缓之事。”[22]52-54

针对实验设备不敷使用的状况，时任工学院院长的施嘉炀1946年5月致信梅贻琦校长要求扩充工学院设备以满足复员后教学科研的需要：“抗战以来工学院各系设备沦于敌者三分之二，其运昆应用者历兹八年亦皆陈旧与损坏，不堪再用……。”[22]554 施嘉炀回忆：那时这个举世闻名的最高学府已被日军占领八年之久，各种建筑均遭到轻重不等的破坏，而所有图书及实验室设备不是被运走便是被严重破坏，可谓是满目疮痍，面目全非。经过整理，在土木系系馆中还发现了很多玻璃瓶装的人体器官标本。面对这样的情况，学校决定将修复工程交予基泰工程公司承建，由土木系教房屋建筑及钢筋混凝土工程课的建筑专家王明之教授（时任修建主任）主持工作①。其中，最重要的任务便是建设实验室，一方面需要修复原来的材料实验室、道路工程实验室、卫生工程实验室及水力实验室；另一方面需要增设土壤实验室[21]22。陶葆楷教授代理工学院院长职务期间，以增聘师资和建设实验室为重，土木系大力扩建了材料实验室，并向联合国申请了几台大型材料试验机，其他各实验室也添购了各种仪器设备[25]23-24。

1946年复校后，土木系各实验室开始恢复和发展，经过二三年的建设，各实验室基本恢复。除原来的材料、道路、卫生、水力实验室和测量仪器室之外，增加了土工实验室和结构工程实验室。土工实验室可以开展土壤分类试验、渗透试验和三轴压缩试验等；结构工程实验室可以做小型模型试验，如梁、框架的感应线、光弹性仪测应力的大小与分布等[15]194-195。

当时，学校十分注重教师的学术研究工作，梅贻琦明确指出：“在政策方面，则于计划训练大量青年之外，尤应注意于学术研究之提倡。此在战前，即已推行，今后更应提倡。”[22]34

1947年8月，国家资源委员会与清华大学计划联合设立国产工程材

① 王继明：《我参与了清华复员时的准备工作》，载《清华校友通讯》，54：65。

料实验室，一是对资源委员会下属各厂出品之金属材料和非金属材料进行检测，以判定其是否合乎标准，并代为解决各种制造技术上之问题，以谋求成品之改进。二是开展低钨钢（铁）、轻合金、特种水泥、混凝土原料配合之合理方法、水泥沙浆常用流动性检定、胶合木等研究[22]285。

1948 年 1 月国家资源委员会华北水泥公司与清华大学工学院又筹设华北水泥研究试验机构，以开展中国水泥标准试验规范拟定、水泥制品及品质改进、混凝土配合法、水泥在工程上的用途等方面研究，并希望在不久的将来还开展各种陶瓷问题的研究[22]287。可是，由于时局的动荡及变化，有关研究工作及计划并未得到有效实施。

第5章

1949年至1966年期间清华大学土木工程系的调整与发展

1948年12月15日,中国人民解放军进驻海淀,清华园解放。1949年1月10日,解放军北平区军事管制委员会文化接管委员会主任钱俊瑞来校对清华大学正式进行接管,从此清华大学进入了一个全新的历史发展时期。依据学校建制及办学方针的变化,1949—1966年"文化大革命"前这一时期大致可分为三个阶段。

1949—1952年全国高校院系大调整前,学校基本上维持原有教学体系,并在教学思想和课程设置上逐步进行改革,在院系设置上也作了布局调整。

1952年院系调整至1958年前,学校在教学思想、教学体制、教学环节和教学方法上,完全摒弃了英美式的教学模式,全面学习苏联的先进经验。

1958年至"文化大革命"前,学校试图突破苏联教育经验的局限性,探索适合中国国情的社会主义高等教育体制。在"教育为无产阶级政治服务,教育与生产劳动相结合"的教育方针指导下,进行了全面的教学改革。

土木工程系在这一时期的各个阶段,也处在不断调整改革和发展变化之中,并在教学、科研和人才培养方面,取得了显著的成绩。

5.1 历史沿革

1948年12月清华大学解放后,教学秩序很快得到恢复,一切教学都按原教学计划如常进行。"清华目前受中央人民政府教育部的领导,校务在校务委员会指导下进行的……现在的校务委员会主席正式由理学院长兼物理系主任叶企孙教授担任……校委会执行着教育部的命令,有计划地有纪律地推行着校务”[①]。随着新中国建设事业的开展,各行各业急需大量的专业人才,中央人民政府各部门纷纷向清华大学提出开办专业专修班的要求。1949 年 11 月 11 日农业部给清华大学来函,委托清华工学院开办农田水利专修班[②]。1951 年 8 月,经与中央人民政府水利部和农业部洽商,将农田水利专修科改组办成水利专修科。1951 年 2 月 17 日,中央人民政府燃料工业部致函清华大学:“我国水利资源蕴藏甚丰富,不久将来势必大量开发……惟我国水力事业尚在萌芽时代,水利工程人员,尤感缺乏,若不及时培养,则数年之后,大量开发水电,人员即无补充,而以后水电工作,亦难于开展。为此经本局与贵校工学院初步商洽培养技干合作办法:由贵校设立水力发电工程系,自五一年即开始,今暑招生一百二十人,分设三班,由我部补助贵校经费……共计一百六十四万斤(小米),以资进行。”[③]

1951 年 3 月 6 日教育部钱俊瑞副部长传达了中央“三年准备十年建设计划”及加紧课改培养建设干部的号召,为此学校“根据需要与能力结合的原则,集中了全校教师同人的意见,反复讨论而获得一致同意的计划。这个计划改革了旧有院系制度,规定了新的院、系、教研组的职责”[④]。此次调整计划,清华不再设立工学院,而是直接设立土木工程学院、机械工程学院、电机工程学院、营建学院和航空工程学院,其中土木工程学院设立水利工程、结构工程、筑路工程、水力发电工程(土木组)、卫生工程五个系。但后来因为大规模院系调整,这一计划并没有实现。

1951 年年底,中央人民政府正式启动了全国高等院校教学改革及院系调整工作[⑤]。1951 年 10 月,教育部副部长撰文指出:“培养建设人才是国家建设的根本之路,新中国的高等教育担负着国家培养大批能够全心全意为人民服务的高级建设人才的巨大任务,在今后五六年内全国高等

---

① 《国立清华大学简介》,载《光明日报》,1949 年 11 月。

② 清华大学档案,目录号校办 1,案卷号 520012。

③ 清华大学档案,目录号校办 1,案卷号 51007。

④ 《清华大学院系改革及调整试行计划初步总结报告》,1951 年 5 月,清华大学档案,目录号校办 1,案卷号 51004。

⑤ 李杨:《五十年代的院系调整与社会变迁——院系调整研究之一》,载《开放时代》,第 5 期,2004 年。

学校必须为祖国培养工业、农业、交通运输、医学等方面的高级建设干部十五万至二十万人……两年来的经验证明，原有的高等学校如果不在制度、教育内容和教育方法方面实行彻底的改革，要完成上述的任务是十分困难的，甚至是不可能的……究竟哪些是当前改革高等教育中所最急需做的主要工作呢？第一，就是制度的改革，其中包括院系的调整。”[26]478 同年11月3—9日，教育部召开全国工学院院长会议，拟定明年高等工业教育院系调整方案①。1952年3月燕京大学、北京大学、清华大学三校商定并报教育部批准，三校土木系的二三年级都到清华上课[26]487。至1952年8月底，高等学校院系调整基本完成，调整后的清华大学设置机械制造、动力机械、土木工程、水利工程、建筑、电机工程、无线电工程、石油工程8个系。其中，土木工程系由燕京大学土木系、北京大学土木系并入清华大学土木工程系组成，下设工业及民用房屋建筑、工业及民用房屋建筑结构、上水道及下水道、汽车干路（1953年后改称“公路与城市道路”）、工程测量5个专业和工业及民用房屋建筑、上水道及下水道、测量三个专修科②。至此，水利工程和铁路工程正式从土木系中分立出去。

1952年11月，中央人民政府委员会第十九次会议批准任命蒋南翔为清华大学校长③。1952年10月后，清华大学聘请的5位苏联教育专家陆续到校。专家组组长萨多维奇，是苏联列宁格勒土木建筑学院土木系系主任、土木施工专家。在清华期间，他还担任清华大学校长顾问[27]38。捷烈文斯柯夫是苏联钢结构专家，高尔基土木建筑学院教授，来华前已有15年的教学经验，并担任过总工程师④。学校由此也全面进入了学苏的进程。

1953年6月，清华大学第十六次校务行政会议决定，土木系工程测量专业停办，增设暖气通风专业。1954年7月5日，高等教育部通知，清华

---

① 1951年11月13日《人民日报》。

② 《清华大学各系专业或专修科概况》，1952年10月11日，清华大学档案，目录号校办1，案卷号52005。

③ 清华大学档案馆，校办1，案卷号53002。

④ 《捷烈文斯柯夫同志巴般诺夫同志到校》，载《新清华》，1953年12月29日，第25期，第2版。

图 5-1　蒋南翔(右一)、刘仙洲(左一)与苏联专家组组长萨多维奇[14]108

大学停办工程测量、公路与城市道路两专业,将其调整至同济大学①。这两个专业的教师基本上都转到了同济大学,工程测量一年级学生 60 人、公路与城市道路一二年级学生 82 人转入本校土木、水利系其他专业,工程测量二年级 21 人、公路与城市道路三年级学生 26 人调整到同济大学学习[9]211。

1958 年,土木工程系增设建筑材料与制品生产工艺专业(后改称"建筑材料与制品专业")[2]275。

1960 年 6 月 3 日,1959—1960 年度第 19 次校务会议决定将土木工程系与建筑系合并成立土木建筑系②,下设建筑学、工业与民用建筑、给水排水、供暖供燃气与通风、建筑材料与制品专业,办公室也由土木工程馆搬至清华学堂。

清华解放后至院系调整前,由于土木系系主任陶葆楷休假离校,系主

① 《高等教育部关于调整清华大学工程测量、公路与城市道路专业的通知》,1954 年 7 月 5 日,清华大学档案,目录号校办 1,案卷号 54008。

② 《关于土木工程及建筑两系合并为土木建筑系的布告》,清华大学档案,目录号校办 1,案卷号 60007。

图 5-2　清华学堂①

任先后由张泽熙、夏震寰、李庆海代理或担任。1952 年院系调整后至 1956 年，系主任都由张维担任。1954 年 1 月至 1955 年 1 月期间，由于张维担任学校工程委员会主任，学校任命副教务长陈士骅兼代土木系系主任②。1956 年，张维担任副校长后，土木系系主任由陶葆楷担任。1960 年与建筑系合并成立土木建筑系后，系主任由陶葆楷、梁思成共同担任。

1956 年，学校实行党委领导下的校长负责制，蒋南翔任党委书记。土木系亦建立总支委员会，1956—1966 年期间，先后担任总支书记的为解沛基、陈英、周维垣、刘小石[8]35。

在此期间，学校的学制也在不断变化。1952 年将学制改为五年，1949 年及 1950 年入学的学生则实行三年制，让他们分别于 1952 年和 1953 年毕业。1951 年入学的仍执行四年制，于 1955 年毕业。1958 年入学的学生学制又改为六年，1957 年及此前入学的学生仍为五年。这样一来，1956

① 冯鹏提供。

② 清华大学档案，目录号校办 1，案卷号 55009。

年和 1963 年,土木系皆无毕业学生。1965 年入学的学生学制又改为五年,致使 1964 年入学的学生与 1965 年入学的学生同在 1970 年毕业。

5.2 教学计划

清华大学解放初期,土木系基本上沿袭了原国立清华大学时期的教学计划,只是根据“取消反动课程及增设革命课程”的原则和华北高等教育委员会“各大学院校共同必修课为辩证唯物论与历史唯物论(包括社会发展简史)、新民主主义论(包括中国近代革命运动简史)两科。各课每周皆为三小时,一学期学完”[26]185 的决定,增设了辩证唯物论与历史唯物论、新民主主义论两门课。

院系调整后,清华大学按照苏联工业大学的教学制度对教学计划进行了彻底改造,完全摒弃之前的“通才教育”,转而对学生进行高度精细的专业训练。由此第一次提出了专业的概念,本科学制也由原来的四年改为五年。“培养目标,除建筑学专业培养建筑师外,均为工程师(是毕业生称号而不是工作职位)。专修科一般为二年制,培养目标为较高级的技术员。”①清华大学副教务长钱伟长说:“清华大学各种专业是根据各产业部门目前的和将来发展的需要并参照苏联经验设置的。有了专业以后,再定课程、教学大纲和教材,然后根据各种科学的体系组成系。”[26]37 以前是一个系制订一个教学计划,以系为单位组织教学,现改为以专业为单位组织教学,各专业制订独立的教学计划,土木系各个专业之间的教学、科研等业务活动都无多少联系。土木系工业与民用建筑专业的教学计划是在苏联专家萨多维奇的帮助下制订的,并在全校教学研究会上进行推广。当时,1952 年入学的学生已改为五年制。1949 年、1950 年入学的因恢复国民经济急需技术人才,已提前一年毕业,执行四年制毕业的只剩下 1951 年入学的这一届学生。为此,同时制订了四年制和五年制两个教学计划。该教学计划的特点是将课程体系明确划分为基础理论课、技术基础课和专业课;加强基础课学习;增加实验、课程设计、生产实习、毕业设计等一系列实践教学环节;增设了马克思主义理论课程[2]167(见表 5-1、表 5-2)。

① 《清华大学暂行规程》(1954 年 2 月),载《新清华》,1954 年 2 月 9 日,第 31 期。

表 5-1　土木系工业与民用建筑专业(1951 年入学)教学计划(四年制)①[28]805-806

时间分配表(按周)

学　年	理论教学	考试期间	教学实习	生产实习	毕业实习	毕业论文	假　期	总　计	学　年
Ⅰ	29	2					20	52	Ⅰ
Ⅱ	31	4	2	3			12	52	Ⅱ
Ⅲ	31	7		8			6	52	Ⅲ
Ⅳ	17	3		5		16	3	44	Ⅳ
Ⅴ									Ⅴ
	108	16	2	16		16	41	200	

教学进程计划

顺序	课程	学时数					学年及学期分配											
		合计	时间分配				1 学年		2 学年		3 学年		4 学年		5 学年		6 学年	
			讲授	实验	练习及讨论	设计及作业	1	2	3	4	5	6	7	8	9	10	11	12
1	辩证唯物论与历史唯物论						(9)											
2	微积分及微分工程						(14)	(14)										
3	普通物理						(10)	(10)										
4	物理实验						(5)	(5)										
5	工程画						(8)	(8)										
6	新民主主义论	93	93					(9)										
7	政治经济学	124	124								4	4						
8	俄语	205	205						3	4	4	1	1					
9	测量	80	52	28					3	2								
10	工程力学	284	142	18	108	16			10	8								
11	结构力学	137	69		50	18				4	5							
12	工程材料	108	54	36	18				8									
13	机器零件	39	26		13					3								
14	电工学及房屋配电	62	46	16					2	2								
15	热工概论	34	26	8							2							
16	水力学	51	34	8	7						3							
17	建筑生产技术及其机械	154	100	8	28	18				4	6							
18	建筑学	249	139		22	88				2	5	5	4					

① 清华大学档案，全宗号 2，目录号校 3，案卷号 112。

续表

教学进程计划																		
顺序	课程	学时数					学年及学期分配											
		合计	时间分配				1 学年		2 学年		3 学年		4 学年		5 学年		6 学年	
			讲授	实验	练习及讨论	设计及作业	1	2	3	4	5	6	7	8	9	10	11	12
19	给水及下水	51	34	4	5	8					3							
20	钢结构及焊工	138	83	18	12	25						5	4					
21	砖石结构及钢筋混凝土结构	155	1011	4	15	29						5	5					
22	木结构	107	76	8		23						4	3					
23	房屋建筑的架设及结构概念	51	34	9	8								3					
24	工程地质	54	36	9	9			3										
25	土壤力学及基础工程	93	62	10	8	13						3	3					
26	建筑生产经济组织与计划	113	96		8	9						2	5					
27	保安及防火技术	34	34										2					
28	金属工学	62	30		62		(2)	(2)	2	2								
29	体育	62			62		(2)	(2)	2	2								
30	暖气通风	42	28		7	7						3						

表 5-2　土木系工业与民用建筑专业教学计划(五年制)①[28]813-814

时间分配表(按周)									
学　年	理论教学	考试期间	教学实习	生产实习	毕业实习	毕业论文	假　期	总　计	学　年
Ⅰ	34	7	3				8	52	Ⅰ
Ⅱ	34	7		3			8	52	Ⅱ
Ⅲ	32	7		8			5	52	Ⅲ
Ⅳ	27	7		9			9	52	Ⅳ
Ⅴ	12	4			5	17	5	43	Ⅴ
合计	139	32	3	20	5	17	35	251	

① 清华大学档案,全宗号 2,目录号校 3,案卷号 112。

续表

教学进程计划

顺序	课程	学时数					学年及学期分配											
		合计	时间分配				1学年		2学年		3学年		4学年		5学年		6学年	
			讲授	实验	练习及讨论	设计及作业	1	2	3	4	5	6	7	8	9	10	11	12
1	中国革命史	102	68		34		3	3										
2	马列主义基础	102	68		34				3	3								
3	政治经济学	128	96		32						4	4						
4	辩证唯物论及历史唯物论	60	45		15								4					
5	俄文	312			312		6	4	4	2	2							
6	高等数学	360	180		180		8	5	4	4								
7	普通化学	102	52	50			3	3										
8	物理学	216	116	50	50			6	4	3								
9	建筑技术概论	36	36				2*										（＊暂改习俄文）	
10	画法几何	108	54		54		6											
11	工程画	81			80			5										
12	绘画	54			54				3									
13	测量学	81	52	24	10		3	2										
14	理论力学	184	100		84			4	4	3								
15	材料力学	188	96	16	64	12			6	5								
16	结构力学	174	84		60	30					5	6						
17	弹性及塑性力学	60	45		15								4					
18	工程材料	120	50	70					4	3								
19	机器零件	64	32		32					4								
20	电工学及房屋配电	72	45	27							4							
21	热工概论	54	39	5	10						3							
22	水力学	72	36	20	16						4							
23	建筑及施工技术	224	156	15	28	24				2	6	6						
24	建筑学(包括住宅区计划)	322	202	20	20	80					4	5	4	4	6			
25	暖气及通风	60	40	10		10							4					
26	给水下水	70	45	5	10	10						5						
27	钢结构及焊工	176	126	20	10	20						4	4	5				

续表

教学进程计划																		
顺序	课程	学时数					学年及学期分配											
		合计	时间分配				1 学年		2 学年		3 学年		4 学年		5 学年		6 学年	
			讲授	实验	练习及讨论	设计及作业	1	2	3	4	5	6	7	8	9	10	11	12
28	钢筋混凝土结构	153	108	5	5	35							3	4	5			
29	木结构	108	85	10		13							4	4				
30	石结构	60	50										4					
31	建筑工业经济学	24	24											2			目前暂时合并	
32	建筑组织与计划	108	88		10	10								3	6			
33	建筑结构架设及结构物实验	72	50	12	10										6			
34	工程地质学	60	36	12	12									5				
35	基础工程	95	56	10	15	15								2	6			
36	保安及防火技术	36	36												3			
37	体育	136			136		2	2	2	2								
38	工厂实习	84			84				2	3								

1958 年清华大学的学制改为六年，1957 年入学的则作为过渡，学制为五年半。为此，土木系工业与民用建筑专业的教学计划按五年半的学习年限进行了修订，见表 5-3。

1961 年，中央颁发了《教育部直属高等学校暂行工作条例(草案)》(简称高教六十条)，为贯彻中央精神，学校对教学计划提出了更为明确的要求，土木系工业与民用建筑专业教学计划按德智体全面发展，以教学为主，教学、生产和科学研究相结合，理论联系实际的原则，进一步进行了修订，见表 5-4。

1964 年 2 月 13 日，毛泽东主席召开了教育工作座谈会(后称"春节座谈会")，对教育工作提出了尖锐批评，指出："教育的方针路线是正确的，但是办法不对。我看教育要改变，现在这样还不行""学制可以缩短""课程多、压得太重是很摧残人的"[9]270。为落实讲话精神，清华大学从 1965 年招收的新生起，学制改为五年，土木建筑系工业与民用建筑专业的教学计划再次进行修订。在这一教学计划中，课程由 33 门精简至 26 门，总学时数也由 4087 学时缩减至 2970. 5 学时，学生学习负担大大减轻，见表 5-5。

表 5-3　土木系工业与民用建筑（64 班）教学计划（五年半）①[28]822-823

时间分配表（按周）

进度 日期表	周数									学年
	理论教学	考试	教学实习	生产实习	毕业设计	劳动	整风	假期	合计	
1	31	4	6.5	1			1	5.5	49	1
2	32	4	1	4		2	1	8	52	2
3	34	5		4		2	1	6	52	3
4	30	5		8		2	1	6	52	4
5	23	3		17		2	1	6	52	5
6				4	22				26	6
合计	150	21	7.5	38	22	8	5	31.5	285	

教学过程计划

序号	课程	学时数					课程学期分配																									
		总计	讲课	实验	练习	设计作业	第1学期		第2学期		第3学期		第4学期		第5学期		第6学期		第7学期		第8学期		第9学期		第10学期		第11学期		第12学期		第13学期	
							13周		13.5周		16周		16周		18周		16周		14周		16周		14周		18周		周		周		周	
							内	外	内	外	内	外	内	外	内	外	内	外	内	外	内	外	内	外	内	外	内	外	内	外	内	外
1	社会主义概论	209					3	3	3 +3	3 +3	3	3	2	2	2	2																
2	政治经济学	144	144														3	3	3	3	3	3										
3	哲学	128	128																				4	4	4	4						
4	俄文	260			262		0^4	3	4 +6	7 +8	0^4	3	0	3		3		3														

① 清华大学档案，全宗号 2，目录号校 3，案卷号 118。

续表

教学过程计划

序号	课程	学时数					课程学期分配																									
		总计	讲课	实验	练习	设计作业	第 1 学期 13 周		第 2 学期 13.5 周		第 3 学期 16 周		第 4 学期 16 周		第 5 学期 18 周		第 6 学期 16 周		第 7 学期 14 周		第 8 学期 16 周		第 9 学期 14 周		第 10 学期 18 周		第 11 学期 周		第 12 学期 周		第 13 学期 周	
							内	外	内	外	内	外	内	外	内	外	内	外	内	外	内	外	内	外	内	外	内	外	内	外	内	外
5	数学	337					7	9	6 +8	8 +10	3^2	6	2	4																		
6	建筑工程概论						3	1	2	1																						
7	物理	228							4	4	3	5	$3\frac{1}{2}$	6																		
8	化学	91					4	3	3	2																						
9	画法几何与工程画	188					4	4	4 +4	4 +4	0^4	3																				
10	测量	91					4	2	3	2																						
11	理论力学	144	88		56						3	6	2.5	4																		
12	材料力学		85	34	51								5	6	5	6																
13	结构力学	196	122	8	66										5	6	4	5	3	3												

续表

教学过程计划																																
序号	课程	学时数					课程学期分配																									
		总计	讲课	实验	练习	设计作业	第1学期 13周		第2学期 13.5周		第3学期 16周		第4学期 16周		第5学期 18周		第6学期 16周		第7学期 14周		第8学期 16周		第9学期 14周		第10学期 18周		第11学期 周		第12学期 周		第13学期 周	
							内	外	内	外	内	外	内	外	内	外	内	外	内	外	内	外	内	外	内	外	内	外	内	外	内	外
14	弹性与塑性理论	64	48	8	8																4	4										
15	建筑材料	104	48	8	8								2	1	4	2																
16	金属工学与焊接	54													3	1																
17	电子学与电子学基础	120	86	34											4	4	3	3														
18	热工学	32	24	8													2	1														
19	机械零件	54	36		18										3	2																
20	建筑机械与施工技术	196	166			30											$6^{(1)}$	$4^{(1)}$	$5^{(1)}$	$3^{(2)}$												
21	建筑组织规划	74	60			14															2	1	$2^{(1)}$	$1^{(1)}$								

续表

序号	课程	教学过程计划																														
		学时数					课程学期分配																									
		总计	讲课	实验	练习	设计作业	第 1 学期		第 2 学期		第 3 学期		第 4 学期		第 5 学期		第 6 学期		第 7 学期		第 8 学期		第 9 学期		第 10 学期		第 11 学期		第 12 学期		第 13 学期	
							13 周		13.5 周		16 周		16 周		18 周		16 周		14 周		16 周		14 周		18 周		周		周		周	
							内	外	内	外	内	外	内	外	内	外	内	外	内	外	内	外	内	外	内	外	内	外	内	外	内	外
22	保安防火技术	18	18																						1	1						
23	建筑工业经济	18	18																						1	1						
24	建筑学	188	14			46									2	1	$4^{(1)}$	$2^{(2)}$	$3^{(1)}$	$2^{(4)}$	$0^{(1)}$	$0^{(4)}$										
25	给水排水	54	36			18																			$2^{(1)}$	$1^{(1)}$						
26	暖气通风	54	36			18																			$2^{(1)}$	$1^{(1)}$						
27	钢筋混凝土与砖石结构	238	194			44											2	3	$4^{(1)}$	$4^{(2)}$	$4^{(1)}$	$4^{(1)}$	$3^{(1)}$	$3^{(3)}$								
28	钢结构	132	104			28													2	3	3	3	$2^{(2)}$	$2^{(0)}$								
29	木结构	74	56			18																	4	4	$0^{(1)}$	$0^{(1)}$						
30	工程地质与地基础	150	134			16													3	2	$0_4^{(1)}$	$0_4^{(2)}$	2	1								

续表

教学过程计划

序号	课程	学时数					课程学期分配																									
		总计	讲课	实验	练习	设计作业	第1学期 13周		第2学期 13.5周		第3学期 16周		第4学期 16周		第5学期 18周		第6学期 16周		第7学期 14周		第8学期 16周		第9学期 14周		第10学期 18周		第11学期 周		第12学期 周		第13学期 周	
							内	外	内	外	内	外	内	外	内	外	内	外	内	外	内	外	内	外	内	外	内	外	内	外	内	外
31	结构检测	42	28	14																			3	1								
32	建筑现代技术	70	54	18																					4	3						
33	体育	126			126		0^2		0^2		0^2		0^2																			
34																																
35																																
36																																
37																																
38																																
39																																
40																																
							31	25	27/23	28/27	28	26	28	26	28	27	26	28	26	29	23	21	24	28	17	15						
	总时数	4117					* 56		55/50		54		54		55		54		55		54		52		52							

表 5-4　土木系工业与民用建筑专业(房 4,1958 年 9 月入学)教学计划(六年)①[28]828-830

学年	周数								
	理论教学	考试	教学实习	生产实习	毕业设计	劳动	整风	假期	合计
Ⅰ	31	4	8					6	49
Ⅱ	37.5	4				2		8.5	52
Ⅲ	20.5	2				20		9.5	52
Ⅳ	38	4				2		8	52
Ⅴ	31	3		8~9		1		8	52
Ⅵ	14	1		8	21			2	46
	172	18	8	17	21	25		42	303

课程学期分配

序号	课程	学时数					课程学期分配																								
		总计	讲课	实验	练习	设计作业	第 1 学期		第 2 学期		第 3 学期		第 4 学期		第 5 学期		第 6 学期		第 7 学期		第 8 学期		第 9 学期		第 10 学期		第 11 学期		第 12 学期	
							13 周		13/5 周		16 周		21.5 周		16.5 周		20.5 周		18 周		19+1 周		12 周		15+4 周		4+10 周		20 周	
							内	外	内	外	内	外	内	外	内	外	内	外	内	外	内	外	内	外	内	外	内	外	内	外
1	形势与任务	74																	1		1		1		1		1			

① 清华大学档案,全宗号 2,目录号校 3,案卷号 124。

续表

课程学期分配

序号	课程	学时数					课程学期分配																							
		总计	讲课	实验	练习	设计作业	第1学期		第2学期		第3学期		第4学期		第5学期		第6学期		第7学期		第8学期		第9学期		第10学期		第11学期		第12学期	
							13周		13/5周		16周		21.5周		16.5周		20.5周		18周		19+1周		12周		15+4周		4+10周		20周	
							内	外	内	外	内	外	内	外	内	外	内	外	内	外	内	外	内	外	内	外	内	外	内	外
2	中国革命史	52					2		2																					
3	马列主义基础	337									3		2				(54)		3	3	3	3	3	3	3	3				
4	体育	137					0^2		0^2/0^2		0^2		0^2																	
5	第一外语	315					0^4		0^4/0^6		0^4		0^3				(54)			3				3		3		3		
6	高等数学	354					7		6/8		5		3																	
7	普通化学	91					4		3																					
8	普通物理	218							4		5		4																	
9	理论力学	123									5		2																	
10	材料力学	128											4				(42)													

续表

课程学期分配																														
序号	课程	学时数					课程学期分配																							
		总计	讲课	实验	练习	设计作业	第 1 学期		第 2 学期		第 3 学期		第 4 学期		第 5 学期		第 6 学期		第 7 学期		第 8 学期		第 9 学期		第 10 学期		第 11 学期		第 12 学期	
							13 周		13/5 周		16 周		21. 5 周		16. 5 周		20. 5 周		18 周		19+1 周		12 周		15+4 周		4+10 周		20 周	
							内	外	内	外	内	外	内	外	内	外	内	外	内	外	内	外	内	外	内	外	内	外	内	外
11	结构力学	225															(78)		5	5	3	2								
12	弹性及塑性力学	60																					5	7						
13	建筑工程概论	65					3		2																					
14	几何画法与工程画	188					4		4/4		4																			
15	测量学	91					4		(39)																					
16	建筑材料	79											5		(28)		(40)													
17	电工学及电子学基础	129															(39)	5	5											
18	金属工学及焊接	38																		2	1									
19	热工学	38																		2	1									

续表

课程学期分配

序号	课程	学时数					课程学期分配																								
		总计	讲课	实验	练习	设计作业	第1学期		第2学期		第3学期		第4学期		第5学期		第6学期		第7学期		第8学期		第9学期		第10学期		第11学期		第12学期	
							13周		13/5周		16周		21.5周		16.5周		20.5周		18周		19+1周		12周		15+4周		4+10周		20周	
							内	外	内	外	内	外	内	外	内	外	内	外	内	外	内	外	内	外	内	外	内	外	内	外
20	机械零件及建筑机械	129																	4	3	3	1								
21	建筑施工技术	123	99			24									(12)						3	2	2.5	2.5	（集中一周设计）					
22	建筑施工组织规划	141	45			96																			3	3	（集中四周设计）			
23	建筑工业经济														(4)															
24	建筑学	205	111			94											(26)		2	2	$1^{(3)}$	$1^{(6)}$	2.5	2.5	$0^{(25)}$	$0^{(25)}$				
25	给水排水	30	30																								3	3		
26	暖气通风	30	30																								3	3		
27	钢筋混凝土及砖石结构	324	204			120											(52)		4	4	$1^{(2.5)}$	$1^{(2.5)}$	2	2	$0^{(2.5)}$	$0^{(2.5)}$	（集中三周设计）			
28	木结构	48	24			24																	2	2	（集中一周设计）					
29	钢结构	140	100			40																			4	5	$4^{(4)}$	$4^{(8)}$		

续表

课程学期分配

序号	课程	学时数					课程学期分配																								
		总计	讲课	实验	练习	设计作业	第 1 学期		第 2 学期		第 3 学期		第 4 学期		第 5 学期		第 6 学期		第 7 学期		第 8 学期		第 9 学期		第 10 学期		第 11 学期		第 12 学期	
							13 周		13/5 周		16 周		21. 5 周		16. 5 周		20. 5 周		18 周		19+1 周		12 周		15+4 周		4+10 周		20 周	
							内	外	内	外	内	外	内	外	内	外	内	外	内	外	内	外	内	外	内	外	内	外	内	外
30	结构检验	30	15	15																					1_1	3				
31	工程地质与地基础	105	81	24																			3_2	5	3	3				
32	工程结构专题	30	30																								3	2		
33	英语（加选）结力、施工	95	95																						③	③	③②	④③		
34																														
学习总时数		4087 +95					30		30/ 20		28		20. 5						24	25	24. 5	24	23	27	21 + ③	25 + ③	19 + ③ + ②	23 + ④ + ③		

表 5-5 1965 年制订(修订)的五年制教学计划(土木建筑系工业与民用建筑专业)[2]173

教学学历表(总周数分配)

学 年	理论教学	考 试	教学实习	生产实习	金工劳动	毕业设计	军 训	农业劳动	公益劳动	假 期	机 动	合 计
一	35	3					4		2	7	1	52
二	34	3	5		2				1	6	1	52
三	31	3										34
四	26	2		15					1	7	1	52
五	13	1				23		6	1	2	1	47
总计	139	12	5	15	2	23	6	13	5	30	5	255

教学进程计划(课程学时分配)

序号	课程	学时数					各学期课内学时数(学时/周)											
		总计	讲课	实验	练习与讨论	设计	1	2	3	4	5	6	7	8	9	10	11	12
1	形势教育	139	139				1	1	1	1	1	1	1	1	1			
2	中国革命史	62	62				2	1.5										
3	政治经济学	62	62								2	2						
4	哲学	70	70										2.5	3				
5	体育	174			174		2	2	1	1	1	1	1	1	1			
6	外文	262			262		4	4	4	3								
7	高等数学	309	190		119		7	6	4									
8	普通物理	218	121	61	36			3.5	6	3								
9	普通化学	57	19	38			3											
10	画法几何与工程画	120	28.5		100.5		3	4.5										
11	理论力学	132	71		61				4.5	3								

续表

序号	课程	教学进程计划(课程学时分配)																
		学时数					各学期课内学时数(学时/周)											
		总计	讲课	实验	练习与讨论	设计	1	2	3	4	5	6	7	8	9	10	11	12
12	材料力学	135	75	15	45					4.5	4.5							
13	测量学	42	21	21						3								
14	建筑材料	63	28	35						4.5								
15	结构力学	166	105		61						5	4						
16	弹性与塑性力学	66	49.5		16.5								4		2			
17	电工学	97.5	60	30	7.5							6.5						
18	机械零件	41	25	8	8								2.5					
19	建筑学	97.5	32			65.5					5.5			(1)				
20	建筑施工技术	85	49.5			35.5							4	(2)				
21	木结构	39	13			26									3			
22	钢结构	41	41										2.5					
23	砖石与钢筋混凝土结构	313.5	61.5		7.5	244.5						7	1	(12)	(6)			
24	地基基础	97	48.5	22.5		26								2	6			
25	给水排水与暖气通风	32	32								2							
26	结构检验	41	8	33									2.5					
	周学时数						22	22.5	20.5	23	21	21.5	21	22	19			
	总学时数	2970.5	1411.5	263.5	898	397.5												

5.3 师资队伍

1948 年清华大学解放后至 1966 年“文化大革命”前，清华大学的教学体制、内容和方法上发生了根本性的改变，师资队伍从人员组成、思想认识上也随之有了很大变化。在此期间，土木系的师资队伍也有很大调整。

5.3.1 师资队伍的变化

1952 年院系调整前，土木系教工虽有一些变动，但总体是稳定的，教授、副教授、讲师人数都略有增加。其间，增聘张光斗、金涛（兼任）为教授，杨式德、王国周、王继明为副教授。另外，土木系还设有材料服务部，聘任黄俊杰、刘宏曾为书记，丁奎元、陈德全为工人（见表 5-6，表 5-7）。

表 5-6　1952 年院系调整前土木工程系教职工名册及统计表[23]704-711

土木系教职员统计表

（1949 年 6 月）

职别	教授	副教授	专任讲师	教员	助教	职员	总计
人数	9		1	1	15	7	33

1950 年 4 月土木系教师人数统计表

（1950 年 4 月 25 日）

	总计						教授				副教授				讲师				教员		助教	
	专任			兼任			专任		兼任		专任		兼任		专任		兼任		专任		兼任	
	计	男	女	计	男	女	男	女	男	女	男	女	男	女	男	女	男	女	男	女	男	女
人数	31	31		1	1		10				1		1		1				5		14	

国立清华大学 1950 年 4 月职员人数统计表（土木系）

（1950 年 4 月 25 日）

	总计			主任及秘书		组员		助理		书记		练习生		医务人员			
														医师		检验员及护士	
	计	男	女	男	女	男	女	男	女	男	女	男	女	男	女	男	女
人数	4	4						1		3							

表 5-7　1952 年 2 月土木工程系教职工名册[23]727-728

职　　别	姓　　名	性　　别	年　　龄	籍　　贯	备　　注
教授兼主任	李庆海	男	41	河北深泽	
教授	施嘉炀	男	49	福建福州	兼水利系主任
教授	张泽熙	男	55	江西鄱阳	
教授	吴柳生	男	47	浙江东阳	
教授	李丕济	男	40	河北宁河	兼水工研究所所长
教授	夏震寰	男	39	浙江余姚	去哈尔滨工业大学
教授	储钟瑞	男	38	江苏宜兴	
教授	陈樑生	男	35	福建	
教授	张光斗	男	39	江苏常熟	兼水力发电系主任
教授	刘恢先	男	40	江西莲花	
兼任教授	金　涛	男	64	浙江绍兴	
副教授	杨式德	男	35	河北行唐	
副教授	王国周	男	33	河北玉田	
副教授	王继明	男	35	河北滦县	
讲师	殷之书	男	32	江苏吴县	
讲师	王荫国	男	27	四川三台	
讲师	董若允	男	30	河北丰南县	
讲师	孙　护	男	32	安徽桐城	
讲师	余常昭	男	31	广东顺德	
讲师	潘梅祥	男	33	江苏南汇	
讲师	李国鼎	男	31	湖南澧县	
助教	袁作新	男	29	河北滦县	
助教	施熙灿	男	29	江苏	哈尔滨工业大学学习
助教	张良铎	男	28	湖北黄陂	
助教	刘元鹤	男	32	吉林德惠	
助教	胡多闻	男	29	山东徐州	
助教	丁则裕	男	27	福建闽侯	
助教	祝　彤	男	30	江苏镇江	
助教	龙驭球	男	26	湖南安化	
助教	瞿履谦	男	23	江苏松江	
助教	张　仁	男	24	江苏松江	
助教	王雄风	男	33	上海市	
助教	谢吉庭	男	24	安徽歙县	
助教	朱中孚	男	24	江苏	
组员	王铭西	男	50	湖北公安	
书记	郑国彬	男	26	安徽合肥	
书记	谢镇芝	男	33	湖南新化	
绘图员	任志良	男	28	河北青县	
书记	张宗义	男	21	天津	
练习生	高建华	男	25	北京	
技术员	宋毅夫	男	25	河北大沽口	

续表

职　　别	姓　　名	性　　别	年　　龄	籍　　贯	备　　注
技工	张静亚	男	30	深县	
技工	范子嘉	男	24	河北涿县	
技工	唐绍斌	男	26	北京	
试用技工	洪金厚	男	20	北京	
熟练工	于德泉	男	56	北京	
普通工	唐绍华	男	28	北京	
普通工	王守清	男	25	北京	
普通工	钟起棉	男	30	北京	
普通工	程　崑	男	52	北京	
普通工	程　杰	男	25	北京	

1952年院系调整后，土木系教师队伍发生了很大的变化，一是水利系正式从土木系分离出去单独成系，施嘉炀、夏震寰、张光斗、李丕济教授及一些老师都转至水利系。还有一些教师从清华调到其他院校或单位，如张泽熙教授和关嶙如调到唐山铁道学院、殷之书调到军委工程学院、祝彤调到北京地质学院、董若允调到山西大学、刘恢先调到中国科学院[26]524-525。与此同时，北京大学土木系和燕京大学土木系的教师也调入清华大学土木系。由于北京大学、燕京大学办学都以文、理、法为主，工科人数较少。北京大学更是1946年复员后才成立工学院，1947年才设立土木系，此后几年一直呈萎缩之势[29]。院系调整时，北京大学、燕京大学两校土木系还有一些教师调到其他院校或单位，所以，调入清华大学土木系的并不多，且以上下水、暖通的教师为主。1954年，土木系工程测量和公路与城市道路两专业调整到同济大学，李庆海、孙护、崔炳光、管泽霖、张家骥五位老师随之调到同济大学。而土壤力学及基础工程教研组也从土木系调整至水利系，陈樑生等老师也调出土木系，所以，师资力量大为削弱(见表5-8)。

表5-8　1953年土木系教职工名册①

职　　别	姓　　名	人　　数	备　　注
系主任	张维	1	
教授	李庆海、储钟瑞、陶葆楷、李颂琛、王兆霖、吴柳生、陈樑生、杨曾艺、杨式德、张典	10	李庆海1954年调往同济大学

① 《清华大学教职工名册(1953年)》，清华大学档案，全宗号2，目录号校5，案卷号002。

续表

职　　别	姓　　名	人　　数	备　　注
副教授	顾夏声、籍孝广、王国周、刘经文、王继明、陈致忠	6	陈致忠 1954 年调往军事工程学院
讲师	孙护、崔炳光、刘翰生、王雄风、吴增菲、王传志、邵一麟、胡多闻、江作昭、陈仲颐、刘元鹤、卢谦、李国鼎、黄熊、龙驭球、张良铎	16	孙护、崔炳光 1954 年调往同济大学
助教	张家骥、毛世民、庄崖屏、戴福隆、管泽霖、朱中孚、朱庆奭、王占生、李献文、刘同生、彦启森、车世光、滕智明、关振铎、罗福午、李惠来、沈聚敏、屠成松、向裴成、廖诏明、佟一哲、王和祥、徐一新、刘希业、黄昭度、陈振刚、刘新民、梁绍周、张家瑞、韩守询、陆昌甫、张思敬、何梦麟、王克明、赵志缙、高维山、刘光廷、洪忠驩、裘函始、孙元、宗洪生、惠士博、邝守仁、麦淑良、瞿履谦、陈肇元、古国纪、陆赐麟、陈聃、程能墀、包世华、范楷生	52	管泽霖 1954 年调往同济大学
翻译	蔡益燕、施肇震、许毓云	3	
技术员	宋毅夫、卢存忠	2	宋毅夫 1954 年调出
职员	刘照广、刘宏曾、于豪发、李吉燕、谢镇芝、黄俊杰、瞿福春、李瑞荣、马春甫	9	
练习生	丁奎元、陈德泉、庞龙德、高建华、苏尚连、李淑敏、王守清、刁玉春、王文彬、曹燕、温广隆、张维治、陈良铭、程文姬、施泽元、陶炳霖、凌良奇	17	陈德泉、庞龙德、李淑敏、刁玉春、王文彬、温广隆、陈良铭、凌良奇 1954 年调出
技工	李振荣、周玉山、于德泉	3	周玉山、于德泉 1954 年调出
普通工	李凤明、苗华、程崑、唐绍华、王立祥	5	程崑、王立祥 1954 年调出

与此同时，因恢复国民经济急需专业技术人才，所以各高校招生人数也急剧增加。清华大学招收本科学生由 1951 年的 823 人，增至 1952 年的 1055 人，1953 年更是增至 1850 人。专科招生也由 1951 年的 77 人增至 1952 年的 925 人[2]150。土木系的招生人数也由 1950 年的 86 人增至 1952 年的 450 人。师资力量却是严重不足。蒋南翔在 1953 年向中央呈送的报告中说："在院系调整时，清华大学工科方向的教师没有得到增加，相反

是受到相当大的削弱……因而在院系调整以后，清华一方面是学生突然增多，另一方面是教师大为减少，缺乏师资的问题非常尖锐。”①当时，国内人才稀缺，国外引进人才无望，国家已实行大学生毕业后由国家统一分配工作的政策，清华便采取了将本校毕业生大量留校任教的办法来加强师资队伍，并将1949年和1950年入学的两届学生，学制改为三年，让他们提前一年毕业参加工作。同时动员各年级学生中的一部分学习优秀者转入两年制的专修科，以早日毕业走上工作岗位。这些学生中，就有很多留在学校担任教师。据方惠坚校友（1950年入学）回忆：“为迎接第一个五年计划，学校扩大招生，要培养大批力学师资，从班上抽调了20多名同学去理论力学、材料力学教研组。余下的同学……又学习了一年，在1953年暑期提前毕业，投入了第一个五年计划的大规模建设。我们班的同学相当一部分留校工作，除了在土木系从事本专业教学外，还有一些同学去教工程画、高等数学。”[12]38 1954年，高等教育部进一步明确：“清华大学的师资补充，以留本校毕业生为原则……原由清华大学派赴留苏的研究生，回国后，仍回原校任教，清华大学并可从留苏的大学毕业生中分配一部分为师资。”[27]64 以后土木系每届毕业生都有一些留校，其中大部分留在系里任教，也有一部分分配到学校其他部门工作，并从留苏研究生和其他高校中分到一些来系任教，使土木系的师资力量大大加强（见表5-9、表5-10）。

图5-3　1963年土木系教师在胜因院8号吴柳生教授家门前合影

① 蒋南翔：《向习仲勋、杨秀峰、中宣部、北京市委并中央的报告》，1953年3月1日，清华大学档案，目录号党办1，案卷号53082。

图 5-4　吴柳生教授(左 1)与杨曾艺教授(左 3)、杨式德教授(左 5)及张子高教授(化工系)在香山疗养时合影

表 5-9　1954—1965 年土木系工民建专业毕业留在系内任教教师名录

年　份	留系任教教师
1954	杨德麟、郑国忠、支秉琛、唐昭曾、汤满贞、高登崙、郑金床、黄金琦、许大华
1955	丁金粟、甘绍熺、王鲁生、过镇海、裘宗濂、李兴焯、李少甫、方惠坚、宋鑑、陈英、王世慧、吴建銤、张希伦、周志刚、钮友傑
1956	
1957	朱金铨、田先明、甄文铎
1958	方鄂华、廉慧珍、苗日新、苗赫濯、孙惠镐、施岚青、李龙土、沈恒滋、来晋炎、冯乃谦、吴立信、赵若鹏、段传极、郑隆烈、桂治轮、黄维琼、陈昌晴、沈玉芝
1959	张铜生、雷钟和、匡文起、钱素英、黄介弘、江爱川、王娴明、程瑞棣、邹永素、何高勖、苗思定、赵燕棣、崔鸿超、王季蟾、邵敏、刘梦兰、李克波、胡嘉有、周长发、王跃
1960	崔景灏(崔景浩、崔京浩)、张庆、叶知满
1961	
1962	郝静明
1963	
1964	徐占发、王际芝(无线电系)、宝志雯(电机系)
1965	吴佩刚、翁义军、刘竹青、邓定金、许为全、涂峥嵘、朱纯华、李鸿庆(电机系)、张中泰

注：清华大学其他系毕业留校来土木系工作的在括弧中注明。

表 5-10　1954—1965 年外校来土木系任教教师名录

教师姓名
赵文蔚、施士昇、赵光仪、李著璟、童林旭、阚永魁、张树敏、陈力华、田家骅、刘彤、姜乐威、曾俞芳、周健行、谢慧荃、赵月娥、云天钧、郑长麟、言穆宏、赵雨金、包裕昆、郝亚民、王誉生、杨建奇、高永健、刘绍秋、李之闻

到1960年，土木系教师队伍得到很大充实（见表5-11）。1960年与建筑系合并后，又经过了三年困难时期的调整，到1964年，教师队伍基本稳定下来（见表5-12）。至1965年，土木建筑系共有教师135人，其中教授12名、副教授7名，另有教学辅助人员137人。

表5-11　1960年土木工程系教师名册[①]

职　　别	姓　　名	人　　数
施工教研组		
副系主任、教授	杨曾艺	1
教研组主任、教授	张典	1
讲师	李国鼎、卢谦、韩守询、梁绍周	4
助教	宗洪生、孙元、洪忠驩、裘函始、佟一哲、许大华、张树敏、甘绍熺、李兴焯、徐鼎文、宋鑑、田先明、孙惠镐、陈昌晴	13
钢筋混凝土教研组		
教研组主任、教授	吴柳生	1
副教授	籍孝广、施士昇、陈致忠	3
副主任、讲师	罗福午	1
讲师	王传志、滕智明、沈聚敏	3
教员	李著璟、屠成松、汤满贞、郑金床、过镇海、王世慧	1
助教	庄崖屏、朱金铨、甄文铎、陈力华、赵光仪、田家骅、方鄂华、施岚青、来晋炎、周长发、钱素英、黄介弘、何高勖、邵敏	20
钢木结构教研组		
教研组主任、副教授	王国周	1
讲师	张良铎、黄熊、麦淑良、蔡益燕、陆赐麟、陈肇元	6
教员	曾华、瞿履谦	2
助教	赵文蔚、陈聃、陶全心、黄金琦、李少甫	5
结构力学教研组		
副系主任、教授兼教研组主任	杨式德	1
讲师	龙驭球、古国纪	2
助教	包世华、范楷生、裘宗濂、王鲁生、支秉琛、吴立信、匡文起、张铜生、雷钟和	9

① 《清华大学教职工名册（1960年）》，清华大学档案，全宗号2，目录号校5，案卷号006。

续表

给排水教研组		
职　　别	姓　　名	人　　数
系主任、教授	陶葆楷	1
教研组主任、教授	李颂琛	1
副主任、副教授	顾夏声	1
副教授	王继明、许保玖	2
助教	王占生、陈志义、黄铭荣、曹乃钦、刘桂森、付国伟、周莲溪、马倩如、吴利泉、刘存礼、钱易、钱锡康	12
暖通教研组		
教研组主任、教授	王兆霖	1
副主任、讲师	吴增菲	1
助教	刘同生、彦启森、刘锦梁、赵荣义、王民生、蔡启林、吴爱真、陈心良、李元哲、时友人、陈肇基、陈君燕	19
建筑材料教研组		
职　　别	姓　　名	人　　数
教研组主任、讲师	江作昭	1
讲师	胡多闻、刘元鹤、刘新民、关振铎	4
助教	吴建銧、周志刚、桂治轮、冯乃谦、段传极、苗赫濯、姜乐成、沈玉芝、黄维琼、赵若鹏、李龙土、郑隆烈	5
测量教研组		
职　　别	姓　　名	人　　数
教研组主任、教授	储钟瑞	1
讲师	刘翰生、王雄风	2
助教	杨德麟、高登崙、郑国忠	3

表 5-12　1964 年土木建筑系教师名单(土木部分)①

教研组	姓　　名
工程结构教研组	吴柳生、施士昇、王国周、籍孝广、陈致忠、王传志、张良铎、黄熊、滕智明、李著璟、罗福午、蔡益燕、陈肇元、沈聚敏、庄崖屏、屠成松、陶全心、赵文蔚、陈聃、过镇海、钱素英、李少甫、赵光仪、朱金铨、甄文铎、方鄂华、来晋炎、施岚青、何高勛、黄介弘、杨建奇、王娴明、高永健、邹永素、阚永魁、瞿履谦、包裕昆、郝亚民、叶知满、郑金床
结构力学教研组	杨式德、龙驭球、古国纪、包世华、裘宗濂、王鲁生、支秉琛、沈恒滋、雷钟和、张铜生、匡文起、程瑞棣、张庆、江爱川
施工教研组	张典、卢谦、韩守询、梁绍周、邝守仁、孙元、佟一哲、裘函始、甘绍熺、李兴煳、田先明、孙惠镐、李克波、言穆宏、赵雨金、陈英
给排水教研组	陶葆楷、顾夏声、许保玖、王继明、黄铭荣、刘桂林、徐鼎文、钱易、刘存礼、胡纪萃、沈英鹏、井文涌、蒋展鹏、周莲溪、叶书明、李国鼎、陈志义、刘鸿亮、付国伟、马倩如、吴利泉、王景厚、俞珂

① 清华大学档案,全宗号 2,目录号校 5,案卷号 009。

续表

教研组	姓　　名
暖通教研组	王兆霖、吴增菲、汪遵华、彦启森、刘同生、赵荣义、薛殿华、李元哲、吴爱真、齐永系、莫詠芬、岑幻霞、陈肇基、钱蓓妮、肖曰嵘、束际万、陈君燕、陈心良、蔡启林、赵庆珠、石兆玉
建材教研组	江作昭、刘元鹤、胡多闻、刘新民、吴建銤、周志刚、刘彤、苗赫濯、桂治轮、李龙土、黄秀不、郑隆烈、冯乃谦、赵若鹏、黄维琼、沈玉芝、云天钧、江尧忠、雷国栋
测量教研组	储钟瑞、刘翰生、王雄风、杨德麟、郑国忠、白光义

这一时期，特别强调专业训练，加强实验、实习环节的教学。所以，各个教研组都设立了实验室。系里还设立了金工间和设计院，先后招收了几批中专毕业生和技术工人来辅助实践环节的教学工作（见表5-13）。

表5-13　1960年土木系机关及实验室职工名册①

土木系总支办公室		
职　　别	姓　　名	人　　数
总支书记	周维垣	1
副书记	张希伦、邝守仁、沈恒滋、刘鸿亮、苗日新	5
职员	韩礼誏	1
土木系办公室		
职　　别	姓　　名	人　　数
秘书	柴昌庆	1
教务	刘照广、廖奇媛	2
总务	李吉燕	1
职员	关恒东、马春甫、葛高春、高付山、王文祥	5
打字员	颜怡慈	1
资料员	张桂芳、曹燕、凌仪贞、赵桂英、王玉芳、喻佩文	6
图书员	于豪发	1
财务	瞿福春、高淑琴	2
管理员	苗华、黄俊杰	2
采购员	施泽元	1
器材做账	丁奎元	1
普通工	李凤鸣	1
会计	石方鹏、罗希岑	2
施工实验室		
职　　别	姓　　名	人　　数
实验员	陈卓刍、俞德宣、陈志鹏、郭金铭、康志中	5
技工	马兰明、朱修文、张本盛、李满洋、邓先金、孙洪策、马万取、李文增	8

① 清华大学档案，全宗号2，目录号校5，案卷号009。

续表

施工实验室		
职　　别	姓　　名	人　　数
练习生	曾天荣	1
徒工	赵荣兰	1
工程结构实验室		
职　　别	姓　　名	人　　数
实验员	倪建仁、王玉庭、高建华、张达成、黄志强、关根发、黄学信、李天敏、潘月英	9
练习生	姜传礼	1
光弹性实验室		
职　　别	姓　　名	人　　数
实验员	邱倩、朱俊杰、胡新民	3
练习生	何英敏、贾金源	2
技工	范珍己	1
给排水实验室		
职　　别	姓　　名	人　　数
实验员	张汉昇、徐鲁民、苏尚连、徐本源、王振声	5
练习生	何永富	1
暖通实验室		
职　　别	姓　　名	人　　数
实验员	孙祥泰、孙景芳、王有志、李淑琴	4
技工	邓大义	1
建筑材料实验室		
职　　别	姓　　名	人　　数
技术员	李振荣	2
实验员	裘灼镁、陈绍荣、刘玉顺、高素华、陶炳霖、刘宏曾、马德全、刘淑文、黄兰珍、田翠荣	10
练习生	王伯荣、乔生旺	2
技工	唐绍华、杨秉文、程彦郷	3
工人	王忠道、吴龙其、周兴太、朱同喜、李成义、刘瑞山、张恒元、申永荣、翟润广、李洪富、马志明、罗茂芝、马万玉、梁森林、闫平、朱寿连、陈永安、朱明高、王兴合、王裕郷	20
徒工	韩德福	1
测量仪器室		
职　　别	姓　　名	人　　数
技术员	谢镇芝、王守清	2
实验员	卢存忠	1
金工间		
职　　别	姓　　名	人　　数
技工	孔庆福、张茂合、宋福卿、王秉全、张利、李书中、何俊昌、王文煜、毛志信、洪甲三、陈昌续	11
工人	曹飞龙、岳火乾、贺林方	3
徒工	姚振林、张素花、孙淑英、黄克誏、丁连义	5

续表

设计院		
职　　别	姓　　名	人　　数
职员	周庆贤、张悦钟、易去非、陈芹	4
实验员	傅平均、花国本、胡新民、杨丽娜、彭淑云、王英兰、张玉峰、权顺玉	8
绘图员	刘连生	1

5.3.2　师资队伍建设

1949年后，国家政治制度和教学体制都发生了根本变化，学校教师无论在思想上还是在工作上都面临适应新形势需要的问题。中央政府认为，对高校教师进行思想改造是十分必要的。“如果高等学校的教师们还是付膺着英美资产阶级的反动思想，还是固执着自己的个人主义、客观主义和宗派观点，而得不到确实的改造，那么一切高等教育的改革工作，诸如院系的调整、课程的改革、教育法的改进等等，都是难以进行和贯彻的。”为此，中央政府率先在北京、天津各高等学校中开展思想改造的学习运动。“这次学习运动的目的是改造教师思想，改革高等教育……我们每个教师必须努力学习马克思列宁主义，掌握马克思主义的立场、观点和方法，有的放矢地针对着自己的思想实际，展开严肃的批评与自我批评，来确实地改造和提高自己的思想。”[26]478-480 蒋南翔在呈送中央的报告中也指出：“清华大学的师资，不但是数量太少，而且质量也差。首先是一般教师的思想政治水平不高，甚至至今还有少数教授对学习苏联的问题有抗拒情绪。”①当时学校在教师和学生中开展了思想改造学习运动，土木系的教师和同学也积极参加了这个运动并有较大收获。

当时，清华教师队伍还面临着业务水平亟待提高的问题。高等教育部检查组在对清华进行检查后，在其检查报告中指出：“清华目前助教人数占全体教师的百分之七十三，其中三年提前毕业、二年专修班毕业和本科二年抽调者占百分之七十，这种情况不能不认为是严重的问题，因此学校不能不用很大的力量来加强师资培养工作。”[27]101 蒋南翔在呈送中央

① 蒋南翔：《向习仲勋、杨秀峰、中宣部、北京市委并中央的报告》，1953年3月1日，清华大学档案，目录号党办1，案卷号53082。

的报告中亦提到,清华教师的另一个问题“是业务水平不高,现在清华各系所设的专业课程,有许多是教授们自己也没有学过的,因此他们只能是‘现炒现卖’,清华教师还有一个比较突出的缺点,是他们普遍缺乏实际的生产经验”①。当时,学校解决这一问题的主要办法是充分发挥苏联专家的作用,加速向苏联学习。为提高教师的俄文水平,学校组织了俄文速成培训,从 1952 年 8 月 20 日到 9 月 7 日,集中了 238 名教师进行集体学习。通过培训,绝大部分教师都掌握了阅读俄文工程专业书的方法。“百分之九十的学员都从不识俄文字母提高到能独立阅读工程书籍的程度,学习效果极为显著”[26]355-356。时任土木系系主任的张维回忆道:“清华在当时党组织的领导下组织了速成俄文学习班,由通晓俄语的几位年轻教师卢谦等在杨朝椒同志的领导下,创造了速成俄文教学法并编写速成俄文语法。在三个星期高度集中学习了最基本的语法和两千个基本单词后,教师们就投入了教科书的翻译工作,赶上了当年 11 月开学的需要。这不能不说是个奇迹。这之后,在全国高校,乃至其他单位相当大范围地用速成俄文方法学习工程专业俄文,以便教师和技术人员能自己阅读俄文专业书籍和文献。可惜的是,由于高教部苏联专家的反对,速成俄文法这一中国人创造的学习外文的方法被扼杀了。”[12]25 土木系不少教师也参加了这次速成培训,也初步具备了阅读俄文专业书籍的能力。“土木系李丕济教授在二十天前还是一个俄文字母不识的人,在完成速成学习之后,他说:‘过去我走到国际书店一看,琳琅满目,可是我是俄文盲。现在我有了打开苏联经验宝库的钥匙。’他在开始阅读时,两小时看了三页水利学,非常兴奋。”[26]358 20 世纪 80 年代初,卢谦教授又为土木系未学过英语的教师利用每周两个下午的时间开办了速成英文班,也取得了较好的效果。

1953 年,土木系聘请了苏联专家来系任教,建筑施工方面有萨多维奇,钢结构方面有捷烈文斯柯夫。跟随苏联专家,大量外校来进修的青年教师和本系部分青年教师作为研究生进修培养(见表 5-14)。1954 年高等教育部就明确,“清华大学可在该校一九五六年毕业研究生中留师资四十人”[27]64。到 1956 年土木系这批研究生学成毕业的有 30 人,其中一部

① 蒋南翔:《向习仲勋、杨秀峰、中宣部、北京市委并中央的报告》,1953 年 3 月 1 日,清华大学档案,目录号党办 1,案卷号 53082。

分就留在系内任教，使土木系教学能力得到进一步提升。

表 5-14　1953 年土木系入学的研究生[12]147

结构工程	王肇民、马庆如、陶全心、周浩森、郭蔚铣、顾耀祖、陈谔、陈继祖、刘宏志、曹绍圣、崔友庄、左兼金
建筑施工	周志刚、马连生、王铁荪、沈荣全、廖德章、谭达州、赵文源、李名奇、蔡德全、冯海龙、李荣湘、朱光熙、任汝述、夏久宝、李英明、郑汉民、林学仁、袁光裕、刘玉佩、郑云秋
给水排水	陈志义
工程材料	陈庆佑、曹侃、金同稷、毛国祥、麦守义、刘砚田、郑达谦、张誉、李望贻

5.3.3　教研组建制

1952 年学习苏联经验，各系都开始建立教学研究指导组（简称“教研组”）。1954 年 2 月颁布的“清华大学暂行规程”中规定：“教学研究指导组（以下简称‘教研组’）为教学的基本组织，由一种课程或性质相近的数种课程之全体教师组成之。各教研组均设主任一人，必要时增设副职，由校长聘任，报请中央高等教育部备案。”其职责是讨论及制定本组各课程的教学大纲及教学日历；检查本组教学工作、教学方法和科研工作、总结教学经验；培养本组青年教师及研究生；组织本组教师的编译工作及搜集教学资料；组织本组各课程的自习、实验、实习、设计、考查及考试[27]482。

1952 年，土木系设立的教研组为：上下水道教研组、公路教研组、工程测量教研组、土壤基础及工程地质教研组、钢筋混凝土及工程材料教研组、结构力学和钢木结构教研组。1952 年年底增设土木建筑施工教研组。1954 年土壤力学及基础工程教研组调整至水利工程系；工程测量专业和公路及城市道路专业调整至同济大学后，公路及城市道路教研组撤销，但测量教研组仍保留，随后又增设了暖气通风教研组。以后，虽教研组的名称时有改变，但其组成还是相对稳定的（见表 5-15）。

表 5-15　1952—1964 年土木系教研组的名称及教研组主任[23]519-649

年份	教研组名称及主任								
1952	名称	上下水道	公路	工程测量	土壤基础及工程地质	钢筋混凝土结构及工程材料	结构力学及钢木结构		
	主任	陶葆楷	王国周	李庆海	陈樑生	吴柳生	杨式德		

续表

年份	教研组名称及主任							
1953	名称	给水及下水工程	公路及城市道路	工程测量	土壤力学及基础工程	工程材料及钢筋混凝土结构	结构力学及钢木结构	土木建筑施工	
	主任	陶葆楷	王国周	李庆海	陈樑生	吴柳生	杨式德	杨曾艺	
1954	名称	给水及下水工程		测量		工程材料及钢筋混凝土结构	结构力学及钢木结构	土木建筑施工	
	主任	陶葆楷		储钟瑞		吴柳生	杨式德	杨曾艺	
1955	名称	给水及排水	暖气通风	测量	建筑材料	工程结构	结构力学	施工	
	主任	陶葆楷	王兆霖	储钟瑞	江作昭	吴柳生	杨式德	张典(代)	
1956	名称	给水及排水	暖气通风	测量	建筑材料	钢筋混凝土结构	结构力学	施工	钢木结构
	主任	王继明、李颂琛	王兆霖	储钟瑞	江作昭	吴柳生	杨式德	张典	王国周
1959	名称	给水及排水	供热供燃气及通风	测量	建筑材料	钢筋混凝土	结构力学	建筑施工技术组织与机械化	钢木结构
	主任	李颂琛	王兆霖	储钟瑞	江作昭	吴柳生	杨式德	杨曾艺	王国周
1964	名称	给水排水	供热供燃气及通风	测量	建筑材料	工程结构	结构力学	建筑施工	
	主任	顾夏声	王兆霖	储钟瑞	江作昭	吴柳生	杨式德	张典	

5.4 人才培养

1948 年 12 月清华园解放后，一切教学计划如常进行。严孝达(1950 年毕业)回忆，1949 年暑假“土木系 50 届的绝大多数同学均赴哈尔滨参加水利或铁道工程等专业实习，因为他们于上一年暑假已在清华园附近作过测量实习。同班只有张仁、艾知生、陈耀松和我因上年未作实习，需要补作。我们 4 人参加了土木系 51 届同学暑假测量实习，由李庆海、施熙灿等先生率领赴沈阳市北郊浑河灌区干渠沿线作地形测量，前后约一个半月。因当时东北水利局局长魏兆麟是清华土木系1938届毕业的校友，为我们50、51两届同学赴解放后东北大地进行实习提供了方便。”①但随后，土木系的教学计划就有了很大变化。

新中国成立之初，工程技术人员和教学科研人员都极为匮乏。“1952年年底，全国总人口近5.75亿人，其中科技人员仅42.5万人，全国平均每万人口中不到7个半科技人员。”②而科技人员中，高端的科学研究人员更是仅占2%左右。1951年11月，当时全国在校学习工科的学生也只有34597人（其中缺地质系一年级学生数）。为尽快培养建设新中国的工程技术人才，1952年的工科招收新生数，要从1.5万人增加到4万人③。《清华大学1950—1953年发展计划》中也明确规定：“从我国经济恢复到经济建设高潮的时期内，本大学为适应国家对于经济建设干部的大量需要，将以理工为主，做急速的数量上的扩充。”④土木系的招生人数从1950年的86人迅速增长至1952年的450人（见表5-16）。1952年院系调整时，北京大学、燕京大学土木系1950年入学的30人（房屋建筑专业、给水排水专业各15人），1951年入学的114人（房屋建筑专业69人，汽车干路专业20人，给水排水专业25人）又并入清华学习⑤，使得清华土木系学生更是大增。1950年入学的校友方惠坚回忆：“1952年，北大、燕京、清华三校土木系1950年入学的合并到清华，成立一个大班共有100多人。”[12]38

表5-16　1949—1952年土木系本科招生人数[23]815-934

年　份	人　数
1949	61
1950	86
1951	160
1952	450（其中调干生94名，专科生198名）

1952年院系调整后，学习苏联的教育体制，清华由原来的学分制改为学年制。在学分制下，学生按各系规定的课程表，自行选定所学的课程，

① 严孝达：《回忆1949年暑假沈阳测量实习》，载《清华校友通讯丛书》，第8辑，第154页。

② 金富军：《蒋南翔校长与新技术专业设立》，载《清华人》，2008年第5期。

③ 张宗麟：《改革高等工业教育的开端》，载《人民教育》，1952年第1期。

④ 《清华大学1950—1953年的发展计划》（1949年），清华大学档案，全宗号2，目录号校1，案卷号49012。

⑤ 《清华大学1952年学生名册》，清华大学档案馆，全宗号2，案卷号004。

听哪些课，听哪个老师讲授的课，都由学生自行安排。只要学满规定之学分即可毕业，学习年限不限。因此，一个班的同学，每学期所上的课不一样，也不住在一起，班级组织比较松散。而在学年制下，学校按各专业的统一教学计划，以班为单位安排教师讲授，也以班为单位组织学生的实验、实习等教学活动。“学生依照教学计划上所规定的课程修业期满，成绩及格，并经过毕业设计答辩及格，由学校报请中央高等教育部核准，发给毕业证书；并由中央人民政府人事部统一分配工作。”①

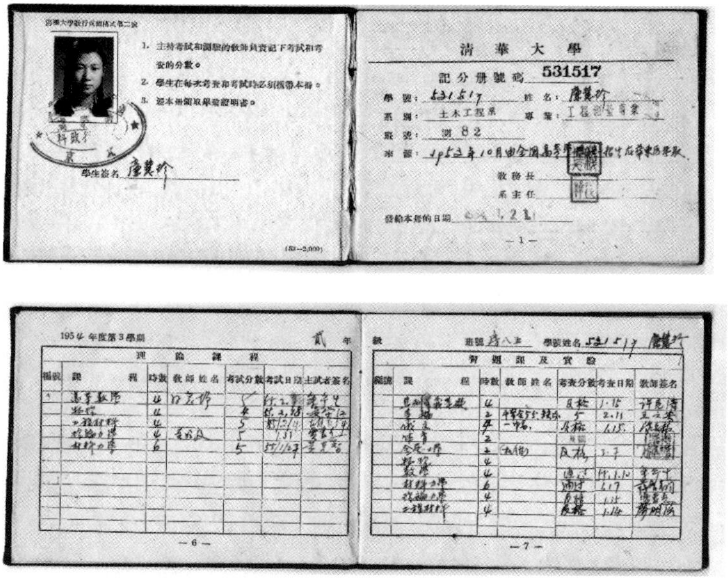

图 5-5　学生记分册②

此时，在校期间，一个班的同学，无论住宿、上课、实习等生活和学习，都统一在一起，班级组织十分紧密也十分重要。“班级是学校最基本单位，班级工作做好了，就能培养一股革命的、科学的、民主团结的和艰苦奋斗的好作风，有一股强大的无形力量促使学生健康地成长”③。为加强班级建设，学校规定，每个班设班主任一人，由教师担任，对学生的学习及生

① 《清华大学暂行规程》，载《新清华》，第 31 期，1954 年 2 月 9 日。

② 廉慧珍本人提供。

③ 《清华大学党委关于配备半脱产政治辅导员工作的经验总结报告（初稿）》，1965 年 8 月，清华大学档案，目录号党办 1，案卷号 65035。

活给予经常的指导和帮助。在此期间，土木系先后担任过班主任的教师有朱金铨、雷钟和、江爱川、金丽华、束际万、黄勇、王哲生、何高勖、佟一哲、张铜生、赵光仪、王娴明、钱素英等。为加强对学生的政治思想教育，1953 年 4 月 3 日，清华大学向中央高等教育部及中央人事部提交设立政治辅导员的报告："挑选学习成绩优良、觉悟较高的党团员担任辅导员，其学习年限延长一年，学科则相应减少……考虑了当前工作的需要，拟抽调三年级学生二十五人，预计在一九五四(年)秋完全恢复正常学习，一九五五年毕业。一九五四年如尚需辅导员，可再酌量挑选。"此报告获得批准，并自此正式成为一个制度，每个班级都配有高年级同学(或青年教师)担任辅导员，直至"文化大革命"开始才结束。并明确"政治辅导员是学校党委(政治部)派到班级的政治工作干部，政治辅导员的任务是：高举毛泽东思想红旗，坚持兴无灭资的方针，做好学生的思想政治工作、党团组织建设工作，促进同学在德育、智育、体育诸方面生动活泼地主动地得到发展"①。至 1965 年 8 月，全校担任过政治辅导员的有 653 人。方惠坚回忆："1953 年年初，黄志冲和我首批担任了土木系学生政治辅导员，以后是张希伦、宋鑑、郑秀媛等同志陆续参加。"土木系先后担任过学生政治辅导员的还有：沈恒滋、王兆钰、张庆、徐占发、赵春浓(赵军)、钱选青、刘锡才、佘世华、俞纪美(俞晓松)、俞靖芝、王景厚、颜华峰、张启云、夏明淑、金舜、左川、田成平等。

图 5-6　1964 年土木建筑系辅导员合影

① 《清华大学党委关于配备半脱产政治辅导员工作的经验总结报告(初稿)》，1965 年 8 月，清华大学档案，目录号党办 1，案卷号 65035。

与此同时，学校还开展了表扬先进班集体的活动，对同学的自我教育起到了极大的推进作用。土木系测专四·二班成为了学校表彰的第一个先进班集体。新中国成立前，清华是以系和学生入学年份从1925年大学部成立起按年排序的序号来命名级别的，1925年入学的为第一级，1926年入学的为第二级，依此类推，如土木系1934年入学的学生是土木十级的。由于招生人数少，且无专业之分，所以不再编班号。西南联大期间到1952年院系调整前，改为按毕业年份来称呼级别。1952年，由于招生人数多，同一专业的学生开始分班并以专业名加所处年级再加班级命名班号。如房专12班就是指工业与民用房屋建筑专业专科一年级第二班。1953年起就改为以专业名称和毕业年份加班次来命名班级，如1951年入学的工业与民用房屋建筑专业第二班的学生将于1955年毕业，就称为房5(2)班，学生在校时，更是以毕业年份的最后一个数字来简称其级别，如将于1955年毕业的就简称为5字班的学生。这种简称对区分在校学生的年级十分方便，但1955年毕业和1965年毕业的都称呼为5字班的，这对区分相差十年以上的班级就十分不便了。当遇到学制改革时就更有麻烦。1964年入学的学生，学制六年(后改为五年半)，将于1970年毕业，称为0字班；1965年入学的学生，学制已改为五年，也将于1970年毕业，为避免混淆，就只好称为00字班的。这也算是清华特有的一种文化，外校人员很难理解。2005年，1965年入学的同学毕业35周年之际，集体捐款在近春园遗址南面建了一个两层的亭子，命名为"零零阁"，外人见之，不知所云，其实寓意颇深。自1970年招收第一届工农兵学员时起，班级名称就改为按入学年份编制，这倒避免了因学制变动造成多级同年毕业而带来的困扰。

所以当年的测专四·二班就是1952年入学、将于1954年毕业的测量专业专修科第二班。1954年3月8日校委会决议"为鼓励学生积极学习和锻炼，发扬集体主义精神，决定凡学习及锻炼优秀的班级及个人给予精神和物质的奖励。奖励办法请政治辅导处拟订公布。土木系测专四·二班学习成绩为全校最好班之一，除一人因病外均参加体育锻炼，80%通过劳卫制锻炼标准；全班27人，24人是党、团员；全班团结友爱，社会政治工作做得较好，尊敬老师，热爱专业，遵守纪律，特授予'先进集体'称号，以捷克青年代表团所赠伏契克像赠予该班，以资鼓励。"[9]209(见图5-7，图5-8)

图 5-7　土木工程系测专四·二班是清华第一个获得“先进集体”光荣称号的班级[16]

图 5-8　测专四·二班合影[12]

该班同学刘淑敏回忆道：“1952 年正是院系调整后的一年。我是被土木系录取的，到校后首先遇到的是报考专业的问题。听了系主任张维先生的报告和各专业介绍以后，思想翻滚起来了。报专修科？学制才两年，学的知识太少，但国家需要；报测量专业？生活艰苦，但报志愿的人少，领导号召团员带头。我虽还不是团员，但我在广州上学的一年已申请入团了呀。跟谁商量呢？父母离得太远，书信往返来不及，同学们又还互不认识。不过，这对于五十年代的青年不用太多的思想斗争。就这样定下来了，报上了自己的志愿——测量专修科。上课以后，紧张、愉快的学习生活开始了。老师们以辛勤的劳动哺育着我们，使我们的知识一天天在增长。尤其是党团组织有力的思想工作,不断引导着我们,使我们越来越紧密地把自己的学习同祖国和人民的事业联系起来。一位得了'三分'的同学含泪检讨自己对不起在朝鲜前线浴血奋战的志愿军。同学们以高度的责任感对待学习,把学习与今后的工作紧密联系起来。为祖国而学习成了我们的天职。学习尽管很紧张,但是课余生活是丰富多彩的。下午课后校园里的生活沸腾了,'唱起来,跳起来,学习完了多愉快。大家唱呀,跳呀,哟,哟,跳呀么跳起来'的歌声荡漾,操场上人们跑着、跳着,参加各种课余小组的人们在各自的场所活动,生活安排得那么紧凑而又有条不紊。党团组织不但关心着我们的学习、生活,还关心着我们思想的健康成长。党课、团课给青年人不断指明人生的意义,革命的人生观在逐步树立,'一切为了祖国,一切为了人民'成为我们生活的座右铭。在同学之间,亲密无间,亲如手足,互相谈思想,谈学习。谁有成绩拉下了,马上有同学来到你身旁帮你一把。谁因病缺课了,有同学替你抄笔记补课。在这个温暖的集体里,人人努力向上,相互关心、体贴。我因不适应北方冬天的严寒,在校的两个冬天都因严重胃病住进了校医院。每天,同学们来到我的病房,给我带来最珍贵的革命情谊。大家关怀我、体贴我,使窗玻璃上还结着冰花的病房里充满了温暖。我就是这样在清华园里度过了两年的时光,寒、暑假我也没有离开她的怀抱。两年,这是很短暂的一段时间。但是,它在我起步时,给我正确指明了前进的方向。在测专四·二——学校的先进集体里,我加入了青年团,也写下了第一份入党申请书。正是母校的辛勤哺育使我经受了几年野外测量工作艰苦的考验。冬天的严寒,夏天的酷暑,每天长途跋涉,爬山越岭。冬天在二十米的测量高标上冷得手脚失去了知觉,夏天在烈日下晒得口干舌燥。有时早上顶着星星出工,晚上在月光下返回,整整在外奔波一天。在这种时刻,崇高的理想产生了巨大的动力,鼓舞着我不退缩,坚持向前,和男同志一样完成测量工作,在工作岗位上尽自己的最大努力来完成党交给的任务。"①

"在一九五三年寒假,清华大学校务委员会决议表扬测专四·二班,授以'先进集体'的光荣称号,并号召全校同学学习他们优良的作风。"[27]660

这次表扬,在全校同学中引起了强烈反响,大家纷纷表示要学习测专

① 刘淑敏:《在母校的哺育下成长》,载《清华校友通讯》,复 5 期,第 36—38 页。

四·二班的榜样,争当“先进集体”。测专四·二班的先进事迹还引起了时任团中央书记的胡耀邦的关注。“约在1954年,一天下午3点左右接到了学校团委通知,要我去工字厅,我不知是什么事,赶到工字厅时测专四·二的杨德麟同学也在。……我和杨德麟一起,由学校派车把我们送走。驶出校门的路上,我们询问去哪儿?陪同人笑而不答,等汽车进入胡同停在一座旧四合院门口时,才告诉我们是胡耀邦邀请我们去他家做客,胡当时是团中央书记,想找几个清华学生去他家聊聊,了解目前清华学生的学习、生活情况……我们被引进四合院的正房坐定,胡耀邦同志由秘书陪同进来,微笑地和我们握手后各就各位,他问了很多有关清华同学在校学习和生活的情况。杨德麟谈了测专四·二实习和学习情况……他又问了杨德麟许多有关测专四·二的先进事迹,他似乎事先已经知道了一些,所以他和杨的对答非常轻松和流畅……我们大约谈了一个半小时,会见就结束了。”①

1955年,土木系房五·三、房专建校班、房专五·二、给八·三、暖九·一等5班又获得了先进集体称号,占全系35个班的14.3%②。房专五·二班是因进步很大,由基础最差的班次转变为先进班次,被授予“先进集体”称号的。

院系调整后,由于学生增加很多,师资相对缺乏,所以各门课程的讲授差不多都采用了大课加小课的方法,即一个专业或几个相近专业的学生合在一起,形成100~200人的大课堂,由有经验的教师对课程进行讲授,然后,再分小班,由相对年轻一点的教师上辅导课(也称“习题课”)。“土木系有重视教学的优良传统,有许多教学优秀课程,不仅在校内,而且在全国都有很高的声誉。杨式德先生教授的‘结构力学’,凡是听过课的学生‘有口皆碑’。教师在教学中注意运用辩证唯物主义观点,提高教学水平。早在50年代,张良铎先生就在全校教学讨论会上介绍过在‘钢结构’课程中运用辩证唯物主义的经验。”[12]39

1964年毕业的李镇强对杨式德先生及他的结构力学课印象十分深刻。“结构力学是主课,教我们结构力学的是杨式德教授……杨先生经常

① 奚树祥:《胡耀邦带病接见清华同学记实》,载《校友文稿资料选编》,第16辑,第124页。

② 《校委会第三次奖励先进集体》,载《新清华》,1955年3月12日,第82期,第1版。

穿一件退了色的中山装,五个扣子全都扣好,连颈下的领钩都不忘。杨先生走路不紧不慢,把讲义夹在腋下。讲课时,面带笑容,慢条斯理。我们习惯于在课堂上做笔记,杨先生的讲解速度,与同学做笔录的时间和听讲能力配合得恰到好处。这里不妨打个比喻:就好像阿姨喂孩子,正好一勺吃下去,又把下一勺送到嘴边。对重要的概念,须要加深理解的地方,同学心里正感到着急的时候,杨先生总是抓得很准,反复讲解说明,再三强调……杨先生在课堂上反复强调的,是要建立起结构的受力概念,结构在力的作用下的表现形式。这方面的训练,正是工程师从事建筑工程设计研究的最重要的基本功。我受聘到洪都拉斯当顾问工程师之后的第一件工作,要我'看看'一个展览馆的工程设计,工程的主体是一个跨度为 56 米的拱结构。一大卷图纸,有一百多张,我只用了两天时间就看完了,并指出:在拱趾推力和拱顶压力的设计上,存在稳定问题。出乎意料的是,原设计人还有什么博士头衔……看到拱形结构,马上想到拱趾的推力和拱顶的压力,这正是结构力学的基本概念。如果设计中这个问题处理不好,拱结构也就不存在了……没出十天时间,仅此一件事,周围的洋工程师对我这个远道而来的中国工程师马上刮目相看。使我感到自豪的是,我是中国工程师,我是清华人。可以说,清华的水平就是世界水平,因为清华园中有像杨式德先生这样的世界一流的大师。"①

罗福午校友(1952 年毕业)也回忆道,吴柳生先生教授的是"钢筋混凝土"课,他"不但学术造诣深厚而且工程经验丰富。他讲课的内容联系实际,往往十分风趣"。吴柳生教授"是我国知名的工程结构专家和北京市政府的工程顾问……经常带领我们参加对一些实际工程的检查。记得 1959 年国庆十周年前夕,他带我和另一位教师,受北京市政府委托,对正在建造的人民大会堂人大常委会办公楼设计图纸进行审核。有一天,国务院副秘书长齐燕铭通知他:'人民大会堂前厅里正在施工的混凝土大梁发现有裂缝,能否继续施工,要进行检查!'于是,吴柳生教授带着我们一起去施工现场,果然看到人民大会堂前厅里有些 20 多米跨度的混凝土大梁,在腹部出现少许竖向细裂纹,吴教授经过对每一根梁、每一条裂缝的细心观察,果断判别:'这些裂缝都是由于这些梁的跨度大、截面高,在

① 李镇强:《跟杨式德先生学结构力学》,载《清华校友通讯》,复 38 期,第 203 页。

梁的腹部引起的混凝土收缩裂缝，对大梁的强度和承载能力没有影响，只需要用环氧树脂将这些裂缝填实，就可以继续施工！’这席果断的判断话语，使所有担心害怕的施工人员放下心来，积极投入生产”[30]17，保证了人民大会堂“十一”国庆日投入使用。张维教授讲授“高等材料力学”“他学风严谨，思路清晰，板书认真，并且常用启发式教学法，不断提出问题、引人入胜，深深地影响着每一个听课人”[30]17。

此阶段已开始尝试电化教学手段。从1960年4月起，土木系施工技术和施工机械课程全部采用幻灯、电动模型和电影进行教学，同学们反映教学内容形象生动、简明精练，如身临其境，效果良好①。

图5-9　吴柳生教授1956年在丹麦参加冬季施工国际会议②

院系调整后，生产实习、毕业设计都纳入了新的教学计划。1953年7月上旬，土木系二年级学生进行了教学改革后的第一次生产实习，工业与民用房屋建筑专业实习指导教师以施工教研组为主，吸收结构、工程材料以及建筑系营造学教师参加。实习效果较好，部分实习生完成了一定生产任务。1954年的生产实习土木系学生都“担任工地工长助手的工作，一般能很好地完成任务，对生产起了很大作用。中央建筑工程部直属公司张副经理在第一汽车厂工地说：‘生产实习学生给予企业的帮助是极其巨大的。如果没有他们的帮助，木工车间的按期完工是有困难的。’实习期满工地纷纷要求学生继续留下工作。”土木工程系很多同学反映“实

① 《施工课采用电影、幻灯进行教学》，载《新清华》，1960年6月12日，第547期，第3版。

② 甘绍熺提供。

习前听起专业课感到叙述多、分析少，一大堆条条记也记不住，经过实习有了生产实际经验，再听专业课如组织计划、保安防火等技术管理课程兴趣增加了很多”。“土木系施工和工程结构两教研组教师，在实习中见到工地所采用的某些苏联最新技术成就已超过了学校讲义中所讲内容，感到科学研究的重要，不能死抱一本教材，应经常阅读新的杂志和参考书。土木工程系讲师卢谦实习后参加了第一汽车制造厂工地大型砌块的设计工作，返校后继续进行科学研究。”土木系吴柳生教授为企业作了学术报告，很受欢迎①。但随着实习学生人数不断增多，接受实习的单位困难也越来越大。1962 年，学校调整了实习计划，取消了教学实习，并将一部分实习场所由外地转移到北京。《国务院批转教育部关于解决当前高等学校生产实习的几个问题》文件下达后，学校按规定向教育部提出实习场所计划并获批准后，仍有一些实习场所不接受实习，接受实习的单位一般也不解决食宿问题，所以生产实习计划的落实也遇到了不小困难。

1955 年，清华第一次全面进行四年制学生的毕业设计。学校十分重视，1954 年就制定了《毕业设计工作暂行办法》并报高等教育部获得批准同意试行。土木系更是由苏联专家萨多维奇在 1955 年 3 月 21 日的学生毕业设计动员会上作了毕业设计的动员报告：“今天是我们学校四十四年历史上第一次进行毕业设计，是一个值得纪念的日子；对于每位同学来说，都应该以在全校首先做毕业设计而自豪。毕业设计是高等学校学习的最后总结阶段。毕业设计的目的是把学到的理论系统化，巩固与扩大，并对有关的技术问题进行深入钻研；同时发展计划制图方面的技巧、独立工作能力以及钻研文献的能力。”他还详细介绍了搞好毕业设计工作的经验和需要注意的一些问题[28]417。“工业与民用建筑专业毕业生共九十八人（参加留苏预备生考试的四人除外），毕业设计开始于一九五五年三月二十一日，至一九五五年七月三日结束。设计平均份量为建筑设计图三张，结构设计图三张，施工组织设计图三张（平均共计图纸七张）及说明书一百一十页左右。”

“毕业设计结束后，系里组织了由教师和企业部门专家组成的毕业考试（答辩）委员会，对学生进行了毕业考试（见表 5-17）。毕业考试结果：

① 《清华大学一九五四年生产实习总结（节选）》，载《新清华月报》，1954 年第 3 期。

成绩为五分者五十八人，占参加考试人数59.2%，成绩为四分者三十四人，占参加考试人数34.7%，成绩为三分者六人，占参加考试人数6.1%。因参加考试学生人数较多，毕业考试委员会分成三个，从一九五五年七月十一日起，工作至七月十八日，举行会议合计十五次。”①毕业考试委员会对此次参加考试学生的成绩表示满意。“工民建此届毕业生所掌握的知识已有相当高度的水平，参加工作以后，很快就能担当起一部分独立工作。从毕业设计的质量看来，同学所掌握的知识是比较先进的，并初步能收集资料加以分析，进行独立思考。例如，已能尽量采用装配式的结构并在构造上及施工方法上给予适当的解决……施工方案的决定一般都能从机械化、工业化方面考虑，并有一定的经济比较。主要的缺点是联系生产实际尚嫌不足及个别课程的知识较差。例如，对国家现行设计规范、指标及现场施工的实际情况不够十分熟悉，对某些建筑材料的性质不够了解等等。”毕业考试委员会也对学生培养和毕业设计中存在的问题提出了意见：“除应继续提高各门课程的质量外，在考试中暴露问题较多的课程，尤应加强。不少学生对‘防水层’的成份、屋面的做法、钢0和钢3的区别不清楚；有个别学生不知道搅拌混凝土的程序；给排水、暖气通风方面知识亦很缺乏。设计图中字体欠端正，画面布置不够妥当，则应在工程制图中，多加训练。毕业设计中，施工组织设计部分份量应加重。指导教师一般只专长一门知识，以致学生设计与施工综合考虑不够，结构设计中，木结构的教师辅导钢结构或钢砼结构者质量不高，反之亦然。同一题目的设计，做得大同小异，如纺织工厂屋顶结构全用三脚架。校外工程师的辅导，最好在设计题目修订时即参加，以便对教学方法内容及要求全面了解，这样可避免只限于回答学生的提问，而给予更多的启发和引导。”毕业考试时“评议标准不够一致；委员会委员流动性较大，最少时为二个委员、一个秘书，施工方面委员较少（而施工又为重点）；学生报告时间未严格控制，后阶段一般超过二十五分钟，个别学生竟长达四十五分钟之多，这样就减少了考试委员提问的时间，影响对学生成绩的评定。”这次毕业设计以及后面两届毕业设计，都是以模拟工程项目，让学生进行工程设计①。

系主任张维总结了毕业设计“经总结毕业设计，还会发现在培养工程

① 《新清华月报》，第7~8期，1955年12月20日。

师过程中的基本成绩与缺点，在成绩方面，同学做过毕业设计后，的确比较‘顶用’了。今年给排水专业的毕业生已不必像往年那样例行半年的‘练习’时间，企业部门就放心地让他们独立进行设计了。但通过毕业设计，也反映出学生在理论联系实际上存在着很多缺点。例如，学生不善于作经济分析，设计中预算部分不切合实际，并且，不善于利用参考书。这些问题说明学生独立工作能力还不够。类似的问题还很多。如何在各门课、各次实习中消除这些缺点，就是值得为我系开课的全体教师研究与解决的任务。”①

表 5-17 土木系工业与民用建筑专业毕业设计答辩委员会名单[28]368-369

第一委员会		
主席	钟森	企业部门负责同志
副主席	张维	本校教授兼土木系主任
委员	斯维卡多夫	企业部门专家
	阿列霍夫	企业部门专家
	巴里诺夫	企业部门专家
	捷烈文斯柯夫	本校苏联专家(钢结构)
	毛梓尧	企业部门负责同志
	张守仪	本校副教授，建筑设计教研组主任
	刘鸿滨	本校工程技术教研组讲师
	王国周	本校副教授，工程结构教研组副主任
	张典	本校教授，施工教研组副主任
	吉金标	天津大学教授，钢筋混凝土教研组主任
委员兼秘书	韩守询	本校助教，施工教研组科学秘书
	赵文蔚	本校工程结构教研组助教
第二委员会		
主席	王明之	企业部门负责同志
副主席	陈士骅	本校教授，副教务长
委员	普罗柯非也夫	企业部门专家
	日列兹亚夫	企业部门专家
	捷烈文斯柯夫	本校苏联专家(钢结构)
	张昌龄	本校副教授，工程技术教研组主任
	汪国瑜	本校建筑设计教研组讲师
	吴柳生	本校教授，工程结构教研组主任
	张良铎	本校工程结构教研组讲师

① 张维，王和祥：《我们这样总结教学改革工作》，载《新清华》，1955 年 10 月 17 日，第 108 期，第 1，4 版。

续表

第二委员会		
	蔡君锡	企业部门负责同志
	蔡方荫	企业部门负责同志
委员兼秘书	邝守仁	本校助教,施工教研组科学秘书

这段时期,土木系工业及民用建筑专业的毕业设计得到了产业部门的大力支持,《新清华》做了报道①:

现在每星期四有北京市设计院朱兆雪总工程师及在各室负责的主任工程师及建筑师张鎛等共六人来校辅导民用建筑组的设计。每星期五有建筑部设计院工业室主任工程师毛梓尧等五位工程师来校辅导工业建筑组的设计。

工程师们根据丰富的经验,联系实际,对同学的设计提了很多原则的及细节的指导。例如设计火车站的方雪兰同学,原来把一部分候车室放在楼上,经指导后现在已经全集中到楼下。另外二位同学根据工程师所提意见,考虑了经济条件,在大跨度的车站内部适当加用一些柱,或用混凝土拱来代替钢拱,以节约钢材。沈参璜、张鎛等工程师对设计集体住宅及招待所的同学建议平面布置应改得使各方面看来都不感到单调。张鎛工程师还建议尽量把每二家厨房集中,以节省烟囱管道等设备。一位同学把同一楼内的五个楼梯做成各不相同的设计,工程师见了后说:"规格不同的楼梯,在制造中很麻烦,而在使用上又没此必要。"同学已根据这些意见,再考虑自己的情况加以适常修改。

工业建筑组的工程师也作了指导。例如在指导锻工组同学时,毛工程师建议在布置生活间位置时,要考虑不致堵塞将来车间发展的方向。对金属结构厂设计同学提出车间平面尺寸不仅要使钢结构模数化,而且也要使屋面板模数化规格化,提出车间沉降缝的设置应考虑土质的具体情况。很多同学应用大型屋面板。林仁荣工程师带来了他们的图样。指出在制造时必须注意到怎样保证尺寸的准确,也应注意到怎样吊装,怎样与屋架连固以保证屋面刚性。

工程师指导同学非常热心,常常超过时间很久。杨宽麟、林仁荣等工

① 瞿履谦:《建设部及北京市设计院工程师来校指导土木系毕业设计》,载《新清华》,1955年4月23日,第88期,第2版。

程师还把同学的设计图带回去研究。张鏄工程师还在规定时间外附加辅导了一次。他们帮助我们解决了很多问题，使我们的教学与学生毕业设计更加切合实际，更多更细致地考虑到经济问题和施工问题，帮助很大。

1958 年，清华大学在教育革命的探索中结合生产任务进行毕业设计，也就是以承担和完成某项实际生产或科学研究任务作为毕业设计的课题，把模拟的设计训练发展为“真刀真枪的实际作战”。从此，清华就一直坚持真刀真枪的毕业设计。土木系的毕业设计也一直坚持结合实际工程设计任务进行。工民建专业的毕业设计“涉及北京重型机械厂（当时称‘二通用机械厂’）若干车间，国家大剧院的结构设计（1958 年的国庆工程之一‘国家大剧院’，由国务院交由清华大学建筑系负责设计，清华土木系部分教师和工民建专业部分教师和工民建专业毕业班学生参加结构设计；在 1958 年年底，国家大剧院的主要施工图设计工作已完成，设计代表已下工地做施工前准备，但因故未建），以及清华大学中央主楼等大型工程”[30]23。1958 年的毕业设计中，结八・三班来晋炎“由于能够理论结合实际，刻苦钻研，修改了无线电桅杆塔的原设计，比苏联最新式的轻型塔设计还节省钢材 25.3%。这项设计受到国内外专家的赞扬，并决定今年第二批生产时，采用这个大胆的创造性的方案……这项设计不仅节省大量我国最宝贵的钢材，而且稳定性好，使用期间工人操作安全”①。“为了集中反映全校各系毕业设计的成果，学校在大图书馆举办了毕业设计展览……8 月 24 日下午，周恩来总理专程来校参观这个展览……来晋炎在他自己制作的桅杆塔模型前向周总理汇报”②。

1952 年毕业的罗福午撰文回忆：“记得 1958 年我们师生在毕业设计时为北京第二通用机械厂几个车间所做的设计中，遇到过一次失败的教训和一次成功的喜悦：失败的案例是某车间的一根混凝土大梁发生计算错误，少配置了一些钢筋，致使该梁在拆模后出现承载力不足的裂缝，不得不将正在施工的构架拆除重建。这是一次重大的质量事故，使我们师生汗颜。成功的案例则是我们所设计水压机车间的现浇混凝土柱由于施工原因略有倾斜，它的承载力明显会降低，怎么办？一时大家都不知怎样

---

① 《红专的方向 独创的风格》，载《新清华》，1958 年 5 月 27 日，第 301 期，第 1 版。

② 方惠坚：《周总理来到清华园》，载《清华校友通讯》，复 37 期，第 51 页。

处理。请教设计院的专家，有的说要拆，有的说要加固，有的甚至说无妨……我们师生经过反复思索，采用不同的方案比较，最后决定改变工艺布置，把这个单跨的水压机车间和另一个单跨的锻压车间合并为一个三跨的‘锻压车间’，使这个有缺陷的柱减低了所承受的作用力。这样既可以对略有倾斜的柱不加处理，又使生产工艺变得更为合理，使未来使用方、设计方、施工方都十分满意”[30]26（见图 5-10）。

图 5-10　正在施工中的第二通用机械厂车间①

土木系毕业设计中还有黏土水泥、纸风道、膨胀砖和代替钢筋用的玻璃丝等产品②。1959 年毕业的匡文起撰文回忆：“我的毕业设计是一项规模大、工艺复杂的工程任务：‘北京科学技术馆’，涉及很多的专业知识，由十几位同学共同完成，有幸受到龙驭球、滕智明、陈肇元、罗福午、庄崖屏、郑金床、蔡君馥等诸位先生的悉心指导，更是终生难忘的，龙先生指导了设计的全过程，使设计的科学性大大提高了。”③

① 清华大学档案馆提供。

② 刘焕曦：《党的教育方针的大胜利》，载《新清华》，1958 年 8 月 13 日，第 332 期，第 1 版。

③ 匡文起：《难忘的亚平，五十年代学习生活片段》，载《清华校友通讯》，复 19 期，第 131 页。

1958 年以后，“高等学校在 50 年代学习苏联教育经验的基础上，又经过 1958 年贯彻党的‘教育与生产劳动相结合’的教育方针，开始走结合中国实际的办学道路……这一时期是学校工作比较稳定、教学科研工作有序发展的时期。学校重视基础理论课程，也加强专业基础和专业课程，实践课程也规范化，‘真刀真枪’的毕业设计已经积累了比较丰富的经验……1959 年入学的这一届同学正是这一时期，完整地接受六年本科教育，受到比较全面的训练”[31]。

1965届全校毕业生与校、系领导合影

说明：原照很长，没有找到全部，现仅有中间一段。
前排中部持奖状者为16位“四好”毕业班代表、6位优秀毕业设计小组代表；
第二排中部为优秀毕业生；
第三排中部为校领导蒋南翔、张子高、刘冰、何东昌、赵访熊、胡健以及各系、处领导人。

图 5-11　1965 年全校毕业生与校、系领导合影(土木系 1965 年毕业生正好站在校领导后的 4~7 排)[31]

土木系 1959 级校友赵军回忆道：“1959 年，我刚考入清华大学土木系，就曾参加设计院的一条龙设计。老师介绍说‘我们学校成立了土建综合设计院，就是在真刀真枪的工程设计实践中培养学生解决实际问题的能力。高班同学做设计，低班描图……’制图课后，我们就在设计院从描图开始学起，练习使用三角板、丁字尺、鸭嘴笔等；练习写仿宋字、制图，有的老师还教我们用热馒头渣擦图以取得最好效果等等。每当干净、漂亮地描完一张图我们都高兴极了。以后的专业课和课程设计，都有设计院的老师指导我们从梁、板、柱等构件设计到单层工业厂房设计。直到六年级，我们有一年时间参加毕业设计。系主任梁思成先生凭借其个人威望，向北京市要来了龙潭湖和左家庄两个住宅小区的规划、设计任务。这是北京市当时给市民盖的建筑面积最大的两个住宅小区，各有 40 多栋多层住宅和相应的配套设施。我在本校设计院参加了龙潭湖小区的设计。不到半年时间里，建五班、房五班的几十名同学在老师的指导下，完成了小区的几十栋砖混结构的多层住宅设计，这些住宅至今还在使用。有一次，系主任梁思成先生陪同北京市建工局钟森局长到龙潭湖工地来看我们，钟局长表扬我们师生能到条件比较艰苦的工地来作设计，而且按期完成任务。他还给我们讲了新中国成立后从只能盖三层楼到大面积盖五层住宅，机械化程度有很大提高等……后来，我们设计组又搬到左家庄，进行左家庄住宅小区的设计，设计、科研、施工同时进行。在蔡君馥、杨秋华、屠成松、郝亚民等十几位老师的指导下，我们承担了40余栋多层住宅和其他配套设施的设计。当时多是采用砖混结构，但在这个小区里，首次设计了震动砖壁板房屋和加气混凝土房屋。我参加设计的21号楼就是采用加气混凝土板做围护结构，是一栋实验性的住宅楼。在左家庄设计组，竺士敏老师带同学们专题研究外墙板的水平和竖向接缝的防水问题，从构造防水和材料防水不同途径进行实验研究，为以后北京市大面积推广壁板住宅打下了技术基础。当时为保证上下水道畅通、结构安全和建筑美观，各专业之间要经常配合，一起讨论方案，与施工单位配合也很密切。白天拉算尺、趴图板、讨论方案，晚上也经常是灯火通明，接着干。不同专业的同学成了同窗好友，朝夕相处，亲密无间。暑假前，我们如期完成任务返校答辩。左家庄毕业设计组被土建系评为系优良毕业设计小组。这一段工作，不仅使我们加深了对'理论必须联系实际'的理解，也培养了我们的团队精神，给我们进入社会打下了坚实的基础，成为我们终生难忘的记忆。"[31]90

1959年，房0的7个同学设计和制造了一套塔式起重机的遥控装置控制模型，经过试验可正常运行，可以在几百米内进行无人操作，更灵活，大大提高了施工速度，也保证了工人的安全①。

1965年，土木系"装配式整体框架结构试验研究"和"左家庄装配式壁板住宅结构设计"两项毕业设计成果还参加了高教部在西安交通大学举办的毕业设计汇报展览[28]463。

这一时期，清华仍继承了重视体育的传统，1957年，蒋南翔校长向全校师生员工提出"争取至少为祖国健康工作五十年"的号召后，更是如此。

① 《土木系遥控起重机模型试验成功》，载《新清华》，1959年11月21日，第486期，第1版。

土木系的体育活动在全校一直是开展得最好的单位之一(见表 5-18)。“土木系曾连续几年获得全校田径运动会的团体总分第一,长跑冠军王兆钰、短跑冠军张学俊都是土木系的学生。”[12]39 王兆钰校友(1951 年入学)回忆:“1953 年春,在南翔校长的主持下,学校举办了解放后第一届校运动会,为开展学校竞赛活动开创了先例。从此,春季校运会成为我校每年的一项传统赛事。在这届运动会上,我们土木系运动员初露头角,荣获团体总分第一名,我也获得中长跑冠军……同年春末,北京市也举办了解放后第一届学生运动会。我和曹江、冯广渊、张学俊等土木系同学入选校代表队,参加了这项赛事……我个人获得 800 米和 1500 米中长跑比赛第一名……1955 年,在第三届校运会上教职员工队派了王定湖先生与我角逐一万米比赛(该同志曾获得过广西省万米冠军)。当时,我心里也有点发虚,心想人家是省级冠军,我能比得过吗?赛前教务长钱伟长老师拿出一件 1936 年他参加长跑队的圆领衫说:‘谁拿冠军,我这件衣服就奖给谁。’比赛开始了,在同学们的加油声中,我不畏强手,一直领跑,获得了冠军。教务长奖励的圆领衫,我一直珍藏至今”①。

因获得团体总分第一名,土木系得到校方奖励的一座银制流动奖杯②。第二年(1954 年)蝉联团体总分第一名,《新清华》写道:“谁也不奇怪土木系这次得到了第一。他们参加比赛的人多,几乎每个项目都拿到了分数。总分超过了其他六个单位的平均总分的 3 倍,一共十一项第一,十项第二……系主任张维说:‘我很兴奋,大银杯又抱回土木馆了,这是集体的荣誉’。”③

表 5-18　1953—1966 年历届校运动会团体名次表[32]111-112

年份	第一名	第二名	第三名
1953	土木系	石油系	水利系
1954	土木系	水利系	机械系
1955	机械系	土木系	水利系
1956	机械系	土木系	动力系
1957	机械系	土木系	动力系
1958	机械系	电机系	土木系

① 王兆钰(1955):《在运动场上》,载《清华校友通讯》,复 52 期,第 27 页。

② 《全校团体总分第一名土木系》,载《新清华》,1953 年 6 月 13 日,第 6 期,第 4 版。

③ 《在运动会上》,载《新清华》,1954 年 5 月 11 日,第 43 期,第 4 版。

续表

年份	第一名	第二名	第三名
1959	电机系和自控系		
1960	工物系和工化系		
1963	机械系与冶金系(联合)		
1964	机械系与冶金系(联合)	土木建筑系	自控系
1965	工程化学系	动力农机系	自控系
1966	工程化学系	动力农机系	精仪系

注：1961年未举行全校运动会,1962年的运动会未按常规举行。

土木系的文娱活动也十分活跃。不少学生参加了学校的各个文艺社团,并涌现出了优秀人才：如被誉为“清华园的郭兰英”的赵庆珠、享誉全校的女声独唱演员吴婷莉、张肖蝶等。

这一时期学生活动中的另一特点就是参加的政治活动很多。1949年,人民解放军在大学生中招收南下工作团,清华文、法学院的学生纷纷报考,土木系的陈兴光、陈剑书、蒋立强、赵位西、周叔举也报名参加[23]793-802,另外还有刘霆、赵广纲、杨守杰、陈季琛、王庸勤申请休学参加北京市的保甲、治安工作[23]804。1951年,在抗美援朝爱国运动的高潮中,土木系的余桢、梅廷珍、樊功铸、蔡秉霖参加了军事干校,走上了保卫祖国的光荣岗位[23]1214。1957年6月17日,蒋南翔向全校学生作报告,号召学生反击资产阶级右派进攻。学校停课两周,开展反右派斗争。全校共有349名学生被错划为右派分子,其中包括多名土木系学生。后在1978年根据中央〔1978〕55号文件,全部复查改正[9]230。1958年,土木系师生跟全校师生一起于3月7日至3月16日,参加了十三陵水库运送砂卵石上坝的劳动[9]235。1965年9月,土建系四、五、六三个年级的学生赴延庆永宁区参加农村社会主义教育运动(“四清运动”),直到1966年6月才回校。

1958年国际形势十分紧张,中央基于人民战争、全民皆兵的战略思想发出了大力加强民兵队伍建设的号召。1958年9月7日,清华全校师生员工在大操场举行“反对美帝国主义干涉我国内政誓师大会”。会上,校党委第一副书记刘冰正式宣布“清华特种兵战斗师”成立。随后不久,学校正式任命高沂为师长,蒋南翔、刘冰为政委,胡健为参谋长,艾知生为政治部主任。每个系(或两个系)成立一个团,各团结合本系专业的特点成立一个特种兵连(排),主动与解放军有关兵种部队取得联系,在部队的指导下,开始特种兵的训练。土木系与建筑系成立的是工程兵连,经过一段时间的训练,参加了 9 月 28 日的全师检阅和演习,表演了偷渡、排除障碍、排雷、布雷、爆破等科目。“经过这次军事演习,参加各特种兵连的同学,在军事技术学习上有一定的收获。例如:工程兵战士们开始剪铁丝网,动作慢老剪不断,还挂破衣服、手指,后来都很快剪断,开始时不敢点导火线、拉火管,后来不仅敢于而且能根据导火线的长短和爆炸时间,比较熟练、有效地进行爆破。工程兵徐副司令员鼓励战士们说:‘现在你们可以参加作战,完成工程的任务了’……工程兵陈司令员和政委专门派人持亲笔信来校祝贺。工程兵团成立后,工程兵司令部还接待了我校的工程兵团(排以上干部去参观工程兵展览会及十三陵水库演习,政委及副司令亲自接见,和同学谈话,教育极大……)”①后来,学校从土木系房五班(1965 年毕业)抽调九名男同学(智毓馨、廖传导、王克明、董国强、吴佩刚、张广源、马岩土、叶海玲、黄辉宗),三名女同学(刘艳芬、姜蔼如、马华陵)组成地雷班,直属学校武装部,指导教师为高冀生。每周用一个下午的课余时间,请工程兵部队的干部来校进行制造地雷、布设地雷、引爆地雷、遥控地雷(有线、无线)的军事训练。1964 年底,又从房 02 班(1970 年毕业)抽调八名男同学(应宏善、饶海渊、刘宝树、方振海、孙振升、连果义、高叔平、朱宏亮),建 0 班抽调四名女同学(高凯渝、金昭美、沈小蓉、黄薇)组成新的地雷班。除日常的训练外,还多次参加了北京军区、海淀区及学校组织的民兵比武大会,作了地雷战表演,得到部队首长和观众的好评(见图 5-12,图 5-13)。

另外还为来校参观的外宾、中外青年友好联欢作过地雷战表演,来宾们对此极感兴趣。高凯渝还被推选为清华民兵师的代表参加了北京市第二届民兵代表会议。在会上清华民兵师被授予“先进单位”称号,并获得十支新式的半自动步枪作为奖励。从 1958 年起,每年“十一”在天安门举行的国庆游行队伍中,都有“首都民兵师”的一个方阵参加检阅,其中就有

---

① 《中共清华大学委员会关于清华大学组织民兵师和开展军事训练的情况报告》,1958 年 10 月 7 日。

图 5-12　1965 年地雷班合影

图 5-13　训练中的地雷班[①]

清华的一个团,见图 5-14。

为此,每年国庆前,土木系三年级学生要停课一个月进行队列训练。1965 年,由于清华增添了游行队伍前面的仪仗队任务,学校决定由当时的三年级(1963 年入学)担任仪仗方队,民兵方队仍由 1962 年入学学生担任,所以 1962 年入学学生则于 1964 年、1965 年连续两年参加了民兵师的检阅和训练。1963 年入学和 1964 年入学的土木系学生分别于 1964 年和 1965 年的暑假前往北京昌平区的第三工程兵学校军训了一个月。除了队

① 《新清华》第 726 期,1964 年 3 月 6 日。

图 5-14　清华民兵方阵[①]

列，刺杀、射击、爆破、夜间急行军的训练外，还进行了实弹射击，每人三发子弹，100 米卧姿打靶，成绩还都不错。

1949—1965 年，土木系共培养本科生 3449 名，专科生 243 名（见表 5-19）。

表 5-19　1953—1965 年土木系各专业招生人数表[①]

年份	工业及民用房屋建筑（工民建）	工业及民用房屋建筑结构（工民结）	上水道及下水道（给排水）	03 专业	建筑学	供暖供燃气与通风（暖通）	建筑材料与制品（建材）	总计
1953	115(+45)	58	57			56		404
1954	118	61	59			64		302
1955	126		61			61		248
1956	95		55			58		208
1957	114		57			58		229
1958	(121)		(61)			(61)	(35)	281
1959	94(−4)		41(−9)	13		40	27	201
1960	73		21	12	78	21	35	240
1961	54		28	11	43	20		156

① 清华大学档案馆提供。

① 清华大学档案馆，清华大学学生名册。

续表

年份	工业及民用房屋建筑（工民建）	工业及民用房屋建筑结构（工民结）	上水道及下水道（给排水）	03专业	建筑学	供暖供燃气与通风（暖通）	建筑材料与制品（建材）	总计
1962	31		25		32	26		114
1963	51		20		35	30	20	156
1964	50		32		34	25	25	166
1965	50			25	30	29	25	159

注：1. 1953 年还招收了工民建专科 45 人，以（+45）表示。

2. 1953 年招生时还有公路与城市道路专业 58 人及工程测量专业 60 人。1954 年两个专业调整至同济大学时，这些同学全部留下转入本系其他专业学习。1953 年招生总计中包含了这两个专业的学生数。

3. 1958 年招生时未分专业，（）内为 1959 年分专业后各专业人数，未包含休学人数。

4. 1960 年从 1959 年入学的工民建专业抽调 4 人，给排水专业抽调 9 人，组建了 03 专业。

1953 年，外校一批进修教师与本系部分青年教师跟随苏联专家学习，作为研究生培养。1955 年，土木系钢结构研究生陆陶通过了答辩，她是土木系第一位新制毕业的研究生，也是土木系历史上第一位毕业的女研究生，《新清华》做了报道："陆陶是在捷烈文斯柯夫专家指导下学习的。她的毕业设计题目是北京西郊一百二十六辆斯考达的公共汽车库。她一共做了三个比较方案，都是大跨度焊接钢结构，在比较了钢材重量及制造生产方面五个技术经济指标后，她选用了最节省钢材的格构式两铰刚架。答辩会由铁道部铁道研究所茅以升所长任主席，并由第二机械部蔡方荫工程师担任评议人。评议人指出了四点设计的优点，例如作了详细的比较方案，采用了一些先进结构：十二米跨度天窗构架参加受力的工字钢檩，考虑将墙悬挂于刚架以减少刚架弯矩等等。评议人及委员也提了一些问题请陆陶解答。最后全体委员一致评定答辩成绩为五分。全体鼓掌握手致贺，并勉励陆陶在大跨结构方面继续进行研究，在今后教学工作中取得成绩。"①

从 1959 年起，土木系正式成批培养研究生，学制定为四年，1961 年起，学制改为三年。这一期间，土木系共培养研究生 115 人（见表 5-20）。

① 瞿履谦：《她毕业了》，载《新清华》，1955 年 4 月 16 日，第 87 期，第 4 版。

表 5-20　土木系 1953—1966 年招收研究生人数[12]147

	1953	1954	1957	1959	1961	1962	1963	1964	1965
结构工程（工程结构）	12				11		3		
建筑施工	20			2	4				
工程材料（建筑材料）	9			1	4				
给水排水	1		1	1	3	1	2	3	
0303					3				2
钢结构		5							
结构力学			2	2	5	1	1		
钢筋混凝土结构				6					
暖气通风				2	3			1	
测量					3			1	

这个时期的高等学校毕业生是国家分配工作，蒋南翔校长在对 1957 年应届毕业生的讲话中要求大家要正确解决个人志愿和国家需要的矛盾，不要打个人主义的小算盘，发扬艰苦奋斗的作风，尊重体力劳动，尊重工农群众，不断改造自己，迎接实际斗争的考验。关于不打个人主义的小算盘还举了个例子："土木系有位同学在考虑毕业后的工作问题时这样盘算自己个人的得失：(1)去工地——工作需要，提拔快；但是业务上进步慢，工作苦，找爱人难。(2)去设计院——工作较安定，但是生活太平淡。(3)去科学院——容易成名，但是脑力劳动也很艰苦。(4)在高等学校作助教——提高业务的条件好，但只给教授拿拿幻灯片，太没意思。根据这位同学的说法，最好一切有利的事情自己都有份，任何不利的事情自己都丝毫不沾！只要求享受一切权利，但不愿承担任何义务。试问天下哪有这等美好的事呢？——如果抱着这种思想对待现实的生活和工作，那当然就只能永远沉浸在患得患失的苦恼中，怎么还能安心地好好工作呢？"他相信同学们"应该能够愉快地接受政府的任何工作分配，善于把自己的个人志愿同国家的实际需要适当地统一起来"[33]。

这个时期培养的学生毕业后，奔赴祖国各地，为国家建设贡献自己的力量。如房八、结八毕业的 223 名同学，分布到了全国 23 个省、市，"从核基地到北京的最高建筑，从轰轰烈烈的工地到安安静静的课堂、设计室，都有他们的身影。他们中不少人永别了大都市而深深扎根在边疆，成了

‘大西北人’‘大青山人’和‘北大荒人’。三十年来他们在各自岗位上为祖国而献身报效。从最近几个数字看吧：在这二百多人中，目前37%在设计部门工作，21%在高教战线，11%在施工前线（原有20%左右，近年来有一部分调到政府机关或转到经济单位了），在各级政府部门工作的9%，在经济企业的8%，在科研单位的6%。他们中有许多人员是卓有贡献的。”①他们在工作时，念念不忘在清华所受的教育和老师们的教导。何思勇（1958届）毕业后分到吉林省设备安装公司工作，从事过工程设计、施工、教学、理化检验、外语资料翻译。后调到河北石家庄市，担任了市建工局局长、市人大常委会副主任。在每个岗位上都兢兢业业，取得了不少成绩，得到社会的认可。他总结道，正是在清华五年的学习，使他的人生道路有了一个好的起点。“她引导我一辈子走一条务实的道路。我从不好高骛远，总是把每一件小事做好。清华的老师不仅教给我们知识，更重要的是教给我们如何获取知识和一辈子追求知识。记得刘弄潮教授曾说过：学吕洞宾的点金术不是要他的金子，而是要他的那根手指头。强调学习基本原理，打好基础，然后才能举一反三。这正是清华强调的严谨求实的学风。狂妄的人在清华是没有立足之地的，我在清华读书五年，深知能人之上有能人，在社会上也是如此……清华的教育既教我们如何做事，也教我们如何做人。我在清华学到了为人正直。当年施士昇教授就敢于指出苏联教科书的烦琐；汪掬芳老师不顾个人安危在运动中仗义执言，表明公正立场。这些都使我永志不忘，成为我做人的榜样。”1998年他在班级毕业40周年纪念册上留言：“我有时得到社会的认可，在很大程度上，是沾了母校声誉的光，所以我也兢兢业业，不去做有损学校声誉的事。”②

这个时期的同学，由于学制延长，在校学习的基础课及专业课都十分扎实，同时，通过实习和毕业设计，对实际工程也有一定的了解，所以毕业参加工作后，往往上手快，解决实际工程中的问题能力也较强，很为社会所认可。1960届的何德湛因参加清华主楼的毕业设计，推迟半年毕业。1961年2月下旬，到分配单位宁夏回族自治区石嘴山市建设委员会报到

① 《房八结八建设者之歌》，载《清华校友通讯》，复18期，第26页。

② 何思勇：《毕业50年行迹》，载《清华校友通讯》，复60期，第68页。

后不到十天，建委主任白贵生即让他参加一座公路桥梁的鉴定工作，并十分严肃地对他说："根据你学的专业知识，看看这座桥还能不能用？为什么能用，为什么不能用，要说出道理来，让大家听后心服口服。"何德湛回忆道："我听了白主任的话后，心里确实有点紧张，因我学的是工业与民用建筑专业，对桥梁工程十分生疏，在学校也没有学过桥梁方面的课程和知识……当时虽然心里紧张，但也感到没有退路，这是领导对我的一个考验，看看清华来的毕业生到底行不行？我完全意识到了这一点，就鼓起勇气，把这个任务接了下来。""这是一座由市区通往郊区的公路桥，是钢筋混凝土 T 形梁简支结构。当时的情况是：由于施工人员的粗心，将混凝土的配比搞错了，原来设计的 140#混凝土，实际强度只达到 110#。由于混凝土强度低，在试通车时发现 T 形梁腹板下部产生许多裂缝，但经观察裂缝分布比较均匀，且宽度一般不超过 0.2mm。在弄清这些情况之后，我就连夜对桥梁的设计进行复核，通过结构力学中学到的画'影响线'的知识确定了最不利荷载下，T 形梁的最大弯矩值和剪力值。通过钢筋混凝土结构学课程学到的知识，对 T 形梁的截面进行强度、配筋、裂缝等的计算。又经过三个昼夜的反复验算，最后得出的结论是：只要将荷载控制在 10 吨左右(原设计为 15 吨)，T 形钢筋混凝土梁的断面、配筋和目前测得的混凝土强度完全能承受，且裂缝也不会再扩展和增加。这个结论当时参加桥梁鉴定的市交通局的领导认为可以接受……由宁夏回族自治区交通厅派来的总工程师在审查了我的计算资料后还表扬了我，认为清华毕业的学生确实通过结构计算的结果是最有说服力的，有根据的，也同意了我的意见。就这样，这座桥梁在没有作任何处理的情况下(当时尚没有结构加固的材料和手段)，经过一个月的五吨解放牌卡车满载荷试运行，没有发现新的情况出现，用水泥浆将原来裂缝进行堵塞后于 1961 年'五一'节如期正式通车……并取名为'安乐桥'，意为安全和快乐。"①直到 2000 年夏天，何德湛应邀参加石嘴山市成立四十周年庆祝活动时，看到安乐桥仍在正常使用。

还有不少系友，为我国建筑行业的科技发展作出了贡献。"1986 年 10 月在苏州召开的《工业与民用建筑抗震设计规范》修订评议会，有 13

---

① 何德湛：《安乐桥通车了》，载《清华校友通讯》，复 53 期，第 47 页。

位清华校友出席,占会议总人数五分之一强。其中有该规范主编、中国建筑科学研究院工程抗震研究所前所长龚思礼校友,中国建筑科学研究院总工程师夏靖华校友,母校土木系教授陈聃校友,水利水电科学院抗震所所长陈厚群校友,国家计委标准定额局规划处副处长陆思明校友等。”① 高层建筑结构,也是20世纪80年代迅速发展的新技术。1988年9月对《钢筋混凝土高层建筑结构设计与施工规程》进行审查时,出席会议的都是国内专家,其中清华校友就有8人,占与会人数的1/3。包世华、方鄂华教授合著的《高层建筑结构设计》一书,则具有先进水平,在国内有广泛影响②。

在20世纪80年代折板结构的研究与应用中,土木系校友也作出了重要贡献。1987年召开的“全国第四届折板结构技术交流会”上,清华土木系出席会议的系友约占全部会议代表的1/3。其中尤以林元坤(1961年毕业)和李镇强(1964年毕业)最为突出③。李镇强自己回忆:“1964年,我毕业于土木建筑系工业与民用建筑专业,二十余年来,在北京石油设计院作设计工作,结合工程与预应力混凝土构件,特别是预应力折板结构,做了较长时间试验研究工作……1988年中美洲洪都拉斯圣彼得罗市商会会长、美国工学博士菲利甫先生,专程到北京邀请我到洪国,帮助他们发展预应力混凝土结构和预应力折板技术。在洪国,有来自世界各国的技术人员,工程师、硕士、博士等等,其中,以美国居多。从中国来的工程师,只有我一个人,同行之间也是竞争对手,每一项工程只能通过竞争才有可能得到。幸运的是,两年来先后在四项较大工程的投标竞争中获胜……清华工民建专业学习范围比较宽,包括建筑、结构、施工三个主要方面,覆盖了工程建设的全部过程,因而能适应竞争的需要。我在工作中碰到的洋工程师、洋博士,相比之下他们是知识面较窄,又大多缺乏工程实践经验,因而在竞争中难以取胜。在六年的清华学习中,毕业设计是个重要环节,在长达七个月的时间里,完成了建筑设计、结构设计、施

---

① 黄存汉:《活跃在我国地震工程领域的清华人》,载《清华校友通讯》,复15期,第168页。

② 黄存汉:《清华校友与我国高层建筑结构技术》,载《清华校友通讯》,复19期。

③ 黄存汉:《我国折板结构与清华人》,载《清华校友通讯》,复18期。

工设计，甚至编制工程预算，这对学生的训练是完全必要的。”①

1968 年毕业的苏是嵋在担任中建二局局长时，与担任地王大厦项目总经理的陈济民（1969 年毕业）一起率二局员工于 1995 年以平均 2.75 天一层楼的速度建成了当年亚洲第一、世界第四的高楼——深圳地王大厦（高 364 米）。后又于 1999 年再以平均 2.5 天一层楼的速度建成了高 353.8 米的深圳赛格广场，屡创“深圳速度”新纪录②。

1986 年 10 月 28 日《光明日报》报道：“从打字、编改到组版，编排一部书稿只需半个月左右的时间！——这个印刷出版界企求已久的理想，现已由中国印刷科学技术研究所照排研究中心的科技人员变为现实。这个中心独立开发的华威（HW-001）微型机中西文书刊排版系统，为作者和编者们提供了一项集写书、编书、排书等功能于一体的新工艺，使我国书刊排版的现代化，从试验进入了实用阶段。”这个排版系统开发研究的负责人就是 1970 年土建系毕业的殷步九校友。“刚界不惑之年的殷步九，虽然在校时学的是建筑材料专业，但他改行后刻苦钻研，很快成了研究电脑排版问题的专家。他独立提出并研制成功的科研项目，已有十六项通过国家出版局的技术鉴定，其中二项获文化部科技进步二等奖，二项获三等奖。”③

这个时期，土木系毕业的学生中，被评为中国工程院院士的有：方秦汉（1950 年毕业）、林皋（1951 年毕业）、陈肇元（1952 年毕业）、李龙土（1958 年毕业）、廖振鹏（1961 年毕业）、江欢成（1963 年毕业）、龚晓南（1967 年毕业）。被评为国家结构设计大师的有：黄存汉（1950 年毕业），胡丽雯（1955 年毕业），管道设计大师曲慎扬（1952 年毕业）。

5.5　科研设施和成果

5.5.1　科研设施

解放前及解放后初期，土木工程系在原土木工程馆的一楼设有工程材料实验室，可以测定多种材料的力学性能，但无法进行任何的构件或结

① 李镇强：《我毕业于中国，北京清华大学》，载《清华校友通讯》，复 23 期，第 73 页。

② 何海清：《打响名牌战役，注重名牌效应——记 1967 届校友苏是嵋》，载《清华校友通讯》，复 45 期，第 117 页。

③ 马雨农：《殷步九等研制成功华威微型机排版系统》，光明日报，1986-10-28(1)。

构的加载试验。

20 世纪 50 年代初，在关振铎先生主持下，建造了一个长 4m 的箱型钢梁，配上两组可移动的加载架和千斤顶，可以进行简单的简支梁、板的加载和破坏试验。全部试验设备安装在原土木工程馆一楼东侧的材料实验室内。他还为 57 级学生开设了结构试验课。

院系调整后，为满足教学和科研的需求，系领导还听从了苏联专家萨多维奇（施工专业）的建议，决定建一个学生的试验和实习基地，包括工程结构实验室和建筑施工实验室。经校领导同意后，在原校园之外，原京张铁路的东侧购地建造，于 1956 年完成建设，命名为“土建基地”，见图 5-15。土建基地包括工程结构实验室（约占 1/4）、建筑施工实验室（含混凝土搅拌楼和构件制作间）、钢结构拼装台和建筑机械模型室、木工车间[15]195,[34]9-28。

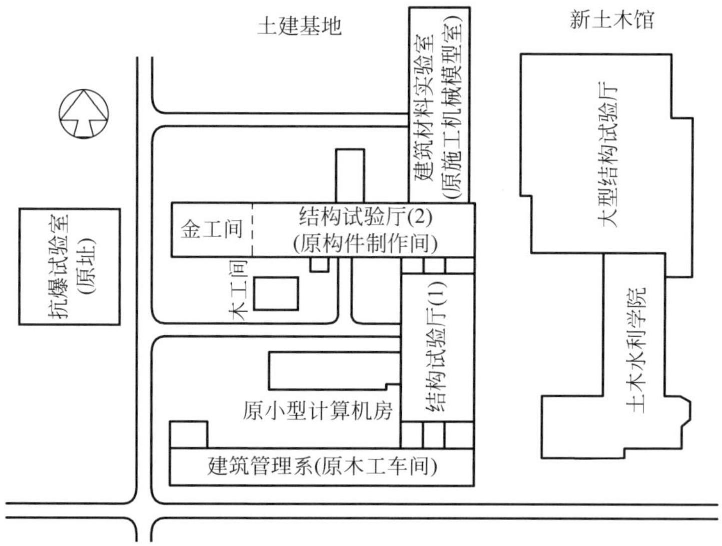

图 5-15　土建基地平面图[34]9-28

工程结构实验室，主要用于一般建筑结构的性能与应用研究。清华与哈尔滨工业大学的结构实验室同为国内最早建成并投入运行的土木工程领域内的两个专业实验室。

清华工程结构实验室的建设由关振铎先生进行规划，提出了建筑要求，并订购了结构试验所需的多种设备和量测仪表。其中包括 100t 静动载材料全能试验机(瑞士制),200t 长柱(高 3.2m,附有长 2m 的梁)试验机(国产)以及移动式静动态加载器和两个 50t 作动器(瑞士制)。还将原土木馆内的构件试验钢梁和配套机具搬迁过来。订购的试验量测仪表包括:SR-4 电阻应变仪(美国)、Huggenbager 双杠杆应变计(瑞士)、倾角仪(瑞士)、千分表(1/1000mm)和百分表(1/100mm)等。大部分都是当时技术最先进的试验必备设备。

结构实验室最主要的设备是齐地平的静力试验台座,当时国内尚无先例。经规划决定台座平面为 6m×20m,设有 6 条加载槽道,配上相应的加载架和千斤顶,或是加载杠杆,可安排多项试验同时进行,试件的最大跨度可达 18m。经教研组决定,由刚毕业参加工作的过镇海进行设计,关振铎提供了捷克所建小台座(10m)的一张照片作为参考。

静力试验台设计完成后,全部的施工,包括场地开挖、槽道钢结构的加工和安装、钢筋的加工和安装,以及混凝土(6m×20m×1.4m)的搅拌和浇筑等,全部由校基建处工人完成,工程质量优良。同时设计加工了全套的辅助加载配件,包括丝杠加载架(最大荷载 50t),加载杠杆(比例 1∶5,最大荷载 10t)和水平荷载支架(最大荷载 50t)[34]9-28。

此台座 1956 年建成,直至 2019 年拆除为止,完成了大量的试验工作,从未出现问题,圆满地完成了结构试验任务。

20 世纪 60 年代初,又设计和加工了固定在台座槽道上的水平加载支墩,可进行两方向的水平加载试验。1976 年唐山地震后,为扩充结构试验方法,又在原台座的北端,加建了高 5m、宽 3m 的反力墙,以便对结构模型施加水平荷载,进行地震作用试验。从此,结构实验室具备了对结构原型或模型进行三维空间加载的试验能力。

20 世纪 60 年代,结构实验室还建造了一个疲劳试验台座(7m×2.8m),附有两个加载架,每个的加载能力为动载 50t 或静载 300t,配上相应的千斤顶可进行吊车梁等的疲劳试验,或墙板类构件的重载试验。

1955 年成立的施工实验室,全称是建筑机械与施工技术实验室。施工实验室包括室内和室外两部分,室内约 450m^2,室外约 1200m^2。室内的实验设备有:混凝土搅拌楼、混凝土振动台、混凝土养护室;钢筋调直机、钢筋弯曲机、钢筋切断机;还有十几台施工机械模型(起重机械、挖土机械、推土机、运输机械、铲运机等)。机械模型是电动的,其性能与施工现场的施工机械几乎一模一样。室外停放有起重机、推土机、挖掘机、汽车各一台，均为可人工操作的大型机械设备。施工实验室是为了配合建筑机械与施工技术课程的教学而成立的，因教学计划变更，课程学时不断减少，实验室也逐步取消，实验室的实验场地先后划归给建材实验室和工程结构实验室，“文化大革命”后整个实验室不复存在。

1957年，新建成的给排水实验室，位于大图书馆以东，校河以北；在土木馆，一楼为暖通实验室和建筑材料实验室，二楼为结构力学实验室。结构力学实验室那时主要是利用光弹性和电测技术开展结构的内力分析和试验研究。

结构力学教研组在1949年时已有一台光弹性仪器，比较老旧。1954年期间，德国专家斯培尔到访土木系后，光弹性实验室换了一台性能好的光弹性实验仪器，并开始做模型试验。1960年后，由支秉琛牵头，雷钟和及实验员朱俊杰、胡新民参加，进行大型工业厂房双肢柱光弹性试验，于1963年完成。获得了在各种静力荷载下的应力分析成果，并进行了理论分析计算，互相验证，后发表论文刊登在《土木工程学报》。1964年后，土木系参与到“0304”爆炸荷载下的结构试验中，开始了动力光弹性试验研究。经过不断探索试验，首先试制成功适合动力光弹性的高分子光透新塑料，又试验成功小型爆炸荷载装置，并由德国进口了一台高速摄像机，经过不懈努力，于1966年春实验成功，拍摄出在爆炸荷载下光弹性结构模型应力波传播的动态影像资料①。

20世纪60年代科研重点转向爆炸荷载下防护结构的研究。1964年建立了抗爆工程实验室，并自己研制了爆炸压力发生器和快速加载试验机系列，填补了国内空白。60年代初将土建基地的木工间改建为暖通实验室[15]195。抗爆的研究在后面详细介绍。

1960年土木系的实验室设置和人员情况见表5-21。此外还设置有金工间24人，设计院13人，给排水1人，暖通5人。

表5-21　1960年实验室设置及人员

实验室	人　　数
施工实验室	10
工程结构实验室	15

① 雷钟和：结构力学教研组光弹性实验概况。

续表

实验室	人　　数
光弹性实验室	5
建筑材料实验室	34
测量实验室	6

测量教研室主任储钟瑞教授,50 年代初到清华任教后很重视科研工作。1958 年开始带领青年教师杨德麟、郑国忠进行光电测距仪的研究。

5.5.2　科研成果

1953 年,土木系与建研院合作开展竹结构和竹筋混凝土的研究,是当时最早的系统的研究项目[35]59①。结构实验室建成之前,土木系在结构领域的科研项目有竹材利用、包括竹结构(黄熊等)和竹筋混凝土板材(吴柳生、王传志等)的试验研究、双曲壳的力学分析和模型试验(张维等)。

1955 年 12 月 18—20 日,土木工程系竹材利用科学研究报告会在二教会议室召开,这是我校举办的第一次专题科学会议。除本校土木、建筑、水利三系的教师和同学外,还有校外来宾 100 余人参会,其中有研究单位的研究人员,施工部门的工程师,设计机关的工作者,兄弟高等学校的教师,还有出席高等教育部召开的土、建、水三系拟定 1956 年科学研究计划会议的土建学院教授。会议听取了 11 篇科学报告,最后通过的决议总结了上阶段的研究工作,指出了过去存在的缺点,明确了今后竹材研究的方向。提出了今后应集中力量进行的重点研究工作,如在全国范围内调查可用作建筑材料的竹材产量及品种；进一步研究早期裂缝问题；继续研究竹结构的型式和连接,使竹结构能应用到永久性的民用建筑中,等等。捷烈文斯柯夫专家作了总结发言,钱伟长教务长讲了话②③。

结构实验室建成后,随着试验设备相继完成加工和安装调试,订购的试验机和量测仪器陆续到达,以及实验室工作所需的试验技术人员和工

① 吴柳生,王传志,黄雄:《竹材的研究工作》,载《新清华》,1955 年 11 月 29 日,第 114 期,第 1 版。

② 沈聚敏:《本校第一次专题科学会议》,载《新清华》,1955 年 12 月 27 日,第 118 期,第 1 版。

③ 《土木系竹材利用科学研究报告会决议(节录)》,载《新清华》,1956 年 1 月 7 日,第 120 期,第 1 版。

人的到位与对相应工作的适应，为全面开展科学研究的试验工作做好了准备。

1958年，为准备迎接建国十周年，北京市规划兴建十大建筑。经过各设计院的方案投标，通过评比，清华大学土建设计院获得了其中两项，即国家大剧院和科学技术展览馆。这两项工程的设计都采用了一些新型的特殊结构。国家大剧院的观众眺台设计成不规则的空间壳体结构，在实验室内进行了有机玻璃小模型和钢筋混凝土模型的荷载试验（古国纪、陈肇元等）；科技馆的展览大厅属大跨结构，中间有巨大的天窗，形成了大开孔的壳体结构，进行了有机玻璃的小模型试验（龙驭球、过镇海、匡文起等）。这两项试验研究和理论分析都取得了成功，完成了论文。但是，最后因工程下马而未付诸实施。

1956年开始，国内的土建工程大力推广预应力混凝土结构。工程结构教研组内兴起了相应的研究高潮，将结构实验室内原有的但一直未用的钢结构拼装台拆除，建起了制作先张法预应力构件的台座（过镇海负责）。吴柳生主任设计了用先张法预应力构件拼装的屋架（跨度12m），在本实验室内完成了荷载试验，后又在工地完成了24m拼装式屋架的试验（过镇海、孙惠镐）。还接受了一机部土建设计院的委托试验任务，对叠合生产的预应力混凝土吊车梁（起重量30t，跨度6m）进行了疲劳荷载（4×10^6次）试验（滕智明）。这些试验都取得成功，为日后相关设计院编制全国通用的标准设计图奠定了基础。

1958年前后，我国制定长江三峡工程规划时，陈聃提出用升船机替代五级船闸方案，还开展了相关研究。

1958年，全国处于“大跃进”年代，受这股思潮的感染，有些师生解放思想，设想将多种材料用于建筑结构，如用玻璃丝、球墨铸铁等材料制成棒状取代钢筋制作成混凝土构件。虽然这些构件的荷载试验都取得一些结果，但因不能符合工程的实际应用而中止。

1959年至20世纪60年代初，张维带领教师和研究生进行了双曲壳、扁壳的试验研究和理论分析（见图5-16双曲壳体模型试验，（a）为薄钢板双曲壳模型，（b）为钢筋混凝土双曲壳试验模型），我校通用车间的屋盖采用了双曲壳。杨式德等完成了北京地铁隧道衬砌的研究。施士昇进行了预应力混凝土结构的研究。

在此期间,全国的土建工程中大量采用了预制的钢筋混凝土构件,运送到施工现场后进行拼装的装配整体式结构体系。为此,引进了一些新的研究课题。其中,二阶段浇筑和受力的叠合梁研究(过镇海等),不仅开创了新的试验方法,建议的计算方法也用于实际工程,并被引进以后的设计规范。装配整体式框架结构的梁柱节点构造,即明牛腿、暗牛腿等,对结构的整体性能影响极大,通过试验,也取得了研究成果(籍孝广等)。

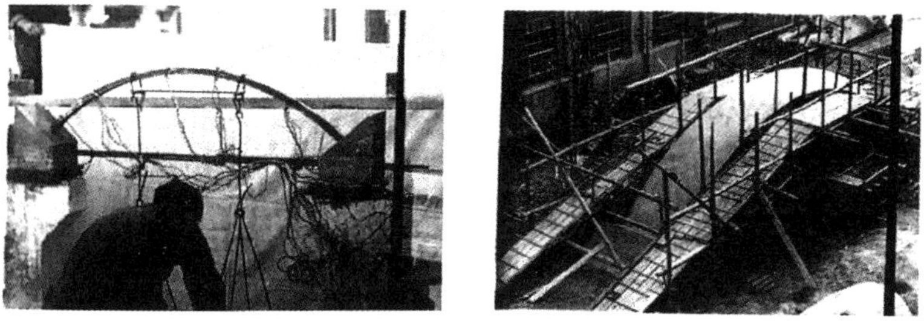

(a) (b)

图 5-16 双曲壳体模型试验[34]29-32

关于钢筋混凝土结构的构件基本性能研究有:受弯构件的抗剪承载力试验研究(吴柳生、施岚青),偏心受压构件承载力的研究(籍孝广),连续梁和框架结构的塑性内力重分布研究(籍孝广),双向板的极限承载力试验研究(施士昇、龚绍熙)等。

除了在实验室内针对专门制作的试件模型进行荷载试验外,还有多项针对使用多年或刚建成的实有建筑物的试验研究和现场检测。吴柳生教授作为北京市房管局的顾问,曾多次对室内的重要建筑物,如人民大会堂,一些古建筑,如中南海怀仁堂的结构安全性进行检查和评估,作出了贡献。

此外,北京某区一小办公楼的现浇钢筋混凝土楼盖,由于原设计计算中的严重错误,使用数年后出现严重裂缝。在进行了现场荷载试验之后,发现并证实了钢筋混凝土楼盖与砖墙的共同作用,楼盖结构层和面层的共同作用等重要现象(过镇海等)。北京矿业学院的在建主楼发生局部倒塌事故,进行了现场检查和事故原因分析,为加固重建提供依据(陈肇元)。清华大学主楼的大量钢筋混凝土楼盖(4m×7m)采用双向板设计,建成后发现部分楼盖有下垂和开裂现象。为此,在现场进行了荷载试验和安全检测，为加固提供了依据（过镇海、刘竹青等）。

此外，还有一些特殊结构物的研究。如长江三峡工程升船机和闸门的研究（陈聃），预应力钢塔桅结构的试验研究（陆赐麟）、110千伏超高压直线杆塔结构的试验研究（过镇海、江爱川）等，都取得了阶段性研究成果。

20世纪60年代，转向爆炸荷载下防护结构的研究及相应加载设备的研制，此外还有钢结构及钢筋混凝土构件性能的研究[15]192。

1962年，龙驭球创立柱形壳体和折板结构分析的力法理论，比混合法更为简洁。同年受国防研究部门的委托研究潜艇薄壳发射孔应力集中问题，在国际封锁情况下，解决了国防设计难题[35]55。1963年，龙驭球、杨式德与古国纪合编出版高等学校教材《壳体结构概论》；1964年龙驭球发表论文，创立圆底扁球壳的初参数法计算理论；1965年，龙驭球与张铜生合作，结合国防科研任务，发表扁壳应力集中问题的论文[36]42。龙驭球在1963—1965年参加了建设部《钢筋混凝土薄壳顶盖及楼盖结构设计计算规程》（BJG 16—65）的制定工作，将有关球壳开孔应力集中的科研成果编入了规程[36]92。

5.5.3 “文革”前“0304”的工作

20世纪60年代初，土木系开始了近20年的核防护研究。当时我国面临着严峻的核威胁环境，加强核防护工程的科学研究愈发迫切和重要。国家层面的防护工程研究由国家科委统一组织，迅速成立了防护工程组。时任中央军委委员、国防工业办公室副主任张爱萍担任防护工程组总指挥，工程兵司令员陈士榘任防护工程领导组组长，时任清华大学副校长张维是防护工程领导组成员之一。

1963年，结合备战形势和国家战略需要，在学校的统一领导下，代号为“0304”的研究组正式成立，进行国防机密项目的研究。从现有的资料中可以看到，“0304”项目组核心成员杨式德、陈聃、邝守仁等都曾参加过国防科委防护工程组的讨论会。这个被蒋南翔校长誉为“清华大学科研第九高地”的研究组，以土木工程系工程结构实验室为主，集中土木、水利、力学等院系的科研力量，与部队合作进行了核防护工程的研究。“0304”项目由土木系原副系主任杨式德担任总负责人，土木工程系原党总支书记邝守仁担任党支部书记。参加项目的青年教师除了三位留学归国入职清华的教师，其他都是清华毕业后留校工作的教师，与“0304”结缘成为他们人生中的重要转折点。“0304”项目组走出了许多我国知名的土木结构工程和防护工程专家，如陈肇元、陈聃、沈聚敏、裘宗濂、江见鲸、李少甫等。

20 世纪 60 年代清华大学自行研制出相应的专用试验设备，包括材料和构件快速（毫秒级）加载机系列、核爆冲击压力模拟加载器（简称模爆器）等，为相关的试验研究创建了必要条件。随后的系列性试验研究和取得的成果开创了国内同类研究的先河，为我国核防护工程提供了第一批重要的试验研究数据和成果。

对于防护结构研究发展除用真的核爆炸进行现场试验外，考虑到：（1）花费人力、物力少可以大量反复进行，（2）可以专门针对核爆炸压力效应对防护结构深入进行考察，（3）我国新等级核爆炸尚未进行时就可以对核等级防护结构进行模拟试验研究，因此必须同时大力开展实验室研究。开展试验的首要关键是在实验室条件下模拟出核爆炸压力［核爆炸压力的特性是压力升至最大值快（毫秒级），压力值大，压力按一定规律衰减，压力作用时间较长］，以便将这种压力施加到防护结构试验对象上去。而结构受爆炸压力作用下的动力变化过程只在千分之几秒内完成，只有采用电子仪器量测并做下记录才能分析，因此电测仪器是试验研究工作的眼睛。当时国内还未生产某些有关的电测仪器，这一方面也需要自行设计。

在此期间，主要进行了地下防护结构的研究、材料性能的研究、量测技术的研究、动力光弹性技术研究等。1963 年 5 月，开始研究模爆器，根据我国实际情况从国外 7 种装置中选定爆炸模拟器；1963 年 12 月，在试探性装置中第一次产生符合核爆炸特性的爆炸压力；1964 年 4—9 月，分别建成小型和中型模拟器，均能调节爆炸压力特性参数，完成的模爆器和快速加载机，如图 5-17 所示。前后共进行 201 次试验，初步摸清国外文献中加以保密的爆炸压力性质各部件功能设计和运行参数等关键问题；1963—1964 年研制出气体压力传感器；1964 年 7 月研制出动态标定器；1964 年 11 月，利用小模型模拟器进行试探性地下结构模型试验；1966 年 4—6 月，沈恒滋与阚永魁受中国人民解放军工程兵的邀请，参加了我国第三次核试验时的核防护结构试验①。到2012年时才知道，当年核爆现场还有"0304"项目的组长杨式德（见图5-18，图5-19）。

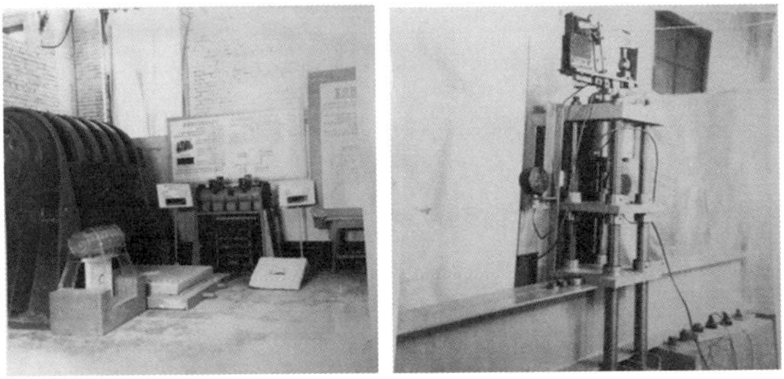

图5-17　模爆器和快速加载机②

图5-18　20世纪60年代初的沈恒滋和阚永魁

(a)

图5-19　杨式德应邀观摩第3次核试验（图(a)左7，图(b)站立者右1）

① 校友文稿资料选编，第16辑，第178—180页。

② "0304"项目留存资料。

(b)

图 5-19　(续)

模爆器从 1 号到 5 号逐步改进,终于获得了设备的相应参数号。1964 年项目组将设计的模爆器图纸交(见图 5-20)由沈阳重机厂加工,最终制造出“6 号模爆器”。6 号模爆器体积很大,有四条“粗腿”,大家为它取名叫“大象”(见图 5-21)。

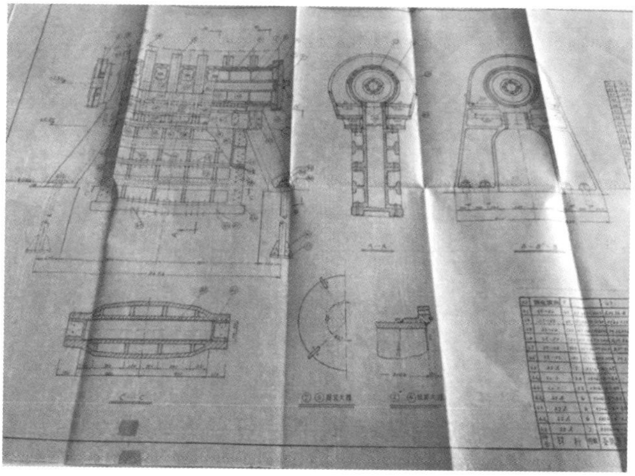

图 5-20　6 号模爆器设计图纸①

在此期间,对结构动力实验室(含抗爆实验室)进行了规划,拟建于工程结构实验室以西。

规划试验大厅跨度 18m,面积 970m^2,包括 6 号、100 号装置、动力试验台部分、快速加载机部分、脉冲试验机部分、模型装置间和其他附属设备,

① “0304”项目留存资料 6 号图纸部分。

图 5-21　研究人员根据 6 号模爆器的形状将其取名为“大象”②

当时规划见图 5-22 和图 5-23。

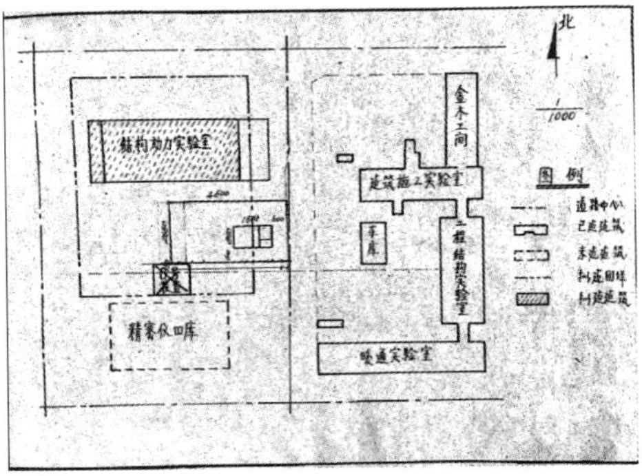

图 5-22　房屋拟建位置③

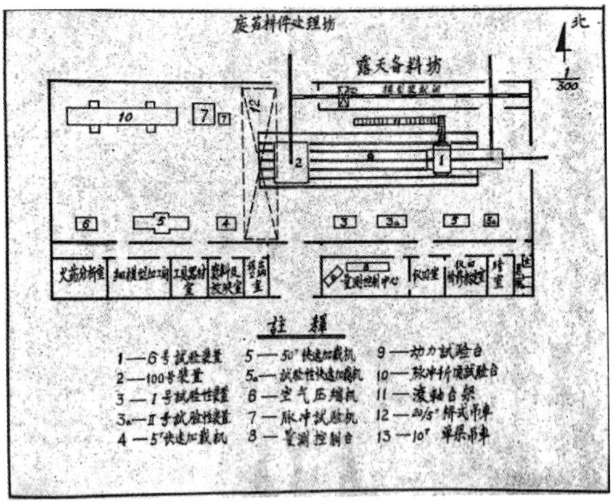

图 5-23　规划中的房屋平面布置图③

② 郭红仙提供。

③ “0304”项目留存资料 6 号房屋部分。

室外试验场及其建筑平面 40m×60m，可进行以下试验：(1) 小型结构现场动力试验，(2) 冲击波在介质和地层中的传播试验。试验场内附属建筑及设施有量测监控站×2(100m^2)，爆炸试验坑×1，爆炸物品库×1(20m^2)①。

主要设备含有：6 号装置 1 台，100 号装置 1 台，动力试验台，快速加载试验机 5T 级 1 台和 50T 级 1 台，小型冲击千斤顶，脉冲试验机 100T 级 1 台，脉冲千斤顶，高速摄影机和相关量测仪器。

室内试验场可用于进行以下试验：冲击波型荷载作用下的结构试验，冲击波在介质中的传播试验，结构材料(包括岩土介质)快速加载性能试验，交变脉冲荷载下的结构和材料试验，其他类型的冲击和振动荷载下的结构和材料试验①。

1970 年抗爆实验室建成，动力实验室的其他部分未建成。

5.6　校园建设

在 20 世纪 50—60 年代，土木系的教职工和学生参与了不少学校的建设项目。主要集中在 1952 年的三校建设委员会和 1954 年清华大学基本建设委员会时期，1958 年清华应中央要求成立了建筑设计研究院，之后，也仍有不少土木系的师生参与了校园建设。此外，20 世纪 60 年代初建成的清华大学八达岭三堡教工休养所也是土木系设计和施工的。

5.6.1　三校建设委员会时期

1952 年，三校建设委员会成立，统筹清华、燕京、北大三校的建设工作。清华要建约 4.5 万 m^2 校舍。由于正值全国开展“三反、五反”运动，北京的营造商多数曾经“偷工减料，五毒俱全”，教育部决定三校建委会自己营造，梁思成任三校建委会主任，抽调清华、北大、燕京三校土木、建筑、电机和经济系部分师生停课一年，投入“建校”的重大工程实践活动。

罗福午回忆：清华北大两校的校舍工程，都由清华土木系和建筑系的教师设计，并建立了 7 个工区(第一、二、三工区设在清华校园内)进行施工，由停课参加工作的学生进行管理。第一工区的任务是承建清华西大饭厅、1~17 教职工宿舍和第五饭厅，建筑面积约两万平方米；第二工区的任务是承建清华大学的一公寓和二公寓，以及那里的新建食堂；第三工区是承建第一教学楼和旧水利馆的第三层加建。土木系学生罗福午、谢醒梅、孙光祖参加了第一工区的管理工作，土木系学生谭家骅、龚思礼分别负责第二工区和第三工区。

西大饭厅是第一工区最大的工程项目。土木系教师刘恢先负责结构部分的设计。西大饭厅为门式木结构，跨度达到了29.5m，为当时亚洲最大。木桁架组成刚架，成为西大饭厅的主体结构，该结构桁架的节点采用了当时最新的裂环式连接（见图5-24）。

施工时，因为结构跨度大，构件小而且均需要拼接，又没有起重机，所以吊装很困难。最终采用了工人师傅的方法，使用斜置的粗大扒杆和滑轮进行吊装，现场100名工人同时操作才把屋架吊装到位，图5-25是当时的吊装照片。当晚刮起大风，工人队长用扎绳把扒杆与刚架连接成一体形成空间结构，使已架立的结构体系丝毫没有受到影响。

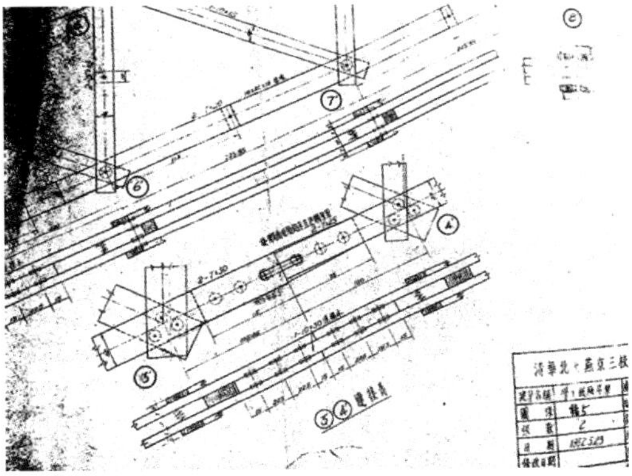

图5-24　西大饭厅屋架构件图[①]

从三校建委会时期开始，土木系师生较多地参与到校园建设中来。而三校建委会时期从土木系抽调出来的结构组，从建筑系抽调出的建筑设计组，以及其他系组成的暖通、电机各组，成为清华大学最早的设计组织。清华大学建筑设计研究院也可追溯到三校建设委员会。

① 拍摄自清华大学档案馆基建档案处。

图 5-25　西大饭厅 29.5m 跨木拱架吊装[①]

5.6.2　基本建设委员会时期

1953 年 3 月，三校建委会完成历史使命后随即解散，各个院系的学生或直接毕业，或回系工作。为了更好地进行校园基本建设工作，学校决定改为自营，于 1954 年成立清华大学基本建设委员会，负责校园的规划和建设工作。罗福午回到土木系不久就又被抽调到学校刚成立的基本建设委员会，当时土木系系主任张维担任基本建设委员会下设的工程委员会主任。基本建设委员会时期比较重要的建筑是 1~4 号学生宿舍楼和第二教学楼。土木系的滕智明、罗福午、郑金床、黄金琦、支秉琛、汤满贞、陈芹、屠成松、彦启森等，继续为清华的新建学生宿舍、第二教学楼、新水利馆、东西主楼和中央主楼、工程物理馆、机械工程馆，以及锻工、铸工、焊接、汽车、土建基地、给排水、高压等一大批实验室，做了设计、施工、质量监督和施工管理等方面的工作，成为新中国成立后清华大学第一批建校工程的建设者。

罗福午回忆了 1~4 号楼的建设，其建筑设计由建筑系的汪国瑜和李道增负责，施工由当时的工程科科长张静亚负责，结构设计由罗福午负责。这对刚毕业的罗福午来说，面临多重困难。一是没经历过真实的工

① 摘自清华大学建筑设计院成立 50 周年纪念照片。

程设计；二是教育部基建司为节约投资，要求采用砖砌结构和预制混凝土楼板建造五层楼房，且不宜用厚墙；三是国内当时没有设计标准，只有苏联尚未出版的《砖石结构设计规范》讨论稿作参考；四是校基建会梁思成要求采用民族形式的大屋顶；五是地基的土壤条件不好，楼房长有102m，很容易出现过大的不均匀沉降等问题。

在张维的领导、苏联专家郭赫曼和土力学陈樑生教授的帮助与指导下，采用设置两道沉降缝，并在所有承重墙墙体内通长铺设钢筋网等措施，保证了建筑物的整体刚度，建成时的1号楼和2号楼见图5-26。1976年唐山大地震，1~4号楼除大屋顶上的装饰物塌落受损外，所有承重和非承重砖墙及其他结构构件没有发现任何受震开裂的现象，是唐山地震后校内唯独没有进行因抗震需要而加固的4栋砖砌建筑物，只对大屋顶进行了局部修缮翻新，一直安全使用至今。

图5-26　建成初期的1号楼(左)和2号楼(右)①

5.6.3　设计科和建筑设计研究院初期

1955年学校基本建设委员会成立设计科，罗福午任科长，郑金床、滕智明、支秉琛等留在设计科。设计科成立后的第一个设计任务是新水利馆，由滕智明、支秉琛负责结构设计。机械馆、焊接楼、土建基地、给排水

---

① 摘自卢有杰老师收集的照片。

实验室、高压实验室也都是同一个时期由设计科进行设计的[37]。

1956 年,主楼建筑群开始兴建。由校基本建设委员会作整体规划,将主楼分成中央和东、西三部分衔接组成,分期设计、施工。因当时校内缺乏建造和设计高层建筑的经验,派设计科罗福午、殷一和、关肇邺三人赴上海作高层建筑的调查研究。回校后,决定建筑设计总体上由关肇邺负责,建筑形式仿照苏联莫斯科大学的设计,东西主楼结构由设计科其他同志负责。罗福午负责东主楼的结构设计,屠成松负责西主楼的结构设计。中央主楼的结构设计则是由之后的土木系学生在教师指导下作为毕业设计完成的,其中结构方案全面参照东、西主楼的主体结构方案,重要大型的结构构件,如中央主楼的基础、主楼后厅和过街梁的结构主梁则是由教师完成设计。中央主楼于 1960 年动工建造,1962 年由于政治经济原因,建造到第 9 层时因故停工(原计划 12 层),草草封顶。主体工程停工 4 年,直到 1966 年才完工,又盖了 2 层。20 世纪 90 年代末,中央主楼进行抗震加固,加盖 2 层办公用房和 1 层机房。

1958 年,包括清华在内的北京各大高校应中央的要求成立了建筑设计研究院,学校的基本建设自己完成。当时建筑设计研究院分为了三个科室,其中三室归属于土木系。施士昇、滕智明、丁金粟、籍孝广等教师为早期参与人员。1965 年完工的 9003 大楼,由施岚青主持结构设计工作,采用了很多预制构件,在当时比较先进。

据不完全统计,20 世纪 50—60 年代建成的重要校园建筑 68 座中(见表 5-22),有据可查的土木系师生直接参与建设的共有 20 座,另加三校建委会、基建委员会、设计院等有土木系师生参与的由设计部门负责的建筑,共有 56 座。这其中包括主楼、第一教学楼、第二教室楼、9003 大楼等如今仍有重要地位的建筑。土木系师生在校园建设中发挥了重要作用。

20 世纪 60 年代初,国家为备战需要,加大了“三线”建设。清华大学也决定在四川绵阳建立分校,对外称“651 工程”(见图 5-27)。土木系师生也投入该工程的设计、施工当中,先后前往绵阳参与工程建设的教师有施士昇、谢照唐、梁鸿文、庄崖屏、叶知满、杨建奇、吴佩刚、翁义军、刘竹青、卜诚等。

图 5-27 “651 工程”合影①

表 5-22 1950—1969 年建成重要建筑(土木系参与)统计②

序号	建筑名称	结构形式	竣工时间	组织及主要参与人员
1	照澜园日杂商店	砖木	1950	
2	照澜园饭馆	砖混	1950	
3	原公寓食堂	砖混	1950	
4	强斋	砖木	1951	三校建委会
5	幼儿园旧楼	砖木	1951	
6	幼儿园平房	砖木	1951	
7	14 宿舍	砖混	1952	三校建委会
8	15 宿舍	砖混	1952	三校建委会
9	16 宿舍	砖混	1952	三校建委会
10	17 宿舍	砖混	1952	三校建委会
11	立斋	砖混	1952	三校建委会
12	诚斋	砖混	1952	三校建委会
13	新航空馆	砖混	1952	三校建委会
14	荷花池工会俱乐部	砖混	1952	三校建委会
15	荷二宿舍	砖混	1952	三校建委会
16	荷园餐厅	砖混	1952	三校建委会
17	第一教室楼	砖混	1952	三校建委会
18	一区平房	砖木	1952	
19	教工宿舍 1 公寓	砖混	1952	三校建委会
20	14 所	砖木	1952	
21	五区平房	砖木	1952	
22	西大饭厅	砖木	1953	罗福午
23	教工宿舍 2 公寓	砖混	1953	三校建委会
24	低碳能源楼	砖混	1954	
25	学生宿舍 1 号楼	砖混	1954	罗福午、郑金床
26	学生宿舍 2 号楼	砖混	1954	罗福午、郑金床

① 个人提供。

② 数据参考《清华大学志(1911—2011)》,第 455—476 页。

续表

序号	建筑名称	结构形式	竣工时间	组织及主要参与人员
27	学生宿舍 3 号楼	砖混	1954	罗福午、郑金床
28	学生宿舍 4 号楼	砖混	1954	罗福午、郑金床
29	第二教室楼	砖混	1954	罗福午、郑金床
30	理化楼北侧实验室	砖混	1955	
31	焊接馆	砖混	1955	设计科
32	土建基地	砖混	1955	设计科
33	给排水实验室	砖混	1955	设计科
34	教工宿舍 3 公寓	砖混	1955	设计科
35	教工宿舍 4 公寓	砖混	1955	设计科
36	教工宿舍 5 公寓	砖混	1955	设计科
37	教工宿舍 6 公寓	砖混	1955	设计科
38	教工宿舍 7 公寓	砖混	1955	设计科
39	教工宿舍 8 公寓	砖混	1955	设计科
40	新水利馆	砖混	1956	滕智明，支秉琛
41	寓园餐厅（二员工）	砖混	1956	
42	教工宿舍 7 公寓	砖混	1956	设计科
43	教工宿舍 9 公寓	砖混	1957	设计科
44	教工宿舍 10 公寓	砖混	1957	设计科
45	教工宿舍 11 公寓	砖混	1957	设计科
46	教工宿舍 12 公寓	砖混	1957	设计科
47	高压实验室	砖混	1957	设计科
48	学生宿舍 5 号楼	砖混	1957	郑金床
49	学生宿舍 6 号楼	砖混	1957	郑金床
50	学生宿舍 7 号楼	砖混	1957	郑金床
51	7 食堂	砖混	1957	滕智明、支秉琛
52	教工宿舍 13 公寓	砖混	1958	设计科
53	工物馆	钢混	1958	设计科
54	学生宿舍 8 号楼	砖混	1958	郑金床
55	学生宿舍 9 号楼	砖混	1958	郑金床
56	学生宿舍 13 号楼	砖混	1959	设计科
57	学生宿舍 10 号楼	砖混	1959	郑金床
58	学生宿舍 11 号楼	砖混	1959	郑金床
59	学生宿舍 12 号楼	砖混	1959	郑金床
60	8 食堂	砖混	1959	
61	西主楼	钢混	1959	设计科
62	教工宿舍 15 公寓	砖混	1960	设计科
63	教工宿舍 16 公寓	砖混	1960	设计科
64	教工宿舍 17 公寓	砖混	1960	设计科
65	9 食堂	砖混	1960	设计科
66	东主楼	钢混	1960	罗福午
67	精仪楼（9003 大楼）	钢混	1965	匡文起、施岚青
68	中央主楼	钢混	1966	毕业设计 施士昇、罗福午

第6章

“文化大革命”时期清华大学土建系的历程

1966年5月4日至26日，中共中央政治局扩大会议在北京举行，并于5月16日通过了《中国共产党中央委员会通知》，号召“全党必须遵照毛泽东同志的指示，高举无产阶级文化革命的大旗，彻底揭露那批反党反社会主义的所谓‘学术权威’的资产阶级反动立场，彻底批判学术界、教育界、新闻界、文艺界、出版界的资产阶级反动思想，夺取在这些文化领域中的领导权”。自此“文化大革命”全面展开。

1966年6月1日晚上，中央人民广播电台广播北京大学聂元梓等7人于5月25日写的题为《宋硕、陆平、彭佩云在文化大革命中究竟干些什么？》的大字报和《人民日报》评论员文章《欢呼北大的一张大字报》。清华师生展开了清华党委“姓马还是姓修”的辩论，教学活动全部中断。6月9日，中共北京新市委派出的工作组进驻清华。6月12日，工作组召开全校无产阶级“文化大革命”大会，新市委书记处书记郭影秋在会上代表新市委宣布：派以叶林为组长的工作组来领导清华大学的无产阶级“文化大革命”，工作组副组长为周赤萍、杨天放。学校党委书记、校长蒋南翔停职反省，工作组代行学校党委职权。21日，王光美参加清华工作组，直接对清华大学“文化大革命”进行指导[9]285。原定的期末考试也不再进行。6月29日，高等教育部通知，中央决定全国高等院校不放暑假，师生员工全部留校参加运动。自此，全校停产停课，全体师生员工都投入到“文化大革命”运动中，先后经历了批蒋、批工作组、大串联、群众组织分裂、打派战直至武斗等阶段。直到1968年7月27日，“北京新华印刷厂等61个工矿企业3万名工人组成的首都工人毛泽东思想宣传队，在8341部队、北京卫戍区、海军等军代表配合下（总指挥张荣温），从四面八方开进清华大学”[9]292。在制止武斗、促进两派联合后，1969年1月25日，清华大学革命委员会成立，张荣温任革委会主任。1970年1月8日，全校党员大会选举产生中共清华大学委员会,由杨德中任书记(兼)。1972 年 1 月,改由迟群任校党委书记、革委会主任。在此期间,在工宣队主持下,先后于 1968 年 10 月将学校 66 届(1960 年入学)、67 届(1961 年入学)、68 届(1962 年入学)毕业生及研究生分配离校;于 1968 年 12 月,将 69 届(1963 年入学)毕业生分配离校[9]294-297。1969 年 5 月学校"教育革命"全面开始,"大批师生开始外出开门办学,主要是参加劳动,办短期培训班,开展技术革新,作社会调查。至 10 月,先后选拔约 400 名学员在工厂、农村和校内开办教育革命试点班 22 个"[9]295。1970 年 3 月,将 70 届(1964 年入学和 1965 年入学)毕业生分配离校。至此,"文革"前入学的在校学生全部分配完毕。1970 年 6 月 27 日,中共中央批转《北京大学、清华大学关于招生(试点)的请示报告》,两校计划 1970 年下半年开始招生,招生"实行群众推荐、领导批准和学校复审相结合的办法";入学文化条件是"相当于初中以上的文化程度",而有实践经验的工人、贫下中农不受文化程度的限制;学制为 2~3 年;设置"以毛主席著作为基本教材的政治课,实行教学、科研、生产相结合的业务课,以备战为内容的军事体育课"。当年,清华于 6 月、8 月、10 月分三批共招收学员 2842 名,均系推荐入学,未经考试,其文化程度为:小学 258 名(占 9.1%)、初中 1935 名(占 68.1%)、高中 533 名(占 18.5%)[9]299。此后,又于 1972 年开始,连续招生 5 届工农兵学员,(学制为三年半,见表 6-1)。1972 年 2 月,在何东昌建议下,清华革委会向北京市革委会提交请示报告:"由于进校学员中半数以上实际文化水平达不到初中以上文化程度","拟于第二届普通班开始试行补习半年",得到批准。1974 年后,这一补习措施被指为是"修正主义教育路线的复辟",1975 年后不再实行[9]302。1973 年 5 月,清华大学与北京大学等四院校提出《对 1973 年招生工作试行文化考查的几点建议》,建议在坚持"自愿报名、群众推荐、领导批准、学校复审"招生办法的同时,要重视文化程度,进行文化考查,并在当年的招生中,增加了文化考查环节。8 月 10 日,《人民日报》评论员文章就将文化考查指为"资产阶级势力对无产阶级教育革命明目张胆的反攻倒算"[9]305。招生过程中的文化考查环节也戛然而止。

表 6-1 “文化大革命”期间清华招收工农兵学员入校和毕业时间[9]298-341

	第一届	第二届	第三届	第四届	第五届	第六届
入学时间	1970 年 6、8、10 月	1972 年 5 月 8 日	1973 年 9 月 11 日	1974 年 10 月 14 日	1975 年 10 月 20 日	1977 年 3 月
毕业时间	1974 年 3 月	1975 年 12 月	1977 年 1 月	1978 年 1 月	1979 年 4 月	1980 年 11 月

土建系也在这股“文化大革命”的洪流中，随波逐流地度过了动荡的十年。1970 年，自招收第一届工农兵学员起，土建系办公地点也由清华学堂搬至中央主楼八至十层。与此同时，土木建筑系也更名为建筑工程系，建筑材料专业调整到了化学工程系。

6.1 师资队伍

1966—1968 年，全校停课闹革命，土建系教师也被激流裹挟，自觉不自觉地卷入“文化大革命”运动中。1968 年工宣队进校后，系党委书记由来自北京市第一建筑工程公司的工宣队负责人张凤瑞担任，系革委会主任由教师刘小石担任。原专业改为连队编制：工民建专业为一连，给排水专业为二连，暖气通风专业为三连，地下建筑专业为四连。1976 年时各连队教工人数为：一连 85 人，二连 51 人，三连 54 人，四连 42 人。各连队负责人由工（军）宣队派人担任。1969 年 1 月工宣队在给中央的《坚决贯彻执行对知识分子“再教育”“给出路”的政策》报告中认为：清华大学“解放后在修正主义道路毒害下，资产阶级知识分子统治学校的现象十分严重”；校系干部是“犯了走资派错误的人”；大多数教师的“世界观”是资产阶级的，“或没有很好的改造”，要“进行再教育”[9]294。1969 年 4 月，工宣队在江西南昌鲤鱼洲开办试验农场，先后派遣 3000 多名教职工和家属及工宣队员到农场劳动。土建系第一批 50 名教工于 1969 年 5 月 5 日前往试验农场，随后于 1969 年 7 月、1969 年 12 月及 1970 年 8 月先后有多批教工被派遣前往，总数达 199 人。一些教职工家属及小孩由于在家无人照看，也先后被送往江西农场的达 25 人①。土建系去鲤鱼洲农场的教职工除少数分到场部及修建、后勤单位外，都编入八连。该农场原为一个

① 《江西农场教职工名册》，清华大学档案馆，案卷号 71011。

劳改农场，地处血吸虫病重疫区，清华接手后开办农场时并未采取必要防治措施，致使大批人员染上血吸虫病。

1971年10月，在毛泽东、周恩来过问下，鲤鱼洲试验农场停办，撤回到北京大兴县团河原北京卫戍区另一劳改农场继续开办清华试验农场。1974年，学校下发的《在批林批孔运动推动下深入开展教育革命的几点意见(讨论稿)》中规定："争取在几年之内，使全校教师(除老弱病残者外)都参加半年或一年劳动锻炼"[9]309。每年都要分派部分学校教职工到农场劳动，另外还安排一些教职工到北安河公社等农村地区及门头沟木城涧煤矿等厂矿劳动一年，接受工人及贫下中农再教育。土建系先后到江西鲤鱼洲农场、北京团河农场、北安河公社及木城涧煤矿劳动的人员见表6-2。

表6-2 1969—1976年土木建筑系劳动锻炼人员名单①

劳动地点	到农场时间	教职工名单
江西鲤鱼洲农场(1969—1970年)	1969.5	徐鲁民、赵炳时、王鲁生、孙元、李书忠、毛志信、龙驭球、瞿履谦、陶中源、施泽元、古国纪、张铜生、雷钟和、陈英、陈志鹏、郑隆烈、徐鼎文、王守清、徐本源、周莲溪、赵若鹏、郑国忠、张永延、郭德菴、李元哲、陶炳霖、王占生、高雷、李道增、张家璋、李晋奎、曾善庆、卢贤丰、郑光中、车世光、彦启森、瞿福春、汪遵华、高亦兰、殷一和、郑金床、王敬威、黄宏禧、梁德云、陈福全、陈芹、宝志雯、屠峥嵘、唐绍华、孙祥泰、黄修不(黄勇)、叶知满、花国本
	1969.7	李克波、何高勖、杨建奇、梁绍周、黄俊杰、罗福午、王国周、施士昇、黄熊、卢谦、李著璟、韩守询、郝亚民、张利、柴福祥、王永红、王玉庭、陈聃、何俊昌、李少甫、裘宗濂、刘连生、戴根宝、田银玲、崔京浩、沈恒滋、刘新民、胡多闻、刘桂森、吴利泉、许保玖、谢镇芝、刘淑文、卢存忠、周志刚、苗赫濯、刘元鹤、付国伟、蒋展鹏、刘彤、胡纪萃、江作昭、李国鼎、黄铭荣、江尧忠、张汉昇、刘鸿亮、钱易、刘汉生、陈志义、王乃壮、李承祚、张守仪、宋泊、蔡君馥、徐亚英、童林旭、朱畅中、张昌龄、周维权、关肇邺、辜传诲、潘国强、何重义、吕增标、陈宝荣、张玉峰、赵荣义、王兆霖、汪训昌、白玉真、谢月芬、于豪发、赵廷介、刘宏曾、曹燕、刘照广、莫詠芬、翁义军、彭楚身、邓雷子、常煜昕、胡允敬、汪克义、刘小石、陈志杰、陈志华、费麟、罗森、郭庚瑞、孙凤岐、梁鸿文、刘竹青、吴良镛、汪坦、谭文明、徐占发、匡文起、王景厚

① 《江西农场教职工名册》，清华大学档案馆，案卷号69003、71011。

续表

劳动地点	到农场时间	教职工名单
江西鲤鱼洲农场（1969—1970年）	1969.10	土建系教职工家属20人
	1969.12	王伯荣、王雄风、周卜颐、朱纯华、刘兆丰、邹永素、王志霞、马春甫、陈式昭、董克强、籍孝广，家属2人
	1970.4	储钟瑞
	1970.5	冯乃谦、李德耀、王朝凤、朱自煊、康寿山、张良铎、程瑞棣、江爱川、苏尚连、张桂芳
	1970.8	黄学信、郑国卿、王余生、焦金生、王治国、邢鹏、周正、王长根、邝守仁
北京团河农场（1972—1976年）	陈肇元、卢连生、钱蓓妮、徐冲、朱宏亮、王志浩、黄微微、岑幻霞、闫雅丽、薛恩伦、徐莹光、朱亚尔、张复合、王炳仪、马倩如、方鄂华、凤存荣、许宏庄、裘函始、言穆宏、曹翠蓉、刘志超、郭秀珍、张惠英、袁淑娴、沈英鹏、黄介弘、钱稼茹、郭玉顺	
北安河公社	过镇海、那向谦、黄丽丽、林爱梅、包世华、郁峰、吕俊华、苏兰茵、张达成	
木城涧煤矿	甘绍熺	

“文化大革命”早期，国家机关基本瘫痪，人事工作也基本处于停顿状态，土建系教师队伍基本稳定。1968年将在校学生分配时，留系工作的六字班学生有建6的王作垣、暖6的张罡柱及任尽林、给6的臧玉祥、036的王桂民。研究生有江见鲸（结构）、张坤民（给排水）。1970年3月，1964年入校（俗称0字班）和1965年入校（俗称00字班）的两个年级的学生同时毕业分配时，学校留下了828人充实到教师队伍，称为“新工人”（文革后改称为“新教师”）。当时，土建系留下了45人（包括开始分在学校其他部门，后回系工作的人员），见表6-3。后来，在历届工农兵学员毕业时，也有一些人留校任教，留系任教人员名单见表6-4。

表6-3　1970年毕业留校任教人员名单

专　业	1964年入学（0字班）	1965年入学（00字班）
建筑学	王余生、纪怀禄、那向谦、黄祥村	王凤官、张复合、王珊、任爱珠
工民建	倪寿增、王志浩、刘玉梅、钱稼如、邢秋顺、朱宏亮	郁峰、张惠英、范素珍、周坚、陆正禹、刘凤阁、史其信
给排水	杜文涛、刘振海	祝万鹏、郝吉明、聂永丰、陈经木、胡广书、吴天宝、徐忠华
暖通	窦春鹏、葛仲	金伯良、阮苏苏、陈兆祥、倪进昌、郝兰英
建材	王林、张玉良、郭玉顺、焦金生	包薇、崔国文

表6-4　工农兵学员留系任教人员名单

入学年份	房建专业	地下专业
1970	谭文义、刘卫东、周善利	陈贵民

续表

入学年份	房建专业	地下专业
1972	王晓明、丁淑英、魏泰丰、李文明	李卫平
1973	辛克贵、郭根有	
1974		
1975		
1976	张建平	

自 1970 年招收第一届工农兵学员后，为加强实践教学环节，还陆续从外单位调入了一些工程技术人员来系任教，同时还聘请一些工人担任教师。在此期间，还有一些军人转业来系工作。1970 年、1972 年还招收了一些中学毕业生来校当青工(见表 6-5)。

表 6-5 1970—1976 年来系工作的教师和职工名录

教师	张秀琴、石裕翔、傅平均、张玉蓉、韩淑兰、王如琦、刘育成、王瑞、荆树英、李树昌、刘兆昌、黄微微、程法曾、李铭臻、张玉祥
职工	王凤涛、王志军、闫慧增、张世常、任善友、王永红、张凤升、赵小宁、赵永泉、王金栋、黄勇、冯学明、黄振杰

6.2 课程设置

1970 年恢复办学以后，对学制、课程、教学方法等都进行了改革。在专业设置及名称上也作了较大改动：原“工业与民用房屋建筑”专业改为“房屋建筑专业”，增设了“地下建筑专业”；“给水排水”专业改称“工业给水及废水处理”专业；“供暖供燃气与通风”专业改称“暖气通风”专业；“建筑材料与制品”专业则停办；1975 年又增设了“抗震工程专业”，学制都为三年半。在办学思想上，强调以阶级斗争为主课，学习毛泽东思想、学军、学农、学工。这些思想明显地反映在 1971 年制订的教学计划中，见表 6-6 和表 6-7[2]175。

表 6-6 1971 年房屋建筑专业教学计划与学时比例[2]175

课程	毛泽东思想课	学军课	学农课	学工课	基础课(含专业基础课)	专业课	总计
学时	1218	288	192	198	1140	3100	6136
百分比/%	20	5	3	3	18.5	50.5	100

表 6-7　1973 年教学计划各类活动安排[2]175

	周　　数	百分比/%	一年级	二年级	三年级	第七学期
教学活动(包括学工)	142	78	41	38	40	23
学农	4	2.2	1		3	
学军(包括拉练、民兵教育)	3	1.7		3		
战备施工	2	1.1		2		
入学教育、期中和毕业总结	3	1.7	1	1		1
建校劳动	2	1.1	1		1	
机动	7	3.8	2	2	2	1
节假日	19	10.4	6	6	6	1
总计	182	100	52	52	52	26

在教学方法上,强调要坚持走开门办学的道路,“教学过程,要始终贯彻开门办学”“3 年半中,在校外办学的时间一般占 1/2 左右”“最少要在 1/3 以上”[9]309。强调“结合典型工程、典型产品、典型工艺、技术革新等进行教学”。所以,这一时期,除在学校进行一些基础课学习外,学员大部分时间都在校外,结合一个具体工程,边干边学。实际工程涉及哪些知识,就学这些知识,然后就用所学的这些知识,解决实际工程中的相关问题。当时,建工系的老工人进修班就在北京市火神庙工地开门办学；房 0 班就在首都钢铁公司厂区内由清华建立的一个教学基地中,结合首钢的一些工程项目进行办学；地下专业则在学校的原子能试验反应堆(对外称 200#)基地结合基地坑道工程开门办学。1974 年 2 月,房 2 班到 27 军一个设在河北获鹿的团部军营中学军,由于 27 军刚从江苏无锡调防石家庄,军部大院要兴建一些设施,当知道来学军的是清华建工系后,即与学校联系,请学校帮助进行设计。经学校同意,房 2 班同学在学军结束后,即住进 27 军军部招待所,系里派出罗福午、李兴焴、张典、江爱川、殷一和、曲淑凤、常友石、凤存荣、朱宏亮、王凤官等老师,结合工程一边教学,一边带领学员进行设计,先后完成的设计项目有军部招待所大楼、大礼堂、教导队大楼、通讯连大楼。当时,石家庄刚成为河北省省会,火车站要改建。知道清华大学建工系在帮 27 军设计军部一些建筑后,又通过铁道部与清华联系,要求清华建工系帮他们设计火车站大楼。学校同意后,房 23 班回到学校 200#,结合核反应堆安全壳工程进行教学。房 21 班、房 22 班两个班

的同学一部分回到北京，到构件厂开门办学，一部分又住到石家庄商业厅尚未完全竣工的楼内，与建 2 班同学一起结合石家庄火车站大楼设计进行教学。当时，建 2 班同学在老师带领下，提出了 15 个建筑设计方案，向铁道部及石家庄地区领导汇报。看到摆满整个汇报大厅的方案设计图及经济对比资料图表，他们都很兴奋，说以前审查方案设计时，从未见过这么多方案拿来挑选。在方案确定后，分成候车大厅、售票处、小件寄存处、厕所几个设计小组，一边设计，一边学习。参加石家庄火车站开门办学的教师有：滕智明、罗福午、叶知满、朱宏亮、王凤官、殷一和、田学哲。在学员毕业后，由系里相关老师把所有工作继续完成，交付了全部施工图及设计文件，只待择期开工。不想，文革结束后，新上任的铁道部领导，不知什么原因，不再采用这套设计图纸，建工系师生两年的心血也就变成一个模型和一堆废纸，十分遗憾。

1975 年，河南驻马店地区遭遇特大暴雨，板桥水库、石漫滩水库等十几座中小型水库相继溃坝，造成特大水灾。1976 年，学校要求对灾区重建进行支援，房 43 班学员在过镇海、黄熊、朱宏亮、王珊、谭文义等老师带领下，来到驻马店地区开门办学。一部分同学由黄熊老师带领，结合驻马店卷烟厂厂房工程，边学习、边设计。另一部分同学则由其他老师带领，与河南省交通勘察设计院的工程师及技术人员一起，结合驻马店—汝南—新蔡地方小铁路及确山—泌阳公路的勘察、测量、设计工作进行教学。除完成两条线路的全部测量任务外，还设计了一些小型涵洞和桥梁。

6.3 人才培养

1969 年土建系从北京市建筑公司中招收了 44 名“老工人”进行教育革命的试点，学制为二年半。据过镇海老师回忆，“1969 年年初，清华园内的‘文化大革命运动’在工宣队的领导下渐趋平稳进行。学校终究要办学，校革委会决定由建工系组织全校第一支教改小分队，进行教育改革试点。小分队的第一批学员（不称学生）约 20 人，从建筑工人中选拔，大多是 5、6 级技工（包括木工、钢筋工、瓦工、架子工等），年龄在 40 岁上下。另有当时在校的房 00 班和建 0 班学生约 10 人。教师由建筑（朱自煊、王炜钰）和结构专业（过镇海、江爱川）以及基础课（郑思梁）中选调。另聘请了二位老工人作为工人教师，其中之一是著名劳动模范，总人数约为40人。教改队实行开门办学，全队出发前在二校门前誓师。校革命委员会主任张荣温到临并作动员，鼓励全校第一个教改小分队做好教改试点。随后，教改队全体人员入住建国门外永安里的一个施工单位生活区，实行同吃同住同劳动同教学，还组成工人、学生和教师在政治和学习上互帮互学的小对子。开始上课后，发现学员的文化程度很低，大部分学员是小学水平，需要数学运算的一些理论课程根本无法进行施教。经过教师和学生的共同努力，一方面为工人学员补习一些算术和代数的基本方法；另一方面将原有课程中的数学运算部分都简化成直观的近似计算。此后，教改小分队又相继转移到丰台火车站、西郊的通用机械厂和石景山的钢铁厂等建筑工地进行现场教学，直至结业。工人学员经过三年多的教学后结业，回到了原工作单位，在学期间学会的一些专业理论知识和简化计算方法，还是在工作中发挥了积极作用。其中有几位较年轻的学员还被提拔为工长。”土建系于1970年10月正式招收第一届工农兵学员。设房屋建筑专业、地下建筑专业、暖气通风专业、给排水专业，学制为三年半。其间，地下建筑专业于1972年、房屋建筑专业于1973年、给排水专业于1975年还各招收了一个进修班，其学制为二年半。1969—1976年，建筑工程系共招收工农兵学员1113人[8]34。招收学员的专业、班级数和人数见表6-8。

表6-8 1969—1976年建筑工程系各专业招收学员班级数和人数

年份	房屋建筑	地下建筑	暖气通风	给排水	建筑学	抗震工程
1969年	2(44)					
1970年	2(56)	1(36)	1(61)	1(48)		
1972年	3(100)	2+1(50+25)	1(61)	1(37)	1(35)	
1973年	2+1(62+29)	1(34)	2(64)	1(36)	2(59)	
1974年	3(125)	1(48)	2(81)	2(80)	2(71)	
1975年	2(81)	1(45)	2(78)	2+1(80+19)	2(70)	1(40)
1976年	2(68)	1(39)	2(59)	1(59)	1(32)	

注：+后的数字为进修班的班数(人数)。

由于入学时未经考试，仅为推荐上学，所以入校学员文化程度参差不齐，且普遍偏低。而建工系这一问题则更为突出，这给教学带来了很大难度。教师们在教学时十分注意教学方法，合理安排内容和进度，尽量用简

图 6-1 地五班(1975 年入学)毕业合影①

单的例子帮助学员理解相关理论知识,并加强辅导,还对一部分文化程度低的学员进行集中补习数学等基础课程,甚至一对一地进行辅导,尽力帮助他们学好相关课程。

对于此时期的教学改革,不少教师都心存疑虑。原学校校长蒋南翔,对“开门办学、厂校挂钩、校办工厂、厂带专业”“结合典型任务进行教学”“边干边学”的办学方法,认为这“混淆了理工科大学与中专技校的区别”“厂带专业——学校不再是统一的基层组织,成为各专业‘联邦’组织,对教学不利”[9]298。当时任学校教改组负责人的何东昌也认为,学员基础课学得太少,其知识结构像烟囱,上下一般粗;学员所学知识不扎实,像面包一样,看起来鼓鼓的,但一捏就扁。这些言论后被认为是资产阶级否定“文化大革命”和“无产阶级教育革命”的右倾思潮,遭到严厉批判。这使得工农兵学员基础薄弱、所学知识不系统、知识面较窄的问题未能得到很好解决,同时还存在个别学员学习很困难的问题。以致 1979 年 2 月,当 1975 年入学的学员毕业之时,学校教务处专门作出了《关于 75 级学生毕业标准的规定》,其中明确:“在校学习期间,虽然有重要课程 1、2 门不及

① 袁帆:《捐我珍藏,感恩清华》,载《清华校友总会服务号》,2019 年 3 月 12 日。

格，但在毕业设计中有进步，成绩及格。有的学生学习上相当困难，课程不及格门数超过2门，或经批准其降低教学要求成绩才勉强及格，但学习态度比较刻苦，纪律良好，在近一年有较大进步，此次准许毕业，但应将其学习上的问题，明确地实事求是地写在成绩登记表上，以便学生在毕业后能在工作岗位上继续补足和提高，对用人单位负责。”[9]329 工农兵学员在校学习的知识虽有欠缺，但通过后来的继续学习和努力工作，也涌现出了不少优秀人才，为国家作出了突出贡献。建工系出现的优秀人才也是不少。房23班学员贾建华，毕业时主动要求支援西北地区建设，分到兰州后，刻苦钻研，在冻土地基研究方面取得了显著成果，获得了国务院对优秀人才的特殊津贴。房31班学员肖绪文，在中建八局和中建总公司工作期间，先后主持了近百个工业与民用建筑工程设计和施工，研究了复杂混凝土结构施工、空间预应力结构施工和绿色施工等建筑施工技术，成为我国绿色施工领域领军人物之一，2016年当选为中国工程院院士。房41班学员袁驷，留校工作后攻读龙驭球院士的博士，后到美国Oklahoma大学、英国伦敦中央理工学院作博士后进行相关研究工作，在结构高性能数值计算方法、结构力学教育教学的研究领域卓有成效，获得“国家杰出青年科学基金”，并先后获得“教育部长江学者奖励计划特聘教授”“北京市和国家级教学名师”“全国模范教师”等称号，并先后担任土木水利学院院长和清华大学副校长。

这几届工农兵学员还有一个共同特点，那就是政治热情十分高涨，报国情怀非常强烈。1975年12月，在1972年入学学员毕业前夕，掀起了“到边疆去、到农村去”的热潮，全校有305名学员自愿分配到边疆参加社会主义革命和建设，14名学员自愿下乡当农民[9]312。建工系暖2班习亚华、房21班李德禄、房22班匡政昌、房23班贾建华、张宝兰、郑含德、许虹进等自愿到西北去参加青藏铁路建设，房21班张勇则自愿到西藏地区当农民。

1973年，土木系还办了一届结构理论研究班，招收研究生12人。

6.4 科研设施和成果

防护工程的研究，在“文化大革命”中时断时续，但始终没有完全停止过[35]56。20 世纪 70 年代初期，结合防护结构研究，建立了 2000t 拱形试验台及相应的加载量测设备。“文革”期间，工程结构实验室改作校办汽车厂的一个车间，建筑材料实验室全部仪器设备和土木工程馆都划归化工系。这是自 1937 年学校南迁以来土木系实验室遭受的第二次巨大损失[15]195。

据陈肇元所述，在文革时期，除去必需的劳动一年的时间和开门办学的一年外，一直在进行防护工程的研究。进行过普通钢材、高强钢材、不同强度混凝土、塑料浸渍混凝土、高强纤维塑料等多种结构材料的研究，以及钢筋混凝土构件受压、受弯、受拉、受剪和钢管混凝土构件中心受压等的快速变形试验，取得了钢筋混凝土板受冲击波压力下的性能及防护门与门框墙性能等大量的试验数据，提出了防护结构的设计方法[38]。

20 世纪 60 年代后期，清华大学引进了电子专业的技术人员，专职研究动态试验技术，并自行设计和研制成所需的多种量测仪器和相应的传感器，包括不同型号的动态应变仪，不同标距和量程的变位器式动态位移计，压应力传感器，专用的荷载传感器等，还加工设计了与之配套的各种仪表架和球形支座，从此形成了结构材料和构件在快速加载和核爆炸冲击波试验条件下的全套加载和量测设备体系，具备了完整的科学实验的实力。

利用动力光弹性试验可以得出结构模型在爆炸时荷载下的应力状态全貌。但这项技术在国际上只是近十年才发展起来，国内基本没有研究过，在高速摄影、光弹材料等方面问题很新，困难很大。支秉琛和雷钟和等先通过调查研究并试做了简单的纵向应力波作用下的试验，初步摸清一些关键问题，再进行闪光摄影装置与低弹性模量光弹性材料研究。

1970 年，抗核爆实验室建成，6 号模爆器安置在其中，该实验室也就称为 6 号实验室(见图 6-2)。

防护工程研究中取得的一些试验结果很快在直墙拱顶和北京地铁 1 号线建设中得到了应用。此外，在这期间，地下建筑专业的教师、第一届工农兵学员和商业部设计院协作，设计了我国第一座水封油库。1974 年 6 月，水封油库正式开始施工。1975 年 1 月，学术论文《地下水封油库围岩应力有限单元分析》单行本在《清华大学学报》发表，1975 年 6 月署名商业部设计院清华大学建工系水封油库设计组的学术论文《地下水封油

图 6-2　建设中的(来自“0304”资料)和即将拆除的 6 号实验室外景(2009. 3)

库围岩应力有限单元分析总结》的论文发表在期刊《建筑结构》上，论文主要工作由崔京浩和江见鲸完成。1976 年 10 月，该地下水封油库建成投产。该地下水封油库仅用了两年零四个月的时间建成，可谓建设快，又具有占地小，造价低，有利于战备等优点。

1974 年，王传志、施岚青作为主编成员的《钢筋混凝土结构设计规范》(TJ 10—74)颁布实施。

第7章

改革开放后清华大学土木系的发展

7.1 历史沿革

1976年,“文化大革命”结束。1977年4月29日,中共中央组织部通过中共北京市委派刘达、黄光、林克等来校领导工作,任命刘达为清华大学党委书记、清华大学革委会主任。11月21日,学校举行欢送工宣队大会,工宣队正式撤离清华。1978年6月27日,中共中央批准,任命刘达为清华大学校长,革命委员会建制予以废除[9]321-326。与此同时,各级行政体制也进行了恢复调整。

1978年,建筑工程系恢复系行政建制,吴良镛任系主任。

1979年,为方便招生及分配,教育部统一高校的专业名称。建筑工程系设立的工业与民用建筑专业、地下建筑专业、抗震工程专业合并为建筑结构专业;给水排水专业和放射性污物处理专业合并为环境工程专业;建筑学专业保留不变;供热与通风专业改为空气调节专业,随即学校将空气调节专业调整至热能工程系。

1980年4月10日,校长工作会议决定:“将建筑工程系分为:建筑系,主任吴良镛;土木与环境工程系,主任王国周。”[9]337 此时,土木与环境工程系只设有建筑结构工程和环境工程两个专业。

1984年8月31日,校长工作会议决定:“将土木与环境工程系分为土木工程系(陈肇元为主任)和环境工程系(井文涌为主任)。”[9]368 至此,时隔24年,又恢复了土木工程系的系名,只设建筑结构工程一个专业。1985年,为贯彻学校提出的“立足国情,注重应用,交叉见长,办出特色”的办学原则,满足国家经济建设的需要及行业发展的需求,土木工程系又增设了建筑管理工程专业。1988—2000年,江见鲸、刘西拉、袁驷先后担任土木系主任。

1996年9月28日,在主楼后厅召开了土木系建系70周年庆祝大会。国家教委副主任周远青、国家经贸委副主任俞晓松(1957年入学)、建设部副部长叶如棠(1965年土建系毕业)、北京市政协副主席万嗣铨(1955年入学)、北京市教委主任徐锡安(1962年入学)等有关部委领导到会祝贺。校党委书记贺美英致辞祝贺,土木系成立早期的系主任、时年94岁高龄的施嘉炀教授在大会上讲话,曾在土木系学习和工作过的张维院士、张光斗院士、方惠坚、杨家庆等校领导和来自全国各地的校友、来宾及土木系部分师生共600多人参加了大会①。会后,众多来宾一起参加了由香港爱国人士何善衡先生捐资800万港币及国家投资总计1600万元共同兴建的新土木馆奠基仪式。该楼于1998年10月23日落成,并命名为何善衡楼。王大中校长与何善衡先生长子何子焯先生共同为何善衡楼剪彩。96岁高龄的土木系老系主任施嘉炀也出席了剪彩仪式。该馆分为两区,一区为科研、办公用房,面积约2300平方米;二区为大型工程结构实验室,面积约1740平方米。土木系办公地点随即也从中央主楼搬至何善衡楼。

图7-1　何善衡楼奠基仪式②

① 《清华校友通讯》,复34期,第27页。

② 清华大学档案馆提供。

图 7-2　何善衡楼剪彩仪式①

2000 年 1 月 22 日，校务会议通过决议“为加强学科建设，拓宽专业面向，进一步提高我校土木工程、水利水电工程等学科的教学和科研水平，在土木工程系和水利水电工程系的基础上，成立土木水利学院，简称土水学院，英文名称为 School of Civil Engineering。学院下辖土木工程系和水利水电工程系，同时筹建工程管理系。”校务会议要求土水学院成立后，要在学院范围积极进行学科规划，制订教学计划，争取科研项目，并加强与其他院系的联系与合作。校务会议任命袁驷教授为土木水利学院院长，谢树南、辛克贵、钱稼茹、金峰为副院长。校党委常委会也决定，撤销土木系党委和水电系党委的建制，组建土木水利学院党委，任命胡和平为党委书记②。

为加强学科建设、拓宽专业面向，进一步提高清华大学在建设管理方面的教学和科研水平、培养社会急需的建设管理专业人才，校务会议于 2000 年 4 月 18 日通过决议，成立建设管理系，隶属土木水利学院，简称建管系，英文名称为 Department of Construction Management，任命刘洪玉为系

① 清华大学档案馆提供。

② 《清华成立土木水利学院，应用技术学院，建筑技术科学系》，载《新清华》，2000 年 3 月 17 日，第 1398 期，第 1 版。

庆祝清华大学土木系建系70周年

面向二十一世纪的清华土木工程系

机遇与危机

现状与差距

目标和要求

师资队伍建设

对学科设置的设想

教学改革

春华秋实七十载
再创辉煌争一流

贺土木系建系七十周年
七十载育人桃李满天下，
新世纪科教兴国立新功。
贺美英
九六.九

大兴土木
再创辉煌

为我国基本建设
培养人才
创新技术

土木工程专业宽，培育英才贡献大。
研究开发创新多，科教兴国土木家。

新清華
XIN QINGHUA
1996 年 9 月 28 日　增　刊（1996.13）　共 4 版

图 7-3　《新清华》对土木系建系 70 周年的报道

主任。2000—2017 年,石永久、宋二祥、韩林海、潘鹏先后任土木系主任,刘洪玉、方东平、吴璟先后任建管系主任。

2000 年 4 月 20 日在学校大礼堂召开了“清华大学土木水利学院成立大会”,校党委副书记陈希宣布校务会议关于成立土木水利学院的决定及学院干部任免通知,校党委书记、校务委员会主任贺美英和土木水利学院院长袁驷为学院揭牌。袁驷以“建一流学科,育一流人才,面向主战场,共创新辉煌”为题发言。贺美英讲话希望土水学院充分发挥学科联合交叉、互补的优势,广大师生要加强团结,以更高的标准和创业的精神,为学院的发展和壮大作贡献。中国工程院副院长潘家铮院士、建设部总工程师姚兵到会讲话①②。

图 7-4　清华大学土木水利学院成立大会

“2001 年清华大学建校九十周年之际,广西校友会从桂林地区胜景大山中寻找、选择出两块精美的奇石,一块宽 2.5 米×2 米,高 3 米,重

① 《我校土木水利学院揭牌,校务会议决定成立建设管理系》,载《新清华》,2000 年 4 月 21 日,第 1403 期,第 1 版。

② 《我校土木水利学院揭牌,校务会议决定成立建设管理系》,载《新清华》,2000 年 4 月 21 日,第 1403 期,第 1 版。

13.5 吨；一块宽 3.2 米×2.4 米，高 4.8 米，重 28.8 吨，用汽车运输到桂林后，由于超宽、超高，铁路部门不同意装运，最后报铁道部特许准运，最终，两块大石运抵清华园。由于负责寻石、基座设计及施工安装的主要都是土木系校友，所以，较小的一块奇石就立在何善衡楼前，命名为‘禹域瑶华’。其中‘禹域’与‘禹’迹同，意为九州大地；‘瑶华’为玉之美者，‘禹域瑶华’即寓意为：清华大学是中华大地的一块美玉。自此‘禹域瑶华’奇石也成为清华园中一景，前来拍照留影的人也不在少数”①。

图 7-5 “禹域瑶华”奇石

这一期间，根据学校事业发展，教研组和研究所的设置做了一系列调整。

1977 年 12 月，学校党委发文《关于恢复教研组的意见》，要求 1977 年 12 月底前完成教研组组织的恢复及其干部的任命工作[9]323。土木系随即恢复设置了工程结构、地下建筑、结构力学、建筑材料、建筑施工技术与机械、测量、给水排水、供热供燃气与通风等教研组及地震工程研究室和综合设计院。1985 年，中共中央先后作出了科技、教育制度改革的决定，改变计划经济体制下形成的科技、教育分离模式，明确了高等学校科技工作的地位。为加强科研工作，土木系于 1986 年新增了计算机应用研究室，

① 陈家骅（1957）：《清华园——禹域瑶华》，载《清华校友通讯》，复 45 期，第 178 页。

并增设了抗爆工程和城市交通工程机构。1988年实行的《国家教育委员会直属高等学校科学技术研究机构管理暂行办法》更进一步明确:“为了长期稳定地进行重大科学研究,形成先进的科研、教学基地,高等学校可以有重点地设立相对稳定、确有特色而又精干的研究机构,或与校外单位合办研究机构。”[2]109 土木系相继成立了一些研究室,形成研究室主抓科研、教研组主管教学,二者并存的状态。不久学校发现以教学为主的教研组,专业面窄、行政职能过强、人力资源固化,而科研中的课题组长负责制又具有使人、财、物分散和课题变小的自发倾向,这对大学功能和使命的更新变化十分不利。土木系从自身学科的特点出发,也发现了教研组体制的局限性:“土木工程学科的特点就在于其强烈的‘个性’与‘综合性’,目前的教研组设置原则上是违反‘综合性’这个特点的;加之市场经济的冲击,许多教研组从局部经济利益出发,单独承担综合性课题,这不利于学科的发展。长期建设一个固定的‘梯队’的作法值得商讨。”[12]6 并由此提出“适当‘淡化教研组’,争取到本世纪末取消教研组体制。”[2]109-110 1999年,学校进一步作出了决定,撤并各院系下设的教研组,取消原教研组的行政管理职能,各系按照新的学科规划组建研究所,使研究所成为基本的教学科研组织,负责科研工作、学科建设和研究生培养工作①。

2000年,土木水利学院成立,随后以土木系建筑工程管理与施工技术研究室为主,成立了建设管理系(在人事、财物、教学上仍与土木系一起统一管理),并随即除保留结构力学教研室外,将其余教研组全部撤销,同时成立了10个研究所。之后,随着科技发展、社会需求和科研教学工作的需要,对研究室的设立也相应作出了一些调整(见表7-1)。

表7-1　1978—2017年土木系、建管系教研组、研究所设置情况

1978年	1986年	1991年	1995年	2000年	2006年	2017年
工程结构教研组	工程结构教研组	工程结构研究室		结构工程研究所	结构工程研究所	结构工程研究所
地震工程研究室	抗震抗爆工程研究室	抗震抗爆工程研究室	结构工程与抗震实验室			
	计算机应用研究室	计算机应用研究室	计算机应用研究室	防灾减灾工程研究所	防灾减灾工程研究所	防灾减灾工程研究所

① 《清华大学志(1911—2010)》,第一卷,清华大学出版社,2018年,第109—110页。

续表

<table>
<tr><th>1978 年</th><th>1986 年</th><th>1991 年</th><th>1995 年</th><th>2000 年</th><th>2006 年</th><th>2017 年</th></tr>
<tr><td>结构力学教研组</td><td>结构力学教研组</td><td>结构力学研究室</td><td>结构力学教研组</td><td>结构力学教研室</td><td>结构力学教研室</td><td>结构力学教研室</td></tr>
<tr><td rowspan="2">地下建筑教研组</td><td rowspan="2">城市交通与地下建筑教研组</td><td rowspan="2">城市交通与地下建筑研究室</td><td rowspan="2">城市交通与地下建筑教研组</td><td>交通工程研究所</td><td>交通工程研究所</td><td>交通工程研究所</td></tr>
<tr><td>岩土工程研究所</td><td>地下工程研究所</td><td>地下工程研究所</td></tr>
<tr><td>测量教研组</td><td>测量教研组</td><td>测量教研组</td><td>测量教研组</td><td>地球空间信息研究所</td><td>地球空间信息研究所</td><td>地球空间信息研究所</td></tr>
<tr><td>建筑材料教研组</td><td>建筑材料教研组</td><td>建筑材料教研组</td><td>建筑材料教研组</td><td>建筑材料研究所</td><td>建筑材料研究所</td><td>建筑材料研究所</td></tr>
<tr><td rowspan="3">建筑施工技术与机械教研组</td><td rowspan="3">建筑工程管理与施工技术教研组</td><td rowspan="3">建筑工程管理与施工技术研究室</td><td rowspan="3">建筑工程管理与施工技术研究室</td><td>工程管理研究所</td><td>工程管理研究所</td><td>工程管理研究所</td></tr>
<tr><td>房地产研究所</td><td>房地产研究所</td><td>房地产研究所</td></tr>
<tr><td>国际工程项目管理研究所</td><td>国际工程项目管理研究所</td><td>可持续城镇化研究所</td></tr>
<tr><td>综合设计研究院</td><td>设计研究院</td><td></td><td>市政工程设计所</td><td>建筑工程设计研究所</td><td></td><td>交通设计研究所</td></tr>
<tr><td>给水排水教研组</td><td></td><td></td><td></td><td></td><td></td><td></td></tr>
<tr><td>供热供燃气与通风</td><td></td><td></td><td></td><td></td><td></td><td></td></tr>
</table>

注：资料来源：《清华大学志》，第三卷，第 36 页，及 2012—2018 年土木系年鉴。

为适应社会主义市场经济发展的要求，加速科技成果的转化，土木系在 20 世纪 90 年代逐步形成了一支以教师、科技人员为主的科技开发队伍。当时从事产业开发的部门有：清华华建工程监理公司、清华房地产评估公司、华迪新型建材公司、市政工程设计所、紫光集团土木实业部、北京土木新技术开发公司等，这些部门通过工程设计、咨询、管理与科技产品等形式为社会做出了积极贡献同时也为锻炼教师队伍、培养学生工程实践能力、改善办学条件、提高教职工收入创造了有利条件①。后来随着时代发展,这些部门逐步与土木系脱钩。

7.2　师资队伍

改革开放后,土木系的师资队伍经过了调整、充实、提高的几个阶段,在各个阶段都充分利用国家及学校的相关政策,使教师的业务水平大大提高,迅速赶上国际先进水平,建立起了一支结构合理、实力雄厚的师资队伍。

由于"文化大革命"和其他各种原因,学校几乎中断了与国外的学术交流,对国外教学科研的发展状况缺乏了解。改革开放后,在与国外高校及学术界交流中发现,计算机技术在国外的教学、科研和工程设计中已有广泛的应用。有限元法、海洋工程、高层建筑等新型结构型式的设计已在教学中有了充分的体现,而地震振动台试验、反力墙拟动力试验等先进试验方法也不断涌现。为提高教师的外语水平和弥补教师新兴技术知识的不足,学校面对全校教师开设了英、法、日等外语及计算机基础知识、计算机语言等学习班,利用下午 4：00~6：00 及晚上时间授课,土木系教师都积极报名参加了这些学习班。与此同时,土木系也面向没有英语基础的教师,开设了英语速成班,还开设了有限元法学习班。英语速成班仍由当年俄语速成班的卢谦老师讲授。卢谦老师精通英、俄、德语,并会阿拉伯、意大利等国语言。在这个班上,卢谦老师自编教材,自刻蜡纸,自己印刷讲义,供参加学习班的学员学习使用。他把自己学习英语的体会,用生动、风趣的语言结合专业文献资料的内容给大家讲解,效果很好。除土木系教师外,外系的许多老师,甚至是已有一定英语基础的老师也前来听课,每次听课的学员都多达百人。这个班每周利用两个下午讲课,坚持了一个学期,使土木系没有英语基础的老师学习以后基本上都能阅读本专业的文献资料,帮助很大。

有限元法课由龙驭球教授讲授,龙老师也是自编教材,自行上课。他

① 方东平,辛克贵:《脚踏实地稳步发展,开创科技产业新局面》,载《新清华》,1996 年 9 月 28 日,增刊,第 3 版。

声音不大，讲话慢条斯理，但语言简练，条理非常清楚，且板书很多，让人很好理解。除有限元法课外，龙驭球教授还在系内讲授了他自己的研究成果能量法，土木系还请工程力学系的老师来系里讲授“随机分析”课程，许多老师都积极参加听课学习。这些课程除帮助大家掌握新的知识外，也使听课老师开阔了眼界，学会了更多的研究方法和思路。

1978 年，学校恢复了研究生培养制度，学制为三年，并允许在校教师一边工作一边攻读在职硕士研究生，学习期限延长为五年。当年，土木系结构工程专业就推荐了 9 名年轻教师攻读在职研究生。之后，又陆续推荐了 20 名青年教师攻读在职硕士研究生，在职攻读博士研究生的则有 3 人。

这段时间，土木系教师上班勤奋工作，下班后积极参加各种学习班，努力学习新的知识，抓紧一切时间把过去耽误的时间抢回来，就是生病了，在医院候诊甚至是躺在病床上时，也在认真看书和备课。如沈恒滋老师，1970 年 5 月，在江西鲤鱼洲农场劳动时，患有胃穿孔动了大手术，1971 年从膝关节中取出一个瘤子，1974 年肿瘤复发，滑膜肉瘤——骨癌，做了高位截肢手术，为方便出门工作，他安装了假肢。“文化大革命”后，他主动要求承担讲课任务，每次上课，要比别人早出发半小时，讲课时要连续站立两个小时，既要讲，又要写，还要擦，他就一手拿粉笔，一手拿板擦，把讲稿内容基本背下来，不去看讲稿，并同时讲授“结构动力学”和“高等数学”补习课。后来还给研究生讲授“有限元法”这门新课，这门课他是利用暑假到三堡休养的机会，写完全部讲稿，后又反复修改多次再去讲授的。沈恒滋老师还参加了结构振动的科研项目，去现场不方便，就在图书馆里拄着手杖巡回于图书馆的一列列书架旁，查阅国内外各种文献资料，进行理论分析。1981 年沈恒滋老师被评为学校的优秀党员①。他的先进事迹先后在 1982 年 11 月 17 日的《新清华》、1983 年 3 月 28 日的《北京日报》刊登，红旗杂志社科教文编辑室 1983 年 10 月出版的《攻关者的赞歌》一书中作了详细报道。

随着与国外高校交流的增多，土木系与国外一些学校及研究机构的

① 雷钟和：《病残之躯，壮志弥坚——忆 1958 届校友沈恒滋》，载《清华校友通讯》，复 7 期，第 100 页。

关系也日益密切，不少学校愿意接收我们的学生去读取他们的研究生学位，也同意我们的教师去他们那里进行学术交流和进修学习。为此，1981—1990 年，土木系从自己已录取的研究生中选派 15 人出国留学，1985—1995 年，土木系教师出国进行学术交流和进修学习达 110 余人次，其中不少新留校的教师被选派攻读硕士或博士学位。袁驷回忆自己公派出国进修学习的经历时写道："1984 年(博士)毕业留系后，我得到了系里的关注。……就在我等待着美国一所大学已经答应的经济资助的落实时，恰有一个公费派出的机会，系里就立即派我出国了。出国前，系主任陈肇元教授和我谈到他的想法，要我争取国外资助，在外面待住，闯几年天下，英语过关，抓一两个课题再回来。至于这个豁达的提法在当时的系里是否得到共识，我这里不想涉及，不过这种激励是很有效的，它使我增添了对付外国人的干劲和勇气；这份期望也是相当沉的，它使我在国外的几年中始终感到有一种紧迫感和使命感。"① 在这期间，土木系的教师队伍也得到很大的扩充，从国内外引进了一些学术水平高及有丰富工程经验的人才。当时，国内出外留学的人员已不少，有些人已学有所成并已取得一定成就，土木系就指派专人与这些人联系，积极动员并创造条件把他们引进系内来。如当时在美国普渡大学留学并参加工作的刘西拉老师，在美国获得了比较重要的"普渡奖"。系主任陈肇元教授就多次与他联系，并与教育部、学校等机构多方联系沟通，为他顺利来系工作创造有利条件。

与此同时，土木系一如既往地从每年毕业的本科生和研究生中选取一些留系任教。为加强工程实践类课程的教学，达到办学要面向工程、面向社会的目的，还从校外设计单位、施工单位和科研单位引进了不少人来系工作，大大提高了教师队伍中有工程实践经验的人员比例。而一些教师，为加强一些新办大学和从专科升格为大学的师资力量，也从土木系调离到这些学校任教。如施岚青、张玉祥、孙惠镐、周坚、包薇调到北京建筑工程学院，陈芹、王珊调到北方工业大学。还有一些教师参加了深圳大学、烟台大学等学校的援建工作。据时任烟台大学土木系副主任张铜生

---

①　袁驷：《愿以勤奋报师恩》，载《清华校友通讯》，复 37 期，第 76 页。

回忆："在改革开放大潮中于1984年7月诞生了烟台大学，经教育部特批，北京大学、清华大学共同选派教学、科研、管理骨干去烟大援建，使烟大有一个较高的办学起点和高水平的发展。经清华土木系推荐、学校批准，派我支援烟大工作，负责土木系的筹建。我1985年8月正式到烟大报到，同时1985年烟大已招收了第一批土木系本科生。去到烟大，我首先是完成教学计划的安排，借用清华的教学经验，使同学能如期上课。测量很快买了测量仪器，边教学，边实习；建材、土力学很快建立了实验室，并找清华有经验的教师去筹建，又借用清华师资力量办了研究生班，组织清华的老教师去烟大授课，较好地解决了烟大的师资紧缺。烟大是在烟台芝罘区清泉寨海滨一片荒滩上建设的，完成基建是最重要的任务，我组织烟大土木系有关教师配合清华设计人员讨论、修改，最后较好地完成了土木系系馆的建设。原计划去烟大三年，后又延长为四年，于1989年7月清华设计院副院长郑金床到烟大接替我工作后我又回到清华教学。"

1978年，学校正式恢复专业技术职称晋升制度，全校提升18位教师为教授，土木系龙驭球老师为其中之一。1980年，土木系又有李国鼎、黄熊、王传志、张良铎、陈致忠、刘翰生6位老师晋升为教授。以后，每年都有相当人员晋升各级技术职称，使土木系逐渐形成了一支力量雄厚的师资队伍。但是，由于"文革"的影响，教师年龄普遍偏大，留校的青年教师在住房、电话等必要的生活、办公条件上照顾不够，教职工收入也低于国内土建院校的平均水平[12]5。所以教师队伍不够稳定，"文革"中及"文革"后留校的青年教师大部分都离开了学校，转到国外或国内其他单位工作。1992年，学校颁发了《清华大学加强师资队伍建设若干政策措施》，提出要广开渠道，吸引国内外优秀人才，要加强青年教师队伍建设，重点培养200名左右中青年学术骨干，贯彻"精选、重用、优厚"的方针。土木系则进一步明确"由于国际竞争形势的需要，提倡全系在45岁以上的教师都甘为年轻人的铺路石，新的学术带头人基本上是选择目前40岁以下的人。他们必须具有潜力充当全国一流学者"[9]433。此后，在职称晋升上，彻底打破了论资排辈的做法。土木系先后有袁驷、史其信、钱稼茹、刘洪玉破格晋升为教授。由于高级职称名额有限，对于因职称晋升停滞

10 余年而职称未得到正常提升的老教师,学校制定了“提退”和“退提”的相关政策：一些年近退休、学术水平也达到晋升要求的老教师,在临近退休时可晋升为教授,但一到退休年龄则应办理退休手续,让出教授名额,谓之“提退”；一些年届退休年龄,学术水平也达要求的教师,退休时可晋升教授职称,对外可以教授身份从事学术活动,但待遇不变,也不占教授名额,则谓之“退提”。土木系明确规定“在老年教师退休、中年教师提升、青年教师培养方面不搞‘攀比’‘论资排辈’,不搞‘一刀切’,系一层工作应坚持‘具体问题具体分析’,关键在于教师本人的表现”[12]8。根据这一政策,结合教师个人的具体情况,土木系顺利解决了 10 余名老教师的职称问题。

1992 年,学校还制定了《清华大学关于教职工队伍补充实行公开招聘的办法》,规定教职工队伍建设要按照“公开招聘、全面考核、择优录取”的原则。土木系则进一步明确“严格用人标准和审查程序,充分听取在职正教授会议的意见。坚持按岗聘用,保证提升质量,宁缺毋滥。拟聘教师的社会经历、工作经验也应作为录用的重要标准之一。对轻视教学的教师,不论功劳多大,一律不予提升”[12]8。自此后,土木系引进人才,都要召开教授会,由拟引进的人员在教授会上作报告,由教授投票决定其水平是否满足要求。1993 年学校正式提出“到 2011 年,清华大学建校 100 周年,争取把清华大学建设成为世界一流的具有中国特色的社会主义大学”的奋斗目标[9]445,并强调建设世界一流大学的关键是一流师资队伍的建设。1996 年又加上了引进人员必须有博士学位这一条件,土木系更是加大了引进优秀人才的力度。

至 1997 年,全系在编总人数为 123 人,其中教授 22 人,副教授 34 人,讲师 16 人,助教 8 人,工程师(包括高级工程师)17 人,助理工程师 6 人,技术员 2 人,职员 8 人,工人 10 人①。“40 岁以下的教师占全系教师总数的一半以上,35 岁以下的教师占 40%。教师中具有博士学位的教师已达半数,这远远超过学校的规划,在全校包括理科在内的各系中也是领先的。40 岁以下的年轻教师中有 20%被选派担任系党委副书记、系主任助

---

① 《土木工程系 1997 年年鉴》,第 7 页。

理、教研组正副主任和科长……90%的青年教师目前不考虑调动，普遍有一种追求成就的愿望，希望早日晋升。”①

此后学校又进一步要求，引进人员必须有国外博士学位或国外学习工作经历且在清华做过博士后的条件。自此，土木系从国内外引进的人才越来越严格，师资队伍的实力越来越强，结构层次也日益合理（见表7-2~表7-6）。

表7-2　1978—1996年来系工作的教职工名录

教师	朱嫵、张淑清、刘永明、张建平、袁驷、冯世平*、季如进、彭淑银*、孙民*、熊光炜*、解滨*、王立杰*、刘洪玉、刘西拉*、杨小明*、高建岭*、缪立新*、陈玉琴*、孟昭华*、王守清*、田志立*、杨澄*、杨洸*、葛茂荣*、刘彦生*、陈恩义*、高世斌*、贺小岗*、徐凡力*、刘春明*、苗启松*、王印海*、李永德、吴炜煜、朋改非*、祝文君、张崇厚、刘钊、张远智*、赵作周、李惠明*、秦权、时旭东、石永久、张跃*、马智亮、杨怀宇*、郭红仙、覃维祖、龙奋杰*、刘晶波、宋二祥、叶列平、钟宏志、田丰*、赵红英*、须寅*、叶宏*、陆化普、杨静*、聂建国、阎培渝、路新瀛、叶桢翔、方东平、陈宇军*、郭彦林、王元清、董聪、孙俊*、富增威*、殷亚峰*、孟宪海*、黄晨*
实验员、职员、职工	雷克文、朱玉芹、李联珠*、张志龄、李宝贤、吴越*、王宗纲、张天申、高象波*、张晶、金同乐、谢宝童、纪靖*、陈燕成、陈雁茹、郭自力、张伟、吕宝宽*、张玉芳、李桂荣、田景康*、段洪涛、商瑞斌、韩国申、方晖、白涛、张新、王丽华、程锦

注：加*者后调离土木系。

表7-3　1997—2017年来系工作的教职工名录

教师	刘斌*、程晓辉、丁建彤*、华文全*、唐中实、张红、邱法维*、陈娟*、化彬*、叶康生、张智慧、张君、杨新苗、杨军、张涵*、王守清、樊健生、石京、刘华北*、邓晓梅、李克非、陆坤*、郑思齐、陆新征、施刚、冯鹏、韩林海、李瑞敏、白征东、李小冬、陈传*、李全旺、潘鹏、赵红蕊、孔祥明、徐明、潘佳怡*、呙润华、余红霞*、杨赞、廖彬超、纪晓东、魏亚、邢沁妍、李萌、吴建平、胡振中、郭红领、赵晓林、吴璟、王强、李威、赵志宏、李楠、陶慕轩、SOIBELMAN LUCIO、班慧勇、李鹏、王法承、聂鑫
实验员、职员、职工	张秀娟*、李媛媛*、徐绚明*、马晖*、王维杰*、杨述、周滢、于清、韩建国、杨薇、韩源彬、刘方

注：加＊者后调离土木系。

① 刘西拉：《1997年度土木工程系工作总结》，载《土木工程系1997年年鉴》，第1页。

表 7-4 1996 年 10 月清华大学土木工程系人员名单

单位	教授	副教授	讲师	助教	教辅(中级及以上)	教辅助工	教辅工人	职员
工程设计(11人)		叶知满、王作垣、那向谦、张玉良、张惠英、李鸿庆	祝文君	叶桢翔	傅平均(高师)、吕宝宽			任善友
交通与地下(9人)	史其信、秦权	陆化普、宋二祥、缪立新、董聪	徐凡力、叶宏	殷亚峰				
计算机应用(6人)		任爱珠、吴炜煜、张建平、马智亮		陈宇军		张新		
结构工程与实验室(39人)	陈肇元、江见鲸、钱稼茹、王娴明、过镇海、吴佩刚、方鄂华、王际芝	刘晶波、聂建国、王志浩、石永久、郭彦林、叶列平	王满、贺小岗、时旭东、郭红仙、赵作周、王元清		王玉庭(高师)、陈志鹏(高师)、黄勇(高师)、王宗纲、张永延、张晶、陶中源、李宝贤、田景康、张天申	金同乐、汪涛、杜世强	王治国、赵永全、王凤涛、张世常、杨福军	陈雁茹(聘)
结构力学(10人)	刘西拉、龙驭球、袁驷、匡文起	郝静明、辛克贵、钟宏志、须寅	刘春明		朱俊杰(高师)			
建筑材料(14人)	冯乃谦、朱金铨	李永德、郭玉顺、覃维祖、阎培渝	路新瀛、朋改非、杨静		陶炳霖、郭自力	张志龄、胡淑珍(聘)	李辉	

续表

单　位	教　授	副教授	讲　师	助　教	教辅（中级及以上）	教辅助工	教辅工人	职　员
施工（11人）	朱嬿、刘洪玉	孟昭华、卢有杰、朱宏亮、张跃、方东平	高世斌、杨怀宇、赵红英	孟宪海				
测量（13人）	杨德麟、过静珺	季如进、葛茂荣	刘钊、程锦、张远智	孙俊	商瑞斌（高师）、黄振杰（聘）	张玉芳、白涛	谢宝童	
机关（12人）		顾莉珠（副研馆）				纪靖（助会）、张伟（会计）	李进发、赵小宁	冯学明、段洪涛、韩国申、方晖、王丽华、李桂荣、朱玉芹
系（公司）（5人）		翁义军、邢秋顺			黄学信		王志军、陈燕诚	

表 7-5 2007 年清华大学土木系、建管系人员名单①

单位	教授（研究员）	副教授（副研）	讲师	教辅（中级及以上）	教辅助工	教辅工人	职员
地下工程（6人）	宋二祥	杨军（副研）、祝文君（高工）、郭红仙（副研）	程晓辉、徐明				
交通工程（7人）	史其信、陆化普	石京（副研）、杨新苗（副研）、张崇厚、叶桢翔（高工）	李瑞敏				
防灾减灾工程（8人）	任爱珠、张建平、刘晶波、韩林海、董聪、马智亮		陆新征	张新			
结构工程（22人）	陈肇元、钱稼茹、郭彦林、聂建国、石永久、叶列平、王元清、时旭东	邱法维、赵作周、樊健生	冯鹏、施刚、潘鹏	张天申（高实）、王宗纲（高工）、张晶、李宝贤、金同乐	韩源彬	王凤涛、张世常	
结构力学（7人）	龙驭球、袁驷、辛克贵、钟宏志	须寅、叶康生	李全旺				
建筑材料（7人）	阎培渝、张君	李克非、孔祥明		郭自力（高实）、张志龄（实）、韩建国（工）			

①《土木工程系、建设管理系 2008 年年鉴》，第 53 页。

续表

单　位	教　授（研究员）	副教授（副研）	讲　师	教辅（中级及以上）	教辅助工	教辅工人	职　员
地球空间信息（10人）		刘钊、唐中实、程锦（高工）、白征东、赵红蕊		商瑞斌（高实）、黄振杰（高实）、张玉芳、白涛（实）		谢宝童	
房地产（4人）	刘洪玉、季如进	张红	郑思齐				
工程管理（6人）	朱嬿、朱宏亮、张智慧	邓晓梅	华文全、李小冬				
项目管理（3人）	王守清、方东平			于清（高工）	杨述（企编）		周滢（企编）
机关（6人）							段洪涛、张伟、方晖、王丽华、李桂荣、杨薇
系（公司）（1人）				田景康（高实）			

表 7-6　2017 年清华大学土木系、建管系人员名单①

单　位	教授（研究员）（35 人）	副教授（副研）（30 人）	讲师（5 人）	教辅（中级及以上高工、高实）（7 人）	职员（5 人）
地下工程（8 人）	宋二祥	杨军（副研）、郭红仙（副研）、程晓辉、徐明、赵志宏	李鹏	祝文君（高工）	
交通工程（9 人）	陆化普、石京、吴建平	杨新苗（副研）、张崇厚、李萌（副研）、李瑞敏、呙润华		叶桢翔（高工）	
防灾减灾工程（13 人）	张建平、刘晶波、韩林海、董聪、马智亮、赵晓林、陆新征	纪晓东、胡振中、李威	王法承、聂鑫	张新（高工）	
结构工程（17 人）	陈肇元、郭彦林、聂建国、石永久、叶列平、王元清、时旭东、樊健生、冯鹏、潘鹏、施刚	赵作周、陶慕轩	班慧勇	王宗纲（高工）、金同乐、韩源彬	
结构力学（5 人）	龙驭球、钟宏志	叶康生、李全旺	邢沁妍		
建筑材料（10 人）	阎培渝、张君、路新瀛、李克非	孔祥明（副研）、魏亚、王强		郭自力（高实）、张志龄（实）、韩建国（高工）	
地球空间信息（6 人）	赵红蕊	刘钊、唐中实、白征东		张玉芳、白涛（实）	
房地产（5 人）	刘洪玉、张红、郑思齐	杨赞、吴璟			
工程管理（4 人）	张智慧	邓晓梅、李小冬、郭红领			
项目管理（6 人）	王守清、方东平	廖彬超、李楠		于清（高工）、杨述	周滢（企编）
机关（5 人）					段洪涛、张伟、方晖、杨薇、刘方

① 《土木工程系、建设管理系 2018 年年鉴》，第 80 页。

进入20世纪80年代后，我国与国际之间的联系日益加强。1982年，教育部要求清华大学派出教师，参加联合国教科文组织对非洲加蓬共和国一项体育设施的援建工作。土木系即派出黄介弘、郝亚民、王作垣、傅平均4位教师前往，直到1984年才完成援建任务回到系内。此时，我国的一些施工企业也陆续走出国门，参与国际竞争，到国外承包工程。由于我国长期以来一直实行计划经济体制，工程建设任务由政府下达，所需经费完全由政府拨付，建筑企业只需保质保量完成任务即可，所以企业中的管理人员都是以技术人员为主，没有参与市场竞争和经济管理方向的知识和人才。这些企业便纷纷找到学校，要求借调相关人员到企业帮助开展工作。经学校批准，土木系一些教师也相继借调到相关企业工作了一段时间。当时借调出去的教师有：甘绍熺，1984年借调到中建总公司承包的伊拉克大型水利工程项目部，历时一年半；佟一哲，1985年借调到中国航空技术工程公司约旦项目部，历时一年；田先明1986年借调到中国驻加拿大大使馆，担任使馆扩建工程甲方代表，历时一年。1986年，交通部船舶检验局要盖办公大楼和住宅小区，与清华土木系签订协议，由土木系协助完成甲方职责，土木系先后派出梁绍周、甘绍熺、朱宏亮担任船检局办公楼及住宅小区工程的甲方代理，历时两年。

与此同时，为进一步加强师资力量，让学生能得到学界和业界卓有成效的知名学者和专家的教育指导，学校从1983年起，实行了兼职教授制度。土木系从国内外先后聘请了数十位院士、专家、教授担任系里的兼职教授。1986—2001年曾担任过清华大学土木系兼职教授的有：吴仲伟、胡隶贤、胡庆昌、王铁梦、林同炎、汤礼智、沈荣熹、P. J. Pahl、陈惠发、陈俊勇、许溶烈、程懋堃、杨嗣信、罗玲、陈震、程庆国、段里仁、F. Wittmann、范立础、葛修润、项海帆、江欢成、金永燊、钱七虎、苏是嵋、陈军、程振华、陈述彭、周锡元、蒲心成、董石麟、徐有邻、邹广荣、赖明、刘正光、张青林、陈明宪、尹衍梁、隋亚刚、黄卫、秦顺全。这些兼职教授有的帮助指导研究生，有的来校作学术报告，为土木系的发展作出了很大贡献。

教育部从20世纪80年代开始，从高校和社会聘请资深专家、教授，陆续开始组建各类学科专业和重要基础课程的“教育部高等学校教学指导委员会”，开展高等学校本科教学的研究、咨询、指导、评估、服务工作，指导高等学校学科专业建设、教材建设、教学实验室建设和教学改革等工作，每届任期五年。其他部委也相继成立有关的学科专业教学指导委员会[2]325。土木系有不少教师先后受聘担任教学指导委员会成员，见表 7-7。

表 7-7 土木系受聘担任教学指导委员会的教师名录

姓名	教学指导委员会名称及部委	职　务
袁　驷	力学教学指导委员会(教育部)	副主任委员
江见鲸	土木工程专业指导委员会(建设部)	副主任委员
过静珺	测绘学科教学指导委员会(教育部)	委员
朱宏亮	管理科学与工程教学指导委员会(教育部)	委员
刘洪玉	土建学科教学指导委员会(建设部)	委员
刘洪玉	房地产开发与管理和物业管理学科专业指导委员会(建设部)	主任委员
朱　嬿	土木工程专业指导委员会(建设部)	委员
张智慧	土木工程专业指导委员会(建设部)	委员
朱宏亮	工程管理专业指导委员会(建设部)	委员
刘洪玉	工程管理专业指导委员会(建设部)	委员
叶列平	土木工程专业指导委员会(建设部)	副主任委员
石永久	土木类专业教学指导委员会(教育部)	委员
冯　鹏	土木工程专业教学指导分委员会(教育部)	副主任委员
方东平	工程管理与工程造价专业教学指导分委员会(教育部)	委员

20 世纪 90 年代初，我国开始试行工程建设领域注册工程师的执业资格制度，并借鉴发达国家工程专业教育评估制度，建立起我国的工程建设领域相关专业的教育评估制度。1994 年，建设部颁发了《高等学校建设类专业教育评估暂行规定》，决定由建设部从工程界和工程教育界聘任有一定声誉、对评估工作和专业建设有见解的专家组成评估委员会，客观、公正、科学地评估高等学校土木工程专业的办学水平，保证人才培养的基本质量，推动办学条件改善，增强专业的办学实力，提高办学效益，促进土木工程专业教育的发展。土木系先后有多名教授被建设部聘任为评估委员会成员，见表 7-8。

表 7-8 土木系被聘为专业评估委员会成员的教师名录

姓　名	评估委员会名称	职　务
江见鲸	土木工程专业评估委员会	副主任委员
石永久	土木工程专业评估委员会	委员
叶列平	土木工程专业评估委员会	委员
朱　嬿	工程管理专业评估委员会	委员
方东平	工程管理专业评估委员会	委员
张　红	工程管理专业评估委员会	委员
李小冬	工程管理专业评估委员会	委员

进入 21 世纪以来，国内外发生多次人口聚集区震级高、震害大的地震，土木系老师勇于担当，利用专业技能服务于抗震救灾一线。2008 年 5 月 12 日汶川发生特大地震后，土木系主动向建设部领导请求承担支援任务，之后按建设部安排 5 月 17 日即由时任系主任的宋二祥教授任组长、叶列平教授任副组长带队赶赴绵阳承担市区建筑物震害调查及鉴定工作，支援小组成员还有王元清、张天申、赵作周、陆新征、荆建梅（清华大学建筑设计研究院）5 位，见图 7-6。

图 7-6　支援小组在绵阳

2010 年 4 月 14 日青海省玉树藏族自治州发生 7.1 级地震。住建部专家组织中国建筑科学研究院、清华大学的 8 位专家组成第一批专家组，于 4 月 15 日晚抵达本次地震灾害最严重的地区青海省玉树县结古镇，开展地震灾区房屋建筑应急评估工作。清华大学专家组成员包括叶列平、冯鹏、陆新征等 3 位。2013 年 4 月 20 日，四川省雅安市芦山县发生 7.0 级地震。土木工程系教师陆新征、潘鹏和李威 3 人参加了住房和城乡建设部组织的第一批专家组（共 10 人），于 4 月 21 日下午抵达灾区开展地震灾区房屋建筑应急评估工作。2014 年 8 月 3 日云南省鲁甸县发生 6.5 级地震和 2015 年 4 月 25 日尼泊尔发生 8.1 级地震后，土木系陆新征教授参加了民政部组织的专家组，赴云南、西藏灾区开展抗震救灾工作。

7.3 课程设置

1978年以后,学校教学工作逐步走上正轨。1977年招收的学生也于1978年进校,学制定为五年。土木系根据世界科技发展的新特点及我国社会经济和行业发展对人才的新需求,对课程体系及课程内容进行了调整,全面实行有计划培养和按学分累计成绩的办法,制订了规范的教学计划(见表7-9)。

表7-9 1980年土木系结构工程专业教学计划[2]177-180

专业方向:主要是建筑结构工程(包括地下建筑)的设计和研究。培养上述工程结构的结构设计、科学研究、技术管理、施工和教学方面的工程技术人员

第一学期	第二学期	第三学期	第四学期
中国革命史(1) 2-0-2	中国革命史(2) 2-0-2	体育(3) 0-2-0	体育(4) 0-2-0
体育(1) 0-2-0	体育(2) 0-2-0	理论力学(1) 3-1-6	理论力学(2) 3-1-6
大学英语(1) 4-0-4	大学英语(2) 4-0-4	大学英语(3) 4-0-4	大学英语(4) 4-0-4
数学分析(1) 4-2-10	数学分析(2) 4-2-10	常微分方程、线性代数 4-0-8	材料力学(1) 3-1-6
工程制图(1) 2-2-4	工程制图(2) 1-3-4	普通物理(2) 2.5-0.5-5	计算机语言与程序 2-1-3
普通化学 3-1-5	普通物理(1) 2.5-0.5-5	普通实验(1) 0-1.5-2	普通物理(3) 2.5-0.5-5
建筑结构工程概论 1-0-1		建筑材料 3.5-1-4.5	普通实验(2) 0-1.5-2
			(实习5周)
合计 23/26	合计 21/25	合计 23/29.5	合计 21.5/26
第五学期	第六学期	第七学期	第八学期
体育(5) 0-1-0	体育(6) 0-1-0	体育(7) 0-1-0	体育(8) 0-1-0
政治经济学(1) 2-0-2	政治经济学(2) 2-0-2	哲学(1) 2-0-2	哲学(2) 2-0-2
材料力学(2) 2-1-5	结构力学(2) 4-1-9	结构力学(3) 3-0-7	结构设计(1) 3-5-8
结构力学(1) 2-1-5	测量学 3-1-4	钢结构 4-0-4	结构设计(2) 0-2.5-2.5
普物实验(3) 0-1.5-2	钢筋混凝土与砖石结构(1) 2.5-1.5-4	钢筋混凝土与砖石结构(2) 4-1-7	弹性力学 4-0-6
房屋建筑学 3-0-3	(实习2周)	土力学地基基础 4-1-5	指定选修课 3-0-3
指定选修课 5-0-7			(实习6周)
合计 18.5/24	合计 16/19	合计 20/25	合计 20.5/21.5

续表

第九学期	第十学期		
结构试验 1-2-3			
指定选修课 9.5-1.5-11	毕业设计		
合计 14/14			
指定选修课(每生选一组)			
第一组：建筑结构		第二组：地下建筑	
科技英语选读(1) 2-0-2	科技英语选读(2) 2-0-2	科技英语选读(1) 2-0-2	科技英语选读(2) 2-0-2
概率与数理统计 3-0-5	建筑施工 4-1-5	工程地质 4-0-4	地下防护结构 3-1-4
高层建筑结构设计 1.5-1.5-3	结构的有限元分析 2-0-2	地下建筑工程规划与设计 3-0-3	地下结构设计与计算 5-0-5
板壳结构 3-0-3	地震工程 3-0-3	地下建筑工程施工 3-0-3	
本专业开设及推荐的任选课			
日语(二外)(1) 4-0-4	日语(二外)(2) 4-0-4	德语(二外)(1) 4-0-4	德语(二外)(2) 4-0-4
结构优化设计方法 2-0-2	建筑结构选型 3-0-3	钢结构(2) 2-0-2	特种结构 2-0-2
复变函数 2.5-0-4.5	建筑系统工程 3-0-3	数理方程与特殊函数 3-0-5	建筑材料物相试验 2-0-2
给排水工程概论 2-0-2	材料科学概论 2-0-2	木结构 2-0-2	机械设计基础 3-2-5
环境学概论 3-0-3	桥梁工程概论 2-0-2	应用电子学及电工学 3.5-1.5-7	
总计：3 219/462；其中：必修课 2 653/334；指定选修课 376/24；任选课 200/20；毕业设计及实习 /66			

1984 年,学校决定实行有计划有指导的学分制,将选修课的比例提高至总学时的 20%～30%,并实行“一学年三学期”制,即一个学年分为两个 18 周的长学期(含期末考试 2 周)和一个 5～6 周的小学期。长学期以上课为主,小学期安排在夏季,以军训、实习等实践教学为主。根据这一规定,土木系又对原教学计划进行了修订,课程也分为必修课、限定选修课和任选课三类,增加学生选课的自主性。

陈肇元和邝守仁曾撰文指出“我国的建筑行业正在从生产型向生产经营型过渡,建设任务实行招标承包制,设计工作与施工工作密切结合,国外承包任务大量增加等,这都要求在对学生的培养上将管理知识作为全面素质培养的一个重要方面来加强。我们设想,本科生的培养过程,可以把五年时间划分为两个阶段,前三年是打基础,并且学习设计的基本技能。后两年深入学习专业理论,并且根据学生的特点在力学、结构、材料和管理等方面有侧重地发展。"①1985 年,土木系新办建筑管理工程专业,并明确该专业的学生必须掌握土木工程的专业基础知识。所以,在制订新的教学计划的时候,结构工程和建筑管理工程两个专业在前三年所需学习的基础课程完全一致,只是在限定选修课上有所区别,到第四年,则以修学本专业课程为主(见表 7-10)。

表 7-10　1992 年土木系结构工程专业、建筑管理工程专业教学计划[2]181-184

教学进程计划												
	课程名称	学分数	总学时	各学期课内周学时分配								
				一	二	三	四	五	六	七	八	九
校定必修课	中国革命史	4	64	2	2							
	当代资本主义	2	32					2				
	中国社会主义建设	2	32						2			
	马克思主义哲学原理	4	64							2	2	
	英语	16	256	4	4	4	4					
	法律基础	2	32	2								
	军事理论	2	32		2							
	体育	6	192	2	2	2	2	2	2			
	微积分	12	192	6	6							
	线性代数	4	56			3.5						
	计算机文化基础	3	48		3							
	计算机软件技术基础	4	64			4						
	普通化学	4	56	3.5								
	普通物理	5	80		5							
	普通物理	4	64			4						
	普通物理实验	4	80			2.5	2.5					
系定必修课	土木工程概论	1	16	1								
	理论力学	8	128			4	4					
	材料力学	8	128				4	4				
	画法几何及土建制图	8	128	4	4							

① 陈肇元,邝守仁:《展望与设想》,载《新清华》,1985 年 7 月 19 日,第 903 期,第 2 版。

续表

教学进程计划

	课程名称	学分数	总学时	各学期课内周学时分配								
				一	二	三	四	五	六	七	八	九
系定必修课	建筑材料	4	56				3.5					
	测量	4	64				4					
	工程地质	2	32					2				
	房屋建筑学	4	80					5				
	结构力学	8	128					4	4			
	水力学	3	48						3			
	混凝土结构	5	84						4	3(6周)		
	混合结构设计	2	30							3(10周)		
	钢结构	4	64						4			
	建筑系统工程	4	64							4		
	土力学	4	56							3.5		
	基础工程	3	40								2.5	
	建筑施工技术与组织	5	80								5	
	弹性力学及有限元	3	48								3	
	材料力学实验	2	40					2.5				
限定性选修课		35	600			2	2	5	5.5	2	5	16
任选课		18	288							8	6	4
夏季学期		18	20周									
毕业设计		16	18周	安排在第十学期								
总计		247	3514	24.5	28	26	26	26.5	24.5	22	23	20

夏季学期安排

学年	内容	周数	学分
1	军训	4	2
2	测量实习	2	2
	认识实习	2	2
	公益劳动	1	1
3	单层厂房课程设计	3	3
	钢结构课程设计	2	2
4	生产实习	6	6

限定性选修课

分组	序号	课程名称	总学时	学期分配	周学时	学分
A	1	人文社会科学	32×2	3,4	2×2	1×2
B	2	外语选修	32×2	5,6	2×2	2×2
C	3	概率与数理统计	48	5	3	3
	4	工程数学	56	6	3.5	4
	5	计算方法	56	6	3.5	4

续表

限定性选修课						
分组	序号	课程名称	总学时	学期分配	周学时	学分
D	6	结构矩阵分析(中、英)	32	7	2	2
	7	混凝土特殊结构（二选一）	32	8	2	2
	8	结构可靠度（二选一）	32	8	2	2
	9	桥梁结构设计（二选一）	48	9*	3	3
	10	地下结构设计（二选一）	48	9*	3	3
	11	钢结构工程	32	9	2	2
	12	结构试验	48	9	3	2
E	13	国际承包合同条款(英)	40	7	2.5	3
	14	经济法	48	8	3	3
	15	工程成本估算与控制	48	9*	3	3
	16	房地产开发	32	9	2	2
	17	对外经济管理基础	32	9	2	2
F	18	建筑技术经济	48	8	3	3
	19	建筑设备	32	9*	2	2
	20	高层建筑设备	48	9	3	3
	21	工程项目管理	48	9	3	3

任选课						
序号	课程名称	总学时	学期分配	周学时	学分	备注
1	美术		4		不计入	全校性
2	数据库	32	5	2	2	
3	C 语言	24	5	1.5	1	
4	建筑设计初步	40	5	2.5	2	
5	摄影测量	32	7	2	2	
6	实验数据处理与误差分析	32	7	2	2	
7	新型建材试验	24	7	1.5	1	
8	计算机图形学基础	48	7	3	3	
9	建筑设计(1)	48	7	3	3	
10	交通工程	32	7	2	2	
11	专业英语	32	7	2	2	
12	电子与电子技术	72	7	4.5	5	推荐性
13	地震工程	32	7	2	2	
14	城市规划概论	32	8	2	2	推荐性
15	结构稳定	32	8	2	2	
16	计算机辅助设计	48	8	3	3	
17	建筑设计(2)	48	8	3	3	
18	微机系统基础	32	8	2	2	
19	近海工程	32	8	2	2	
20	英语写作	32	8	2	2	
21	道路工程	32	8	2	2	推荐性
22	港口工程	48	8	3	3	推荐性
23	建筑企业会计	32	8	2	2	
24	文献检索与利用	32	9	2	2	推荐性
25	建筑结构事故及处理	32	9#	2	2	

续表

任选课						
序号	课程名称	总学时	学期分配	周学时	学分	备注
26	国外规范介绍(英)	32	9#	2	2	
27	建筑环境	16	9#	1	1	
28	结构程序软件技术	32	9#	2	2	
29	管理应用程序	32	9#	2	2	
30	毕业设计(上)	80	9#	5	5	
31	城市土地利用与管理	32	7	2	2	
32	房地产估价理论与方法	32	8	2	2	

说明：① 第3、第4学期，每学期在限定性选修课A组中选修一门，要求取得最低学分为2学分。

② 第5、第6学期，每学期在限定性选修课B、C组中各选修一门，要求取得最低学分为11学分。

③ 在限定性选修课D、E、F组中按专业选修，结构专业选D、F组，建管专业选E、F组，要求取得最低学分数为22学分。

④ *表示该学期可根据需要集中安排在第1~8周。

⑤ 第6学期及以前学期所取得的任选课学分，不能替代第7~9学期的任选课学分。

⑥ 第7~9学期应取得的最低任选课学分分别为8、6、4，合计为18学分。

⑦ #表示该学期可根据需要集中安排在第9~16周。

1996年，国家将本科学制改为四年。学校对工科人才培养模式又进行了改革，统筹本科—硕士培养方案(简称本—硕贯通)，即用6年完成工学学士和工学硕士学位的学习。本科四年中，在第三年末，按本人志愿、学习成绩和综合能力对学生进行分流：一部分进入本—硕统筹培养，学习本硕兼容课程，并在第四年末，完成其研究生学籍的审定和转换；一部分攻读第二学士学位，按学科交叉的复合型人才进行培养；其他既未进入本硕连读，又未攻读第二学位的学生，则按四年教学计划完成学业，取得学士学位。

1998年，国家教委组织专家大量调研，反复论证，认为我国当前存在专业口径过窄、适应性不强的弊端，对现存的504个专业(实际执行832个专业)压缩合并成249个专业，强调必须拓宽专业知识，增强适应性。2001年，学校以世界一流大学为参照，全面落实“通识教育基础上的宽口径专业教育”，大力推动按学科大类培养的计划，加强学科交叉与融合。为此，土木系的土木工程专业和建管系的工程管理专业根据“厚基础宽口径”的专业教育模式，设立了跨专业的平台课，将人才培养目标由“技术主导型”转变为“技术管理复合型”，并实施“专业技术+工程管理”双学位①,真正培养出“有技术、懂管理、会经营、善开拓”的综合性人才。根据这一培养方案,土木系又制订了新的教学计划(见表 7-11)。

表 7-11　土木工程专业本—硕统筹本科阶段培养方案(2000 级)[2]192-194

一、基本学分学时：本科培养阶段总学分 201,其中课程总学分 168,夏季学期实践环节 18 学分,学士学位综合论文训练 15 学分。

二、课程设置与学分分布(课名后的数字单位为学分)

(一) 体育、外语公共课程 20 学分(其中必修 16,限选 4)

1. 体育 8 学分(其中：必修 4,限选 4)

2. 外语 12 学分(其中：英语(1)、(2)、(3)各 3,清华大学英语水平考试Ⅰ为 3,通过清华大学英语水平考试Ⅰ者,其英语(1)、(2)、(3)课程记为通过,并一次获满 12)

(二) 人文社会科学基础课 22 学分(其中必修 19,限选 2,任选 1)

毛泽东思想概论	3(必修)	马克思主义哲学原理	3(必修)
马克思主义政治经济学原理	3(必修)	军事理论	2(必修)
思想道德修养	2(必修)	可持续发展与环境保护概论 1(必修)	
文献检索与利用	2(必修)	人文限选课(2 门)	2(限选)
邓小平理论概论	3(必修)		

(三) 自然科学基础课 38 学分(其中必修 33,限选 5)

1. 数学 22 学分(其中必修 17,限选 5)

微积分(1)	5(建议必修课)		
几何与代数(1)	3(建议必修)	微积分(2)	5(建议必修)
计算方法	4(建议必修)	几何与代数 B(2)	2(建议必修)
随机数学方法	3	数理方程引论	2
概率论	3	复变函数引论	2
离散数学及优化方法	3	数理统计	3
最优化方法	4	模糊数学	3
高等微积分(2)	5(必修替代课)	高等微积分(1) 5(必修替代课)	
高等几何与代数(2)	4(必修替代课)	高等微积分(3)	5(必修替代课)
数值分析与算法	3(必修替代课)	高等代数与几何(2)	4(必修替代课)
几何与代数 A(2)	3(必修替代课)		

2. 物理 13 学分(必修)

大学物理(1)	5	大学物理(2)	4
物理实验(1)	2	物理实验(2)	2

① 《土木水利学院 2001 年年鉴》,第 1 页。

续表

3. 化学 3 学分(必修)			
大学化学 B	2	大学化学实验 B	1
(四) 工程技术基础课 76 学分(其中必修 63,限选 5,选修 8)			
1. 计算机技术类(限选 5~6 学分)			
计算机文化基础	2	计算机软件基础	3
计算机语言与程序设计	3	计算机网络与应用	3
面向对象程序设计	3	网络应用程序设计与开发	3
2. 专业技术基础课(其中必修 63 学分,选修>8 学分)			
(1) 下列课程必修 54 学分			
土木工程概论	1	工程制图基础	3
土木工程计算机绘图	2	工程结构 CAD 技术基础	2
房屋建筑学	3	测量	4
工程地质	2	建筑材料	3
理论力学 B (1)	理论力学 B (2)	3	
材料力学(1)	4	材料力学(2)	2
结构力学(1) (中/英)	4	结构力学(2) (中/英)	2
水力学	3	土力学	4
钢结构(中/英)	3	钢筋混凝土结构(中/英)	4
结构试验	2	水工钢筋混凝土	4 (必修替代课)
工程力学(1)	4(必修替代课)	理论力学 A (1)	3 (必修替代课)
工程力学(2)	3(必修替代课)	理论力学 A (2)	4 (必修替代课)
工程力学(3)	3(必修替代课)		
(2) 下列课程中选修 9~10 学分,其中必修 4 学分			
建筑施工	4 (必修)	工程项目管理	3
建筑工程技术经济	2	经济法与建设法规	3
工程合同管理与合同法	3	建筑经济学	2
土木工程施工合同(英)	2	建筑监理概论	2
物业管理	2		
(3) 下列课程中选修 8~9 学分			
弹性力学	4	塑性力学	2
计算力学	3	实验力学概论	3
弹性力学与有限元基础	2	定性结构力学	1
断裂力学	2	结构稳定	2
交通工程导论	2	结构可靠度	2
(3) 下列课程中选修 8~9 学分			
岩石力学	2	建筑设备(暖通)	2
建筑设备(给排水)	2	电工与电子技术	4
建筑设计(1)	3	建筑设计(2)	3
土木工程信息技术	2		

续表

(五) 专业课12学分(限选6~7,选修6~7)			
1. 在下列课程中限选6~7学分			
结构矩阵分析(中/英)	2	结构概念设计	2
钢结构工程	1	高层建筑及结构抗震	3
基础工程(中/英)	2	桥梁工程	3
公路工程	2	地下结构	2
2. 在下列课程中选修6~7学分			
土木工程进展	2	混凝土规范介绍	1
地震工程概论(贯通课)	2	钢—混凝土组合结构(贯通课)	2
特殊混凝土结构	2	建筑事故分析与处理	2
钢桥	2	混凝土桥	3
灾害及其对策	1	铁道工程概论	1
航空港工程概论	1	新型建筑材料	1
试验数据处理	2	城市交通规划与管理	2
智能交通系统(ITS)概论	2		
3. 其他建议选修课			
GPS卫星定位原理及其应用	2	地理信息系统原理及应用	2
数字摄影测量与数字概论	2	建筑装饰材料	2
人居环境与新材料开发	2	摄影测量	2
房地产导论	2	建筑环境	1
工程安全与安全管理	2	涉外经济法	2
交通经济学	3	交通规划理论	3
(六) 实践环节 必修18学分			
集中军训	2	认识实习	1(1周)
建筑设计概论	1.5 (1.5周)	测量实习	2(2周)
工程地质实习	0.5 (0.5周)	砌体结构课程设计	2 (2周)
施工实习	4 (5周)	混凝土结构设计	3 (4学时/周,8周)
钢结构课程设计	2(3学时/周,8周)		
要求:实践环节包括专业认识、基本技能、工程实践和专业训练,对增强工程感性认识、学习基本理论以及专业知识的具体应用具有重要作用。应了解各项实践环节的目的和具体要求,综合运用所学习知识,完成必要的计算、绘图或现场工作,提交必要的工作成果。			
(七) 学士学位综合论文训练15学分(必修,时间为12~15周)			
综合论文训练:包括文献调研、科研、软件开发等几种形式,也可以对SRT工作进一步完善,通过综合论文训练,初步掌握研究工作、软件开发技术和科技论文写作的基本方法,应提交研究论文和报告。对于贯通培养的学生,其工作内容可与硕士论文相结合。			

从改革开放以来历次制订的教学计划中，根据科学技术的新成果和教学指导思想的改进都增设了一些新课程，而那些传统课程中也不断吸收了科技发展的新内容，所以教材也一直在更新、变化之中。国家及校系都十分重视教材的建设。1978 年，国务院下发了《国务院批转教育部〈关于高等学校教材编审出版工作的请示报告〉的通知》（国发〔1978〕23 号），指出各部委要负责全国高等学校的对口专业教材建设。教育部随即委托有关高校召开了各类教材编写会议，由相关高校共同编写对口专业教材，经教材编审委员会审查通过后出版发行，并指定各高校统一使用，称为统编教材。清华土木系只参加了结构力学、钢筋混凝土结构和建筑结构试验的审查工作，但在本系教学中仍采用本系教师自编教材或自选教材，并未使用这些指定教材。随着我国经济体制从计划经济向市场经济的转型，统编教材这种集中编写、统一定价、指定使用的方式已不适应社会及教育改革形势的需要。1986 年，国家教委制定了“积极扩大教材种类、大力提高教材质量、努力搞好教材工作”的指导方针，各部委在国家教委统一部署、指导下，自“七五”开始，每五年都制定一次教材建设规划，并积极组织编写和审定规划教材，使每门主干课程可供选择的通用教材达到 4~5 种，提供给各高校根据需要自主选定。

2001 年，教育部印发了《关于“十五”期间普通高校教育教材建设与改革的意见》（教高〔2001〕1 号），进一步加强了对规划教材的质量管理，并公布了已出版的“十五”规划教材。清华大学土木系、建管系先后被列入规划教材的见表 7-12。

表 7-12　土木工程系、建设管理系入选国家五年规划教材目录

规划年份	书　　名	主要作者	出版社	审批部委
十五 2001—2005 年	高层建筑结构设计	方鄂华、钱稼茹、叶列平	中国建筑工业出版社	建设部
	工程合同管理	朱宏亮	中国建筑工业出版社	建设部
十一五 2006—2010 年	土木工程概论（第 3 版）	罗福午	武汉理工大学出版社	教育部
	建筑结构概念设计及案例	罗福午、张惠英、杨军	清华大学出版社	教育部

续表

规划年份	书　　名	主要作者	出版社	审批部委
十一五 2006—2010 年	土木工程系列教材	石永久等	清华大学出版社	教育部
	结构力学教程(第 2 版)	袁驷、龙驭球等	高等教育出版社	教育部
	结构力学(第 3 版)	包世华	武汉理工大学出版社	建设部
	建筑工程事故分析与处理	江见鲸	中国建筑工业出版社	建设部
	计算机在土木工程中的应用(第 2 版)	江见鲸	武汉理工大学出版社	建设部
	钢筋混凝土基本构件设计(第 2 版)	江见鲸、陆新征、江波	清华大学出版社	建设部
	钢结构设计基础	石永久	清华大学出版社	建设部
	混凝土结构(上册)	叶列平	清华大学出版社	建设部
	混凝土结构(下册)	叶列平、赵作周	清华大学出版社	建设部
	Structural Mechanics and Advanced Structural Mechanics	包世华	武汉理工大学出版社	建设部
	交通规划理论与方法	陆化普	清华大学出版社	教育部
	交通规划习题集	陆化普、石京	清华大学出版社	教育部
	交通规划理论研究前沿	陆化普、黄海军	人民交通出版社	教育部
	城市交通规划案例集	陆化普、石京、李瑞敏	人民交通出版社	教育部
	交通规划理论与方法习题集	陆化普、石京	人民交通出版社	教育部
	建设法规教程	朱宏亮	中国建筑工业出版社	教育部
	建设法规(第二版)	朱宏亮	武汉理工大学出版社	教育部
	现代普通测量学	过静珺、王侬、季如进、高飞	清华大学出版社	教育部
	土木工程测量学	过静珺	武汉理工大学出版社	教育部
十二五 2011—2015 年	钢—混凝土组合结构	聂建国、刘明、叶列平	中国建筑工业出版社	建设部
	混凝土结构及砌体结构(上册)(第 2 版)	滕智明、朱金铨	中国建筑工业出版社	建设部
	混凝土结构及砌体结构(下册)(第 2 版)	罗福午、方鄂华、叶知满	中国建筑工业出版社	建设部

续表

规划年份	书　名	主要作者	出版社	审批部委
十二五 2011—2015年	混凝土结构(上册)	叶列平	中国建筑工业出版社	建设部
	混凝土结构(下册)	叶列平	中国建筑工业出版社	建设部
	建筑工程事故分析与处理(第3版)	江见鲸、王元清、龚晓南等	中国建筑工业出版社	建设部
	结构力学(上、下册)(第4版)	包世华、辛克贵	武汉理工大学出版社	建设部
	结构力学Ⅰ—基本教程(第2版)	龙驭球、包世华等	高等教育出版社	建设部
	土木工程(专业)概论(第4版)	罗福午	武汉理工大学出版社	建设部
	高层建筑结构设计(第二版)	钱稼茹、赵作周、叶列平	中国建筑工业出版社	建设部
	工程合同管理	朱宏亮	中国建筑工业出版社	建设部
	建设法规	朱宏亮	武汉理工大学出版社	建设部
十三五 2016—2020年	高层建筑结构设计(第三版)	钱稼茹、赵作周、纪晓东、叶列平	中国建筑工业出版社	住建部
	工程合同管理(第二版)	朱宏亮	中国建筑工业出版社	住建部
	建设法规教程(第二版)	朱宏亮	中国建筑工业出版社	住建部

为加强教材建设,引起全社会对教育工作的重视,1987年3月13日,国家教委发布了《高等学校优秀教材奖励试行条例》,并于1987年、1992年、1995年、2002年进行了四次优秀教材的评选。2007年后,教育部启动了从已出版的规划教材中再评选出精品教材的工作,并分别于2007年、2008年、2009年、2011年进行了四次精品教材评选活动。清华大学土木系获得优秀教材及精品教材奖励的见表7-13和表7-14。

表7-13　土木系优秀教材和软件获奖情况[8]46-47

教材(软件)名称	作　者	奖　项	时　间
高层建筑结构	包世华、方鄂华	建设部优秀教材二等奖	1987年
钢筋混凝土基本构件	滕智明	建设部优秀教材二等奖	1987年

续表

教材(软件)名称	作　　者	奖　　项	时　　间
结构力学(上、下)	龙驭球、包世华	全国第一届国家级优秀教材奖	1988 年
钢筋混凝土结构理论	王传志、滕智明	首届全国优秀建筑科技图书二等奖	1989 年
结构力学教程(上、下)	龙驭球、包世华	全国第二届国家级优秀教材奖	1992 年
多层及高层建筑结构设计	方鄂华	全国第三届普通高校建筑类专业优秀教材二等奖	1995 年
钢筋混凝土非线性有限元分析	江见鲸		1995 年
建筑施工组织	朱嫞		1995 年
结构力学(第二版)	龙驭球等	教育部科技进步奖一等奖	1998 年
混凝土结构及砌体结构	滕智明等	教育部科技进步奖二等奖	1998 年
建筑结构 CAD 技术基础	任爱珠等	教育部科技进步奖三等奖	1998 年
普通高等学校结构力学试题库	土木系课题组	全国第二届普通高等学校 CAI 优秀软件评选二等奖	1997 年
钢筋优化配料系统	朱嫞	全国第二届普通高等学校 CAI 优秀软件评选三等奖	1997 年
结构力学计算机辅助教学课件	龙驭球、匡文起	第三届高等学校优秀教材评选二等奖	1996 年
多层及高层建筑结构设计	方鄂华		1996 年
钢筋混凝土非线性有限元分析	江见鲸、贺小岗		1996 年
建筑施工组织	朱嫞、丛培经		1996 年
钢筋混凝土梁柱计算机仿真模拟教学实验系统	江见鲸、王际芝、朱金铨等	全国第一届普通高等学校 CAI 优秀软件评选一等奖	1994 年
全球定位系统(GPS)原理和数据处理	过静珺	国家测绘局全国高等学校测绘优秀教材一等奖	1999 年
现代普通测量学	过静珺	国家测绘局全国高等学校测绘优秀教材一等奖	2003 年
结构力学教程	龙驭球、包世华	建设部全国普通高等院校优秀教材一等奖	2002 年
建筑工程质量缺陷事故分析及处理	罗福午	建设部全国普通高等院校优秀教材二等奖	2002 年
结构力学求解器	袁驷	建设部全国普通高等院校优秀教材二等奖	2002 年

表 7-14 土木系教师编写教材入选国家级精品教材名录①

教材名称	作　　者	奖　　项	时　　间
建筑工程事故分析与处理(第 3 版)	江见鲸、王元清、龚晓南、崔京浩	国家级	2007 年
钢筋混凝土基本构件设计(第 2 版)	江见鲸、陆新征、江波	国家级	2007 年
土木工程科学前沿	叶列平	国家级	2007 年
结构力学Ⅰ、Ⅱ——基本教程(第 2 版)	龙驭球、包世华、匡文起、袁驷	国家级	2007 年

为满足教学及社会需要，土木系教师还编写了大量教材和专著，不少也获得了各级奖励，见表 7-15。

表 7-15 1978—2017 年土木系出版著作②

教材				
序号	著　　者	书　　名	出版社	出版年
1	龙驭球	有限元法概论	人民教育出版社	1978. 07
2	测量教研组	普通测量(增订版)	中国建筑工业出版社	1978. 11
3	合肥工业大学 清华大学	普通测量学	人民教育出版社	1979. 03
4	罗福午等	混合结构设计	中国建筑工业出版社	1979
5	龙驭球、包世华	结构力学(上册 第一分册)	高等教育出版社	1979. 08
6	龙驭球、包世华	结构力学(上册 第二分册)	高等教育出版社	1979. 09
7	龙驭球、包世华	结构力学(下册)	高等教育出版社	1981. 03
8	龙驭球	弹性地基梁的计算	人民教育出版社	1981. 09
9	测量教研组	普通测量(增订版)	中国建筑工业出版社	1978. 11
10	王国周、李少甫	轻型钢屋盖结构(新版)	中国建筑工业出版社	1982. 11
11	陈肇元、王志浩	地下防护结构	中国建筑工业出版社	1982. 12
12	吴宝琨、卢璋	建筑材料化学	中国建筑工业出版社	1984. 06

① 《土木工程专业发展史》。

② 1996 年之前资料来自《辉煌七十秋》，清华大学出版社，1996 年，第 155—163 页。

续表

序号	著　者	书　名	出版社	出版年
13	王传志、滕智明	钢筋混凝土结构理论	中国建筑工业出版社	1985. 03
14	包世华、方鄂华	高层建筑结构设计	清华大学出版社	1985. 07
15	支秉琛、包世华	结构力学	中央广播电视大学出版社	1985. 07
16	滕智明、罗福午	钢筋混凝土基本构件	清华大学出版社	1985. 04
17	卢谦	建筑工程招标与承包	辽宁科技出版社	1985. 11
18	陶全心、李著璟	结构优化设计方法	清华大学出版社	1985. 09
19	罗福午	单层工业厂房结构设计	清华大学出版社	1986. 06
20	郝亚民、钱素英	建筑结构形式概论	清华大学出版社	1979. 03
21	江爱川	结构优化设计	清华大学出版社	1986. 12
22	甘绍熺	统筹法与施工计划管理	中国建筑工业出版社	1986
23	张玉良、匡文起	结构矩阵分析	清华大学出版社	1987
24	张家瑞、朱嬿	建筑施工组织与网络计划	辽宁科技出版社	1987. 01
25	李著璟等	水工钢筋混凝土结构学	中国水利水电出版社	1979. 08
26	支秉琛、张玉祥	结构力学	辽宁科技出版社	1987. 02
27	韩守询、郝静明	工程力学	辽宁科技出版社	1987. 02
28	佟一哲	土建工程系统分析方法	辽宁科技出版社	1987. 02
29	杨德麟等	测量学	中国建筑工业出版社	1987. 07
30	支秉琛、包世华	结构力学	中央广播电视大学出版社	1987(修订)
31	邝守仁、徐崇禄	建筑技术经济	辽宁科技出版社	1987. 05
32	龙驭球	弹性地基梁的计算	高等教育出版社	1987. 03
33	陈志鹏、宝志雯	结构动力试验与数据分析(音像教材)	清华大学音像教材出版社	1987
34	李著璟	特殊结构	清华大学出版社	1988. 08
35	罗福午、郑金床	中小型建筑结构	辽宁科技出版社	1988
36	龙驭球、包世华	结构力学(上、下册)	高等教育出版社	1988
37	李铭臻、赵若鹏	建筑材料	辽宁科技出版社	1988
38	冯乃谦	流态混凝土	中国铁道出版社	1989. 06
39	刘西拉	结构矩阵分析及 SMIS-PC 程序	人民交通出版社	1989. 06
40	佟一哲	国际工程投标理论与实务	中国经济出版社	1989. 11
41	张铜生、张富德	简明有限元及其应用	地震出版社	1990
42	罗福午、石裕翔	单层工业厂房结构设计	清华大学出版社	1990
43	包世华、方鄂华	高层建筑结构设计	清华大学出版社	1990

续表

序号	著　　者	书　　名	出版社	出版年
44	W. F. Chen、刘西拉	Limit Analysis in Soil Mechanics	ELSEVIER	1990
45	王娴明	建筑结构试验	清华大学出版社	1990
46	方鄂华	高层建筑结构设计	地震出版社	1990.08
47	王继明、王敬威	建筑设备与电气工程	地震出版社	1990.08
48	庄崖屏、江见鲸	钢筋混凝土基本构件设计	地震出版社	1990.11
49	瞿履谦、李少甫	钢结构	地震出版社	1991.01
50	冯乃谦、江见鲸	混凝土力学	中国铁道出版社	1991.02
51	罗福午、郑金床	混合结构设计	中国建筑工业出版社	1991
52	滕智明、罗福午	钢筋混凝土基本构件	清华大学出版社	1991
53	罗福午	建筑结构概念体系与估算	清华大学出版社	1991
54	包世华、周坚	薄壁杆件结构力学	中国建筑工业出版社	1991
55	卢有杰、吴炜煜	C语言高级程序设计	清华大学出版社	1991
56	包世华	高层建筑结构计算	高等教育出版社	1991
57	邝守仁、刘洪玉	建筑工程技术经济学	清华大学出版社	1991.05
58	甘绍熺	施工项目管理	北京工业大学出版社	1991
59	龙驭球	新型有限元引论	清华大学出版社	1992.03
60	滕智明、朱金铨	混凝土结构与砌体结构（上）	中国建筑工业出版社	1992.06
61	李著璟	Elementary Reinforced Concrete Design	地震出版社	1992.05
62	罗福午、方鄂华	混凝土结构与砌体结构（下）	中国建筑工业出版社	1992.10
63	冯乃谦	建筑工程材料	中国建筑工业出版社	1992.12
64	冯乃谦	高强混凝土技术	中国建材出版社	1992.12
65	方鄂华	多层及高层建筑结构设计	地震出版社	1992.12
66	甘绍熺	工程网络计划技术	地震出版社	1992
67	袁驷	The Finite Element Method of Lines	科学出版社	1993

续表

序号	著　　者	书　　名	出版社	出版年
68	包世华	结构力学	中央广播电视大学出版社	1993
69	罗福午	建筑工程专业概论	清华大学出版社	1993
70	刘洪玉	房地产开发	北京经济学院出版社	1993.08
71	沈聚敏、王传志	钢筋混凝土有限元与板壳极限分析	清华大学出版社	1993.11
72	王国周、瞿履谦	钢结构原理与设计	清华大学出版社	1993.11
73	江见鲸	钢筋混凝土结构非线性有限元分析	陕西科技出版社	1994.03
74	朱嫣、丛培经	建筑施工组织	科技文献出版社	1994.06
75	滕智明	混凝土结构与砌体结构学习指导	清华大学出版社	1994.07
76	匡文起、张玉良	结构矩阵分析和程序设计	高等教育出版社	1994
77	石裕翔、江见鲸	混凝土与砌体结构设计	地震出版社	1994.10
78	龙驭球、包世华	结构力学(上册)	高等教育出版社	1994
79	童林旭	地下建筑学	山东科技出版社	1994.02
80	朱嫣、梁绍周等	建筑施工——建筑施工技术	清华大学出版社	1994.11
81	任爱珠、张建平	CAD 在土木工程中的应用	清华大学出版社	1995
82	罗福午	建筑结构教学指南与题集	清华大学出版社	1995
83	翁义军、冯世平	房屋结构抗震设计	中国建筑工业出版社	1995
84	滕智明、张惠英	混凝土结构及砌体结构(上)	中央广播电视大学出版社	1995.10
85	滕智明、张惠英	混凝土结构及砌体结构(下)	中央广播电视大学出版社	1995.07
86	滕智明、朱金铨	混凝土结构及砌体结构(上)	中国建筑工业出版社	1995.10
87	罗福午、方鄂华	混凝土结构及砌体结构(下)	中国建筑工业出版社	1995.10
88	过静珺等	全球定位系统(GPS)的原理与数据处理	同济大学出版社	1996
89	朱宏亮	项目进度管理	清华大学出版社	1998
90	陆化普	交通规划理论与方法	清华大学出版社	1998.03
91	陆化普	城市交通现代化管理	人民交通出版社	1999.03

续表

序号	著　　者	书　　名	出版社	出版年
92	过镇海	钢筋混凝土原理	清华大学出版社	1999
93	陆化普、朱军、王建伟	城市轨道交通规划的研究与实践	中国水利水电出版社	2001.09
94	方东平、黄新宇、Jimmie Hinze	工程建设安全管理	中国水利水电出版社	2001.11
95	陆化普	解析城市交通	中国水利水电出版社	2001.09
96	陆化普	智能运输系统	人民交通出版社	2002.01
97	张新天	道路工程	中国水利水电出版社	2002
98	过镇海、时旭东	钢筋混凝土原理和分析	清华大学出版社	2003
99	陆化普、王建伟、李江平、兰荣、王京	城市交通管理评价体系	人民交通出版社	2003.06
100	张红	房地产经济学讲义	清华大学出版社	2004
101	过镇海	混凝土的强度和本构关系——原理和应用	清华大学出版社	2004
102	陆化普、李瑞敏、朱茵	智能交通系统概论	中国铁道出版社	2004.11
103	张红	房地产经济学	清华大学出版社	2005
104	江见鲸、陆新征、叶列平	混凝土结构有限元分析	清华大学出版社	2005
105	江见鲸、徐志胜等	防灾减灾工程学	机械工业出版社	2005
106	江见鲸、何放龙、何益谦、陆新征	有限元方法及其应用	机械工业出版社	2006
107	阎培渝(改编)	土木工程材料(英文版)	高等教育出版社	2006
108	江见鲸、李杰、金伟良	高等混凝土结构理论	中国建筑工业出版社	2007
109	张红	房地产金融学	清华大学出版社	2007
110	翟忠民、景东升、陆化普	道路交通管理实战案例	人民交通出版社	2007.01
111	阎培渝、杨静	建筑材料(第二版)	中国水利水电出版社	2008
112	王守清、柯永建	特许经营项目融资(BOT、PFI和PPP)	清华大学出版社	2008年7月(2017年3月第11次印刷)
113	魏法杰、王守清	(管理类)工程硕士专业学位论文写作指导	机械工业出版社	2008年10月(之后至少6次印刷)

续表

序号	著　　者	书　　名	出版社	出版年
114	陆新征、叶列平、缪志伟	建筑抗震弹塑性分析	中国建筑工业出版社	2009
115	阎培渝	土木工程材料	人民交通出版社	2009
116	陆化普、隋亚刚、郭敏、朱茵	城市道路混合交通流分析模型与方法	中国铁道出版社	2009.12
117	柯永建、王守清	特许经营项目融资(PPP)：风险分担管理	清华大学出版社	2011 年 8 月(2017 年 3 月第 5 次印刷)
118	陆化普	城市交通规划与管理	中国城市出版社	2012.09
119	过镇海	钢筋混凝土原理(第三版)	清华大学出版社	2013.4
120	阎培渝、杨静、王强	建筑材料(第三版)	中国水利水电出版社	2013
121	江见鲸、陆新征	混凝土结构有限元分析(第二版)	清华大学出版社	2013
122	任爱珠、许镇、纪晓东、陆新征	防灾减灾工程与技术	清华大学出版社	2014
123	陆新征、蒋庆、缪志伟、潘鹏	建筑抗震弹塑性分析(第二版)	中国建筑工业出版社	2015
124	盛和太、王守清	特许经营项目融资(PPP/BOT)：资本结构选择	清华大学出版社	2015 年 4 月(2017 年 4 月第 5 次印刷)
125	李瑞敏、章立辉	城市交通信号控制	清华大学出版社	2015.11/2021.1
126	傅志寰、陆化普	城市群交通一体化理论研究与案例分析	人民交通出版社	2016.12
127	王守清、王盈盈	政企合作(PPP)：王守清核心观点	中国电力出版社	2017 年 5 月
128	王盈盈、冯珂、王守清	特许经营项目融资(PPP)：实务 1000 问	清华大学出版社	2017 年 7 月

专著

序号	著　　者	书　　名	出版社	出版年
1	过镇海	加气混凝土构件的计算及其试验基础	清华大学出版社	1980
2	清华大学测量教研组	短程光电测距仪和激光定位仪及其应用	人民教育出版社	1980.07
3	童林旭	地下建筑规划与设计	中国建筑工业出版社	1981.10
4	储钟瑞	电磁波测距论文集	测绘出版社	1983.03

续表

专著				
序号	著　者	书　名	出版社	出版年
5	抗震抗爆工程研究室	钢筋混凝土结构的抗震性能（科学研究报告集）三	清华大学出版社	1981.12
6	蔡君馥、梁鸿文等	唐山市多层房屋震害分析	清华大学出版社	1984.11
7	卢璋、吴佩刚	混凝土外加剂概论	清华大学出版社	1985.11
8	宝志雯、陈志鹏	香港几幢高层建筑的脉动试验	清华大学出版社	1985
9	抗震抗爆研究室	钢筋混凝土结构构件在冲击荷载下的性能	清华大学出版社	1986.10
10	匡文起	结构分析实用程序	人民交通出版社	1987
11	林宗棠、王传志	重型预应力混凝土水压机研究	清华大学出版社	1988
12	江见鲸、崔京浩	结构分析常用微机程序	辽宁科技出版社	1988.05
13	卢有杰、吴炜煜	专家系统技术指南	世界图书出版社	1989.09
14	杨德驎	红外测距仪原理及检测	测绘出版社	1989.09
15	陈达生、周锡元	云南澜沧—耿马地震震害论文集	科学出版社	1991.12
16	冯乃谦	中国建筑工业材料指南	中国国际广播出版社	1992.03
17	陈肇元、朱金铨	高强混凝土及其应用	清华大学出版社	1992
18	罗福午、梁森	高等学校教育鉴定与水平评估	中国科学技术出版社	1992
19	张跃、邹寿平	模糊数学方法及其应用	煤炭工业出版社	1992
20	江见鲸、宋昆仑	土建工程中实用微机程序选编	地震出版社	1992.11
21	张跃、王光远	模糊随机动力系统理论	科学出版社	1993
22	冯乃谦	Mineral Admixture in Cement and Concrete Vol.4（其中一章：Properties of Zeolite Mineral Admixture Concrete）	ABI Book Prt. Ltd. INDIA	1993
23	廉慧珍	建筑材料物相研究基础	清华大学出版社	
24	罗福午、王致和	高等学校教育评估	北京师范大学出版社	1994
25	王光远、张跃	模糊随机过程论	贵州科技出版社	1994
26	吴炜煜	多媒体技术开发指南	大连理工大学出版社	1994.09
27	罗福午、王冀生	中国高等工程教育	清华大学出版社	1995

续表

专著				
序号	著　　者	书　　名	出版社	出版年
28	王守清	计算机在建筑工程成本测算中的应用	清华大学出版社	1995.06
29	结构工程与振动开放研究实验室	结构工程与振动研究报告集(1)	清华大学出版社	1992
30	陈志鹏、沈聚敏	结构工程与振动研究报告集(2)	清华大学出版社	1995
31	沈聚敏、陈志鹏	结构工程与振动研究报告集(3)	清华大学出版社	1995
32	抗震抗爆工程研究室	结构模型的振动台试验研究(五)	清华大学出版社	1990
33	抗震抗爆工程研究室	混凝土力学性能的试验研究(六)	清华大学出版社	1996
34	朱宏亮	国际经济合作法律基础	中国建筑工业出版社	1996
35	过镇海	混凝土的强度和变形——试验基础和本构关系	清华大学出版社	1997.12
36	陈志鹏、沈聚敏	结构工程与振动研究报告集(4)	清华大学出版社	1999
37	陈志鹏、江见鲸	结构工程与振动研究报告集(5)	清华大学出版社	2000
38	邱法维、钱稼茹、陈志鹏	结构抗震试验方法	科学出版社	2000
39	韩林海	钢管混凝土结构——理论与实践	科学出版社	2000
40	陆化普、陈宏峰、袁虹、王超、张鹏、王晓铮、张光杰	综合交通枢纽规划、基础理论与温州的规划实践	人民交通出版社	2001.09
41	卢谦	建设工程招投标与合同管理	中国水利水电出版社	2002
42	卢有杰	新建筑经济学	中国水利水电出版社	2002
43	方东平、黄新宇	工程建设安全管理	中国水利水电出版社	2002
44	陆化普	解析城市交通	中国水利水电出版社	2002
45	陆化普	城市轨道交通规划的研究和实践	中国水利水电出版社	2002
46	崔京浩、王作垣等	地下水封油气库	中国水利水电出版社	2002

续表

专著．				
序号	著　　者	书　　名	出版社	出版年
47	龙志飞、岑松	有限元法新论	中国水利水电出版社	2002
48	包世华	新编高层建筑结构	中国水利水电出版社	2002
49	陈志鹏、王宗纲	结构试验与工程检测	中国水利水电出版社	2002
50	马智亮、吴炜煜、彭明	实现建设领域信息化之路	中国建筑工业出版社	2002
51	陈志鹏、江见鲸	结构工程与振动研究报告集(6)	清华大学出版社	2003
52	过镇海、时旭东	钢筋混凝土的高温性能及其计算	清华大学出版社	2003
53	聂建国、刘明、叶列平	钢—混凝土组合结构	中国建筑工业出版社	2005
54	聂建国	钢—混凝土组合梁结构——试验、理论与应用	科学出版社	2005
55	陈志鹏、张天申、邱法维、王宗纲	结构试验与工程检测	中国水利水电出版社	2005
56	陆化普、石宝林	中国城市可持续交通发展战略与政策研究	人民交通出版社	2005.11
57	陈志鹏、江见鲸	结构工程与振动研究报告集(7)英文版	清华大学出版社	2006
58	石京	城市道路交通规划设计与运用	人民交通出版社	2006
59	马智亮、丘亮新	施工企业信息化成功秘密	中国建筑工业出版社	2006
60	陆化普、韩连绪、石京、焦朋朋	济宁—曲阜都市区综合交通规划理论与实践	中国铁道出版社	2006.08
61	聂建国、樊健生	钢与混凝土组合结构设计	中国建筑工业出版社	2008
62	陆化普、毛其智、李政、贺克斌、帅石金、张希良等	快速城镇化进程中的城市可持续交通、理论与中国实践	中国铁道出版社	2008.07
63	聂建国	钢—混凝土组合结构原理与实例	科学出版社	2009
64	王元清、石永久、吴丽丽	点支式玻璃建筑应用技术研究	科学出版社	2009
65	石京	土木规划学	人民交通出版社	2009

续表

专著				
序号	著　者	书　名	出版社	出版年
66	叶列平、孙海林、陆新征等	高强轻骨料混凝土结构——性能、分析与计算	科学出版社	2009
67	韩林海、李威、陶忠、王文达	现代组合结构和混合结构——试验、理论和方法	科学出版社	2009
68	陆化普	快速城镇化进程中的城市可持续交通	中国铁道出版社	2010.09
69	崔京浩	力学的力量和使命	中国建筑工业出版社	2011
70	Zhenhai Guo、Xudong Shi	Experimental and Calculation of Reinforced Concrete of Elevated Temperature	Elsevier（国外发行）、清华大学出版社（国内发行）	2011
71	聂建国	钢—混凝土组合结构桥梁	人民交通出版社	2011
72	冯鹏、陆新征、叶列平	纤维增强复合材料建设工程应用技术——试验、理论与方法	中国建筑工业出版社	2011
73	陆新征、李易、叶列平	混凝土结构防连续倒塌理论与设计方法研究	中国建筑工业出版社	2011
74	韩林海、宋天诣、周侃	钢—混凝土组合结构抗火设计原理	科学出版社	2012
75	潘鹏、王涛、中岛正爱	在线混合实验进展：理论与应用（英文）	清华大学出版社	2013
76	Zhenhai Guo	Principles of Reinforced Concrete	Elsevier（国外发行）、清华大学出版社（国内发行）	2014
77	施刚、石永久、班慧勇	高强度钢材钢结构	中国建筑工业出版社	2014
78	石永久、施刚、王元清、陈宏	多高层钢框架梁柱节点——理论与设计	中国建筑工业出版社	2014
79	陆化普	生态城市与绿色交通、世界经验	中国建筑工业出版社	2014.06
80	陆化普、余卫平	绿色·智能·人文一体化交通	中国建筑工业出版社	2014.07
81	陆新征	工程地震灾变模拟：从高层建筑到城市区域	科学出版社	2015

续表

专著

序号	著　　者	书　　名	出版社	出版年
82	陆新征、许镇、黄盛楠	基于计算机辅助的桥梁倒塌事故分析	清华大学出版社	2015
83	潘鹏、张耀庭	建筑结构抗震设计理论与方法	科学出版社	2017
84	Lu XZ、Guan H	Earthquake Disaster Simulation of Civil Infrastructures: From Tall Buildings to Urban Areas	Springer	2017

翻译著作

序　　号	著　　者	书　　名	出版社	出版年
1	卢谦、罗福午	土木工程(英)	中国建筑工业出版社	1982
2	李温平、卢谦	建筑工程管理与实践	中国建筑工业出版社	1983.10
3	王传志、王娴明	结构概念和体系	中国建筑工业出版社	1985.07
4	卢谦	土木工程施工国际通用合同条件	中国建筑工业出版社	1986.01
5	卢璋、廉慧珍	土木工程材料	中国建筑工业出版社	1986
6	来晋炎	住宅太阳能采暖指南	科普出版社	1987.06
7	杨德麟、刘育成、过静珺	实用电子测量	测绘出版社	1987
8	曹炽康、张惠英	土木工程实用概率和统计	同济大学出版社	1989.07
10	冯乃谦	图解室内装饰材料设计基础与技巧	科学出版社	1994
11	冯乃谦	图解室内装饰材料选择与应用	科学出版社	1994
12	史其信	室内装饰设计图——识图与绘图	科学出版社	1994.09
13	史其信、邵春福	交通工程学	人民交通出版社	1994.10
14	过镇海、方鄂华、王娴明等	混凝土结构设计(第十一版)	中国建筑工业出版社	1994.11
15	吴之明、卢有杰	现代建筑工程管理	清华大学出版社	1995.01
16	罗福午、石永久等	钢结构设计(美)	台北高立图书有限公司	1996.05

续表

翻译著作				
序号	著　者	书　名	出版社	出版年
17	罗福午、石永久	高层建筑设计	中国建筑工业出版社	1997
18	罗福午、方鄂华、王娴明、张良铎	高层建筑钢—混凝土组合结构设计(第二版)	中国建筑工业出版社	1999
19	罗福午、黎钟	园林景观构造及细部设计	中国建筑工业出版社	2002
20	过镇海、方鄂华、庄崖屏等	混凝土结构设计(第十二版)	中国建筑工业出版社	2003
21	赵作周、郭红仙等	结构原理	中国建筑工业出版社	2003
22	杨军	土木工程师资料手册	中国建筑工业出版社	2004
23	罗福午、杨军、曹俊	建筑结构——分析方法及其设计应用(第 4 版)	清华大学出版社	2005
24	罗福午、吴之昕、宋昌永	建筑结构设计(上、下册)	清华大学出版社	2006
25	罗福午、任浩	可持续发展设计指南(中文审校)	清华大学出版社	2006
26	王守清(主译)	欧亚基础设施建设公私合作(PPP):案例分析	北方联合出版传媒集团	2010 年 8 月(2015 年 5 月第 2 次印刷)
27	王守清、亓霞等译	项目管理:基于团队的方法	机械工业出版社	2012 年 9 月(2016 年第 7 次印刷)
28	魏亚	水泥混凝土路面设计指南	人民交通出版社	2014
29	陆化普、陆洋(译)	城市弹性与地域重建从传统知识和大数据两个方面探索国土设计	清华大学出版社	2016. 02
30	陆化普(译)	轨道创造的世界都市——东京	中国建筑工业出版社	2016. 05

《钢筋混凝土基本构件》计算机辅助教学系列软件				
序　号	著　者	书名(教材)	出版社	出版号
1	王际芝、冯世平、马良、朱金铨	钢筋混凝土纯扭构件 CAI 课件 TH-TCBE	清华大学出版社	TSSN7-302-1201-6

续表

《钢筋混凝土基本构件》计算机辅助教学系列软件				
序号	著　者	书名(教材)	出版社	出版号
2	江见鲸、王际芝、贺小岗、蔡震	钢筋混凝土梁剪切破坏模拟教学试验系统RCBV	清华大学出版社	TSSN7-302-1206-7
3	贺小岗、王际芝、江见鲸、李虹	钢筋混凝土梁纯弯破坏模拟教学试验系统RCBM	清华大学出版社	TSSN7-302-1205-9
4	朱金铨、赵文东、王际芝	钢筋混凝土偏压构件破坏模拟教学试验系统RCBM	清华大学出版社	TSSN7-302-1204-0
5	贺小岗、江见鲸、王际芝	钢筋混凝土梁学习复习系统 RCBE	清华大学出版社	TSSN7-302-1203-2

北京市和清华大学也开展了精品教材和优秀教材的评选活动，土木系有不少教材被评为精品教材和优秀教材，见表 7-16。

表 7-16　土木系教师编写的北京市精品教材[8]46-47

教材名称	主　编	级　别	出版时间
钢筋混凝土原理与分析	过镇海	北京市	2001 年
混凝土结构及砌体结构(第 2 版)	滕智明	北京市	2001 年
建筑工程事故分析与处理(第 2 版)	江见鲸	北京市	2001 年
钢—混凝土组合结构	聂建国	北京市	2005 年
高层建筑结构设计	方鄂华	北京市	2003 年
混凝土结构	叶列平	北京市	2006 年

1986 年，学校颁布《清华大学本科重点课程与一类课程评选的决定》，明确“一类课程是清华大学校级优秀课程的称号，是全校课程建设的奋斗目标。评选不只是看授课的最终效果，还要看课程所具备的条件；不只是看近 3 年内的现状，还要看是否具有保持现有水平的基础；不只是看物质条件，还要看担任课程的教学人员对教学的态度和教学改革的积极性，即把终结性评价和形成性评价结合起来”。评选从 1986 年开始，每年评选一次，三年复审一次。土木工程系评为一类课程的有结构力学、钢筋混凝土结构、测量学、建筑材料[2]268-269。

1997 年，学校在总结重点课程和一类课程建设经验的基础上，又提出了建设一批“精品课程”的思想，1998 年在《深化教育改革，加强高层次人才培养的规划草案》中提出：要“加速推进以校、院(系)核心课程为主干的教学内容和课程体系改革，推出一批课程‘精品’”。2001 年，学校正式启动“百门精品课程建设工程”，评选标准既坚持了“一类课程”教学资源与条件好、教学效果好、教书育人、学生受益的大原则，又根据拔尖创新人才培养的需要提出了新的要求。后来教育部和北京市也启动了本科教育“质量工程”，开展了国家级和北京市级精品课程的评选。土木系、建管系评为国家级和北京市级精品课程的见表 7-17。

表 7-17　土木系、建管系精品课程一览[8]45

精品课名称	负责人	获奖时间	
		国家级	北京市级
结构力学	袁　驷	2003 年	2003 年
混凝土结构	叶列平	2005 年	2004 年
土木工程 CAD	张建平	2010 年	2006 年
建筑材料	阎培渝		2008 年
物业管理	季如进		2009 年

土木系还制定了研究生的培养方案，对所修课程也作出了规定（见表 7-18～表 7-20）。

表 7-18　1998 年硕士学位研究生课程设置①

攻读硕士学位研究生培养方案

（一）适用学科、专业

（1）土木工程（一级学科、工学门类）

结构工程（二级学科、专业）

市政工程（二级学科、专业）

防灾减灾工程及防护工程（二级学科、专业）

（2）测绘科学与技术（一级学科、工学门类）

大地测量学与测量工程（二级学科、专业）

（3）管理科学与工程（一级学科、管理学门类）

（本一级学科不设二级学科。该方案适用于建筑经济及管理研究方向，授工学学位）

（二）学分要求

攻读硕士学位研究生期间，需获得学位课程学分不少于 14，必修环节学分不少于 4，非学位课程学分不少于 5，总学分不少于 23（其中考试学分不少于 18）。自学课程学分另计。

（三）课程设置

1. 学位课程（≥14 学分，考试）

（1）马克思主义理论课程（3 学分）

① 《清华大学土木工程系 1999 年年鉴》，第 37—39 页。

续表

自然辩证法	(6061.0012)	2 学分	(考试)
社会主义与当代世界	(6061.0021)	1 学分	(考试)

(2) 第一外国语(基础部分)(2 学分) (6064.0012) 2 学分 (考试)

(3) 基础理论课(≥4 学分)

数值分析 A	(6042.0044)	4 学分	(考试)
数值分析 C(仅限长工龄单考生)	(6042.0054)	4 学分	(考试)
应用数学方法	(6042.0074)	4 学分	(考试)
应用随机过程	(6042.0094)	4 学分	(考试)

其他数学类硕士学位课程

(4) 专业基础课(≥3 学分)

A 组(适用于结构工程、防灾减灾工程及防护工程专业)

弹塑性力学	(7003.0023)	3 学分	(考试)
有限元及变分法基础	(7003.0033)	3 学分	(考试)
结构动力学	(7003.0043)	3 学分	(考试)
B 组(适用于市政工程专业)			
交通流理论与应用	(7003.0073)	3 学分	(考试)
交通规划理论	(7003.0053)	3 学分	(考试)
C 组(适用于大地测量学与测量工程专业)			
数据结构	(6024.0023)	3 学分	(考试)
近代平差	(7003.0013)	3 学分	(考试)
D 组(适用于管理科学与工程专业的建筑经济及管理研究方向)			
系统规划决策基础	(7003.0153)	3 学分	(考试)
技术经济评价理论与方法	(7051.0103)	3 学分	(考试)
(5) 专业课(≥2 学分)			
钢筋混凝土原理	(7003.0103)	3 学分	(考试)
钢结构稳定理论及应用	(7003.0122)	2 学分	(考试)
土木与建筑工程 CAE	(7003.0082)	2 学分	(考试)
能量原理	(7003.0092)	2 学分	(考试)
交通经济学	(7003.0133)	3 学分	(考试)
现代土力学理论及数值方法	(7003.0142)	2 学分	(考试)
管理经济学	(7051.0133)	3 学分	(考试)
工程数据库设计与应用	(7024.0213)	3 学分	(考试)
导师推荐的其他学位课	(7024.0213)	3 学分	(考试)

2. 必修环节(≥4 学分)

(1) 文献综述与选题报告 (6999.0021) 1 学分 (考查)

(2) 学术活动 (6999.0031) 1 学分 (考查)

(3) 社会实践 (6999.0042) 2 学分 (考查)

3. 非学位课(≥5 学分,其中考试学分≥4 学分)

A 组(适用于结构工程、减灾防灾工程及防护工程专业)

大跨及高层结构体系	(8003.0112)	2 学分	(考试)
面向对象设计方法	(8003.0042)	2 学分	(考试)
数值图形显示	(8003.0052)	2 学分	(考试)
钢筋混凝土有限元	(8003.0063)	3 学分	(考试)
钢结构的断裂与疲劳分析	(8003.0072)	2 学分	(考试)
壳体和空间结构计算	(8003.0082)	2 学分	(考试)
抗震工程概论	(8003.0092)	2 学分	(考试)

续表

工程振动的试验与分析	(6033.0063)	3 学分	(考试)
有限元线法	(9003.0012)	2 学分	(考试)
组合结构	(8003.0102)	2 学分	(考试)
系统可靠性理论与工程	(8003.0183)	3 学分	(考试)
导师推荐的其他非学位课			
B 组(适用于市政工程专业)			
城市历史与理论	(7000.0143)	3 学分	(考试)
计算机辅助建模与仿真	(7025.0153)	3 学分	(考试)
环境学	(7005.0133)	3 学分	(考试)
导师推荐的其他非学位课			
C 组(适用于大地测量学与测量工程专业)			
GPS 卫星导航定位原理及应用	(8003.0013)	3 学分	(考试)
地理信息系统原理及应用	(8003.0023)	3 学分	(考试)
遥感技术原理及应用	(8003.0033)	3 学分	(考试)
微型计算机原理及应用技术	(6022.0034)	4 学分	(考试)
数字信号处理	(6022.0024)	4 学分	(考试)
计算机软件技术基础	(6025.0033)	3 学分	(考试)
计算机图形学基础	(6024.0073)	3 学分	(考试)
D 组(适用于管理科学与工程专业的建筑经济及管理研究方向)			
国际经济法	(8051.0472)	2 学分	(考试)
建筑项目经济评价	(8003.0192)	2 学分	(考试)
建筑施工技术专题	(8003.0202)	2 学分	(考试)
管理信息系统	(8051.0283)	3 学分	(考试)
金融经济学	(7051.0143)	3 学分	(考试)
市场营销	(7051.0073)	3 学分	(考试)
质量管理学	(8051.0022)	2 学分	(考试)
计算机与信息系统导论	(8051.0294)	4 学分	(考试)
导师推荐的其他非学位课			

4. 自学课程

与研究课题有关的专业知识,可由导师指定内容系统地自学,并列入个人培养计划。根据内容的难度和学习时数计 1~2 个学分。

5. 补修课程

凡跨学科录取的硕士研究生,一般应在导师指导下补修两门或两门以上有关本科主干课程。补修课只计成绩,不计入研究生阶段的总学分。

表 7-19　1998 年博士学位研究生课程设置①

攻读博士学位研究生培养方案

(一) 适用学科、专业

土木工程(一级学科、工学门类)

结构工程(二级学科、专业)

防灾减灾工程及防护工程(二级学科、专业)

① 《清华大学土木工程系 1999 年年鉴》,第 39—42 页。

续表

(二) 培养方式
1. 实行导师负责制。必要时可设副导师,鼓励组成指导小组集体指导。跨学科或交叉学科培养博士生时,应从相关学科中聘请副导师协助指导。
2. 博士生应在导师指导下,学习有关课程,查阅文献资料,参加学术交流,确定具体课题,独立从事科学研究,取得创造性成果。
(三) 知识结构及课程学习的基本要求
1. 知识结构的基本要求
基础理论知识和专业基础知识
专业知识
交叉学科知识
2. 课程学习及学分组成
A. 普通博士生
攻读博士学位研究生期间,需获得学位课程学分不少于7,必修环节学分不少于5,非学位课程学分不少于4,总学分不少于16。自学课程学分另计。课程设置见附录。
B. 直博生
攻读博士学位研究生期间,需获得学位课程学分不少于18,必修环节学分不少于5,非学位课程学分不少于5,总学分不少于28(其中考试学分不少于21)。课程设置见附录。
(四) 主要培养环节及有关要求
制订个人培养计划
附录:
普通博士生修读科目及学分要求(至少要修满15学分)
1. 学位课程(≥7学分,考试)
(1) 现代科学技术革命与马克思主义 (9061.0042) 2学分 (考试)
(2) 博士生外语(基础部分) (9064.0012) 2学分 (考试)
(3) 数学类学位课程 3~4学分(考试)
数学、人文、社科、经济、管理、环境等系开设的相关研究生课程
2. 必修环节(≥5学分)
(1) 学科综合考试 (9999.0052) 2学分 (考试)
(2) 学术活动与学术报告 (9999.0032) 2学分 (考查)
(3) 文献综述与选题报告 (6999.0021) 1学分 (考查)
3. 非学位课程(至少两门,≥6学分)
(1) 导师推荐学科前沿课程
(2) 导师推荐的其他课程
4. 自学课程
涉及与研究课题有关的专门知识,由导师指定内容系统的自学,可列入个人培养计划。
5. 补修课
凡在本门学科上欠缺硕士层次业务基础的博士研究生(直博生、提前攻博生除外),一般应在导师指导下补修有关课程。补修课只计成绩,不计入研究生阶段的总学分。
A. 直博生在学期间学习科目及学分要求
攻读博士学位期间,需获得学位课程学分不少于18,必修环节学分不少于5,非学位课程学分不少于5,总学分不少于28(其中考试学分不少于21)。课程设置见附录。

续表

1. 学位课程(≥21 学分)			
(1) 马克思主义理论课程			
自然辩证法	(6061.0012)	2 学分	(考试)
现代科学技术革命与马克思主义	(9061.0042)	2 学分	(考试)
(2) 第一外国语(基础部分)(同博士生要求) (6064.0012) 2 学分 (考试)			
(3) 基础理论课(≥7 学分)			
高等数值分析	(6042.0024)	4 学分	(考试)
应用数学方法	(6042.0074)	4 学分	(考试)
经研究生院批准的其他数学学位课			
(4) 专业课(至少 3 门课,≥9 学分)			
弹塑性力学	(7003.0024)	3 学分	(考试)
有限元及变分法基础	(7003.0033)	3 学分	(考试)
结构动力学	(7003.0043)	3 学分	(考试)
材料学基础	(7003.0044)	3 学分	(考试)
表面物理化学	(7003.0063)	4 学分	(考试)
水泥基材料结构与性能研究基础	(7003.0113)	3 学分	(考试)
钢筋混凝土原理	(7003.0103)	3 学分	(考试)
钢结构稳定理论及应用	(7003.0122)	3 学分	(考试)
交通经济学	(7003.0133)	3 学分	(考试)
交通流理论与应用	(7003.0073)	3 学分	(考试)
交通规划理论	(7003.0053)	3 学分	(考试)
导师推荐的同类硕士学位课程			
2. 必修环节(5 学分)			
文献阅读与选题报告	(6999.0021)	1 学分	(考查)
学术活动与学术报告	(9999.0032)	2 学分	(考查)
社会实践	(6999.0042)	2 学分	(考查)
3. 非学位课(≥5 学分)			
能量原理	(800300042)	2 学分	(考试)
数值图形显示	(80030052)	2 学分	(考试)
钢筋混凝土有限元	(80030064)	3 学分	(考试)
钢结构的断裂与疲劳分析	(80030072)	2 学分	(考试)
壳体和空间结构计算	(80030082)	2 学分	(考试)
地震工程概论	(80030092)	2 学分	(考试)
工程振动的试验分析	(60330063)	3 学分	(考试)
有限元线法	(90030012)	2 学分	(考试)
组合结构	(80030102)	2 学分	(考试)
大跨及高层结构体系	(80030112)	2 学分	(考试)
材料物相研究基础	(80030133)	3 学分	(考试)
混凝土材料与工程新进展	(80030142)	2 学分	(考试)
数据分析系统与优化设计	(80350062)	3 学分	(考试)
建筑材料与人居环境	(80030152)	2 学分	(考试)
城市历史与理论	(7000.0143)	3 学分	(考试)

续表

计算机辅助建模与仿真	(7025.0153)	3学分	(考试)
环境学	(7005.0133)	3学分	(考试)

本专业限定范围的课程

跨二级学科(或跨一级学科)的课程

导师推荐的同类硕士课程

4. 自学课程

涉及与研究课题有关的专门知识,由导师指定内容系统地自学,可列入个人培养计划。

5. 补修课

凡在本门学科上欠缺硕士层次业务基础的博士生(直博生、提前攻博生除外),一般应在导师指导下补修有关课程。补修课只记成绩,不计入研究生阶段的总学分。

表7-20 2007年全日制工程硕士课程设置

(一) 必修课程(不少于23学分,其中考试学分不少于20学分)

1. 自然辩证法 (60610012) 2学分 (考试)
2. 工程硕士英语(第一外国语) (60648003) 3学分 (考试)
3. 文献检索与论文写作 (82558001) 1学分 (考查)
4. 学科前沿讲座 (69998012) 2学分 (考查)
5. 基础理论课(二选一)

工程硕士数学	(60428004)	4学分	(考试)
运筹学	(60428084)	4学分	(考试)
6. 专业基础和专业课(考试学分不少于11学分)			
结构动力学	(70030043)	3学分	(考试)
有限元及变分法基础	(70030033)	3学分	(考试)
弹塑性力学	(70030023)	3学分	(考试)
钢筋混凝土原理	(70030103)	3学分	(考试)
系统规划决策基础	(70030153)	3学分	(考试)
现代土力学理论及数值方法	(70030142)	2学分	(考试)
钢结构稳定理论及应用	(70030122)	2学分	(考试)
交通规划理论	(70030053)	3学分	(考试)
地理信息系统原理及应用	(70030183)	3学分	(考试)
交通经济学	(70030133)	3学分	(考试)
GPS卫星导航定位原理及应用	(70030173)	3学分	(考试)
近代平差	(70030013)	3学分	(考试)
工程应用软件设计基础	(80038013)	3学分	(考试)
水泥基复合材料力学	(80030262)	2学分	(考试)
土木与建筑工程CAE	(70030082)	2学分	(考试)
水泥基材料结构与性能研究	(70030113)	3学分	(考试)
建筑材料的耐久性	(80030222)	2学分	(考试)
工程建设管理	(70040053)	3学分	(考试)
项目管理学	(70048183)	3学分	(考试)
混凝土材料与工程进展	(80030142)	2学分	(考试)

续表

交通管理与控制	(80030283)	3 学分	(考试)
燃烧学(2)	(70140103)	3 学分	(考试)
灾害学	(80030242)	2 学分	(考试)
建筑工程抗火理论和方法	(80030322)	2 学分	(考试)
混凝土结构的抗火性能及其计算	(80030312)	2 学分	(考试)
阻燃技术与阻燃材料 (新)			
(二) 选修课程(不少于 6 学分,其中考试学分不少于 2 学分)			
组合结构	(80030102)	2 学分	(考试)
抗震工程概论	(80030092)	2 学分	(考试)
壳体和空间结构计算	(80030082)	2 学分	(考试)
面向对象设计方法	(80030042)	2 学分	(考试)
大跨及高层结构体系	(80030112)	2 学分	(考试)
建筑材料物相研究基础	(80030133)	3 学分	(考试)
遥感技术原理及应用	(80030033)	3 学分	(考试)
工程多媒体信息系统设计	(80030232)	2 学分	(考试)
建设与房地产应用法律	(80910012)	2 学分	(考试)
国际经济法	(80510472)	2 学分	(考试)
建筑工程管理计算机软件应用	(70038003)	3 学分	(考试)
数值图形显示	(80030052)	2 学分	(考试)
智能交通系统基础理论与应用	(80030293)	3 学分	(考试)
建筑防火(新)			
建筑防火性能化设计(新)			
火灾风险评估方法(新)			
(三) 必修环节(1 学分)			
1. 文献综述与选题报告	(69990021)	1 学分	(考查)
2. 中期汇报	(69998000)		(考查)
(四) 补修课程			
凡在本领域上欠缺本科层次业务基础的硕士研究生,应从下列课程中补修若干门。补修课程学分不计入学位要求学分。			
结构力学			
建筑材料			
建筑施工组织建筑施工技术			
测量学			
混凝土结构(1)			
工程项目管理(1)(2)			

1990—1997 年土木系还举办了 8 届工业与民用建筑专业大专班,为此也制定了相应的教学计划(见表 7-21)。

表 7-21　1993 年工业与民用建筑专业（专科）教学计划[2]404

序号	课程名称	总学时	第一学期（17 周）	第二学期（20 周）	第三学期（18 周）	第四学期（18 周）	开课系
1	法律基础	34	2				经管学院
2	中国革命史	40		2			社科系
3	经济建设与生产管理	36			1.1		经管学院、社科系
4	基础英语	68	4				外语系
5	科技英语阅读	60		3			外语系
6	专业英语	36			2		本系
7	体育	74	2	2			体育教研组
8	高等数学	148	4	4			数学系
9	建筑工程制图	85	5				精仪系
10	计算机语言程序	51	3				本系
11	建筑材料	68	4				本系
12	测量	70		3.5			本系
13	房屋建筑学	100		5			本系
14	工程力学	90		4.5			本系
15	结构力学	90			5		本系
16	建筑电工	54			3		电机系
17	建筑设备	72				4	环境学院、热能系
18	钢筋混凝土与砌体结构	144			4	4	本系
19	钢结构	36				2	本系
20	土力学与地基基础	72			4		水电系
21	施工技术与机械	72			4		本系
22	施工组织与管理	72				4	本系
23	工程概预算	36				2	本系
24	认识实践毕业实践					8	（折合 6 周）
总计		1608	24	24	24	16+8	

7.4　人才培养

7.4.1　本（专）科生

1977 年恢复高考后，建工系当年就招收了房建混合班 37 人（后分为结构工程 27 人、建筑学 10 人)、环境保护一个班 35 人。这批同学于 1978 年 3 月入校。1978 年建工系建筑学专业招收 78 人,工业与民用建筑专业招收 73 人。这批学生于 1978 年 10 月入学。这两届学生学制都定为四年半。1979 年学校校务会议决定:“从 1979 届开始实行本科五年制,1978 届原四年半学制也改为五年制,1977 届仍为四年半学制。”①1978 年,建工系还招收了两个建筑专修班:建专 81 班为建筑学专业 20 人;建专 82 班为建筑结构专业 20 人和建筑设备专业 20 人,学制为两年。1980 年毕业时,这两个班有不少同学留校充实到系里实验室和设计院中,使实验人员和设计人员的力量得到加强。1984 年,建工系在建筑学和环境工程专业相继分立,恢复为土木工程系后,每年招收三个班学生,人数稳定在 90 人上下。1988 年,学校将专科学制改为三年,并只招收半工半读的走读生。从 1990 年起,土木系每年增招一个大专班 30 多人,当时,北京高中毕业生升学压力很大,所以报考大专班的人数不少,生源不错。到 1996 年,北京市考生升学压力大大缓解,报考大专班的人数骤减,当年招收的 32 人中,北京生源只有 5 人,其他的来自河北 4 人,黑龙江大庆市 7 人,广东 8 人,江苏 8 人。1997 年招收的 22 人则全为外地生源:江苏 10 人,广东 4 人,广西 8 人。这些外地学生要以半工半读的走读方式进行学习,显然存在很大困难。为此,学校决定土木系大专班自 1998 年起不再招生,其招生名额转给本科。因此,自 1999 年起,土木系本科每年招收 4 个班,人数增至 120 左右(见表 7-22、表 7-23)。自 2011 年起,土木系本科开始招收少量留学生来系学习。

表 7-22　1977—1997 年土木系本(专)科招生人数

年份	本科				专科(括号内为外地生源人数)
	建筑结构	环境工程	建筑学	空气调节	
1977	37	35			
1978	73		78	41	60
1979	72	59	31		
1980	93	60			
1981	95	62			

① 《关于五年制教学计划若干问题的规定》,载《清华公报》,第 10 期,1979 年 9 月 3 日。

续表

年份	本科				专科（括号内为外地生源人数）
	建筑结构	环境工程	建筑学	空气调节	
1982	92	61			
1983	97	64			
1984	94	63			
1985	93				
1986	92				
1987	86+2（留学生）				
1988	99+1（留学生）				
1989	87				
1990	95				34
1991	88				35
1992	89				34
1993	96				59
1994	98				31（2）
1995	98				35（2）
1996	92				32（27）
1997	96				22（22）

表 7-23　1998—2017 年土木系招生人数

年份	1998	1999	2000	2001	2002	2003	2004	2005	2006	2007
本科	96	125	124	128	132	119	122	120	121	123
留学生										
年份	2008	2009	2010	2011	2012	2013	2014	2015	2016	2017
本科	125	118	122	121	124	137	132	126	118	128
留学生				4	5	6	3	3	1	8

图 7-7　土木系结 13 班（1981 级）合影

图 7-8　土木系 1985 级毕业生合影

图 7-9　土木系结 12 班(1991 级)毕业合影

这一时期,在本科生中涌现了以先进班集体、优良学风班、甲级团支部和毕业班先进集体为代表的先进集体,以及以特等奖学金和蒋南翔奖学金获得者为代表的先进个人(见表 7-24~表 7-26)。其中,1993 年入学的结 33 班"连续四年获校甲级团支部、连续四次获校优良学风班、校先进班集体,荣获北京市'先锋杯'团支部、北京市'先锋杯'团支部标兵、北京市红旗团支部、北京市先进班集体,1996 年获北京市团支部综合擂台赛第

图 7-10　土木系结 53 班(1995 级)毕业合影

图 7-11　土木系 1997 级毕业合影

一名,1997 年被团中央和国家教委评为全国先进班集体标兵,在人民大会堂接受了表彰。”①②

① 《土木工程系 1997 年年鉴》,第 28 页。

② 青萍:《献上一份优秀的答卷》,载《新清华》,1998 年 1 月 2 日,第 1316 期,第 4 版。

图 7-12　结 33 班在人民大会堂受颁全国先进班集体标兵[①]

表 7-24　1978—2017 年本科班级集体荣誉[②]

年份	先进班集体	优良学风班	甲级团支部	毕业班先进集体
1978	地 5 班			
1979	地 6 班、环 7 班、房 82 班			
1980	环 7 班			
1981				
1982				
1983	结 03（先进班集体标兵）、结 13 班			
1984				
1985	结 31 班、环 22 班			无
1986	结 31 班			
1987	无			无
1988				
1989				
1990	无	结 81 班、结 72 班	结 72 班团支部	无
1991	结 81 班	结 72 班、结 81 班、结 92 班	结 72 班、结 82 班、结 81 班、结 91 班	无
1992	结 91 班	结 81 班、结 91 班	结 72 班、结 91 班、结 81 班、结 82 班、结 93 班、管 8 班	结 72 班

① 班级提供。

② 根据校学生工作部年鉴和清华大学信息门户网上通知等资料整理。

续表

<table>
<tr><th>年份</th><th>先进班集体</th><th>优良学风班</th><th>甲级团支部</th><th>毕业班先进集体</th></tr>
<tr><td>1993</td><td></td><td>结91班、结13班</td><td>结81班、结91班、结13班</td><td>结81班</td></tr>
<tr><td>1994</td><td>结13班</td><td>结13班、结23班</td><td>结23班、结01班、结13班</td><td>无</td></tr>
<tr><td>1995</td><td></td><td></td><td rowspan="3"></td><td>无</td></tr>
<tr><td>1996</td><td>结33班</td><td>结33班、结43班、结42班(学风建设进步显著班)</td><td>无</td></tr>
<tr><td>1997</td><td>结33班、结51班</td><td>结33班、结51班</td><td>无</td></tr>
<tr><td>1998</td><td>结33班(全国先进集体标兵)、结51班</td><td>结62班、结73班、结51班</td><td>结51班、结62班、结43班</td><td>结33班</td></tr>
<tr><td>1999</td><td rowspan="2"></td><td rowspan="9"></td><td rowspan="17"></td><td>无</td></tr>
<tr><td>2000</td><td>结51班</td></tr>
<tr><td>2001</td><td>土研1班、建管研1班</td><td>无</td></tr>
<tr><td>2002</td><td>无</td><td>结82班</td></tr>
<tr><td>2003</td><td>无</td><td rowspan="5">无</td></tr>
<tr><td>2004</td><td></td></tr>
<tr><td>2005</td><td>结41班</td></tr>
<tr><td>2006</td><td rowspan="6">无</td></tr>
<tr><td>2007</td></tr>
<tr><td>2008</td><td>结73班、建管5班</td><td>结41班</td></tr>
<tr><td>2009</td><td>结61班</td><td>无</td></tr>
<tr><td>2010</td><td>结73班、结81班</td><td>结61班</td></tr>
<tr><td>2011</td><td>结91班、结03班</td><td rowspan="5"></td></tr>
<tr><td>2012</td><td>结93班</td><td>结11班</td></tr>
<tr><td>2013</td><td>建管0班</td><td>结11班、结21班</td></tr>
<tr><td>2014</td><td>结11班</td><td>结21班、建管1班、结32班(学风建设进步显著班)</td></tr>
<tr><td>2015</td><td>结21班</td><td>结42班、建管3班</td></tr>
<tr><td>2016</td><td>建管3班</td><td>结52班、建管4班</td><td>结41班、建管4班、结53班、土博14班</td><td>结21班</td></tr>
<tr><td>2017</td><td>建管4班</td><td>结52班、结62班</td><td>结52班、结61班、结63班、土硕15班</td><td>无</td></tr>
</table>

注：表格中标记“无”表示本年度无土木系集体获奖，表格空白表示数据暂缺。

表 7-25　历年特等奖学金和蒋南翔奖学金获得者①

<table>
<tr><th>年　份</th><th>特等奖学金</th><th>蒋南翔奖学金</th></tr>
<tr><td>1989</td><td rowspan="12">无</td><td>韦宇宁</td></tr>
<tr><td>1990</td><td rowspan="2"></td></tr>
<tr><td>1991</td></tr>
<tr><td>1992</td><td>王龙芝</td></tr>
<tr><td>1993</td><td rowspan="4">无</td></tr>
<tr><td>1994</td></tr>
<tr><td>1995</td></tr>
<tr><td>1996</td></tr>
<tr><td>1997</td><td>王超</td></tr>
<tr><td>1998</td><td>无</td></tr>
<tr><td>1999</td><td>周栋梁、郑睿祺</td></tr>
<tr><td>2000</td><td>陈明、谢岳来</td></tr>
<tr><td>2001</td><td>纪晓东</td><td>沈未</td></tr>
<tr><td>2002</td><td>王松涛</td><td>左莹</td></tr>
<tr><td>2003</td><td>吴璟</td><td>无</td></tr>
<tr><td>2004</td><td rowspan="9">无</td><td>熊俊</td></tr>
<tr><td>2005</td><td>陶慕轩</td></tr>
<tr><td>2006</td><td>郭晓旸</td></tr>
<tr><td>2007</td><td>王海</td></tr>
<tr><td>2008</td><td>无</td></tr>
<tr><td>2009</td><td></td></tr>
<tr><td>2010</td><td>无</td></tr>
<tr><td>2011</td><td rowspan="7"></td></tr>
<tr><td>2012</td></tr>
<tr><td>2013</td><td>孙启力</td></tr>
<tr><td>2014</td><td>郭宇韬</td></tr>
<tr><td>2015</td><td rowspan="2">无</td></tr>
<tr><td>2016</td></tr>
<tr><td>2017</td><td>莫佰川</td></tr>
</table>

注：表格中标记“无”表示本年度无土木系个人获奖，表格空白表示数据暂缺。

表 7-26　1979—2017 年优秀毕业生和优良毕业生荣誉①

年　份	优秀毕业生	优良毕业生
1979	袁帆	赵红红、黎明、蔡长杰、王德元、李昭、高智
1980	张建平	闫正义、郝伯华、蔡海潮、夏沈白、李福寿、李文、范和平、王淑梅、曲秀华、叶维荣
1981		

① 根据校学生工作部年鉴和清华大学信息门户网上通知等资料整理。

续表

年　份	优秀毕业生	优良毕业生
1982	结 7 班：童华南、黄宗瑜 环 7 班：王小兰、施汉昌	结 7 班：胡德均、李康宁、林家彬 环 7 班：金实、顾平、赵睿琛、郭立坤
1983	李振宁、彭淑银	霍晓明、曹宇明、何继兴、刘印博、杨小明、龚炳年、王明仁、丛群
1984	邓干波	土环系建筑结构工程专业：周云龙、张瑞捷、马立明、石永久、熊光炜、解滨、颜永红 土环系环境工程专业：高延、涂晓光、梁永明、李振瑜 土环系核环境工程专业：卜天琪、邹骥、刘希波、梁朝
1985	结 03 班：刘洪玉 环 01 班：刘志明 环 02 班：韩文燕	结 01 班：郑京哲、毛尚云、龚冯燕 结 02 班：石成钢、王立杰、王守清、罗宁平 结 03 班：宿良、孙利民、谷松、梅晓鹏 环 01 班：廖志民、张莉、张鸿涛 环 02 班：李亚东、崔大鹏、殷志成
1986		
1987	高世斌	邢健、王敬忠、朱勇军、马敬友、管云、林曦、孟宪海、马洪波、李虹、蒋秀根
1988	张志远、石萌	罗岚、王大庆、刘贵全、刘春明、苗澍柯、贺小岗、贺臻、郑勇、刘飞、邵继红、李晨
1989		
1990	李丽、樊静	初宏伟、杨怀宇、郭红仙、刘经鸿、崔维兵、周宏宁、林栋、陈勇、高艳山、王文凯
1991	孔小凯、肖从真	韩跃伟等 11 人
1992	张纳新、袁雪芬	张祖强、孙学敬、王德怀、罗川、刘刚、朱伟、南建林、李谦、潘伟利、王辉(专科)
1993	杨国兴、栗广	杨成旭、庄青峰、杜松、郭威、蔚星、饶少华、李瑛、夏荣鹏、何春兴、朱荣斌、李春林
1994	熊向军、华文全	刘冰、韩俊峰、易旭辉、杨晓军、程晓辉、陈文斌、王景然、刘军、殷亚峰、董庆峰(专科)、徐敏(专科)
1995	王龙芝、王明海	王京、叶康生、陆学君、沈明松、崔永杰(朝)、罗云兵、聂永明、张阳红、张雷明、赵亮(专科)、刘伟(专科)、程春燕(专科)、石继华(专科)
1996	陈玲玲、张春生	蒲德群、程进兴、贺东哲、王文斌、周上奕、高怀珠、荆军、聂小健、杨军
1997	付景辉、耿媛元	陈扬波、蒋焯钧、王臣、赵大伟、赵艳霞、李蓬、赵树红、奚学梅、郭蕙兰
1998	柏松、汪洋、王超	李璞、常强、袁虹、丁辉、郑毓煌、曹新宇、刘钺强、王开健、李楠、王枚、邹宇

续表

年　份	优秀毕业生	优良毕业生
1999	高嵩、曹静娅	吴升厚、曾文平、沈伟、周海功、向华、王洪钧、赖孝荣、聂宇、王建伟
2000	申跃、汤昱川、沈悦、郑思齐	郑睿祺、武延民、田春雨、葛春燕、林磊、王立齐、唐忠华、欧阳彦峰、周栋梁、戴继峰、陈戈、李文涎、李兆凡、卢树、陆新征、刘慧明、黄李骥、温阳、祝迪飞
2001	谢岳来、王晓坤	姜海、段鹏、武思宇、付鹏程、黄霆、胡伟红、焦朋朋、陈明、马赢
2002	纪晓东、沈未	孙宏伟、何剑华、程光煜、苏迪、程明、刘光磊、黄怡、阮小健、郭建锋
2003	孙尧、王松涛	白音、别静、代诚、李子川、林恭博、王媛媛、杨文、张子潇、赵洁、周钱、朱喻之、马亚男
2004	吴璟	王海波、王继峰、贺瑞、孙立光、陈宇、陈浩、杨朗、张一舟、钱臻、霍铁力、杨璐、孙煜、何鑫
2005	江洋、张宇	赵衡、曲哲、杨帆、左莹、李天虹、袁健、吕坚峰、陈序平、李春秋、胡振中、刘禄宇、何崟、韩超、柳君
2006	徐书楠、熊俊、张孟春	卜凡民、徐仿、蒋燕、徐春、窦超、王新昌、孙文君、齐玉军、陈力、赵国富、张爽
2007	陶慕轩、杨振鹏	班慧勇、张晓光、邢万里、田广宇、张岳胡、宗文、蔚欣欣、林旭川、江磊鑫、宋欣怡、焦军、郭明
2008	郭晓旸、丁文捷	王翔、王小安、周慧、潘振华、王萌、李鹏、彭媛媛、王文晖、马玉虎、王寅啸、王宇航
2009	杨帆、王海	李楠、张铭宗、李佳嵘、胡红松、黄腾、王佼姣、兰雪、张倩、李果、赵思远、侯超
2010	安钰丰、徐晓琦	丁然、陈操、张博浩、刘晓刚、谢伟君、刘宇飞、张英杰、王磊
2011	程曦、林佳瑞、徐玉勇	周萌、丁宇、陈鹏、马晓伟、胡妤、程卫红、张旭乔、徐悟、周文静、闫伟、黄蔚、杨洋、高恒
2012	李一昕、徐跃进	徐克龙、陈航、朱逸文、张灿、杨馨、吴守君、孔郁斐、谭辉、周侃、刘喆、刘婷、徐冰
2013	郭孟武、张莉	程晗、丁嘉威、刘诚、陈学森、张索迪、潘文豪、尹墨耕、曾翔、苏舒、童精中、胡昌明、徐咏雷
2014	孙启力、周逸能	吴一然、肖世泽、花幼星、田源、张东彬、黄峻彬、刘丹、马玮、王泽源、张珂南、王爵、于言滔
2015	郭宇韬、苟双科、朱恩伟	张云翼、杨哲飙、朱尧于、朱靖申、陈锦阳、钟耀峰、潘晨、顾紫薇、荣成骁、任远、王哲
2016	庄亮东、李帅、付昭欣	赵鹤、王琛、明遥、吴志轩、蔡诗瑶、杨鸿杰、周勐、王梦争、赵曜、陈易新、盛韵心
2017	吕晚晴、姜越鑫	段了了、高劲洋、张紫千、李松阳、曾一、沃中原、陈星雨、张子煜、袁爽、苗增辉、沈阳、闫聪、张卓然

7.4.2 研究生

1978年，学校正式恢复研究生培养制度，土木系当年即招收研究生18人。1981年，我国正式实行学位制度，国务院学位委员会批准清华大学为第一批博士学位和硕士学位授予单位。其中，土木系结构工程专业和工程测量专业获硕士学位授予权。1984年，土木系结构工程专业获博士学位授予权，龙驭球为博士生导师。1985年国务院学位委员会特批土木系地震工程及防护工程学科可授予博士学位，指导教师为沈聚敏、陈肇元。1986年增列陈聃、过镇海为博士生导师。同年国务院学位委员会下放硕士学位授予审批权，经清华大学学位评定委员会自行审批，并上报备案通过，土木系建筑材料学科和建筑经济与管理学科获得硕士学位授予权。与此同时，学校还聘请了中国建筑材料科学研究院的吴中伟院士到土木系担任博士研究生导师。1990年，建筑材料学科获得博士学位授予权，冯乃谦为博士生导师，同时刘西拉、江见鲸也获准增列为博士生导师。此时土木系有权授予硕士学位的学科、专业也增至5个：建筑经济与管理、结构工程、地震工程及防护工程、建筑材料、工程测量[2]412-421。

1993年，清华大学获得自行增列博士生指导教师的审批权。经学校审批，土木系增列李少甫、袁驷、方鄂华、朱金铨为博士生导师。1998年6月，国务院学位委员会批准清华大学土木系获一级学科博士授予权，自此，土木系不必再按二级学科招收博士生，也不必再按二级学科聘任博士生导师[8]44。学校自2006年起开始试点副高级职称教师担任博士生导师，土木系石京、孔祥明、邓晓梅获准担任博士生导师。2008年，学校开始试点院系自审中级职称教师担任硕士研究生导师制度，土木系潘鹏、冯鹏、李小冬、李瑞敏、施刚、潘佳怡、纪晓东、廖彬超获硕士生导师资格[2]435。1996—2017年，土木系新增的博士生导师见表7-27。

表7-27 1996—2017年土木系新增博士生导师[2]430-437①

获批年份	博士生导师
1996	钱稼茹
1998	郭彦林、秦权、史其信

① 系研究生业务办提供。

续表

获批年份	博士生导师
1999	刘洪玉、刘晶波、任爱珠、覃维祖、朱嫣
2000	聂建国、宋二祥、阎培渝
2001	石永久、朱宏亮
2002	陆化普、叶列平
2003	董聪、方东平、张建平
2004	王守清
2005	韩林海、辛克贵
2006	李克非、张君、张智慧
2007	马智亮、王元清、钟宏志
2008	程晓辉、张红
2009	樊健生、赵红蕊、郑思齐
2010	邓晓梅、孔祥明、石京
2011	陆新征、冯鹏、李瑞敏、李小冬、潘鹏、施刚、吴建平
2012	白征东、徐明、杨赞、赵作周
2013	郭红仙、廖彬超、路新瀛
2014	郭红领、纪晓东、李萌、魏亚、吴璟、杨军
2015	胡振中、李楠、李全旺、龙奋杰、王强
2016	李威、陶慕轩
2017	班慧勇、赵志宏

改革开放以后，至 2017 年，土木系共培养硕士 2418 名，博士 485 名，见表 7-28。1984 年，土木系培养的首位博士袁驷获得工学博士学位，导师为龙驭球（见图 7-13）。

图 7-13　土木系培养的首位博士袁驷的学位论文答辩会

根据经济、社会、生产发展的需要，清华大学不断创新研究生培养模式，在全国率先进行了多项探索和改革。1984 年起，学校开始推荐应届本科生免试直接攻读硕士学位，同年开始选拔在学硕士生提前攻读博士学位、工程类型硕士生培养试点、接受用人单位委托培养研究生。1983 年入学的硕士研究生宋二祥在 1985 年提前攻读博士学位，为土木系首位。1986 年，试行论文博士生制度。1987 年，开始定向培养研究生制度。1991 年，试行在应届本科毕业生中招收直接攻读博士学位的“直博生”，结 62 班（1986 级）的肖从真成为土木系首位直博生。

表 7-28　1981—2017 年土木系培养的研究生人数

授学位时间	硕　士	博　士	授学位时间	硕　士	博　士
1981	17		2000	47	7
1982	3		2001	51	10
1983	13		2002	74	11
1984	7	1	2003	172	20
1985	14		2004	118	12
1986	23	1	2005	111	27
1987	23		2006	146	20
1988	52	2	2007	143+11	38
1989	42	6	2008	102+13	29
1990	14	4	2009	78+44	27
1991	35	5	2010	62+34	27
1992	27	2	2011	59+32	20
1993	37	7	2012	62+35	27
1994	23	4	2013	58+23	28
1995	33	6	2014	67+35	26
1996	34	4	2015	75+34	33
1997	39	10	2016	74+29	27
1998	34	6	2017	81+31	33
1999	47	5	合计	2418	485

注：“+”后面数字为项目管理领域的工程硕士。

清华大学博士生学术论坛始于 2002 年，早期均在石门山庄举办，土木系每年承办一届，是研究生展示科研成果、交流学术思想、提升学术水平的重要平台。2000—2017 年，土木系共有 45 篇校级优秀博士学位论文，94 篇校级优秀硕士学位论文（见图 7-15～图 7-20，表 7-29，表 7-30）。

图 7-14　土研 9 毕业合影(1989 年)

图 7-15　博士生论坛优秀报告人(2002 年)

图 7-16　博士生论坛(2004 年)

图 7-17　博士生论坛(2007 年)

表 7-29　2000—2017 年校级优秀博士学位论文

年份	作　　者	导　　师	论 文 题 目	等　　级
2000	岑　松	龙驭球	新型厚薄板、层合板元与四边形面积坐标法（注：2002 年入选全国优秀博士论文）	未做区分
2002	冷发光	冯乃谦	荷载作用下混凝土氯离子渗透性及其测试方法研究	二等

续表

年份	作　者	导　师	论文题目	等　级
2003	池跃君	陈肇元	刚性桩复合地基工作性能及沉降计算方法的研究	一等
	刘本玉	江见鲸	基于 GIS 的城市抗震防灾决策支持系统的应用研究	二等
	王　枚	袁　驷	一维有限元法及二维有限元线法后处理超收敛计算的研究	二等
	崔晓强	郭彦林	弦支穹顶结构体系静、动力性能研究	二等
2004	周栋梁	钱稼茹	RC 环梁连接的钢管混凝土框架试验研究与理论分析	二等
	林道锦	秦　权	结构可靠度随机有限元分析若干理论问题研究及程序实现	二等
2005	陆新征	江见鲸	FRP—混凝土界面行为研究	一等
	郑思齐	刘洪玉	中国城市家庭住房选择与住房搜寻研究	二等
	王　进	史其信	短期交通流预测模型和方法研究	二等
2006	王甲春	阎培渝	影响混凝土早龄期开裂特性的材料因素研究	二等
2007	纪晓东	钱稼茹	大型复杂钢结构损伤诊断研究	一等
	程光煜	叶列平	基于能量抗震设计方法及其在钢支撑框架结构中的应用	二等
	翁少群	刘洪玉	中国房地产企业组合投资行为及优化研究	二等
2008	刘祥庆	刘晶波	地铁地下结构地震反应分析方法与试验研究	二等
	唐　亮	聂建国	钢—混凝土组合梁的剪扭强度	二等
2009	吴　璟	刘洪玉	中国城市住房价格短期波动规律研究	一等
	胡振中	张建平	基于 BIM 和 4D 技术的建筑施工冲突与安全分析管理	二等
	李春秋	陈肇元	干湿交替下表层混凝土中水分与离子传输过程研究	二等
2010	柯永建	王守清	中国 PPP 项目风险公平分担	一等
	王　强	阎培渝	钢渣的胶凝性能及在复合胶凝材料水化硬化过程中的作用	二等
	张　宇	刘洪玉	住房金融政策对中国城市住房市场的影响机制与政策选择	二等
2011	李　威	韩林海	圆钢管混凝土柱—钢梁外环板式框架节点抗震性能研究	一等
	宋天诣	韩林海	火灾后钢—混凝土组合框架梁—柱节点的力学性能研究	二等
	侯东伟	张　君	混凝土自身与干燥收缩一体化及相关问题研究	二等

续表

年份	作　　者	导　　师	论 文 题 目	等　　级
2012	陶慕轩	聂建国	钢—混凝土组合框架结构体系的楼板空间组合效应	一等
	曾　强	李克非	水泥基材料低温结晶过程孔隙力学研究	二等
	班慧勇	石永久	高强度钢材轴心受压构件整体稳定性能与设计方法研究	二等
2013	王宇航	聂建国	曲线梁桥钢管混凝土桥墩的扭转效应研究	一等
	王萌	石永久	强烈地震作用下钢框架的损伤退化行为	二等
	陈喜群	史其信	交通流动态随机演化模型研究	二等
2014	侯　超	韩林海	中空夹层钢管混凝土—钢管 K 形连接节点工作机理研究	一等
	杨　飞	张红	中国房地产上市公司资本结构优化调整研究	二等
	袁焕鑫	王元清	焊接不锈钢轴心受压构件局部稳定和相关稳定性能研究	二等
2015	安钰丰	韩林海	方形钢管混凝土叠合压弯构件力学性能和设计方法研究	一等
	张艳荣	孔祥明	水泥—化学外加剂—水分散体系早期微结构与流变性	二等
	蒋中铭	方东平	建筑施工安全相关行为的建模与仿真	二等
2016	邓开来	潘　鹏	震后功能可恢复开缝剪力墙—消能连梁结构研究	一等
	汪　利	钟宏志	对偶分析：基本理论及其在结构分析中的应用	二等
	吴春林	方东平	建筑业安全领导力度理论与实证研究	二等
	徐　悟	韩林海	六边形钢管混凝土柱及其外包式柱脚工作机理研究	二等
2017	郭孟武	钟宏志	基于对偶变分形式的有限元后验误差界	一等
	吴守君	潘　鹏	摇摆填充墙—框架结构抗震性能研究	二等
	徐杨菲	郑思齐	城市空间中的消费活力与区位价值：影响因素与作用机制	二等

表 7-30　2000—2017 年校级优秀硕士学位论文

年份	作　　者	导　　师	论 文 题 目
2000	王　挺	聂建国	钢—压型钢板混凝土组合梁的试验研究
	王　倩	张建平	建筑施工计划与场地布置 4D 模型的研究
2001	曹　颖	张建平	建筑工程项目管理智能型数据库系统的研制
	黄新宇	方东平	工程建设项目安全管理及其评价指标体系研究
	刘钺强	辛克贵	大佛寺斜拉桥成桥状态及施工过程力学分析
2002	刘　颖	陆化普	基于路段流量时间的动态 OD 反推模型与算法研究
	陈　全	石永久	组合扁梁受力性能分析
	郑睿祺	刘洪玉	房价收入比计算方法与合理取值研究

续表

年份	作　　者	导　　师	论 文 题 目
2002	沈　伟	宋二祥	刚性桩复合地基—筏板体系内力、沉降计算方法研究
	兰　勇	郭彦林	梭形管柱稳定承载力理论与试验研究
2003	路小平	刘洪玉	地价与房价关系研究
	张岫文	陈肇元	地下混凝土结构早期温度应力与裂缝控制研究
	谢　锋	方东平	建筑安全绩效的定量研究
	陈必磊	聂建国	空间桁架拱织索网结构实验研究及悬索结构理论分析
	张雪涛	张惠英	混凝土小型空心砌块 CAD 系统的研究与开发
	袁　征	袁　驷	二维有限元法后处理超收敛计算研究
	郝彤途	过静珺	电子海图显示与信息系统研发
	温　阳	任爱珠	基于虚拟现实的复杂建筑结构建模
	罗良尚	郭彦林	广州体育馆钢结构安装技术及模拟分析
2004	姜　鋆	钱稼茹	一幢特别不规则高层建筑结构抗震性能研究
	沈　末	陆化普	基于达到时间 OD 的动态系统最优化分配离线模型与算法
	黄　霆	刘洪玉	基于实物期权模型的房地产开发决策研究
	柏　宇	聂建国	分层钢管混凝土芯托及其节点的试验研究
	马天一	张建平	建筑施工企业数据仓库与数据挖掘技术的应用与研究
2005	吴　星	张智慧	建筑工程环境影响评价体系和应用研究
	黄羽立	叶列平	FRP 约束混凝土的分析与本构模型
	王媛媛	陆化普	基于个人决策行为的居住地选择模型及应用研究
	苏　迪	石永久	考虑组合效应的钢结构梁柱点抗震性能研究
2006	彭明英	赵作周	国家体育场薄壁箱形空间扭曲构件承载性能研究
	钱　臻	陆化普	基于交通能量的交通流建模与网络分析
	逯　晔	叶列平	高强轻骨料混凝土梁抗剪性能试验研究
	章辉赞	张红	我国通货膨胀与商品住房价格关系研究
	张　肃	唐中实	基于人工神经网络的遥感数据分类研究
	王辉球	缪立新	集装箱岸吊的调度模型和算法研究
2007	喻　烟	钟宏志	二维问题的弱形式求积元分析
	马泽丹	杨新苗	电动自行车的快速增长对城市交通的影响
	栾　尧	阎培渝	大体积混凝土基础底板温度应力与裂缝控制研究
	门　俊	宋二祥	核爆冲击波作用下高层剪力墙结构附建人防地下室的倾覆分析
	陈　宇	聂建国	步行荷载激励下大跨度人行桥的振动研究和减振研究
	李天虹	叶列平	FRP—混凝土组合梁受力性能和设计方法研究
	潘先轶	方东平	奥运工程施工期多目标绩效管理及评价工具
2008	葛　峤	唐中实	基于 WebGIS 的三峡库区滑坡预警信息系统研究
	张庆林	郭彦林	波浪腹板工形构件稳定承载力设计方法研究
	徐　春	史其信	基于遥感图像的交通信息提取研究与实现
	陈序平	任爱珠	基于 GIS CAD 和 VR 技术的城市地震仿真系统
	艾传荣	张智慧	高速公路工程变更的后评价研究
	薛雯静	钟宏志	三维问题的弱形式求积元分析

续表

年份	作　者	导　师	论 文 题 目
2009	张炎圣	陆新征	超高车辆—桥梁上部结构碰撞：机理分析与荷载计算
	曹　洋	郑思齐	农民工的住房问题：基于经济增长和社会融合的研究
	陈　曦	钱稼茹	大空间火灾接触式感烟探测仿真研究
	林旭川	叶列平	基于系统方法的 RC 框架结构抗震性能优化设计
	李　明	陆化普	城市主干道行程时间预测理论分析与算法研究
	赵新博	王守清	PPP 项目绩效评价研究
2010	宋谦益	韩林海	圆钢管混凝土—钢管 K 形节点的力学性能研究
	李　泉	樊健生	人致激励下大跨人行桥及楼盖随机振动及优化控制
	林　荫	张　红	我国住房一级市场搜寻成本及买方代理机制研究
	刘永亮	孔祥明	水泥沥青砂浆的力学性能研究
	李启宏	张　君	纤维增强水泥基复合材料工艺与性能研究
2011	孔祥勤	李小冬	建筑工程生命周期人体健康损害评价体系研究
	潘振华	潘　鹏	具有自复位能力的钢框架体系研究
	霍　燚	郑思齐	基于 UrbanSim 的北京写字楼市场空间模型标定和模拟
	周　慧	樊健生	空间组合节点抗震性能试验研究与理论分析
	田景松	覃维祖	铁尾矿砂混凝土的配制与应用研究
2012	范　浩	施　刚	特殊构造端板连接节点受力性能和设计方法研究
	郭　佳	辛克贵	基于性能的新型自复位桥墩抗震理论与试验研究
	陶　立	石　京	机动车驾驶员不当驾驶行为特征与判别指标分析
	彭元波	季如进	国家大剧院空调系统节能运行与节能管理
	舒　畅	王元清	点支式玻璃幕墙单索支承体系承载性能与工程应用研究
2013	张龑华	冯　鹏	FRP 抗屈曲加固轴压钢构件的研究
	沈彦皓	杨　赞	基于信息视角的房地产公司违约风险度量研究
	高义奇	施　刚	火灾下不同拉剪组合对螺栓节点性能影响的研究
	余勇军	王守清	BT 项目关键成功因素实证研究
	马雪英	阎培渝	硅质铁尾矿粉用作混凝土掺合料的应用研究
2014	王　悦	张　红	我国房地产市场结构、开发企业效率与开发企业绩效研究
	马琦峰	纪晓东	震后可更换钢连梁抗震性能研究
	姚湘杰	魏　亚	混凝土直拉徐变系统设计及在可控温湿度下的实验验证
	李　骐	强茂山	基于 P3M3 的 EPC 项目管理成熟度模型构建与应用
	王　峰	季如进	小区市政管线工程业主方风险管理研究

续表

年份	作　　者	导　　师	论文题目
2015	黎梦圆	王　强	大掺量矿物掺合料在蒸养混凝土中的应用研究
	周　剑	赵作周	预制混凝土空心模剪力墙应用技术研究
	张　欢	杨　赞	政府关联对房地产供应链的影响机制
	康　凯	刘洪玉	中新天津生态城绿色住宅开发管理及案例分析
2016	王彦栋	纪晓东	带 RC 楼板的可更换钢连梁抗震性能及设计方法研究
	邹阿鸣	李全旺	考虑整体效应的多层框架稳定性分析简化方法研究
	张索迪	郑思齐	限购政策对住房市场的价量影响效应及城市间差异性研究
	阿　波	廖彬超	基于语义标注度企业社会责任感知研究：以尼日利亚为例
	黎伟捷	冯　鹏	碳纤维复材平行板拉索及曲面板锚具性能研究
2017	胡黎俐	赵晓林	碳纤复材加固高强钢板疲劳性能与设计方法研究
	于言滔	郭红领	施工现场工人安全状态监测方法研究
	刘　丹	纪晓东	新型混合联肢墙结构抗震性能及可恢复能力研究
	赵辰茜	吴　璟	城镇住房保障工程财政负担的测算方法研究
	宋　煜	王守清	基于案例的高科技电子厂房预制与现浇结构建造对比研究
	鲁晓峰	冯　鹏	FRP 叶片预埋高强连接性能研究

图 7-18　土木工程系研究生参加运动会

图 7-19　土木系李秀芬(右二)获评 1990—1991 年度研究生“十大新闻人物”①

图 7-20　土博 6(1996 级)班级活动

① 金兼斌:《研究生评出“十大新闻人物”》,载《新清华》,1991 年 6 月 14 日,第 1066 期,第 1 版。

7.4.3　课外科技活动

为培养学生理论联系实际的学风及求实、创新意识，清华大学在学生中广泛开展了课外科技活动，使之成为学生成长的第二课堂。自 1983 年起学校每年在校庆期间都举办一次“挑战杯”学生课外科技作品展。1989 年，该活动被推广到全国，由共青团中央、中国科协、教育部、全国学联联合发起了“首届‘挑战杯’全国大学生课外学术科研作品竞赛”，之后每两年举办一次。土木系学生积极参加了历届学校和全国的“挑战杯”科技作品大赛，每届都有一些作品获得奖项，取得了不错的成绩。

1994 年，学校教务处倡议开展学生课外科技活动，经与土木系研究协商后，决定举办一次结构设计大赛，由系副主任王志浩负责筹备，并确定了竞赛选题：为荷花池景区修建一座小桥作一真实设计。土木系举办的第一届清华大学结构设计大赛，有土木系、建筑学院、水利系、力学系、汽车系、电机系等院系的同学，自由组队参加竞赛。学生们提出了多个设计方案，最终景观小桥按照学生的设计方案建成了，起名为“莲桥”，见图 7-21。

图 7-21　莲桥

1995 年，第二届结构设计大奖赛开始前，系领导研究后认为，竞赛题选用真实的工程设计牵涉许多实际工程知识，不适合大多数低年级的同学参加，改为制作桥梁模型参赛，宗旨是培养未来土木工程师的全面素质，倡导creation（创造）、cooperation（合作）和communication（交流）的“3C”精神，并确定由王志浩和过镇海老师具体负责筹备工作（见图7-22）。此后，结构设计大赛每年举办一届，除清华各院系组队参赛外，还吸引了北京工业大学、北京建筑工程学院等院校的师生前来观摩。1997年第四届结构设计大赛时，中央电视台一套节目《希望之旅》专栏特意前来制作了20分钟的专题节目并播放。

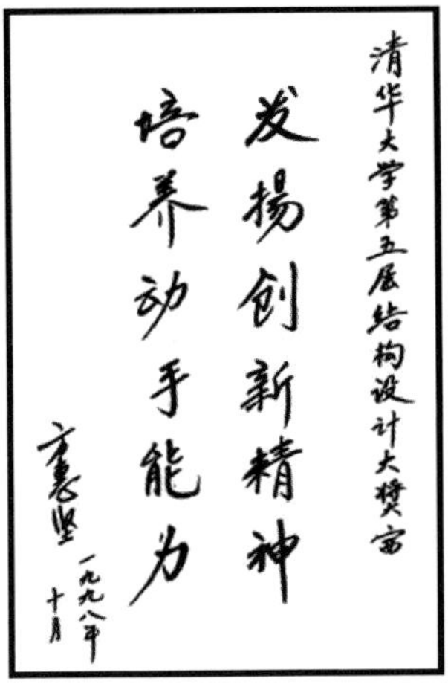

图7-22　清华大学原党委书记方惠坚题字

1998年第五届大赛时，北方交通大学、北京工业大学、北京科技大学、北京建筑工程学院等院校也有同学组队参加，使参赛队伍达到201组、672人。土木系1999年年鉴对此有较为详细的记载：

“1994年首届结构设计大赛起源于清华校内一座观赏性小桥建造方案的征集。尽管结构方面知识涉及不多，比赛规模较之后几届也不算大，但作为本项赛事的开山鼻祖给大家留下了一个很实在的纪念。这座小桥即现在的‘莲桥’，位于清华大学的一处名为‘荒岛’的风景小区里，已成为深受清华学子们喜爱的纪念性景观。当初是为了建桥才有了这个比赛，如今却是小桥因为结构大赛而出名了。

在首届大赛的基础上，第二届结构设计大奖赛便开始向科学化、规范化方向发展。当时的学生骨干在老师的帮助下，借鉴了英国里兹大学著名的‘意大利面条桥’设计比赛和台湾的联合纸桥制作大赛，初步建立起了仅用图纸(第五届改用桐木)和乳胶为材料、三人以上组队、手工制作符合一定加载条件的桥梁模型参赛的形式。命题均由清华大学土木工程系的教授们确定。配合命题,结构工程实验室的科技人员精心研制出了精巧的加载设备,使大赛不仅具有极强的科学性和学术性,在实践方面更是提高了对创新意识和严谨作风的要求。参加结构设计大奖赛的选手们都亲切地将自己的作品称为'第一结构'。由于每届大赛命题不同,故'第一结构'各有侧重,但从总的发展方向来看,'第一结构'越来越趋于工程实际结构。1995年第二届结构大赛的'第一结构'是一座净跨800mm的纸桥模型,创下了1g纸承载2.76N的惊人纪录,与传说中的'四两拨千斤'有异曲同工之妙。1996年的桥模尺寸比例更加接近工程实际,增加了稳定性要求,同学们创造了2.00N/g的新纪录。第四届结构设计大赛的命题为承受运动荷载的跨度为1000mm纸桥模型,符合工程实际,具有一定难度,增设了最佳结构分析奖和最佳造型与制作奖,并首次要求现场答辩。参赛选手超过200名,完成作品60件,获得模型承载力第一名的'自强桥'以169.46g的质量通过了15kg的运动荷载承载实验。决赛现场采用多媒体技术画面、现场追踪录像、大屏幕显示、电脑软件同步排名,达到了'科学气氛、清华水平'的要求,体现了一流大学的现代风貌。中央电视台一套节目的《希望之旅》专栏特意为大赛制作了专题节目,播出之后,反响良好。

第五届大赛有一个重大突破,就是增加了趣味组比赛,要求选手用图纸和乳胶制作一个保护灯泡的减震(振)结构,包在一只灯泡的外面,从6m的高度扔下以检验结构的减震(振)性能。专业组的命题为'承受运动荷载的简支桥梁结构模型设计',跨度为1000mm,材料定为桐木(指定五种规格)和乳胶。大赛历时23天,趣味组决赛于10月22日在大礼堂前举行,专业组于10月28—29日预加载、30日决赛。日程紧凑、头绪繁多,向这个以本科生为主的大赛组委会提出了挑战。土木工程系学生组、土木工程系团委、未来土木工程师协会、土木工程系学生会纷纷抽调精兵强将组成大赛组委会。土木工程系结71班主动请缨承办趣味组比赛,结62班承办专业组比赛。本届大赛得到了学校领导和专家教授们的大力支持。

校党委书记贺美英教授题赠选手们'发扬创新精神,架设通往未来的桥梁!',两院院士张维教授勉励同学们'标新立异、各显才能'。10月22日下午2:30,清华大学大礼堂前的露天决赛现场,洁白的罗马古典式立柱上的红色大条幅‘星星点灯点亮智慧之火’格外醒目。形态怪异的灯泡减震(振)结构琳琅满目,吸引了数百名校内外同学前来观看。你看,有的像火箭,有的像哪吒的风火轮,有的像菠萝……千奇百怪,不一而足。决赛开始了,现场热闹非凡而又井然有序。当按照严格规定从礼堂阳台上落下的灯泡安然着陆时,同学们不禁大声欢呼；而对于不幸‘粉身碎骨’的牺牲品,则报以真诚的同情。最后将落下后仍能正常发光的灯泡按质量大小排名决出了前十组优胜队伍,材料系以其破损率为零的好成绩荣获团体奖。第一名作品的质量(结构连同灯泡)仅 31.68g,要知道,光灯泡就有 28g 多呢！更可喜的是,前十组中有 4 组队伍共计 14 人都是 8 字班的新同学,来到清华园还不到两个月,便在此次比赛中取得了如此优异的成绩,他们获得的不仅是证书和奖金,更重要的是一份对未来学习和工作的信心！清华大学副校长余寿文教授说：‘减震(振)结构的研究目前在航天方面是一个热点。如何令太空舱着陆时宇航员和科学仪器都安然无恙,这个难题尚未得到很好地解决。今天,清华学子们可以让灯泡落下而丝毫无损；明天,解决航天科技难题的科学奖很可能就是你们!’‘降低作品中手工含量,提高作品中智力含量’是趣味组比赛的最大特点。我们相信,在‘星星点灯’的召唤下,会有更多的优秀同学吸引进来,会有更多的智慧火花闪烁起来!

作为传统项目的专业组比赛,是对参赛队伍的创新意识、团队协作精神、专业知识掌握的熟练程度、材料特性的驾驭、解决实际问题的能力等诸方面的综合大检阅。提倡跨年级、跨系组队,鼓励专科生、本科生、研究生联合组队。完整的作品必须包括结构设计计算书、设计方案、桥梁结构模型(实物)。组委会提供的有五种规格的桐木材料,是专门从郑州的航模厂扛回来的。组委会还向参赛队伍提供经过多次精确测试得来的桐木几项力学性能的数值。10 月 30 日晚 7：00,在三教多媒体大教室的决赛现场内座无虚席,入口处更是水泄不通,稍稍晚来的同学根本挤不进去。

‘创新,是一个民族进步的灵魂。’江泽民主席在‘十五’大报告上如是说,这也是大赛宗旨之一。每届结构大赛也都不乏一些颇有创意的作品,第四届大赛曾有同学将飞机制造上的结构应用于桥梁之上；不可否认,这其中就含有未来新的实际结构设计思想的种子。本届大赛也在这一方面获得了丰收。除了开头提到的‘求知 2 号’外,还有高不到 5mm 的

‘超薄型’和形似渡船的‘泰坦尼克号’；仿古的也不妨创新，借鉴赵州桥的‘新时代拱桥’成绩也不错呢。更令人惊服的是，同学们将刚刚学会的力学知识与计算机知识结合起来，独创地绘出各种曲线、推出满足特定条件的公式，着实让人感受到了未来土木工程师们的锋芒！现场的气氛是一浪高过一浪。不时有桥不幸折断，但有更多的桥顺利通过。加载全部结束了，评委们正在紧张认真地评分。这时，大屏幕上播出了振奋人心的画面——高层建筑、汽车轮船、航天飞机、港口道桥、地下工程……都离不开结构！‘不可能设想，不要现代力学就能实现现代化！’钱学森院士曾经这样说过（摘自《力学与实践》）。

激烈的现场答辩开始了。先由选手自己介绍桥梁设计方案及处理方法的特点，时限为 3 分钟；再由台上学识渊博的专家教授们提问，由选手回答，时限也为 3 分钟。也许是做桥时考虑的方面太多了，所有选手自述的 3 分钟都不够用；教授们提出的问题都极具专业性，但选手们从容的应答总是令他们会心一笑。台下的同学们更是凝神细听，由衷佩服选手们的水平，不时爆发出阵阵掌声。第五届结构设计大奖赛的另一项重大举措，是进一步加强在国际工程界的影响。在国内工程教育界，这已成为年度盛事；但面向国际，我们的起步还晚了点，动作还慢了点，本届大赛在专业组决赛的同时，就利用网络对外发送信息，并在比赛结束后把入围作品的有关资料发送给世界著名结构大师，请其进行网上点评。”①

1999 年（第六届）大赛以后，每次大赛都有近千人参与，并邀请了北京市其他高校的学生参加，还邀请了北京市“宏志班”的中学生观摩交流，扩大了结构设计大赛的影响。2000 年成功组织了第七届清华大学结构设计大赛，并邀请了香港大学、澳门大学和台湾大学的学生来清华参加“两岸四地”学生结构设计邀请赛，台湾大学生因 1999 年岛内发生的“9 · 21”大地震未能成行。2000 年 1 月，来自香港大学、澳门大学和我校的 13 支队伍参赛。邀请赛的命题分为长期题和现场题。长期题在赛前一个月公布，包括“世纪之桥——承受运动荷载的高架桥梁结构模型设计”和“千米高楼——高度超千米的多功能综合楼主体结构方案构想”；现场题在比赛当场公布，包括“定向爆破——用积木搭建建筑物模型，并进行定向

---

① 《土木工程系 1999 年年鉴》，第 24—28 页。

爆破的模拟控制试验”和“东拆西补——采用限定数量补强材料对给定链环进行加固”。最后，我校“爱心与希望”“好汉两条半”和香港大学“雪芬富强”“爱心与希望”分别摘走四个赛题的桂冠，“爱心与希望”队获综合特等奖。有意思的是，“定向爆破”的前四名都被香港大学生夺走①。“两岸四地”学生结构设计竞赛的成功实施，开创了亚洲高校大学生结构设计大赛，并形成了每两年举办一次的运行机制。第八届、第九届清华大学结构设计大赛分别于2001年和2002年成功举办，2003年“非典”影响了校内的结构设计大赛活动，但我们组织了中央电视台电视结构设计大赛，并在北京市和学校团委的组织和领导下，举办了北京市高校第一届大学生结构设计大赛，北京市10多所高校的大学生参加了这项活动。2004年（第十届）清华大学结构设计大赛和北京市高校第二届大学生结构设计大赛的成功举办，使大赛的策划和组织方式更加成熟，大赛的运作和实施体系更加完善，大赛的命题和评审更加严谨科学，标志着大赛的发展进入了新的阶段。

这项主要由土木系团委和科协承办的赛事至2017年已连续举办了23届，已成为清华的传统赛事和年度盛事。大赛在命题、加载设备、评价标准和学科交叉方面不断创新，使大赛活力永续，成为每一届学生的集体记忆。历届大赛的竞赛题目和优胜者见表7-31，现场照片见图7-23～图7-32。

表7-31　清华大学结构设计大赛历届赛题及优胜者名单

届数	年份	题　　目	优　胜　者
1	1994	荒岛东南角小桥——莲桥	周强、沈明松、王春光
2	1995	乳胶粘接的800跨纸桥	郭牟、张昱治、陈扬波
3	1996	乳胶粘接的800跨纸桥	李建荣、耿川东、耿媛元
4	1997	承受运动荷载的1000跨纸桥	“自强桥”小组
5	1998	承受运动荷载的简支桥梁结构设计	“求知2号”小组
6	1999	承受偏心运动荷载的简支桥梁结构模型设计	“爱心与智慧”小组（唐忠华、梁立彬）
7	2000	咫尺天涯——承受运动荷载的悬臂桥结构模型设计	李欣、李辉
8	2001	承受运动荷载的不对称双跨桥梁结构模型设计	张磊等

① 我校举办首届结构设计邀请赛，载《新清华》，2000年3月10日，第1397期，第2版。

续表

届数	年份	题　　目	优　胜　者
9	2002	承受运动荷载的高架桥结构模型设计	马路、肖明
10	2003	承受运动荷载的不对称双跨桥梁结构模型设计	张超、陈晓飞、刘桐、张爽
11	2005	承受静荷载和冲击荷载的大跨度体育馆结构模型设计	陈晓飞、李肖肖、白云飞、吴开国
12	2006	承受移动和冲击荷载的桥梁结构模型设计	岳之光、周长江、侯振研
13	2007	承受静载和振动荷载的两层建筑结构模型设计、制作与加载	兰雪、孙聪、曹海韵、金飞飞
14	2008	承受静载和冲击荷载的塔式结构模型设计、制作与加载	张钰、张珍林、甘秉政、林昆鹏
15	2009	承受静载和振动荷载的底部大空间两层建筑结构模型的设计、制作与加载	肖遥、成天行、周萌、李一
16	2010	承受移动荷载和振动荷载的桥梁结构模型	信息暂缺
17	2011	承受竖直荷载及水平荷载的塔式起重机结构设计	信息暂缺
18	2012	单一支撑双车道高架桥梁设计	令狐珺竹、汪家继、关奥、孙启力
19	2013	“大建造师”——承受移动荷载和偏心荷载的单车道桥梁设计	任远、周游佳、陈婷婷、张汉青
20	2014	一夜筑城	张道博组
21	2015	wonder bridge(曲线桥梁)	肖庸、李松阳、谭琪凡、王霄桐
22	2016	双城记(连体双子塔楼)	莫佰川、安云龙、林韵端、周力
23	2017	筑壳记(大跨结构)	程宇航、林师超、薛峻峰、耿丹、郭超然

图 7-23　第六届结构设计大赛加载现场

图 7-24　第七届结构设计大赛加载现场

图 7-25　第十二届结构设计大赛趣味组现场(赛题：摇头晃脑)

图 7-26　第十二届结构设计大赛趣味组选手和作品

图 7-27　第十三届结构设计大赛加载现场

图 7-28　第十三届结构设计大赛评委和嘉宾

（右起：叶列平、刘洪玉、杜汇良、袁驷、过镇海、石永久、马智亮）

图 7-29　第二十届结构设计大赛颁奖仪式

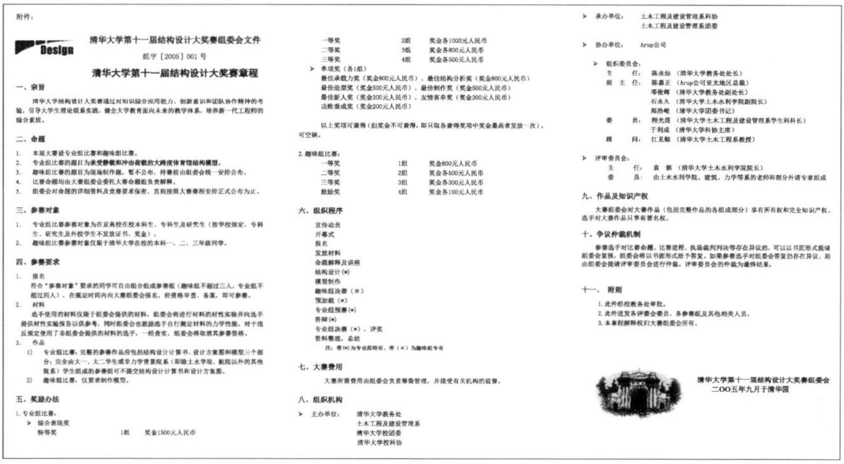

附件：

Design

清华大学第十一届结构设计大奖赛组委会文件

组字［2005］001 号

清华大学第十一届结构设计大奖赛章程

一、宗旨

清华大学结构设计大奖赛通过对知识综合应用能力、创新意识和团队协作精神的考验，引导大学生理论联系实践，健全大学教育面向未来的教学体系，培养新一代工程师的综合素质。

二、命题

1. 本届大赛设专业组比赛和趣味组比赛。
2. 专业组比赛的题目为**承受静载和冲击荷载的大跨度体育馆结构模型。**
3. 趣味组比赛的题目为现场制作题，暂不公布，待赛前由组委会统一安排公布。
4. 比赛命题均由大赛组委会委托大赛命题组负责解释。
5. 组委会对命题的详细资料及竞赛要求保密，直到按照大赛赛程安排正式公布为止。

三、参赛对象

1. 专业组比赛参赛对象为在京高校在校本科生、专科生及研究生（按学校规定，专科生、研究生及外校学生不发放证书、奖金）。
2. 趣味组比赛参赛对象仅限于清华大学在校的本科一、二、三年级同学。

四、参赛要求

1. 报名

符合“参赛对象”要求的同学可自由组合组成参赛组（趣味组不超过三人，专业组不超过四人），在规定时间内向大赛组委会报名，经资格审查、备案，即可参赛。

2. 材料

选手使用的材料仅限于组委会提供的材料。组委会将进行材料的材性实验并向选手提供材性实验报告以供参考。同时组委会也鼓励选手自行测定材料的力学性能。对于违反规定使用了非组委会提供的材料的选手，一经查实，组委会将取消其参赛资格。

3. 作品

1) 专业组比赛：完整的参赛作品应包括结构设计计算书、设计方案图和模型三个部分；完全由大一、大二学生或非力学背景院系（即除土水学院、航院以外的其他院系）学生组成的参赛组可不提交结构设计计算书和设计方案图。
2) 趣味组比赛：仅要求制作模型。

五、奖励办法

1. 专业组比赛：

➢ 综合表现奖

特等奖	1组	奖金1500元人民币
一等奖	2组	奖金各1000元人民币
二等奖	3组	奖金各800元人民币
三等奖	4组	奖金各500元人民币

➢ 单项奖（各1组）

最佳承载力奖（奖金800元人民币）、最佳结构分析奖（奖金800元人民币）

最佳造型奖（奖金500元人民币）、最佳制作奖（奖金500元人民币）

最佳新人奖（奖金300元人民币）、友情客串奖（奖金300元人民币）

功败垂成奖（奖金200元人民币）

以上奖项可兼得（但奖金不可兼得，即只取各兼得奖项中奖金最高者发放一次），可空缺。

2. 趣味组比赛：

一等奖	1组	奖金800元人民币
二等奖	2组	奖金各500元人民币
三等奖	3组	奖金各300元人民币
鼓励奖	4组	奖金各100元人民币

六、组织程序

宣传动员

开幕式

报名

发放材料

命题解释及讲座

结构设计（*）

模型制作

趣味组决赛（#）

预加载（*）

专业组预赛（*）

答辩（*）

专业组决赛（*），评奖

资料整理，总结

注：带（*）为专业组特有，带（#）为趣味组专有

七、大赛费用

大赛所需费用由组委会负责筹集管理，并接受有关机构的监督。

八、组织机构

➢ 主办单位：清华大学教务处

土木工程及建设管理系

清华大学校团委

清华大学校科协

➢ 承办单位：土木工程及建设管理系科协

土木工程及建设管理系团委

➢ 协办单位：Arup公司

➢ 组织委员会：

主　　任：陈永灿（清华大学教务处处长）

副 主 任：陈嘉正（Arup公司亚太地区总裁）

邓俊辉（清华大学教务处副处长）

石永久（清华大学土木水利学院副院长）

郑浩峻（清华大学团委书记）

委　　员：程光煜（清华大学土木工程及建设管理系学生科科长）

于利成（清华大学科协主席）

顾　　问：江见鲸（清华大学土木工程系教授）

➢ 评审委员会：

主　　任：袁　驷（清华大学土木水利学院院长）

委　　员：由土木水利学院、建筑、力学等系的老师和部分外请专家组成

九、作品及知识产权

大赛组委会对大赛作品（包括完整作品的各组成部分）享有所有权和完全知识产权。选手对大赛作品只享有署名权。

十、争议仲裁机制

参赛选手对比赛命题、比赛进程、执场裁判判决等存在异议的，可以以书面形式提请组委会复核，组委会将以书面形式给予答复。如果参赛选手对组委会答复仍存在异议，则由组委会提请评审委员会进行仲裁，评审委员会的仲裁为最终结果。

十一、附则

1. 此件经校教务处审批。
2. 此件送发各评委会委员、各参赛组及其他相关人员。
3. 本章程解释权归大赛组委会所有。

清华大学第十一届结构设计大奖赛组委会

二OO五年九月于清华园

图 7-30　清华大学第十一届结构设计大奖赛章程①

图 7-31　结构设计邀请赛制作现场

① 《土木工程系 2006 年年鉴》，第 32—34 页。

图 7-32　首届结构设计邀请赛获奖团队和作品

结构设计大赛为培养学生的创新意识及团结协作精神提供了一个很好的平台，开辟并实践了人才培养的新方法和新渠道：(1)更多的学生得到锻炼。结构设计大赛主要有学生团委和科协的学生参与实施，建立了完善的运作体系，由各年级的学生轮流承办，使更多的学生在组织大赛的过程中受到锻炼。结构设计大赛形成了以锻炼学生为主，教师提供支持的运作机制，宣传、协调、实施等前台工作由学生来完成，提供资源、组织命题、竞赛评判、寻求资助等后台工作由教师完成。(2)更多的学生受益。结构设计大赛分成专业组和趣味组，3～4 人一组，使各年级、各专业的学生都有机会和条件参加比赛并取得优异成绩，部分专业可计入选修课学分，激发了学生的参与热情，参赛人数逐年增多。(3)更多的学生骨干成长。结构设计大赛已成为培养和挖掘人才的学校和基地，学生团委、学生会、辅导员等学生骨干队伍与大赛同步成长，经过大赛展示了他们的组织和管理才能，为走向更重要的工作岗位奠定了基础，一批又一批学生主持大型活动和语言表达能力得到锻炼。(4)更多的学生参与对外交流。结构设计大赛已成为大学生了解行业、参与国际交流的窗口。结构设计大赛搭建了企业和学校之间的桥梁，吸引了国内外知名企业对学校人才培养的关注和支持。

这项赛事后来还推广到北京市及全国。2003 年，北京市团委主办了

“首届首都大学生结构设计竞赛”(见图 7-33)。

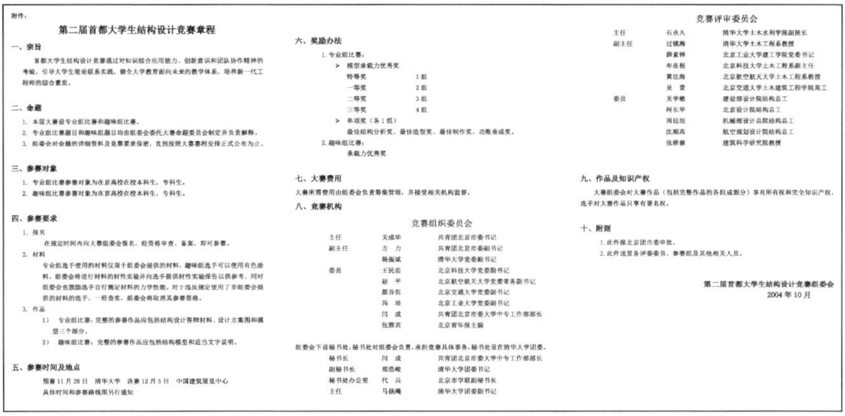

附件：

第二届首都大学生结构设计竞赛章程

一、宗旨

首都大学生结构设计竞赛通过对知识综合应用能力、创新意识和团队协作精神的考验，引导大学生理论联系实践，健全大学教育面向未来的教学体系，培养新一代工程师的综合素质。

二、命题

1. 本届大赛设专业组比赛和趣味组比赛。
2. 专业组比赛题目和趣味组题目均由组委会委托大赛命题委员会制定并负责解释。
3. 组委会对命题的详细资料及竞赛要求保密，直到按照大赛赛程安排正式公布为止。

三、参赛对象

1. 专业组比赛参赛对象为在京高校在校本科生，专科生。
2. 趣味组比赛参赛对象为在京高校在校本科生，专科生。

四、参赛要求

1. 报名

在规定时间内向大赛组委会报名，经资格审查、备案，即可参赛。

2. 材料

专业组选手使用的材料仅限于组委会提供的材料，趣味组选手可以使用有色涂料。组委会将进行材料的材性实验并向选手提供材性实验报告以供参考，同时组委会也鼓励选手自行测定材料的力学性能。对于违反规定使用了非组委会提供的材料的选手，一经查实，组委会将取消其参赛资格。

3. 作品

1） 专业组比赛：完整的参赛作品应包括结构设计答辩材料、设计方案图和模型三个部分。

2） 趣味组比赛：完整的参赛作品应包括结构模型和适当文字说明。

五、参赛时间及地点

预赛 11 月 28 日　清华大学　决赛 12 月 5 日　中国建筑展览中心

具体时间和参赛路线图另行通知

六、奖励办法

1. 专业组比赛：

➢ 模型承载力优秀奖

特等奖	1 组
一等奖	2 组
二等奖	3 组
三等奖	4 组

➢ 单项奖（各 1 组）

最佳结构分析奖、最佳造型奖、最佳制作奖、功败垂成奖。

2. 趣味组比赛：

承载力优秀奖

七、大赛费用

大赛所需费用由组委会负责筹集管理，并接受相关机构监督。

八、竞赛机构

竞赛组织委员会

主任	关成华	共青团北京市委书记
副主任	方　力	共青团北京市委副书记
	杨振斌	清华大学党委副书记
委员	王民忠	北京科技大学党委副书记
	赵　平	北京航空航天大学党委常务副书记
	颜吾佴	北京交通大学党委副书记
	冯　培	北京工业大学党委副书记
	闫　成	共青团北京市委大学中专工作部部长
	张雅宾	北京青年报主编

组委会下设秘书处，秘书处对组委会负责，承担竞赛具体事务，秘书处设在清华大学团委。

秘书长	闫　成	共青团北京市委大学中专工作部部长
副秘书长	郑浩峻	清华大学团委书记
秘书处办公室	代　兵	北京市学联副秘书长
主任	马扬飏	清华大学团委副书记

竞赛评审委员会

主任	石永久	清华大学土木水利学院副院长
副主任	过镇海	清华大学土木工程系教授
	薛素铎	北京工业大学建工学院党委书记
	牟在根	北京科技大学土木工程系副主任
	黄达海	北京航空航天大学土木工程系教授
	吴　萱	北京交通大学土木建筑工程学院高工
委员	吴学敏	建设部设计院结构总工
	柯长华	北京设计院结构总工
	周廷垣	机械部设计总院结构总工
	沈顺高	航空规划设计院结构总工
	张维嶽	建筑科学研究院教授

九、作品及知识产权

大赛组委会对大赛作品（包括完整作品的各组成部分）享有所有权和完全知识产权，选手对大赛作品只享有署名权。

十、附则

1. 此件报北京团市委审批。
2. 此件送发各评委委员、参赛组及其他相关人员。

第二届首都大学生结构设计竞赛组委会

2004 年 10 月

图 7-33　第二届首都大学生结构设计竞赛章程①

2005 年，中国土木工程学会教育工作委员会委托浙江大学承办了第一届“全国大学生结构设计大赛”，以后每年举办一届，由各高校轮流承办。浙江大学承办时，联系了教育部有关机构。2007 年教育部、财政部联合发文批准“全国大学生结构设计竞赛”为全国 9 大学科竞赛资助项目之一。中国土木工程学会教育工作委员会与中国高等教育学会工程教育专业委员会、高等学校土木工程学科专业指导委员会、教育部科学技术委员会环境与土木水利学部同为主办单位。至 2017 年，已连续举办了 11 届。

2007 年，土木系又开展了由交通研究所主办、以土木系学生为主的“交通科技竞赛”，以加强学生的交通专业知识和科研素质，增强其知识综合应用能力、实践能力及团队协作精神。命题范围包括交通工程、交通运输、物流工程、土木工程(道路方向)，至 2017 年已连续举办了 11 届。

2007 年，建设管理系主办了首届建设工程与管理创新竞赛(Innovation Competition in Construction Engineering and Management，ICCEM)，它是面向高校在校研究生和高年级本科生的建设工程与管理领域的国际化高水平创新型竞赛，竞赛内容涉及建设工程技术、管理和法律法规、城市规划与管理、城市经济与房地产等多个方面，至 2017 年已连续举办了 10 届(见图 7-34)。

---

① 《土木工程系 2005 年年鉴》，第 34—36 页。

图 7-34　第 10 届建设工程与管理创新竞赛(2017 年)

为了加速培养面向 21 世纪的、有较强实践能力和创新能力的未来土木工程师,1995 年 10 月,学生未来土木工程师协会在我校成立。1997 年 3 月 24 日,在中国土木工程学会的支持和帮助下,土木系选出常强等 28 名同学成为该学会的首批学生会员①。这些同学将在中国土木工程学会教育委员会的指导下,参加学会的学术交流活动,获得更多接受大师熏陶和参与工程实践的机会。结 33 班汪洋同学是首批会员之一,他说:“清华本科生学习风气浓,但学术风气不浓。这次入会给自己创造了提高学术素养和实践、创新等多方面能力的良好条件。自己将珍惜条件,使自己成为合格的未来工程师。”学校从 1996 年开始设立大学生研究训练(Students Research Training,SRT)计划,土木系鼓励学生参加到教研组的课题研究之中,旨在进一步调动学生课外钻研的主动性、积极性,使本科生及早接受科研训练,并在研究训练过程中,充分发挥学生独立思考、探索和渴望解决问题的主动性,激发学生学习、研究、实践的兴趣,培养学生的创新意识和创新能力。1999 年,结 61 班万百千同学以自己的业余发明“防串烟公共排烟管道止回阀”,荣获了第十届中国专利技术博览会金奖②。土木系师生获得多次 SRT 优秀项目奖和优秀组织奖,如获 2009 年度优秀项目一等奖的“512 汶川大地震中学校建筑(砌体与框架)的震害分析”,由结 6 的朱军、周亦威、曾科豪、巫振弘完成,赵作周指导。

---

①　彭锐:《清华土木系 28 名本科生成为中国土木工程学会首批学生会员》,载《新清华》,1997 年 4 月 11 日,第 1286 期,第 2 版。

②　段洪涛:《土木系学生万百千业余发明获专利金奖》,载《新清华》,1999 年 6 月 25 日,第 1374 期,第 1 版。

7.4.4　文体活动

土木系一直有重视文娱体育活动的传统。在学校田径运动会上,成绩一直不错,但由于规模较小,1987 年之前仅在 1978 年获得过女团冠军(建工系),无法与化工、无线电等传统体育强系抗衡。1987 年,学校根据学生人数等条件将参赛院系分为甲、乙两组(每个年级只有少于等于 3 个班的系分在乙组,多于 3 个班的系分在甲组)后,土木系在乙组中曾多次夺得团体成绩第一名的好成绩：1987 年、1988 年,女团、男女团体总分第一；1989 年,团体总分第一；2000 年团体总分第二；2001 年清华大学 90 周年校庆的马约翰杯运动会上,土木系获得男子乙组团体总分、女子乙组团体总分、乙组男女团体总分、2000—2001 年马约翰杯"流动杯"乙组总分大满贯①。2007 年 9 月后,本科人数在 500 人以上的系为甲组(美术学院除外),500 人以下的系为乙组。研究生的分组亦随此分组[32]214-215。土木系由此重回甲组,由于在甲组中学生人数相对较少,学校又在运动会中增加了篮、排、足、棋类等群体项目和越野赛、武术、健美、游泳等项目,土木系在"马约翰杯学生运动会"上成绩有所下滑,无法与经管学院、自动化系、电子系等抗衡,但基本还保持在前几名(见表 7-32)。

表 7-32　土木系 2007 年马约翰杯校运动会成绩

马杯项目	总体成绩
男子田径	6
女子田径	6
男子足球	4
马拉松	7
女子篮球	3(2)
乒乓球	2(2)
男子手球	1
男子足球 5 对 5	5
围棋	1(1)
游泳	6(4)
定向越野——百米定向	3
定向越野——校园定向	4

① 陈志伟. 马约翰杯运动会最终成绩. 清华新闻网,2001 年 4 月 29 日,https://www.tsinghua.edu.cn/info/2030/78896.html.

续表

马杯项目	总体成绩
女子垒球	弃权
男子篮球	(5)
女子足球	未进前八
女子排球	未进前八
男子棒球	(1)

土木系学生棒球队成立于1991年，截至2017年，已获得该项目清华大学马约翰杯冠军10次，为清华大学棒球校队输送人才数十计，队员多次作为校队主力夺得全国大学生棒球冠军和北京市大学生棒球冠军，并多次获得马约翰奖（清华体育最高荣誉）和校十佳运动员称号等。2016年，土木系1991级校友将毕业20周年捐赠部分用于支持土木系开展棒垒球运动。土木棒球队团结协作，勤奋拼搏的队风已经成为土木体育精神最好的诠释，将在一代代学子中传承发扬（见图7-35）。

图7-35　2011—2013年马约翰杯三连冠

1982年，土木系运动员林为群在首都部分院校和有关体校联合举行的举重等级运动员测验中，以总成绩162.5公斤的成绩达到了48公斤级国家一级运动员标准，成为1976年后北京高校中第一个获得一级运动员证书和证章的运动员[32]219。

在学校组织的“一二·九”革命歌曲演唱会活动中，土木系的本科生和研究生多次荣获一等奖。刘西拉和程晓辉多年承担排练和指挥工作，2005—2010年曾创造连续6年获得研究生“一二·九”革命歌曲演唱会一等奖（六连冠）的佳绩。研通社记者2008年的报道“土木建管系以其激情的指挥，和谐的伴奏，多变的阵形，洪亮的歌声带来一曲《共和国之恋》，优美的和声引来现场观众阵阵掌声”①，土木工程系获得该年综合一等奖和优秀伴奏奖。新同学参加合唱形式的歌咏活动，通过选择歌曲、查阅歌曲背景等过程，学习“一二·九”的革命精神；同时也通过合唱的排练，增进同学间的相互接触、相互了解，并在合唱声部和谐的训练中增强相互配合、相互协作的团队精神，从为集体争光的情感中增强集体的荣誉感、责任感；促进更快地建立好班集体[39]。1994 年，《新清华》曾报道参赛后的土木系同学们在给时任系主任兼指挥的刘西拉教授的回信中写道：“几十年前的秋里老师，几十年前的蒋南翔校长，都是为中华民族的生死存亡而奔走歌唱、意欲唤起民众的热血青年，当他们手挽着手唱出这首‘救亡进行曲’时，心中是何等的悲怆，又是何等的伟岸。我们所要找的，正是这样一种感觉，在您的指择下，当大家含着热泪吼出最后几句时，我们找到了这种感觉，您全身心投入的指挥，深深震撼了我们每一个人，这时候，大家发现，我们的心灵是相通的。”②“一二·九”革命歌曲演唱会已成为入学教育的重要环节（见图 7-36～图 7-39）。土木系还组织有青春服饰大赛③。

图 7-36　本科生“一二·九”革命歌曲演唱会（1991 年）

① 李慧. 清华举行“一二·九”革命歌曲演唱会. 清华新闻网，2008 年 12 月 9 日，https://www.tsinghua.edu.cn/info/1874/74550.html.

② 张颢：《歌中蕴真情》，载《新清华》，1994 年 12 月 23 日，第 1196 期，第 2 版。

③ 《尽显青春风采——土木系青春服饰大赛》，载《新清华》，1999 年 6 月 18 日，第 1373 期，第 2 版。

图 7-37　本科生“一二・九”革命歌曲演唱会(1997 年)

图 7-38　研究生“一二・九”革命歌曲演唱会(2005 年)

图 7-39　研究生“一二・九”革命歌曲演唱会(2009 年)

戏剧是清华百年人文的重要组成部分，培养出洪深、曹禺、英若诚、李健吾等名家大师。戏剧火种代代传承，历久弥新，散发着清华独特的人文精神和艺术魅力。戏剧表演生动，直击人心，启发思考，探索意义，滋养着清华人的身心。1998 年秋季，土木系学生会郑睿祺、岳光源、陈进、朱林森、符齐、凌常锋等同学创办了首届清华大学土木系戏剧节。土木系同学们自导自演，在蒙民伟楼演出了《魔方》《在茫茫大海上》《两张彩票》《雷雨》《多多日记》《红雪》《群猴》等剧目。“人生如戏，戏如人生”，莘莘学子粉墨登场，激情角逐。戏剧节前后邀请了英若诚、林克欢、黄建新、孟京辉、郑晓筠、薛克宗、蓝棣之等校内外艺术名家，畅谈戏剧之美，碰撞思想火花，感悟多彩人生。从 1998 年到 2004 年，土木系学生连续 7 年举办了 7 届戏剧节，是校内有较大影响的学生文艺活动之一。戏剧节还特请实验话剧院、青年话剧院的专家来校讲座、指导排演，并与学生艺术团话剧队联合排练和创作，使同学们的想象力、创造力和活动能力在这些话剧活动中得到锻炼与发展[39]（见图 7-40，图 7-41）。

图 7-40 《两张彩票》演出（1998 年）

图 7-41 《思凡》演出（2000 年）

《新清华》报道了 2000 年 12 月 11 日在蒙民伟楼举办的清华大学第

三届学生戏剧节决赛①：

由土木系承办的这场决赛在热烈的掌声和氛围中进行了将近四个小时。最后《思凡》《Anny 网站》和《上帝的疑问》分获金奖、银奖和铜奖。其中《思凡》是以《思凡 · 双下山》和《十日谈》中的故事为背景，探讨了中国传统文化中最为忌讳的“色欲”，荒诞戏谑的手法刻画出人在欲望面前的无可奈何，嬉笑怒骂中，一切理性的束缚皆被抛之脑后。它的导演是王晓坤、李萌，他们同时捧走大赛的最佳导演奖。《上帝的疑问》荣获了最受欢迎剧目奖，扮演“上帝”的李昂以其老到的演技赢得阵阵掌声，获得了最佳男演员奖。最佳女演员奖则由《错位》中扮演“小姐”的张晓楠捧走。《魔方》中的“诗人”扮演者张宇和《Anny 网站》中的“凡丁”扮演者王辉球分别荣获最佳男、女演员提名奖。此外《三块钱国币》获新生奖；马亚男等 16 名同学荣获优秀演员奖。

同学们说，这种学生戏剧节以其巨大的思想容量，尖锐的表现方式和灵活的舞台手法，从一个侧面展示了大学生对历史、现实和未来的思考；再加上戏剧本身具有很多特殊性，是一项需要集体合作、动员众多力量的活动，参加这样的活动既能展现同学们的表演风采，又能够促进同学之间的交流，加强班级的凝聚力。

土木系学生活跃在清华大学学生艺术团的各个专业团队，也向艺术团输送了大批骨干。1980—2010 年，曾担任学生艺术团团长的有：梅萌（合唱队，1977 级）、贺全（交响乐队，1995 级）、纪越鹏（军乐队，2004 级）。曾担任学生艺术团团工委书记的有：沈葵（舞蹈队，1984 级）、陈鹰（军乐队，1988 级）、范建军（军乐队，1995 级）[39]。

土木系的学生政治思想工作也一直做得十分细致、扎实，在院系党委和校学生部、研究生工作部的领导下，学生工作组和研究生工作组负责具体工作。改革开放以来，历任学生工作组组长有：宋泽芳、卜城、史其信、张建平、季如进、高世斌、缪立新、程晓辉、张春生、沈悦、陈戈、程光煜、吴璟、熊俊、郭晓旸、刘晖、马晓伟、苏舒、张芮瑜；自 1998 年以来，历任研究生工作组组长有：丁建彤、刘钊、杨军、郑思齐、李小冬、李威、班慧勇。这一时期土木系获辅导员奖的名单见表 7-33。

① 丁米：《第三届学生戏剧节落幕》，载《新清华》，2000 年 12 月 20 日，第 1430 期，第 4 版。

表 7-33　林枫辅导员奖和“一二·九”辅导员奖获得者[1]

年　　份	林枫辅导员奖	“一二·九”辅导员奖
1988		季如进
1989		
1990		杨光、石成钢
1991		史其信、杨小明
1992		
1993		
1994		
1995		
1996		
1997		
1998	无	傅景辉、王鲁生
1999	无	李楠
2000	张春生	王立奇、黄新宇
2001	无	丁建彤、刘钊、郑睿祺、沈悦
2002	无	施刚、王立奇、陈戈
2003	沈悦	马赢、纪晓东、杨军、郑思齐
2004	无	阮小健、张祎、孙芬、周栋梁
2005	无	朱喻之、孙海林、王珂
2006	无	程光煜、王继峰、曹申、翟伟
2007	无	邢沁妍、杨璐、王永海、杨帆
2008	无	李春秋、齐玉军、方楠
2009	无	李威、班慧勇、卜凡民、徐峰
2010	无	郭晓旸、陶慕轩
2011	无	张铭宗、王超
2012	无	孙聪、刘晖、侯超
2013	无	程曦、马晓伟、宗亮
2014	马晓伟	林佳瑞、张波、米贵东
2015	无	李一昕、徐克龙
2016	苏舒	胡昌明、李政圜、陈学森
2017	无	张芮瑜、张东彬、尹昊

注：表格中标记“无”表示本年度无土木系个人获奖，表格空白表示数据暂缺。

这一时期培养的学生，在毕业之后，由于知识全面、作风严谨、工作认真，很受社会欢迎，在国际上，也为各界人士认可。1980 级的孙利民回忆：“1985 年我于土木系本科毕业后，升入了硕士研究生课程。一年后得到日本文部省奖学金资助转入东京大学土木系桥梁研究室……1986 年日本文部省直接从中国招收了 10 名留学生（不包括通过国家教育部的招收名

① 根据校学生工作部年鉴和清华大学信息门户网上通知等资料整理。

额），其中清华的学生占了3名，与我同去日本的还有郑京哲（土木系80级）和冉斌（土木系81级）两位同窗，一同进入了东京大学土木系。先于我们几年已有几位留学东京大学的土木系77级先辈，他们是童华南、高晓航、李康宁和林家彬，这些学长们的优秀和勤奋给日方教授留下了深刻印象，通过他们的表现日方教授对清华大学和它的学生给予了高度的评价。日本文部省的留学生录取，对清华的学生仅通过清华的课程成绩单来选考，而不再要求其他考试。这种录取方式是建立在对清华大学教育水平的认可和管理水平的信任的基础上的。"①土木系建管6班的李红（建设管理专业1991届）更是被国际奥委会聘为北京2008代表处首席代表，成为进入国际奥委会行政管理层的第一个中国人。2001年7月北京成功申办2008年奥运会以后，国际奥委会就一直在寻觅担任国际奥委会北京2008代表处首席代表这一要职的人选。2002年9月，李红参加并通过了国际奥委会的面试，获得这一要职。李红回忆说，当接到国际奥委会的电话要她去面试的时候，她其实根本不知道要面试的是哪个职位。"但在谈话的过程中，我发现清华主张的公平竞争、追求卓越、团结友谊正是奥林匹克运动的理念，而这个理念在我脑子里已经有十几年甚至二十年的历史了。在根本没准备的情况下，他们就认为我对奥林匹克有很多了解。我觉得这是清华赋予我的。我想，这也是我能在众多面试者中脱颖而出的一个原因。"②

7.4.5 社会活动

2001年3月11日土木水利学院举办施嘉炀世纪华诞祝寿会。时任福建省委书记宋德福和省长习近平等施嘉炀家乡的领导特意赶来祝寿。校长王大中致辞，充分肯定施嘉炀对学校做出的重要贡献，号召清华师生向施老先生学习[9]568。

2006年4月30日，在主楼后厅召开了土木工程系建系80周年庆祝大会。中国土木工程学会理事长、原建设部副部长谭庆琏，原中国贸促会会长俞晓松，原北京市委常委、原新华社副社长徐锡安，原北京市政协副

---

① 孙利民：《母校清华陪伴着我》，载《清华校友通讯》，复43期，第80页。

② 关悦：《走向世界的中国"红"》，载《清华校友通讯》，复35期，第133页。

主席万嗣权,校长顾秉林,副校长胡和平,原校党委书记方惠坚,土木工程系龙驭球以及来自各兄弟院系的师生及社会各界人士的代表 500 余人参加了庆祝大会。

顾秉林校长代表学校对土木工程系建系 80 周年表示祝贺。他勉励全系师生紧密结合国家建设需要,借势发力,以国家重大工程为依托培养和锻炼师资队伍,带动土木工程基础研究的发展;同时大胆借鉴国际发展经验,注重创新,善于学习,再接再厉,开拓清华土木工程系更加美好的未来。谭庆琏理事长,土水学院院长袁驷教授,土木工程系系主任宋二祥教授,北京华旗资讯总裁 1987 级系友冯军,国际奥委会驻中国总代表、1986 级系友李红,土木工程系聂建国教授,土木工程系大三学生王珂分别在会上致辞和发言①②(见图 7-42)。

2016 年 4 月 23 日上午,作为纪念建系 90 周年活动之一,清华大学土木工程系举办“未来城镇与基础设施发展论坛”,清华大学未来城镇与基础设施研究院同期成立。清华大学党委书记陈旭、副校长薛其坤,以及院士代表、兄弟院校代表、校友代表等业内外各界人士 500 余人出席论坛。陈旭向土木工程系建系 90 周年、未来城镇与基础设施研究院成立表示祝贺,希望土木工程学科要继续秉承光荣传统,兼顾服务国家战略需要和引领国际学术前沿两个方面,开拓进取、不懈奋斗,以更加优异的成绩迎接土木工程系的百年华诞。土木工程系系主任韩林海回顾了土木系 90 年的发展历程。清华大学环境学院院长贺克斌,建筑学院院长庄惟敏,中国建筑科学研究院院长王俊,同济大学土木工程学院院长顾祥林等相继发言,共同回顾建系 90 年来的成就,并畅谈了新百年的未来发展。随后,薛其坤宣布了《关于成立清华大学未来城镇与基础设施研究院的决定》,龙驭球、陈肇元、周福霖、薛其坤 4 位院士共同为研究院揭牌,研究院首任院长聂建国院士介绍了成立背景和发展构想。论坛上,特邀嘉宾周福霖、谢礼立、肖绪文 3 位院士分别围绕“未来城镇与基础设施发展”的主题,为

---

① 《新清华》,2006 年 6 月 19 日,增刊(2006. 12),土木工程系专刊。

② 顾淑霞,邵默:《四系喜庆建系 80 周年》,载《新清华》,2006 年 5 月 12 日,第 1644 期,第 2 版。

新清華

TSINGHUA WEEKLY

热烈庆祝土木工程系成立 80 周年

在土木工程系 80 周年系庆大会上的讲话

●校长 顾秉林

大气包容 功大于名

图 7-42 《新清华》对土木系建系 80 周年的报道

与会者带来了精彩的学术盛宴①。

2016 年 4 月 23 日下午,“清华大学土木工程教育圆桌论坛”在土木水利学院举行。本次论坛会集了全国土木工程学院院长(系主任)代表、行业代表、校友代表和校内师生共 60 多人参加。与会人士围绕土木工程教育与人才培养现状、机遇和挑战、改革与创新等问题,从高等学校、不同类型用人单位、校友自身职业发展经验等角度,为土木工程教育和人才培养,出谋划策,贡献智慧②(见图 7-43)。

① 清华大学土木工程系建系 90 周年——未来城镇与基础设施发展论坛举行,清华新闻网,2016 年 4 月 23 日,https://www.tsinghua.edu.cn/info/2070/67033.html.

② 土木工程教育圆桌论坛热议人才培养,清华新闻网,2016 年 4 月 27 日,https://www.tsinghua.edu.cn/info/1176/27621.html.

图 7-43　圆桌论坛与会嘉宾与教师代表合影

这一时期,为了开阔视野,真正面向社会、面向工程办学,土木系还主动加强了与国内外高校、学术团体的联系与交流。通过连续举办全国土木系系主任会议、编写系列教材和开展继续教育等,为全社会的土木工程专业人才培养贡献清华智慧。

1984 年,中国土木工程学会召开第四次全国代表大会,正式恢复活动,土木系积极与学会建立联系。陈肇元教授当选为学会理事会常务理事。在陈肇元教授提议下,理事会决定设立教育工作委员会,挂靠在清华大学土木系,由陈肇元任主任委员,职责是组织全国土建类高等学校开展教学改革和教学方法的研讨活动,以推动土木工程教育改革和发展。1986 年,教育工作委员会在合肥工业大学举办“钢筋混凝土结构”课程研讨会。会间,陈肇元教授与东南大学、同济大学、华南理工大学、天津大学参会老师协商,建议召开一次全国高校土木系系主任会议,对土木系的办学思想、教学计划进行深入的交流讨论,大家一致表示赞同。会上便以 5 个学校的名义,倡导由中国土木工程学会教育工作委员会主办全国土木系系主任工作研讨会,得到热烈响应,当即就有武汉工业大学和湖南大学表示愿意承办这个会议。“武汉工业大学彭少民教授提供了校长的亲笔信,表达了由武汉工业大学承办全国首届土木系系主任会议的诚意,最后陈肇元教授考虑到武汉地处华中,交通便利,能够保障与会 100 多位系主任同时安全往返,经清华大学施岚青教授到武汉工业大学实地考察,最后决定武汉工业大学举办首届全国土木系系主任工作会议”①。会议于1987年5月举行，会议通知除直接发给各高校外，还发到各省市教委，再由各教委分发到相关院校。这次大会会期为7天，到会高校有94所，100余人。会议总结了当时土木行业发展现状和存在问题，指出了办学专业的思路，并按地域划分为华北、华中、华东、西北和西南5个小组展开充分的讨论和交流。

图 7-44　首届全国土木系系主任会议合影

会议纪要

会议时间	2018年5月24日上午9：00-12：00
会议地点	武汉理工大学土木工程与建筑学院会议室
参会人员	清华大学朱宏亮教授 武汉理工大学彭少民教授、袁海庆教授、陈汗青教授、谷倩教授、蒲武川副教授
签　到	
会议议题	《土木工程专业发展史》编撰调研座谈会

会　议　内　容

1. 清华大学陈肇元教授发起，由清华大学、东南大学、天津大学、同济大学、华南理工大学五所高校倡导召开首次全国土木系主任（院长）会议，于1986年，在合肥的一次教学研讨会议上，经协商讨论确定会议的地点在武汉工业大学和湖南大学中选择。会上，武汉工业大学彭少民教授提供了校长的亲笔信，表达了由武汉工业大学承办全国首届土木系主任会议的诚意，最后陈肇元教授考虑到武汉地处华中、交通便利，能够保障与会100多位系主任同时安全往返，经清华大学施岚青教授到武汉工业大学实地考察，最后决定武汉工业大学举办首届全国土木系主任工作会议。
2. 在合肥召开的钢筋混凝土结构教学研讨会上，向与会高校代表发布了举办全国高校首届土木系主任工作会议信息。之后，会议通知以两种途径发出，一种直接发到各高校及院系，另一种发到各省市教委，再由教委分发到各相关高校。
3. 全国高校首届土木系主任工作会议会期七天，会议的会标由武汉工业大学工业设计专业陈汗青教授连夜设计和刻制。会议期间发布每日研讨简报，每份简报均于会议当晚编辑、校对、印制，第二天清晨分发。会议研讨按地域划分，共分四组，分别为华北组、华中组、华东组、西北和西南组。会议期间开通了七条电话专线。会议会务由武汉工业大学袁海庆书记负责，主要以博、硕士研究生作为本次会议的志愿者，研究生志愿者们专业性强、具有高度的集体主义和敬业精神，工作效率高。会议期间，承办单位武汉工业大学在学校大礼堂为与会代表举办了一场别开生面的晚会，当时学校大礼堂座席条件简陋，老师和志愿者们临时更换了座椅，保证了代表们观看晚会的舒适性。同时，本次办会根据陈肇元老师的要求，遵循了勤俭办会的理念。承办单位武汉工业大学高度重视这次会议，在会议期间进行了全程录像。
4. 全国高校首届土木系主任工作会议的成功举办促进了全国开设土木类本科专业的高校间的教学研讨与学术交流，会议总结了当时土木行业的发展现状和存在的问题，指出了专业办学的思路。会议提出今后各高校间应该继续加强交流，也可采取分片区交流。会议同时指出，各高校使用的教材参差不齐，没有统一的教学标准，彭少民教授在会上提议组织编写一套系列教材，本次会议仅限全国开设本科专业的高校参加，但也同时促进了开设专科专业的学校组织召开类似的全国性工作会议。最后，本次会议落实了第二届会议由东南大学承办。
5. 全国高校首届土木系主任工作会议期间，陈汗青老师将包括有陈肇元老师签名的学生作业照片选编成文，发表在中国建材杂志上。此举也推动了武汉工业大学开设了“工业造型设计专业”的动向。该专业于1987年10月获批招生资格，1988年获得本科招生资格，并成立了工业设计系，1999年在土木工程学院的帮助与鼓励下分出，成立了设计学院，2003年获批全国第三个设计艺术学学科博士点。
6. 全国高校首届土木系主任工作会议也给多数大学的系主任们创造了与全国优秀大学接触的机会，促进了不同层次高校间的工作和学术交流。同时，这次会议也促成了博硕士研究生参与会务的创举。

图 7-45　《土木工程专业发展史》编纂调研座谈会纪要

会上还提出了今后要定期召开系主任工作会进行交流，要评选全国优秀毕业生，编写一套系列教材等建议。最后，经大会讨论后决定，系主任工作会每三年举办一次，并确定，第二届全国土木系系主任工作会议于1990年由东南大学承办，在南京举行。此次到会院校增加到153所，并引

① 彭少民等，《土木工程专业发展史》编纂调研座谈会纪要，2018年5月24日。

起了政府相关部门的关注，中宣部副部长刘忠德、建设部总工程师许溶烈、建设部教育司副司长秦兰仪都出席了会议开幕式并讲话。全国高校建筑工程专业指导委员会的委员也全部参会。会上提交大会交流的报告 90 篇，展出图书教材资料 176 种①，广泛交流了教学工作经验和教学资料，并就如何办好土建专业和提高教学质量问题向教学行政主管部门提出了咨询建议，受到高校及教育主管部门的欢迎。1998 年陈肇元教授当选中国土木工程学会副理事长后，学会教育工作委员会由江见鲸、袁驷先后担任主任委员，朱宏亮担任副主任委员。教育工作委员会也一直坚持主办全国高校土木工程专业院长（系主任）工作研讨会，至 2018 年已相继主办了 14 届（见表 7-34），土木工程专业指导委员会委员参加了每届院长（系主任）会，其主任委员都在大会上就土木工程专业的专业建设、课程建设、教材建设、师资队伍建设、实践教学等重大问题作主题报告。随着土木工程教育的发展，土木工程专业院长（系主任）会议参会院校越来越多，在土木工程教育领域的影响也越来越大，为我国土木工程高等教育的改革和发展做出了很大的贡献。根据大会通讯录统计，2016 年在武汉召开的第十三届工作研讨会上，参会院校达 207 所，出版社、软件开发单位等 31 家，参会人数达 664 人（见图 7-46～图 7-48）。

表 7-34　全国土木工程专业院长（系主任）会议举办时间及承办院校

届　　数	举办时间	协办单位
第一届	1987. 5	武汉工业大学
第二届	1990. 10	东南大学
第三届	1993. 10. 19—21	天津大学
第四届	1996. 10. 31	郑州大学
第五届	1999. 5. 27	同济大学
第六届	2002. 12	华南理工大学
第七届	2004. 11. 9—10	武汉大学
第八届	2006. 10. 23—24	西南交通大学
第九届	2008. 10. 25—26	南京工业大学
第十届	2010. 10. 23—24	中南大学
第十一届	2012. 10. 27—28	西安建筑科技大学
第十二届	2014. 11. 15—16	同济大学
第十三届	2016. 11. 19—20	武汉理工大学
第十四届	2018. 11. 23—25	广州大学

① 《中国土木工程学会史》，第 682 页。

图 7-46　第九届、第十届全国高校土木工程（系）院长（主任）工作会通讯录

图 7-47　第五、七、八、十二、十三、十四届全国高校土木工程学院（系）院长（主任）工作研讨会议参会人员合影

图 7-47　续

第十一届全国高校土木工程学院（系）
院长（主任）工作研讨会

2012 年 10 月 26 日～28 日　中国·西安

主办单位：中国土木工程学会教育工作委员会
住建部高等学校土木工程学科专业指导委员会
承办单位：西安建筑科技大学
协办单位：长安大学建筑工程学院
西安理工大学土木建筑工程学院
西安科技大学建筑与土木工程学院

会议学术委员会
主任委员：袁驷
委　　员：（按姓氏笔画为序）

会议秘书处

图 7-48　第十一届全国高校土木工程学院（系）院长（主任）工作研讨会会议指南

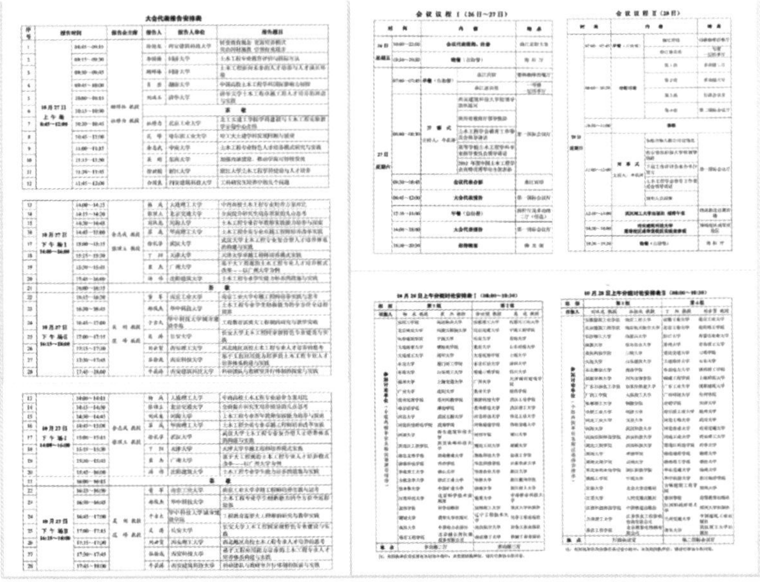

图 7-48 （续）

此外，学会教育工作委员会在中国土木工程学会和詹天佑基金的大力支持下，自 1989 年起，根据《中国土木工程学会高校优秀毕业生奖评选办法》开展了评选全国高校土木工程优秀毕业生的活动。由各高校推荐、专家评审、教育工作委员会认定并报中国土木工程学会核准，每年评选出 10~45 名优秀毕业生，由中国土木工程学会发给荣誉证书和奖金。至 2017 年，共评选出优秀毕业生 630 名，对激励学生学习土木工程的积极性、献身我国土木工程事业起到了很好的作用。

中国土木工程学会教育工作委员会和武汉理工大学出版社合作，邀请全国各高校知名教授编写出版了一套（29 本）土木类教材，在全国土木类高校中产生了重大影响，清华土木系参与教材编写的有罗福午、滕智明、包世华、李少甫、甘绍熺、江见鲸、过静珺、朱宏亮等。罗福午教授编写的《土木工程（专业）概论》更是发行了 100 多万册。该套教材的编审委员会、出版说明及教材名目见图 7-49。

2002 年，河海大学向中国土木工程学会教育工作委员会提出申请，举办土木工程研究生论坛，经教育工作委员会研究同意后，于 2003 年在河海大学举办了首届土木工程研究生论坛，当时教育部学位中心也发来了

普通高等学校土木工程专业新编系列教材
编 审 委 员 会

顾　问：成文山　滕智明　罗福午　魏明钟　李少甫
甘绍熺　施楚贤　白绍良　彭少民　范令惠
主　任：江见鲸　吕西林　高鸣涵
副主任：朱宏亮　辛克贵　袁海庆　吴培明　李世蓉
苏三庆　刘立新　赵明华　孙成林
委　员：(按姓氏笔画顺序排列)
于书翰　丰定国　毛鹤琴　甘绍熺　白绍良
白晓红　包世华　田道全　成文山　江见鲸
吕西林　刘立新　刘长滨　刘永坚　刘伟庆
朱宏亮　朱彦鹏　孙家齐　孙成林　过静君
李少甫　李世蓉　李必瑜　吴培明　吴炎海
辛克贵　苏三庆　何铭新　汤康民　罗福午
周　云　施楚贤　赵明华　赵均海　柳炳康
姚甫昌　胡敏良　桂国庆　顾敏煜　徐茂波
袁海庆　高鸣涵　蒋沧如　陈志源　谢用九
俞　晓　尚守平　彭少民　覃仁辉　蔡德明
燕柳斌　魏明钟
总责任编辑：刘永坚　田道全
秘 书 长：蔡德明

WUTP

普通高等学校土木工程专业新编系列教材书目

1.土木工程（专业）概论
2.土木工程专业英语
3.画法几何及土木工程制图
4.画法几何及土木工程制图习题集
5.材料力学
6.理论力学
7.结构力学　(上、下册)
8.流体力学
9.土木工程材料
10.土木工程测量
11.土木工程施工
12.混凝土结构（上）
13.混凝土结构（下）
14.砌体结构
15.钢结构
16.土力学与基础工程
17.工程项目管理
18.计算机在土木工程中的应用
19.桥梁工程
20.道路工程
21.岩土工程
22.抗震结构设计
23.高层建筑结构
24.房屋建筑学
25.土木工程概预算
26.建设法规
27.特种结构
28.工程地质
29.土木工程 CAD

项目负责：武汉工业大学出版社策划部
电　话：(027) 87386275
传　真：(027) 87388543
E-mail:wutp@public.wh.hb.cn
责任编辑：吴晓琴
封面设计：杨　涛

出 版 说 明

1998 年 7 月，教育部颁布了新的普通高等学校本科专业目录，1999 年全国高等学校都已按新的专业目录招生。新的土木工程专业专业面大大拓宽，相应的专业业务培养目标、业务培养要求、主干学科、主要课程、主要实践性教学环节等都有了不同程度的变化。原有的教材已经不能适应新专业的培养目标和教学要求，组织一套新的土木工程专业系列教材成为众多院校的翘首之盼。武汉工业大学出版社在中国土木工程学会教育委员会的指导和支持下，经过大量的调研，组织国内 29 所大学的土木工程学科的教授共同编写了这套系列教材。

本套教材的主、参编人员及编委会顾问遵照 1998 年 1 月建设部全国土木建筑工程专业教学指导委员会昆明会议和 1998 年 5 月上海的全国土木工程专业系主任会议的精神，经过充分研讨，决定首批编写出版 28 种主干课程的教材，以尽快满足全国众多院校的教学需要，以后再根据专业方向的需要逐步增补。中国土木工程学会教育委员会组织专家审查了本套教材的编写大纲，决定将其作为"中国土木工程学会教育委员会审定教材"出版。作为一套全新的系列教材，本套教材的"新"体现在以下几点：

体系新——本套教材从"大土木"的专业要求出发，从整体上考虑专业的课程设置和各门课程的内容安排，按照教学改革方向要求的学时统一协调与整合，组成一套完整的、各门课程有机联系的系列。整套教材的编写除正文外，大多增加了本章提要、本章重点、例题详解、思考题、习题等，以使教材既适合教学需要，又便于学生自学。

内容新——本套教材中各门课程教材的主、参编人员特别注意了教材内容的更新和吸收各校教学改革的阶段性成果，以适应 21 世纪土木工程人才的培育要求。

规范新——本套教材中凡涉及土木工程规范的全部采用国家颁布的最新规范。

本套教材是新专业目录颁布实施后的第一套土木工程专业系列教材，是面向新世纪、适应新专业的一套全新的教材。能为新世纪土木工程专业的教材建设贡献微薄之力，自是我们应尽的责任和义务，我们感到十分欣慰。然正因其为第一套，故此，尽管我们的编审者、编辑出版者夙兴夜寐、尽心竭力，不敢稍有懈怠，它也一定会存在缺点和不足。嘤其鸣矣，求其友声，我们诚恳地希望选用本套教材的广大师生在使用过程中给我们多提意见和建议，以便我们不断修改、完善全套教材，共同为教育事业的发展作出贡献。

武汉工业大学出版社
2000.2

图 7-49　中国土木工程学会教育工作委员会组织编写土木工程专业系列教材的书目及编审委员会

贺信。此后每年举办一次研究生论坛，由各高校轮流承办，至2017年共举办了15届，见表7-35。这些论坛给研究生提供了学习交流的平台，也很受各高校的欢迎。

表7-35　全国土木工程研究生论坛

届　次	举办年份	承办学校
1	2003	河海大学
2	2004	同济大学
3	2005	哈尔滨工业大学
4	2006	西安建筑科技大学
5	2007	湖南大学
6	2008	东南大学
7	2009	清华大学
8	2010	浙江大学
9	2011	大连理工大学
10	2012	天津大学
11	2013	北京工业大学
12	2014	广州大学
13	2015	重庆大学
14	2016	武汉大学
15	2017	北京交通大学

20世纪80年代中期，我国建筑业进行了全面改革，建筑企业成为建筑市场的主体，自主经营、自负盈亏、自担责任，全面进入建筑市场进行竞争。建筑企业急需学习市场经济条件下工程管理的相关知识并引进相关管理人才。为适应社会需求，土木系以施工教研组为主，设立了建筑管理工程专业，同时与中国建筑工程总公司、北京建筑工程总公司、北京城市建设总公司、广东省建筑工程总公司、中国建筑业协会、中国土木工程学会、中国对外承包商会等单位合作，举办了上百个工程管理方面的培训班，参加培训的人员达数千人，为建筑企业培训了大量工程管理人才，为我国建筑行业的改革发展做出了很大贡献。当时参加培训工作的教师主要有：卢谦、梁绍国、佟一哲、甘绍熺、朱嫵、朱宏亮等。测量教研室在1983—1986年开办“红外测距仪原理及应用”培训班共10期，半年一期，每期30人，住校半年。该培训受到好评，其中有一期是专门为大学老师开展的培训。20世纪90年代初测量教研室开始研究卫星定位，美国天宝公司建立“GPS培训中心”，在清华对天宝引进产品进行培训。1992年暑

期专门为石油部、测绘局、地矿部等已购 GPS 产品的单位进行一个月的集中培训，参加人员共 100 余人，受到社会好评。

此后，继续教育理念进入我国，国家和学校对继续教育工作都越来越重视。1995 年，时任国家教委副主任的王明达指出："高等学校在开展继续教育方面具有条件和优势，应当成为继续教育的主力军和重要阵地，应当把继续教育作为学校的一项重要任务，纳入事业发展规划，加以大力发展"[40]303。1996 年，王大中校长则进一步明确："继续教育应当成为我校培养各种类型高层次人才的重要组成部分……继续教育是学校和社会沟通的一条重要渠道，是学校和企业紧密联系的桥梁。"清华要"着重于高层次、高质量；面向经济、面向社会，密切与企业合作，为企业培养人才；发展现代化教育手段"[40]304。土木系积极开展了形式多样的继续教育，为社会培养了大量急需的高层次技术和管理人才。根据国家相关规定，1995 年 9 月，清华大学研究生院下发了《举办工程类型硕士课程进修班的试行办法》，目的是适应国家经济、科技发展需要，培养高层次的、应用型的专门人才。从 1996 年 6 月开始，土木系陆续与清华大学深圳研究生院、北京市建设委员会、中建三局、第二炮兵司令部工程部、中港集团等单位合作举办工程硕士课程进修班。招生对象为社会上及上述单位的在职人员，按"宽进严出"的原则严格管理，凡通过有关规定考试者，才有资格进入论文工作阶段，由学校和合作单位的"双导师"联合指导，论文答辩通过，授予"建筑与土木工程领域"工程硕士学位。工程硕士是侧重于研究和解决工程应用技术问题的专业学位，与工学硕士处于同一层次。从 1996 年到 2002 年土木系共招收了 14 个工程硕士课程进修班，进修班学员达 532 人，其中有 265 人通过资格考试，233 人获得工程硕士学位（最晚至 2007 年底）。另外，还有马兰基地的学员和少量的分散生共 26 人也获得了工程硕士学位[8]44。

从 2003 年起，工程硕士课程进修班停办，改为面向社会直接招收工程硕士，考试合格者才能入校学习。此后土木（建管）系共招收工程硕士班 27 个。1996—2016 年，共培养工程硕士 1013 人。

与此同时，土木系在国家商务部支持下与国内外著名大学、大型企业、协会、学会和相关机构密切合作，致力于建设管理领域前沿科学研究，面向政府和中国电力建设集团有限公司、中国交通建设集团有限公司、中国铁建股份有限公司、中国石油管道局工程有限公司等企业，对技术和管理人员开展了高水平教育培训，赢得了各级政府和大型工程企业的信任和支持，并获得了商务部的认可和表扬。2004—2017 年，共举办各种培训班、研讨班 294 个，参加培训的学员 15550 人（见表 7-36）。

表 7-36　2004—2017 年土木（建管）系举办培训（研讨）班情况

年　份	班　次	人　数
2004	28	2951
2005	14	968
2006	54	2836
2007	53	2316
2008	31	1218
2009	27	1250
2010	15	884
2011	12	476
2012	8	347
2013	11	515
2014	7	335
2015	13	535
2016	11	535
2017	10	384
总计	294	15550

2002 年，土木系组成了以龙驭球为名誉主编、崔京浩为主编，十几位土木系教师为编委的编委会，编写了一套“土木工程新技术丛书”。该丛书共 18 本，全面介绍了改革开放以来，土木建筑行业的新理论、新规范、新技术、新方法。由中国水利水电出版社出版后，在社会上引起了较大反响（见图 7-50）。

2012 年，土木系还组织编写了一套“21 世纪职业院校土木建筑工程专业系列教材”。该系列教材共 21 本，皆由清华大学出版社出版，该系列教材的名誉主编为袁驷，主编为崔京浩。土木系石永久、宋二祥、韩林海等老师都参加了教材的编写工作，为我国的土木建筑职业教育的发展起到了很好的作用。

与此同时，土木系另外还组成了“简明土木工程新技术专题丛书”编委会，该丛书共 56 本，由中国水利水电出版社出版，为土木工程领域的技术人员及管理人员学习和解决工程技术问题提供了很大的方便（见图 7-51）。

清华大学土木工程系组编

土木工程新技术丛书

编　委　会

名誉主编　龙驭球
主　　编　崔京浩
副 主 编　石永久
编　　委（按姓氏拼音字母排序）
包世华　陈志鹏　崔京浩　方东平　龚晓海
李德英　李永德　廉惠珍　龙志飞　卢　谦
卢祥之　卢有杰　陆化普　路新瀛　石永久
佟一哲　王元清　吴俊奇　杨　静　阳　森
叶列平　叶书明　张铜生　张新天

图 7-50　土木工程新技术丛书编委会

简明土木工程新技术专题丛书

编　委　会

名誉主编　袁　驷
主　　编　崔京浩
副 主 编　石永久　宋二祥
编　　委（按姓氏拼音顺序）
方东平　冯　鹏　韩林海　黄丽艳　李　亮
刘洪玉　陆新征　马智亮　聂建国　郑思齐

图 7-51　简明土木工程新技术专题丛书编委会

7.4.6 教学成果

这一时期，土木系教师积极参与教学改革，在课程和教材建设、第二课堂拓展和人才培养理念创新等方面辛勤耕耘、锐意进取，获得以三项国家级教学成果奖为代表的多项教学成果（见表 7-37～表 7-39）。

表 7-37 国家级教学成果奖

时　间	等　级	获奖名称	获奖人
2001 年	一等	结构力学课程新体系的建设与实践	袁驷、龙驭球、辛克贵、钟宏志、须寅
2005 年	二等	建设结构设计大赛平台，培养大学生综合能力和素质	石永久、袁驷、过镇海、王志浩、江见鲸
2014 年	二等	“技术+管理”型土木工程创新人才培养的改革与创新	石永久、冯鹏、郑思齐、刘洪玉、袁驷

1995 年，结构力学教研室敏锐地意识到 21 世纪的到来必然对结构力学课程的内容体系带来深刻的影响和变化，也为课程体系的改革和建设提供了历史机遇。教研室决心在 21 世纪到来之前，以系统工程的方式完成“结构力学课程新体系的建设与实践”这一教学研究课题。课题组中的龙驭球院士和袁驷教授都是教育部工科力学课程教学指导委员会以及工科结构力学课程教学指导组的成员，龙驭球院士在其中担任主任和组长，袁驷教授为委员兼秘书，共同担负着推动全国结构力学课程的建设和改革的重任。教研室强烈地感受到一种责任感和使命感，即教研室的教学改革和课程建设不是孤立的局部事件，它必将影响和辐射到全国高校的结构力学课程的改革与建设。经过 5 年的奋力开拓，在 21 世纪即将到来之前课题组基本上完成了预定的研究内容，实现了预期的目标，取得了 7 个方面的成果：建立了“一个基础、两座大厦”的新课程模块；改革教学手段和方法、提高人才质量和优秀率；新编修订系列教材 8 部；研制教学软件 6 部；主持完成 5 项教育部教学研究和科技攻关项目；主持教育部教学指导委员会工作；教学科研相长并进发掘多项学科前沿科研课题。包括 5 名院士在内的鉴定专家对该项目评价道：“项目成果丰硕，具有创造性和系统性，教学实践成果突出，新编教材量多质精，教学科研互促并举，对全国结构力学课程建设和教学改革起到带头和辐射作用，居于全国

领先水平。”[①]此项工作获得 2001 年国家级教学成果一等奖(见图 7-52)。

图 7-52　校史馆展出的《结构力学》系列教材和“结构力学求解器”启动页

2004 年,由清华大学教师和学生发起组织的大学生“结构设计大赛”已经走过了 10 年,在学生科技活动创新方面取得了显著的社会效益:(1)创立了一个品牌。结构设计大赛从无到有,从小到大,从清华到全国,从中国到亚洲。(2)凝练了一个载体。结构设计大赛体现了小题目做大文章的思想,是一个利用最少的资源(学生可在宿舍内独立完成)并具有理论与实际相结合、分析与试验相结合、课堂与工程相结合等丰富内容的综合训练项目。(3)搭建了一个舞台。结构设计大赛让学生的积极性和创造性得到充分发挥,竞赛题目的多样化,无标准答案,但有准确考核指标,激发和引导学生创新取胜、研究取胜、特色取胜。(4)形成了一个机制。结构设计大赛不断超越、改革,评价内容和体系不断完善,利用竞赛机制的导向作用,实现第一课堂的延伸和拓展。学生不但要有安全和经济的概念,也要有美观和艺术创作的功力。(5)营造了一个理念。结构设计大赛倡导的 3C 理念成功实践了培养学生综合运用知识的能力、培养研究性学习和创新性学习的能力、培养合作交流的能力的目标,建立了学生多 C 全面发展的平台,包括交流和合作能力(communication and cooperation)、组织和协调(coordination)能力、造型和艺术创作能力(craftsmanship)、驾驭和管理能力(command and control)、自信心(confidence)等[②]。此项工作获

---

① 闫黎明:《团结 奋进 勇于实践——结构力学课程新体系的建设与实践》,载《新清华》,2002 年 6 月 21 日,第 1490 期,第 3 版。

② 清华大学,建设结构设计大赛平台,培养大学生综合能力和素质,北京市申报 2005 年国家级高等教育教学成果奖成果总结,2004 年 12 月。

得2005年国家级教学成果二等奖。

面对世纪之交这一历史节点上的需求与挑战，清华大学土木工程系和建设管理系以2000年成立土木水利学院为契机，在对土木工程创新人才培养进行广泛调研和深入思考的基础上，提出了面向21世纪工程建设领域人才需求特点的“技术+管理”培养理念。经过历时10余年的持续探索与改革创新，通过清华大学第21~24次教育工作讨论会的不断研讨，围绕解决“人才培养定位”“教”与“学”的关键问题，开展了基于反馈的教育目标研究和课堂内外的教学改革与实践。逐渐形成了以“高层次、高素质、多样化、创造性”为培养目标，以“有技术、懂管理、会经营、善开拓”为具体要求，以“研究型、管理型、创新型、国际型”为多样化培养特色的“技术+管理”型土木工程创新人才培养模式，取得了涵盖培养理念、培养体系、课堂教学和课外活动等育人环节的教学改革成果。这项改革使“技术+管理”成为清华大学土木工程系和建设管理系的人才培养优势，教学水平不断提升，学生普遍受益（在校生创新能力提高、毕业生职业发展提速），得到用人单位、国内外同行、行业协会的高度认可，为我国土木工程建设领域高层次人才培养提供了新模式和新思路。此项工作获得了2014年国家级教学成果二等奖①。

表7-38　北京市教学成果奖

时间	奖项	获奖名称	获奖人
1989年	北京市高等教育局局级奖	本科结构力学的教学改革与教学效果	支秉琛、匡文起、江爱川
1993年	二等奖	混凝土结构课程的改革与建设	滕智明、李著璟、罗福午、庄崖屏、石裕翔
2001年	一等奖	结构力学课程新体系的建设与实践	袁驷、龙驭球、辛克贵、钟宏志、须寅
2001年	二等奖	现代化教学手段和方法在混凝土结构系列课程教学中的应用	叶列平、江见鲸、张惠英、王志浩
2004年	一等奖	建设结构设计大赛平台，培养大学生综合能力和素质	石永久、袁驷、过镇海、王志浩、江见鲸

① 清华获10项2014高教国家教学成果奖，清华新闻网，2014年9月17日，https://www.tsinghua.edu.cn/news/zttj/qhh10x2014gjgjjxcgj.html.

续表

时间	奖项	获奖名称	获奖人
2004 年	二等奖	土木工程 CAD/CAE 系列课程的改革与建设	张建平、任爱珠、马智亮、徐千军、吴炜煜
2008 年	二等奖	创建国际工程高级人才培养体系,服务国家“走出去”战略	袁驷、方东平、杨述、明亮、孙利强
2012 年	一等奖	“技术+管理”型土木工程创新人才培养的改革与创新	袁驷、冯鹏、郑思齐、刘洪玉、石永久
2016 年	一等奖	构建土木工程国际化培养体系,造就国际工程建设领军人才	方东平、冯鹏、李萌、廖斌超、李小冬

表 7-39　清华大学教学成果奖

时间	奖项	获奖名称	获奖人
1997 年	二等奖	《世界著名建筑结构》课程教学	张惠英、秦权、那向谦
		《建筑设计概论》课程教学	祝文君、王作垣、叶桢翔
		计算机应用研究室的毕业设计工作	马智亮、张建平、任爱珠
		《钢结构》课程教学改革	石永久、王元清
2000 年	二等奖	《测量学》课程教学改革	过静君、程锦、刘钊、季如进、张远智
		《钢筋混凝土》课程的现代化教学与课程建设	叶列平、江见鲸
2002 年	一等奖	《土木工程概论》课程教学	刘西拉
	二等奖	《土木工程计算机绘图》课程改革与建设	张建平、任爱珠、刘斌
2004 年	一等奖	创新、挑战、团队——建设结构设计大赛平台,培养学生综合能力	石永久、袁驷、过镇海、王志浩、江见鲸
2004 年	二等奖	《混凝土结构》的教学改革与课程建设	叶列平、江见鲸、冯鹏、王宗纲、胡伟红
2006 年	二等奖	建筑材料系列课教学内容与模式改革	阎培渝、张君、李克非、郭自力、张志龄
		发展高级职业资质教育,促进建设管理学科建设	袁驷、杨述、崔占华
2008 年	一等奖	贯彻国家“走出去”战略,探索国际工程人才培养新模式	袁驷、方东平、杨述、明亮、孙利强
	二等奖	《钢筋混凝土有限元》课程教学改革	陆新征、江见鲸、叶列平
		全国项目管理领域工程硕士教育体系建设与规范	王守清、魏法杰、张连营、王媛
		《建设管理课程综合设计》课程研发与教学实践	邓晓梅、王守清、张红、张智慧、李小冬
		建立培训质量管理体系　塑造卓越清华培训品牌	辛克贵、王守清、强茂山、杨述、吴琼

续表

时间	奖项	获奖名称	获奖人
2010年	一等奖	交通规划理论研究型课程教学模式	陆化普、李瑞敏、石京
	二等奖	《物业管理》精品课程建设	季如进、郑思齐
		现代工程师素养和科学精神的养成教育与创新人才培养——《混凝土结构》课	叶列平、冯鹏、杨军、赵作周、王宗纲
		现代测量学的模块化教学与实践型人才培养	刘钊、赵红蕊、白征东、程锦
		以知识实践和就业实践为依托的贯通式人才培养模式的建设	郑思齐、李小冬、熊俊、郭晓旸、石永久
		培训为媒，校企结缘，创造工程管理学科国际接轨的科学发展模式	杨述、吴凡、韩晓峰、方东平、袁驷
		构建自主研发体系，塑造百年教育品牌	王守清、辛克贵、杨述、明亮、张艳
2012年	一等奖	着力建设青年教师队伍，创新结构工程系列课程教学模式	冯鹏、陆新征、李全旺、杨军、潘鹏
	二等奖	面向前沿、立足实践的《工程经济学》课程改革与创新	唐文哲、郑思齐、龙奋杰、刘洪玉、强茂山
		清华大学国际工程暑期学校——全球视野、行业前沿，模式创新、国际品牌	方东平、吴凡、陈传、韩晓峰、魏敏
		以实践基地建设为依托，创新施工实习教学体系，推进贯通式实践能力培养	李小冬、冯鹏、郑思齐、杨述、刘洪玉
		野外测量实习在全方位人才培养中的作用	赵红蕊、刘钊、白征东、程锦、张玉芳
		德才兼备，文化育人——以“一二·九”合唱推动基层集体建设和文化建设	马智亮、刘西拉、杨帆、杨薇、程晓辉
2014年	一等奖	以“全球视野与创新能力”为导向的建设管理人才培养平台建设	方东平、廖彬超、郭红领、Roger Flanagan、杨赞
		创新国际化培养模式，提升土木工程专业人才培养质量	李萌、纪晓东、李小冬、施刚、冯鹏
	二等奖	以实训项目为载体的房地产实践教学建设	杨赞、刘洪玉、季如进、刘方、郑思齐
2016年	一等奖	本硕贯通的高端应用型人才——卓越土木工程师的培养模式与实践	冯鹏、李全旺、吴璟、李瑞敏、刘洪玉
	二等奖	创新工作平台，贯通骨干成长路径，探索党建育人工作新体系	石永久、李小冬、苏舒、郑思齐、刘晖

7.5　科研设施和成果

改革开放后，在国家和学校的大力支持下，根据学科发展和国家经济发展的需要，瞄准国际科技前沿和国内大规模的建设高潮，土木系在实验室建设方面有了进一步的发展，并设立了相应的研究机构。实验室基础设施的增设和研究机构的设置，均在教学和科研中发挥了重大作用。

实验室建设方面：在 20 世纪 70 年代重组了工程结构实验室，复建了建筑材料实验室和测量实验室，并在 21 世纪第 1 个 10 年逐步建立了力学计算与仿真实验室、微生物岩土实验室和高等岩土力学实验室，在 21 世纪第 2 个 10 年开始了道路铺面结构与材料实验室、绿色建造技术与管理教学实验室和建设管理系综合实验室的建设。2004 年以工程结构实验室为主体成立了清华大学结构工程检测中心，并于 2004 年 12 月通过了国家实验室认证认可监督管理委员会组织的实验室认证检查，标志着实验室的规范化管理又上了一个新台阶。

研究机构方面：1978 年成立了抗震抗爆研究室，1983 年成立了与土木工程系平级的校级科研机构结构工程研究所，2000 年土木水利学院成立时除结构力学教研组外，其他教研组都成为系属研究所。

以土木工程系工程结构实验室为主要依托单位，1985 年，国家教委批准成立“结构工程与振动开放实验室”（首批七个之一），1999 年更名为“结构工程与振动教育部重点实验室”，因学科建设和发展的需要，研究方向调整后，于 2009 年更名为“土木工程安全与耐久教育部重点实验室”。

7.5.1　实验室建设

1. 工程结构实验室

1）实验室发展及试验设备概述

工程结构实验室在 1956 年建成的建筑结构和施工类课程的教学和研究实验室、20 世纪 60 年代筹建的抗爆实验室的基础上，70 年代末改建施工实验室，扩大结构试验场地，自行研制了相应的专用试验设备，增加试验设备；20 世纪末建成新的大型结构试验厅，并在 2008 年进行了扩建，如图 7-53～图 7-55 所示。

图 7-53　工程结构实验室鸟瞰图

图 7-54　20 世纪 70 年代末改建结构试验厅(北大厅)(右 2019 年 4 月拱形试验台和反力墙即将被拆除)

图 7-55　大型结构试验厅(2008 年扩建前、后)

表 7-40 列出了不同阶段结构实验室的试验大厅及其主要加载设备。20 世纪 70 年代后期，液压千斤顶质量提高，带稳压器的液压控制台开始应用，满足了较高精度的结构多点静力加载试验的要求，成为最经常和最普遍使用的结构静力试验的主要加载设备。自从 80 年代后，电磁阀和电液伺服的研制和应用，实现了电液信号的转换，这一技术已经成熟，加上试验精度高，成为结构试验的主要手段。因此其设备一次投资和运行费用都很高，更适合于复杂加载史和精度要求高的科研性试验。2005 年提出建设 20000kN 多功能空间加载装置的整体构思和技术要求，2008 年开始安装，2010 年建成投入使用。20000kN 加载装置采用了数项完全不同于已有类似设备的新型技术方案，如横梁（重约 80t）在高度+1～+8m 范围内上下移动步进自升机构，水平作动筒的竖向连续移位，20000kN 静（液）压双向随动装置等。结构实验室的面貌和试验能力都有了较大改观，试验研究对象从 20 世纪 50 年代的简单的线形或平面构件和结构小模型，提升为复杂空间结构原型或其局部的足尺模型。实验室不同阶段的试验机的主要技术指标见表 7-41，实验室照片图 7-56 和图 7-57。

表 7-40　试验大厅及其主要设备一览

名　　称	结构试验厅 1（东大厅）	抗爆实验室	结构试验厅 2（北大厅）	大型结构试验厅
建成年份	1956 年	20 世纪 60 年代	20 世纪 70 年代（改建）	1999 年，＊2008 年扩建
面积（m×m）	11×42		12×42	27×48
试验台座（面积 m×m）	静力 6×20 疲劳 2.8×7.0		教学 4×10 拱形 4×8	箱形 9×36 ＊9×22
反力墙 高（m） 宽（m）	单向 5 3		框架 4 4	高：西墙 14 北墙　西 14/18 ＊东 9 宽：西墙 14 北墙 西 9　＊东 9
主要加载设备	铁砝码 杠杆（1∶5） 螺旋和液压千斤顶	材料和构件快速加载机、核爆冲击压力模拟加载器	液压千斤顶 稳压控制台	电液伺服作动器 液压泵站 ＊多功能空间加载装置

注：＊表示 2008 年扩建部分。

抗爆实验室在 2009 年拆除，结构试验厅 1 和厅 2 在 2018 年拆除。

表 7-41　试验机的主要技术指标

名　称		长柱机（二柱）	长柱机（四主柱）	多功能空间加载装置		
安装使用(年)		1956	1983	2008		
最大荷载	力值(kN)	2000(压)	5000(压)	20000(压)	2000(压,拉)	1000(压,拉)
	方向	垂直	垂直	垂直	水平或俯 45°可调	
	位置	固定	固定	水平 4m 内可移	高度 8m 内可移	
	数量	1	1	1	3	2
试验区净空(mm)	平面	400×400	1000×1000	6000×6000		
	附横梁	2000	3000	6000×6000		
	高度	3200	5000	8000		
液压系统	阀门	针阀	针阀	电液伺服阀		
	控制方式	手动	手动	计算机自动		

图 7-56　5000kN 长柱试验机

图 7-57　20000kN 多功能空间加载装置

20 世纪 70 年代后期，将引进的小型电磁式振动台（频率 0～3000Hz，最大出力 1.5t）和定制的滑动台（面积 1.0m×1.2m，模型最大总质量 1.5t）相连接，实现了可对结构模型进行正弦波和任意波形、包括模拟地震波的振动试验，振动台图片见图 7-58。

20 世纪 80 年代初，添置了国产的电液伺服阀模拟信号控制的作动器和液压泵站，并开发了相关的计算程序，实现了对结构或其部分进行地震

图7-58　振动台

效应测试的拟动力试验。在20世纪80年代,针对已建成的高层建筑和重大结构工程结构脉动试验量测,购置了必要的传感器、量测和分析仪器,制定了一套完整的试验量测和分析方法。

20世纪90年代初,结构实验室自行研制成混凝土和钢筋的高温材性试验炉,以及多功能构件试验炉,为90年代结构抗高温(火)的研究和21世纪结构低温和超低温性能研究奠定了基础。

20世纪90年代,配备了微机控制的IMP分散式数据采集仪,还针对建筑物现场的非破损检测的需求,添置了混凝土回弹仪、混凝土取芯机、钢筋探测仪、超声波探场仪等。

在量测仪器方面,20世纪70年代后,结构实验室基本上实现了试验量测电子化,在静、动态试验中应用较多的电子式量测仪器有不同型号的*X-Y*函数记录仪、动态应变仪、振子示波仪等。为配合抗震和构件低周反复荷载试验,结构实验室施泽元研制成功导杆式引伸计,交工厂生产,具有完全的知识产权。它适合于量测试件的变形和应变,具有大标距(20~500mm)、大量程(10~100mm)和高精度(0.001~0.01mm)的特点,且能重复使用、安装方便、自保护性好。后转由固定厂商批量生产和销售,供其他研究单位使用。

同期,结构实验室还设计并制造了独特的摆锤式转角计(量程±5°)。它采用电阻应变片作为电量转换元件,因而便于和常用的静、动态应变仪和微机采集仪等连接,能进行连续的自动量测和记录。多年试验证明此转角计的使用效果很好。

20世纪80年代初,结构实验室购进第一台小型数字计算机。之后随着计算技术的发展和机型的进化,始终紧跟现代化的步伐,相继采用和研发了多种为各类试验服务的硬件和软件,大大提升了结构试验的能力和技术水平。其中有适用于小型计算机的试验数据采集系统,*X-Y* 函数记录仪的绘图和测读软件,适用于多种试验方式如高速加载、冲击荷载、疲劳试验等的微机数据采集硬件和软件,它们都对当时的科研工作起着重要的促进和保障作用。

之后,工程结构实验室完成了微型计算机和电液伺服阀控制的液压加载装置的连接,实现了结构试验加载-量测全过程的一体化和自动化。实验室还有门类齐全的各种传感器,磁带记录仪,采集和分析数据的处理系统。将计算机技术引入结构试验的工作,在国内都是首次。

工程结构实验室成立50年时,对实验室50年间的建设要事进行了梳理,补充近几年的实验室设备增加情况,简录见表7-42。

表7-42　工程结构实验室建设一览表

时　　段	实验室建设
1956—1960年	建成结构试验厅(1) 建成6m×20m静力试验台 购200t长柱试验机(3m) 购100t静、动材料试验机 购10t拉、压材料试验机 建成2.8m×7.0m动力试验台,并设计加工2个300t加载架 购Amsler静动态加载器及2个50t千斤顶 自制电阻应变片,供应校内外 建立实验室资料室
1961—1970年	建成抗爆实验室 研制成功爆炸冲击波压力模拟加载器 研制成功不同吨位系列的结构材料和构件快速变形加载试验机 与工程兵合作设计研制400t快速变形加载试验机

续表

时　段	实验室建设
1971—1975 年	原施工实验室改建成结构试验厅(2) 建成 2000t 拱形试验台 建成 4m×10m 教学试验台
1976—1980 年	结构试验厅(1)加建 3m×5m 反力墙 购 1.5t 小型振动台,配设水平滑动台 购 30 个 60t 千斤顶和稳压加载器 购 DJS-130 电子计算机并建机房 DJS-130 电子计算机配置数字绘图仪 购脉动试验基本设备
1981—1985 年	购 500t 长柱试验机(7m) 购电液伺服控制加载器(天水红山试验机厂生产),1987 年改造成双顶的拟动力试验装置 研制混凝土三轴加载机 研制导杆式引伸计、倾角仪 购 7V07 数据采集装置 购测振传感器、磁带记录仪及 7T08 信号分析仪 研制工程结构试验 DJS-130 电子计算机数据采集系统 购置 IBM-PC 微机(土木系首批微机,1984 年)
1986—1990 年	购 MV-4000 计算机并建机房和终端室 研制计算机数据采集系统 购 IMP 分散式数据采集仪,研发与之配套的专用软件
1991—1995 年	研制材料和构件高温试验炉 购多种非破损检测仪器 购测振放大器及 3562 动态信号分析仪
1996—2000 年	建成大型结构试验厅 购 MTS 电液伺服结构试验系统
2001—2005 年	购 10t 和 200t 材料试验机各一台 购 MTS 150t 作动筒两个
2006—2010 年	筹备并建成 2000t 多功能空间加载装置 大型结构试验厅扩建水平试验台(9m×22m)和反力墙(高 9m) 购置 TML TDS530 数据采集系统 大型结构试验厅吊车单钩起吊能力扩展至 20t 开发拟动力和拟静力度验软件

2）试验专用设备的研制

当开展新领域的科研工作时,研制所需的专用(特殊)试验设备往往是事关成败的关键。结构实验室对此一贯重视,科研人员常和试验技术人员合作,并发挥实验室全体人员的集体智慧一起攻关,必要时组织外协和加工单位参加。结构实验室历年来研制成功的各项试验设备和开发的科研方法，诸如20世纪60—70年代材料快速加载机和核爆冲击波压力模拟器，20世纪70年代20000kN拱形加载试验台，80—90年代的三轴加载机、高温试验炉、脉动试验和分析、拟动力试验等，在国内均属首次实现，都是有关的各专业人员通力合作、互补长短、发挥集体智慧，团结奋斗的成果。

（1）20000kN拱形结构试验台

结构实验室北大厅内，有一个20000kN的预应力拱形结构试验台，它是基于国防工事高抗力防护门的研究需要，结构实验室自行设计修建的[34]。

施岚青在工程结构实验室成立50周年时回忆了这一拱形加载试验台座的制作过程：20世纪70年代末，越南战争结束后，军方总结了越战经验，认识到坑道工事的防护门是事关安全的关键部位。故空军、海军、国防科委、工程兵等军兵种基本上于同期先后找到清华大学，要求帮助研究有关防护门的设计问题。在前后将近10年的时间内我们进行了大量的试验研究，系统地、完整地解决了这一课题。研究课题是保密的，全部资料由军方取走，“片纸不留”，最后能看到的就是这个因防护门研究而修建的试验台座（见图7-59）。

防护门所保护的武器装备的尺寸均很大，现场试验在军事禁区某海岛上开展。全部研究由陈肇元策划，土木系参加现场试验的有施岚青、阚永魁、王玉庭、张达成、毛志信，还有4名研究生朱永清、王茂田、王有为、姚铁红[34]。

现场试验规模十分庞大，试验数量有限，还需在实验室内做静载试验。能否在室内做试验的关键是：不论防护门发生什么样的变形，能否做到模拟冲击波的外加荷载始终与结构外表面垂直。陈肇元提出了用水囊加载的试验方案，即在加载千斤顶和构件之间放一层水囊，千斤顶所施加的力是经过水囊再作用在构件上。这个设想非常巧妙，但水囊承受的压力非常巨大，如何保证水囊在遭受巨大内压力时不漏水成为能否成功的关键。这种基本原理看似简单，要真正落实完成却十分困难。毛志信和张达成承担了解决这项技术难题的担子，一次次的失败、一次次的从头再来，从不抱怨、从不泄气，最后终于完满实现了。

室内试验加载设备的研制还面临着其他问题，防护门是一种十分特殊的拱形结构，其上的均布破坏荷载十分巨大，国内没有一个实验室有能力做这种试验。土木系完全依靠自己的力量，在张达成和金工间何俊昌、王文煜、王治国、姚振林、王永红、田银玲等的努力下顺利地完成了这项工作。其中张达成有两个主要贡献，一是想出用“群泵加载”的方式解决了均布面荷载的问题，设计出一群微型油压千斤顶，将 30 个微型千斤顶密集地排列在一起，用同一个油泵加压，每个千斤顶作用在结构上的压力是相同的；二是设计出拱形这样一个独一无二的加载装置。全部铁件在结构实验室的金工间加工，台座的施工是毛志信和张达成主持的。值得一提的是，台座的混凝土浇筑要求一气完成，不能留施工缝，这项艰难工作是在王鲁生的组织下完成的，两个班的学员连续干了两天两夜才完成全部混凝土的浇筑。

图 7-59　20000kN 拱形加载试验台

在解决高抗力防护门的材料的过程中，开启了高强混凝土与混凝土耐久性的研究，从此在结构实验室又逐渐形成了一个系统研究的方向，即高强与高性能混凝土和恶劣环境下混凝土结构耐久性。随着改革开放后各地高层建筑的兴起和可持续发展理念的觉醒，高性能混凝土和混凝土耐久性的研究适逢其时，研究的工程对象后来也很快变成了军转民并得到了发展。

（2）混凝土三轴加载装置

过镇海亲历的混凝土多轴强度和本构关系的研究也是一个例证。国际上在 20 世纪 70 年代掀起了一阵研究高潮，其目标很明确，是为设计和建造核电站混凝土压力容器服务。国内因研制试验设备的技术难度大，止步于纸面工作。清华大学知难而上，20 世纪 80 年代初，在王传志的领导下，开始三轴加载机的研制。研究小组先是阅读了大量国外资料，调研了国内岩土三轴机现状，确定了总机方案和技术指标，由机械专业毕业的王汝琦设计了全部图纸，张达成负责加工和安装，1982 年投入试运行。此时，混凝土立方试件的三轴加载，需要有三人分别操纵三台加载机，同时按比例地施加三向压（或拉）力。试验时大家都很紧张，也很难保证准确的比例。后又委托天津某液压研究所研制成三路比例加载电液控制系统，与加载机相连接后，只需一台加载机就可准确地进行多种应力途径如等比例、恒测压、变比例等的三轴试验。1984 年完成全部加载和量测设备的调试后，转入正式运用。混凝土三轴试验加载装置见图 7-60，主要技术指标见表 7-43。

在设计三轴加载机时，选定了一台系内淘汰后留下的材料试验机，用于垂直方向加载。该机是 20 世纪 30 年代日本制造的，因使用年久、机件磨损、油缸渗漏，实际最大出力只达设计容量 300t 的一半。因其工作平台面积大，适合放置双向水平加载框架，且高度合适、便于操作，经过维修后用作主机，不但节省了研制经费，又加速了科研进度，做到了物尽其用、变废为宝。以后此机经过数百次的加载试验，工作正常。

三轴加载机投入使用后，开拓了混凝土的多轴强度（破坏准则）和本构关系的系统性基础研究的新领域。数年后获得的试验和理论研究成果成为我国的先例，最先被纳入有关的结构设计规范。

表 7-43　混凝土三轴试验加载装置

荷载方向	水平方向 X、Y	竖向 Z
最大荷载：压拉（kN）	1000、1000	1500
最大变形（mm）	2×10	30
试件尺寸（mm）	100×100×100，70×70×70，100×100×40	
应力途径	等比例、定测压、重复加卸载、复杂途径仿形加载	

（3）拟动力装置

20 世纪 80 年代初，在沈聚敏领导下工程结构实验室成立了专门的小组，与四机部十五所合作，将实验室原有的天水红山试验机厂生产的电液伺服阀控制的双顶加载装置进行改造，使该装置能进行拟动力试验。作动器的加载能力是：静力 30t，动力 20t，加载频率上限为 0.5Hz，最大位移为±15cm。参与设备改造的人员中，有结构工程专业的，有自动化专业的，还有在读的博士研究生，与四机部十五所的专业技术人员配合，互相协作,取长补短,完成了对原有红山试验机的改造,并进行了多个项目的拟动力试验。拟动力试验装置的实现使试验水平上了一个台阶。图 7-61 为拟动力试验调试现场,正在利用一个钢框架进行调试,图 7-62 为控制室[34]。

图 7-60　混凝土三轴试验加载装置

图 7-61　调试现场

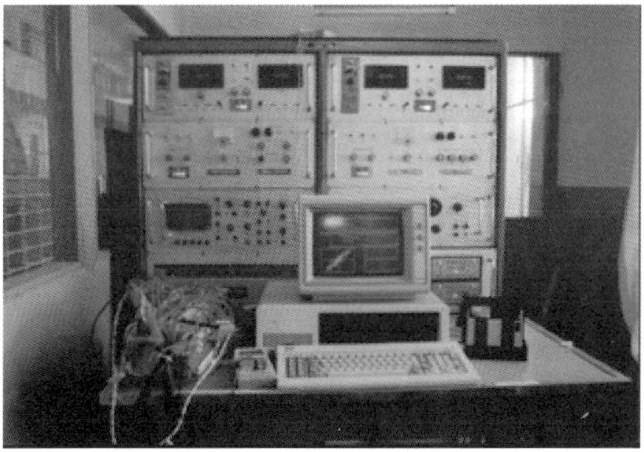

图 7-62　拟动力试验控制室

(4) 结构抗高温试验炉

结构抗高温(火)性能研究所需的试验炉,市场上没有定型产品可采购,故首要工作就是研制专用试验炉。在过镇海、时旭东和施泽元的带领下，于1990年前后进行设计，研制中利用了原有的20世纪50年代的压力试验机和静力试验台。自行制造了混凝土立方试件的抗压和抗拉(劈裂)强度试验炉、混凝土棱柱体的强度和变形试验炉、钢筋试验炉和构件多功能试验炉(见表7-44)。构件多功能试验炉可进行矩形截面构件的三面、一面和相邻两面的高温试验，经组装后可实现简支梁、轴心和偏心受压柱、连续梁和简单框架等的高温试验。同时，制订了相应的材料和构件的高温试验方法和量测技术，配套了必要附件，以便使现有量测仪器能适用于高温试验。用这些设备和试验方法完成了混凝土和钢筋材料以及基本构件高温力学性能的系统性试验研究，提供的大量数据和试验现象成为理论研究的重要依据。经过连续约10年的努力，研究小组取得试验和理论的全面研究成果。

表 7-44 材料和构件的高温试验炉

名 称	强度试验炉	变形试验炉	钢筋试验炉	构件多功能试验炉
测试项目	f_{cu}，f_t	f_t，ε，$\sigma-\varepsilon$	f_y，f_u，$\sigma-\varepsilon$	受弯、剪、轴压、偏压
炉体外形(mm)	410×410×500	410×410×650	$D=200$×250	350×450×1100
净空(mm)	$D=150$	$D=150$	$D=52$	120×330
试验区(mm)	高200	高300	高100	长900
试件最大尺寸(mm)	100×100×100	100×100×300	ϕ40	截面100×200
高温面	周边	周边	周边	三面、相邻两面
最高温度(℃)	900	900	1000	1000
升温速度(℃/min)	10	10	50	20
控制精度(℃)	±2	±2	±2	±20

3）新试验方法和技术的开发

有些机电工程专业中常用的科学试验仪器在市场上有定型产品供应，经过合理选择，将其直接引入结构试验应用，可取得极好的效果。结构实验室在这方面也有不少成功的事例。

(1) *X-Y*函数记录仪的引入

20世纪70年代及以前，结构试验最常用的仪表是百分表和电阻应变仪。它们在加载前安装在试件上，当试件每一级加载后需维持恒定，留时间让试验人员眼观手记。试验结束后，再处理数据绘制所需的试验曲线或图表。这过程的一切误差，甚至大错误都将带进试验结果，而且这些仪表不能用于连续加载和实时显示。20 世纪 70 年代中期，实验室首先引入 X-Y 函数记录仪，在试验过程中可实时、直观地显示多条量测曲线。

过镇海在《结构实验室 50 周年纪念文集》中讲述了 X-Y 函数记录仪引入的故事。20 世纪 70 年代中期，当过镇海和张秀琴按之前的方式进行加气混凝土板抗弯试验时，精通电子仪器和量测的来晋炎看到了忙碌的他们，说有种电子仪器可实时画出试验曲线。之后，来晋炎立即和黄学信、陈志鹏等去了电机系，在仓库里找到已经淘汰的 8 台 X-Y 记录仪，带回结构实验室，经过精心检修后用于试验，立刻觉得既方便、省事、直观，又能实时显示并控制试验进程。以后，大家将这几台仪器视若珍宝，在其他试验中普遍使用，甚至用于立方试块不同应力史的三轴加载试验，都取得成功。不久这种仪器和试验方法在全国推广使用，受到普遍欢迎，这在当时是结构试验技术的一大进步。

（2）将计算机引进结构试验全过程

国内将计算机技术首次应用于建筑结构试验，都是在结构工程实验室实现的。1980 年 1 月 DJS-130 电子计算机（见图 7-63）正式投入运行。在组长王际芝的带领下，研究小组把“将计算机引进试验全过程为试验研究服务”作为了责无旁贷的任务。

图 7-63　DJS-130 电子计算机和数控绘图仪

除计算外，DJS-130提供的第一项服务是计算机绘图。购置LZ-10型 *X-Y* 数控绘图仪（有效幅面340mm×500mm，但外形尺寸达800mm×760mm×1000mm，质量150kg）后，1980年底实验室自行完成主机和绘图仪的联机及绘图软件的开发。用户写几条极简单语句，几分钟内就可处理几千个数据并绘制出图。画出的第一张图是那张相当复杂的混凝土在反复荷载作用下的应力-应变全曲线，标志着实验室迈进计算机绘图时代。1982年为130机增配了硬盘，安装了RDOS实时磁盘操作系统，用户可在FORTRAN程序中直接调用绘图库函数，增强了130机的绘图功能。1981—1985年共绘图约几千张。实现计算机绘图之后，实验室开始研发计算机数据采集系统，于1983年3月完成，数据采集涵盖了工程结构静力和伪静力试验的全过程。投入运行一年内，完成了50多根构件的试验，数据采集量达几千万个。该系统的应用是结构实验室试验技术又一个质的飞跃，迈进了计算机实时数据采集与处理时代。之后，改进了接口电路（见图7-64），给控制台显示器安装了打印机，控制台于1984年1月从机房搬到了试验现场（见图7-65）。1983年年底试验室引进了日本三荣公司7V07数据采集装置和7T08信号分析仪，这些设备在数据处理时都要人工将打印在纸上的数据键入计算机。1984年130机小组实现了DJS-130与7V07和7T08联机传送数据。

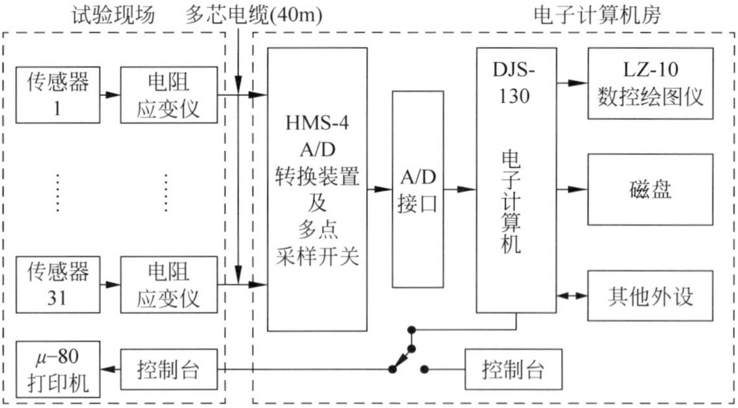

图7-64　DJS-130电子计算机数据采集系统硬件

1984年9月，实验室购置了IBM-PC微型计算机，试验数据采集工作转向微机。1985年9月实现了IBM PC分别与7V07、7T08联机传输数据

图 7-65　DJS-130 用于试验数据采集(控制台已搬至现场)

及与 130 机联机传输源程序和数据的功能。1986 年 1 月小型机 MV-4000(见图 7-66)投入运行后,实现了 MV-4000 与 IBM PC 之间的数据传送。1986 年下半年启动 TM 微机数据采集系统开发工作,田景康参加并作为清华夜大学的毕业论文课题,系统于 1987 年 2 月投入使用,至 1995 年年底一直运行正常,是结构实验室必不可少的试验设备之一。初步统计,1987 年 2 月至 1990 年 10 月共完成 159 个构件的试验,其中有一组 12 个构件,重复做了 20 次,历时 3 个月,系统运行可靠。TM 系统用于疲劳试验,速度没问题,但因其受限于 IBM PC/XT,采样程序的辅助功能不够全。为此在吴佩刚的支持下,1992 年 10 月开始开发以 386 便携机为核心的新系统——结构试验实时数据采集与监测系统 RMSS,1993 年 11 月完成。1988 级本科生杨国兴以此作为结构工程和自动化双学位学士毕业论文课题。

图 7-66　小型机 MV-4000

进入20世纪90年代，实验室购进了IMP分散式数据采集装置，配上微机，王际芝等自行设计开发了专用软件，组成了工程结构试验及结构检测和监测的数据采集系统IMPDas（见图7-67，图7-68）。其优点是可长距离（1km内）量测，野外抗干扰性能强，数据采集量大而快速，且其数据和分析结果可以多种形式在屏幕上实时显示。此后，软件随仪器由供应商一并提供给用户，在国内的实验室内和结构现场的结构试验中已广为应用。

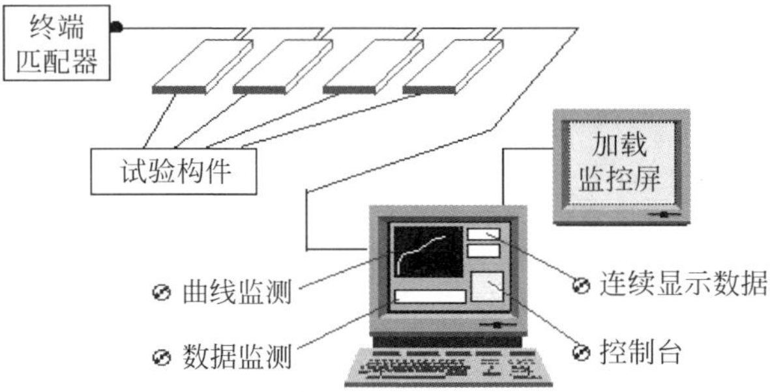

图7-67　IMPDas系统结构示意图

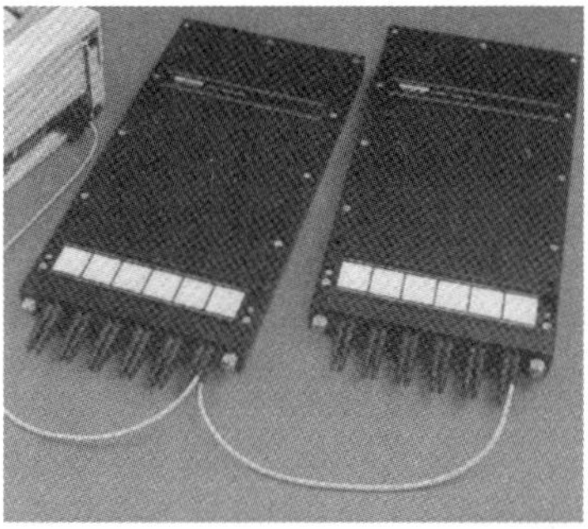

图7-68　IMP采集板

2. 建筑材料实验室

1952年院系调整后，1954年建立工程材料教研组，1957年成立建筑材料实验室，1958年建立建筑材料与制品专业。在教研组主任江作昭的带领下，开始建立新专业所需要的教学、科研、生产三结合基地——水泥厂和新的建筑材料实验室。但由于没有系统的高水平的教材和重大的科研成果，加上“文化大革命”的冲击，整个建筑材料教研组转改为无机非金属材料专业，连同实验室和实验室的全部设备均划归化工系，自此，建立了 40 年的土木系材料实验室不复存在。“文革”期间，建筑材料实验室全部仪器设备和土木工程馆都划归化工系。这是自 1937 年学校南迁以来土木系实验室遭受的第二次巨大损失。

1970 年，清华大学招收第一批工农兵学员，出于教学的需要，冯乃谦等 4 位同志重新筹建建筑材料实验室，从零开始，首先在清华学堂内原建筑物理音响实验室内开出了混凝土试验课。后搬回土建基地，建起水泥混凝土实验室[12]43-44。

1978 年，土木系恢复建筑材料教研组，学校党委进一步明确了恢复建筑材料实验室的建设，拨来了专款，在土建基地原有的诱导器车间（$500m^2$）基础上进行实验室建设（见图 7-69～图 7-71）。

图 7-69　1980 年后重新建立的建筑材料实验室大厅

图 7-70　建设于土建基地上的建筑材料实验室

2009—2011 年，为配合人文社科图书馆建设，建筑材料实验室的西侧回撤 11.2m，并拆除了原有的砂石实验室、水泥实验室和高温实验室，再进行原地重建，将原有的一层平房，重建为二层的楼房，建设前后的实验室面积相当（见图 7-72，图 7-73）。

1980—2000 年，伴随着沸石、固硫渣、混凝土、外加剂、轻骨料等项目

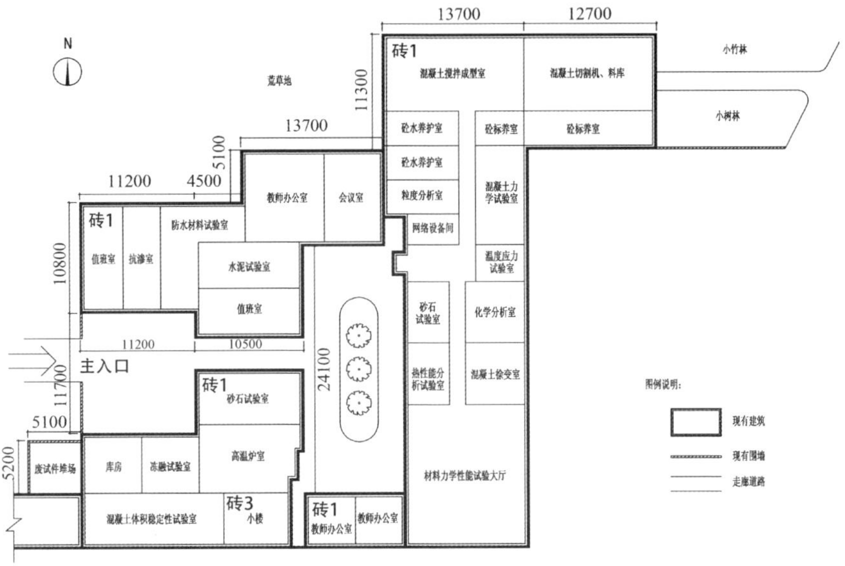

图 7-71　1980—2009 年的建筑材料实验室平面图

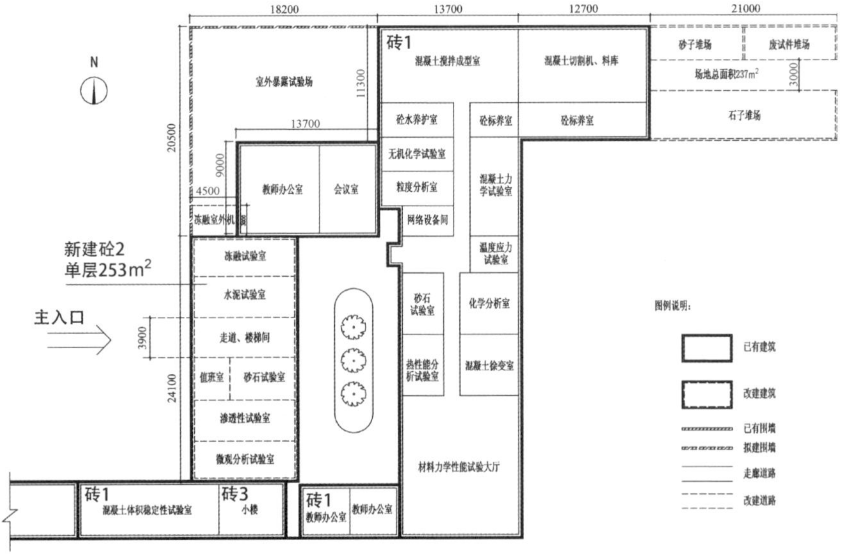

图 7-72　局部拆迁重建后的建筑材料实验室平面图

的研究，以及试验教学需求，实验室先后购置了 10t、30t、60t 和 200t 等不同荷载能力的材料试验机，水泥和混凝土成型设备（搅拌机、维卡仪、振动台等），沥青材料性能表征设备（针入度仪、延伸仪），岩相分析设备（金相

图 7-73　原地重建完成的实验室(2009—2018 年)

显微镜、偏光显微镜、阿贝折射仪、硬度计),体积稳定性测试设备(比长仪、徐变架、测力计),化学分析室(通风橱、分析天平、碳硫联测分析仪、恒电位仪、电位扫描仪),岩石破碎设备(颚破机、球磨机、平盘磨、切片机)等,徐变和收缩测试设备见图 7-74。

图 7-74　徐变和收缩测试设备

2001—2010 年,建筑材料实验室添置了一批国外购置的先进设备,包括 Toni 材料试验机(最高压缩荷载 3000kN,最高弯折荷载 200kN,见图 7-7),Toni 水化量热仪,Keyence 超景深显微镜、MTS 材料试验机(最高压拉荷载 250kN,具备低周疲劳功能,见图 7-7),Skako 混凝土搅拌机等设备,显著提升了水泥基材料的微观性能表征能力、制样能力和力学性能表征能力)。

图 7-75　Toni 材料试验机（德国）

图 7-76　MTS 材料试验机（美国）

同时，建筑材料实验室的研究生发挥了设备研发能力的特长，开发了温度-应力试验机（林志海）、绝热温升测定仪（韩建国）、温度匹配养护仪（韩建国）、多通道抗氯离子渗透性测定仪（韩建国）等设备，见图 7-77。

2011—2016 年，为进一步提升建筑材料实验室对实验教学和科研的支撑水平，添置了多通道水化量热仪，碳化箱，热物理参数测定仪，气体置换法密度仪，流变仪等设备。

3. 测量实验室

1952 年，院系调整，土木系设立工程测量专业，测量实验室得到了较

图 7-77　部分自制仪器(抗氯离子渗透性测定仪、温度-应力试验机、绝热温升测定仪)

大的发展。

1951 年暑期测量实习承担了长春第一汽车制造厂的厂址测量,1953 年暑期测量专业的同学承担了洛阳第一拖拉机制造厂的厂址测量等国内重点工程的测量任务。

1954 年院系调整后将工程测量专业并入同济大学测量系,保留测量教研组和测量仪器室。

1978—1981 年测量实验室完成了仪器更新换代：光学经纬仪替代了游标经纬仪。在测量电子仪器的研究、革新和制作方面也取得了不少成果。1980 年在清华大学 200#建立了测量实习基地,土木系、水利系的学生开始在 200#进行暑期测量实习。

1983 年暑期测量实习在河南邓县承担兵器工业部的测量任务,1986 年暑期测量实习承担了兵器工业部 238 和 288 厂竣工测量任务等国内重点工程的测量任务。

1985—1990 年激光测距仪开始普及使用,1986 年购买瑞士科恩厂 DM503 一秒级测距仪一台。同时,GPS 技术、E500 计算器野外记录测图技术开始研究应用。

1991—1996 年,测量实验室除了完成每年土木系、环境系、水利系的教学任务和仪器维修工作外,对外承接工程进入了一个高潮。在地形图测绘、管道测绘、沉降观测、变形观测、古建筑摄影测量、房产测量等方面完成了不少工程项目,也大大提高了实验室人员的技术水平和教学水平。

1996 年清华大学为办成研究型大学,将教研组改成研究所,测量教研组更名地球空间信息研究所,同时保留了测量实验室。

1995 年 12 月学校正式批准,由土木、水利、电子、环境和建筑 5 个系共建清华大学地理信息系统(GIS)、遥感(RS)和全球定位系统(GPS)教学平台，简称“清华大学3S教学平台”，挂靠土木工程系，负责3S教学实验工作。2007年4月11日，清华大学科研院发布清科通〔2007〕57号通知，教学平台更名为清华大学3S研究中心，成为清华大学首批校级交叉研究类科研机构，挂靠土木工程系。

1996年，购置了15台计算机，在地球空间信息研究所楼顶架设了3个GPS卫星接收墩和天线，室内安装了卫星信号转发器，可实现30个学生的教学实验。

1997—2005年期间，测量实验室先后购买了全站仪17台，高精度GPS接收机2台，改善了实验室长久以来仪器落后的面貌。

2002年利用清华大学航空摄像图为清华大学房管处绘制了清华大学三维全景图。

2007年，测量实验室重新对清华大学200#测量实习基地进行了建设，共埋设永久性测量控制点37个，购买了测量仪器维修校正台2台，补充更新了部分经纬仪和水准仪。

2011年，在河北省易县建设了校外测量实习基地，暑期测量实习开始在河北省易县校外测量实习基地进行。实习基地添置了全站仪10台，测量实习内容也进行了较大的变革，地形图测绘开始采用数字测图的方式进行。

土木系的测量仪器在20世纪80年代之前基本是专供学生测量实习用。从西南联大历经千辛万苦带回来的德国造的仪器，在谢镇芝、王守清和卢存忠等的精心维护下一直用到20世纪80年代（经纬仪用到80年代初，水准仪用到80年代末）。

测量实验室一角见图7-78。

4. 力学计算与仿真实验室

2002年，在“985”一期教学经费支持下，土木系投入72万元，建立了“CAD/CAE教学实验室”，主要服务于本科生和研究生教学。2005年，在“211”二期经费支持下，土木系投入200万元，建立了“数字防灾与虚拟工程实验室”，主要服务于科研和研究生教学。2007年，土木系将“CAD/CAE教学实验室”和“数字防灾与虚拟工程实验室”联合成立“力学计算与仿真实验室”，作为国家级实验教学示范中心“力学实验教学基地”的7个组成实验室之一。2011年，在“985”三期和“211”三期教学经费支持

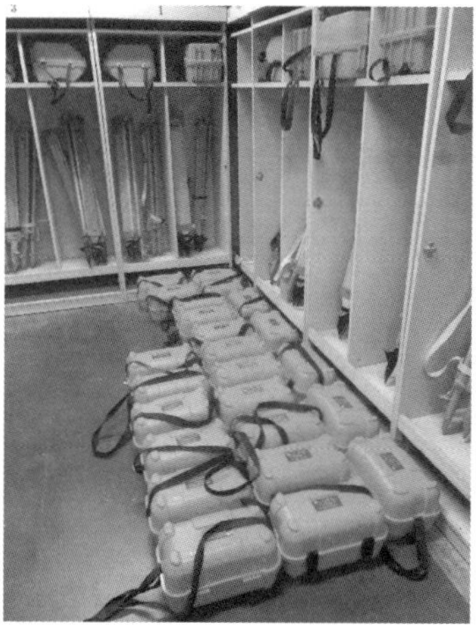

图7-78　测量实验室一角

下，投入144万元，更新实验室全部教学用机。

2013年时，CAD/CAE教学平台有如下设备：65台微机（2011年更新）、2台网络服务器、3台CAD/CAE系统服务器、2台网络交换机；数字仿真与虚拟工程平台有如下软件：ABAQUS、MARC、ADINA、DIANA、ALGOR、SAP2000、LS-DYNA等有限元分析软件，FLUENT流体动力学分析软件，Virtools三维虚拟仿真平台和EDM Server Classpack建筑工程信息管理和软件开发平台。教学平台服务于土木系、建管系和水利系共13位教师、近500名本科生和约100名研究生，以及11门本科生课程和3门研究生课程；同时也服务于土木工程系和建设管理系师生的科学研究。

2017年，实验教学示范中心支持改善办学条件经费55万元，用于购置63台计算机，1台服务器。2019年时，实验室有75台教学实验用计算机，15台服务器。

2009年之前力学计算与仿真实验室位于土建基地南侧平房，2009年之后位于西主楼3区419室，面积180m^2，见图7-79。

5. 清华大学结构工程检测中心

工程结构实验室早在20世纪50—60年代，就曾经承担过国家大剧院眺台模型的大型结构试验，70—80年代对全国各地高层建筑结构动力特性、海上采油平台和电视塔等特种结构的抗震性能进行了大量的静力

图 7-79　位于西主楼的力学计算与仿真实验室

与动力试验/实测。进入 20 世纪 90 年代以后，除继续对各类建筑物进行静动力试验外，对香港青马大桥等大型桥梁和城市立交桥等结构物进行试验检测与监测，结构试验的范围从钢筋混凝土结构扩展到钢结构、钢—混凝土组合结构等领域。近年来，结构实验室在保持原有试验能力的基础上，又增加了试验数据采集的能力和重型结构的加载能力，使试验研究工作又上了一个新的台阶，适应了国民经济发展的要求。近 30 年来，实验室开展了对既有建筑物的安全评定与工程质量检测，取得了很好的成绩。如中国美术馆的检测鉴定和抗震加固、石勘院综合楼结构改造工程（框架柱拔柱成一跨的结构改造加固（见图 7-80），国内首例用广义组合结构方法加固/接梁，2001 年）等。

图 7-80　石勘院综合楼结构改造（拔柱）后外观

工程结构实验室在结构检测方面具有了丰富的经验，为了更好地发挥作用，规范实验室的管理，2004 年，依托工程结构实验室成立了清华大学结构工程检测中心。该中心隶属于清华大学，检测业务接受国家认证认可监督管理委员会的指导。检测中心按照国家有关法律法规，建立了完善的质量管理体系，发布了实验室质量体系管理文件，按要求配备了管理和技术各岗位人员，各岗位人员经过技能培训，持证上岗，检测设备通过计量检定和校准。

结构工程检测中心对众多建筑的结构现状进行了检测与评估，有的还进行了加固改造。截止到 2017 年，张天申老师团队仅在清华大学校内就完成了 40 余栋建筑房屋的检测鉴定，还对其中的部分建筑进行了加固改造，具体检测的建筑见表 7-45，清华主楼加固图片见图 7-81。此外，还检测评估了众多建筑和桥梁结构，如 110 国道北京段黄土嘴桥改造加固、北京三环路凉水河桥板梁加固、北京和天津多条地铁沿线地上高层住宅或商业建筑结构的安全性评估、侵华日军 731 遗址建(构)筑物结构安全性检测及鉴定(见图 7-82)、三亚清华大学国际数学论坛中心网架损伤检测及安全性评估等，还多次对国庆阅兵线路桥梁进行了检测评估。检测工作还走出了国门，对塔吉克斯坦境内的公路桥梁结构进行了检测(见图 7-83)。

表 7-45　结构工程检测中心检测鉴定校内建筑一览

序号	房屋名称	建造时间	结构形式	屋面形式	建筑类别	检测时间
1	科学馆	1919	砌体	混凝土人字形屋架	文物	2000
2	体育馆	1919	砌体	钢混组合屋架	文物	2001
3	图书馆Ⅰ期	1919	砌体	坡屋面(钢骨混凝土屋架)	文物	2012
4	生物学馆	1930	砌体	木屋架	文物	2011
5	图书馆Ⅱ期	1931	砌体	混凝土屋架	文物	2012
6	静斋	1932	砌体内框	平屋面	文物	2011
7	旧电机馆	1934	内框	木屋架	文物	2017
8	新斋	1935	砌体	木屋架	文物	2020
9	幼儿园旧楼	1951	砖木	木屋架	—	2009
10	第一教学楼	1952	砌体	平屋面	—	2011
11	2 号宿舍楼	1954	砌体	坡屋面(木屋盖)	文物	2016
12	3 号宿舍楼	1954	砌体	坡屋面(木屋盖)	文物	2017

续表

序号	房屋名称	建造时间	结构形式	屋面形式	建筑类别	检测时间
13	4号宿舍楼	1954	砌体	坡屋面（木屋盖）	文物	2017
14	新水利馆	1955	框架砌体	平屋面	—	2009
15	中央主楼（局部）	1959	框架	平屋面	—	2000
16	5号楼	1957	砌体	木屋盖	—	2004
17-19	6~8号楼	1957	砌体	坡屋面	—	2004
20-22	9~11号楼	1957	砌体	坡屋面	—	2004
23	12号楼	1959	砌体	木屋盖	—	2004
24	第五教学楼	1987	框架	平屋面	—	2012
25	校医院南楼	1985	砌体加建	平屋面	—	2016
26	校医院北楼	1985	砌体	平屋面	—	2016
27	图书馆Ⅲ期	1991	框架	平屋面	—	2012
28	学生文化活动中心——蒙民伟楼	1993	框架	平屋面	—	2012
29	公管学院	2002	框架	平屋面	—	2014
30	芝兰园餐厅（局部）	2004	框架	平屋面	—	2008
31	何添楼	2004	框架	平屋面	—	2016 火灾区
32	旧土木馆	1922	砌体	平屋面	文物	1999
33	善斋	1934	砌体	平屋面	文物	2003
34	明斋	1934	砌体	坡屋面	文物	2003
35	清华主楼	1959	框架	平屋面	—	2001
36	第二教学楼	1954	砌体	坡屋面	—	2000
37	清华学堂	1911	砖木	坡屋面	文物	2000
38	气象台	1931	砌体	—	文物	2000
39	工物系	1959	框架	坡屋面	—	2000

结构工程检测中心分别于 2005 年 3 月、2010 年 3 月、2014 年 5 月和 2017 年 12 月通过了中国国家认证认可监督管理委员会的资质认定。

6. 微生物岩土实验室和高等岩土力学实验室

1946 年，清华从昆明迁回北京后，实验室的建设成为最重要的任务。那时就开始增设土壤实验室[12]22。之后，陶葆楷还请陈樑生在美国代清华大学购买土工实验室的仪器设备[12]24。当时的土工实验室有土壤分类实验、渗透试验和三轴压缩试验等[12]195。1954 年土力学与地基基础连同

图 7-81　2000 年进行的主楼抗震加固

图 7-82　侵华日军 731 遗址建(构)筑物结构检测及加固前

图 7-83　塔吉克斯坦境内 M41 公路桥梁检测

实验室全部划归水利系[12]41。21世纪初，随着土木工程系地下工程学科研究与教学工作的进行，隶属地下工程研究所的实验室的建设工作也逐渐展开，主要是微生物岩土实验室和高等土力学实验室。2018年开始筹备建设鼓式土工离心机实验室。

1）微生物岩土实验室

2006年年底，地下工程研究所开始微生物岩土工程改性方面的研究，此研究需要一间微生物实验室进行微生物的培养。在陈肇元的支持下，将6号抗爆实验室东南角的一小间改建为微生物培养实验室。2009年4月6号实验室拆除后，移至10号楼1层，后于2016年年底移至西主楼4层（见图7-84、图7-85）。

微生物岩土实验室添置了培养微生物所需的超净工作平台、通风橱、发酵罐、培养箱、灭菌锅、天平、冰箱等设备，测定微生物数量和活性的仪器（分光光度计和导电率仪），以及用于砂柱模型灌注的蠕动泵等设备。依托此实验室，土木工程系率先在国内开展了微生物岩土固化和砖石类文物建筑修复的研究工作。

图7-84　微生物岩土实验室（左和中在6号实验室，右在10号楼）

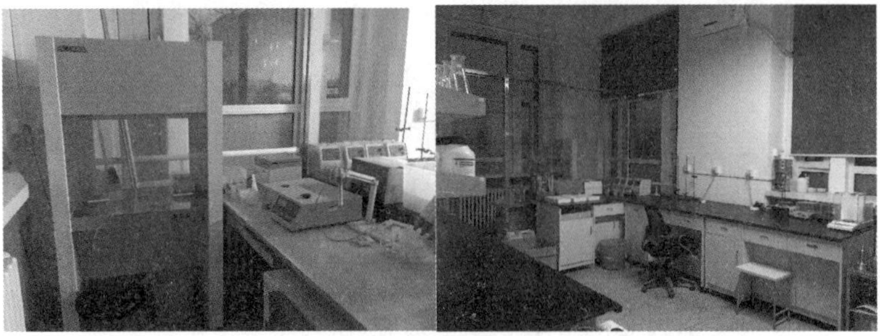

图7-85　微生物岩土实验室（在西主楼，2016年年底）

2）高等岩土力学实验室

2008 年，地下工程研究所在进行“863”课题的研究工作时，研发了相关科研设备。2008 年 9 月底，在大型结构试验厅西侧楼梯下方的一间地下室安放了已经制作好的大型侧限压缩蠕变试验仪（试样直径 200mm）。依托这台仪器，对高填方填料的长期变形特性进行了大量试验研究。2012 年 12 月，地下工程研究所研制的应力路径试验系统（试样直径 100mm）运到；2015 年 7 月，地下工程研究所研制的大型界面蠕变试验仪（试样尺寸 200mm）运到。实验室初期见图 7-86。

2016 年 1 月，在结构实验室北大厅中间北侧，新建了一个约 $20m^2$ 的实验室（见图 7-87）。由于有恒温需求，实验室有保温外墙、屋顶，装有空调，并有上下水和操作台面等设施，实验条件大为改善。大型应力路径试验仪重新安置到该实验室，并购置了直剪/接触面剪切试验仪 1 台、三联装侧限蠕变压缩仪 1 台、三轴试验仪 1 台。地下工程研究所的师生依托这些仪器进行了包括粗粒土的剪切蠕变力学特性、离心机用砂和粉土的力学特性、土—结构界面剪切力学特性、岩石结构面粗糙度等方面的研究。2018 年结构工程老实验室拆除后，北大厅实验室内的仪器设备搬迁到焊接馆 207 室（见图 7-88）。

此外，为进行多场耦合的研究，研究所还研发了一台中空厚壁多场耦合试验仪（见图 7-89）。

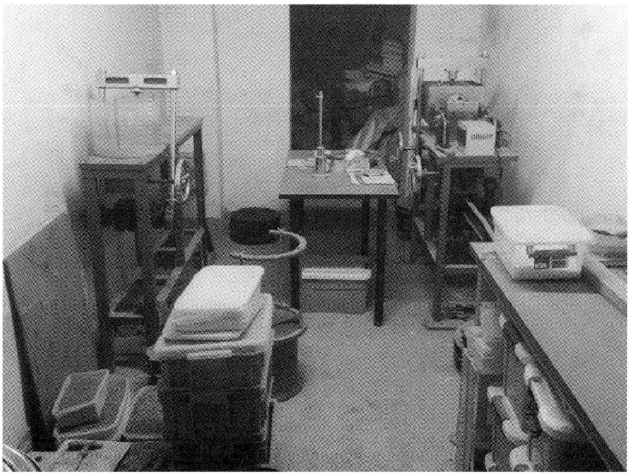

图 7-86　实验室初期

图 7-87　北大厅实验室内

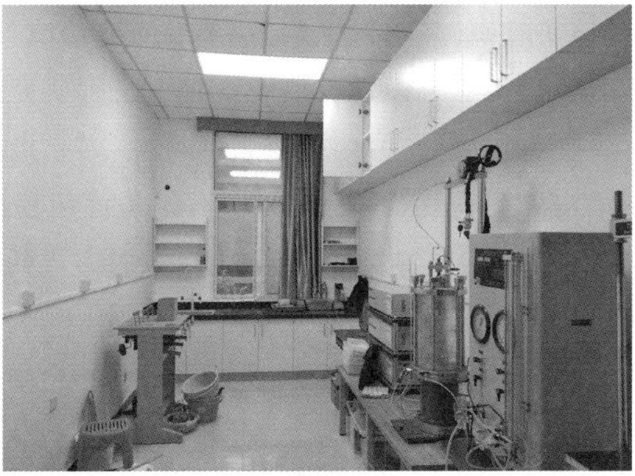

图 7-88　焊接馆 207

图 7-89　中空厚壁多场耦合试验仪

7. 铺面结构与材料实验室

交通工程研究所成立之后,设立了道路与交通工程教学实验室,2012 年讨论建立道路实验室,2013 年暑假开始自筹建设,2014 年 4 月场地初步建设完成,2016—2017 年相关设备采购进场,后因新土木大楼建设拆除,2017 年实验室临时搬迁至校外(苏家坨镇政府旁)(见图 7-90),2017 年 9 月,正式开始展开各项试验研究工作。

实验室截至目前共采购试验设备、设施总计 63 类、73 台(件),设备主要覆盖以下几个方面:集料分析设备,共计 9 台(件);沥青及沥青混合料试验设备,共计 21 台(件);环境模拟及养护设备,共计 7 台(件);万能试验机,共计 2 台(件);其他,共计 34 台(件)。

为适应交通强国和智慧城市发展需要,研究团队定型生产了全国第一辆基于三维检测技术的多功能全自动道路与机场巡检车,见图 7-91。

图 7-90　铺面结构与材料实验室

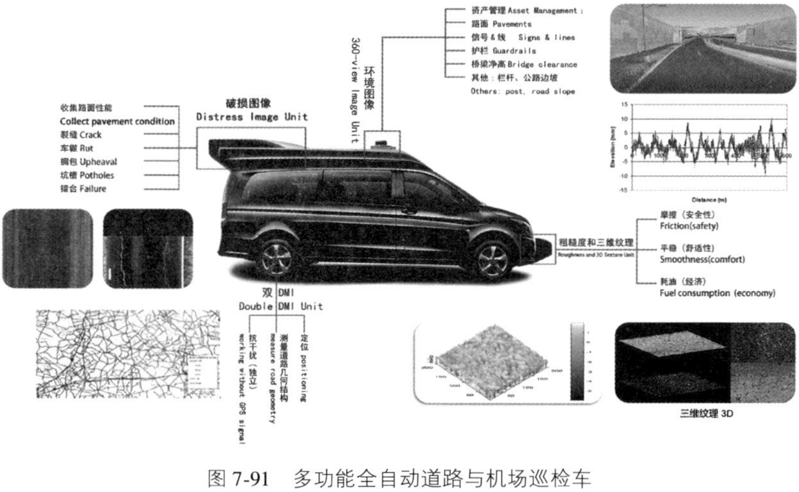

图 7-91　多功能全自动道路与机场巡检车

8. 绿色建造技术与管理教学实验室

经土木工程系、建设管理系系务会批准，建设管理系绿色建造技术与管理教学实验室于 2011 年 5 月 8 日挂牌成立（实验室主任：于清；副主任：杨述，李小冬），原址 10 号楼 301 室，后随建设管理系搬迁至西主楼 C 区 3-406（学生的开放公共区域），目前搬至焊接馆 206 室，场地面积 38.7m^2，见图 7-92。

该实验室主要是为建管专业本科生实验实践专业课程提供支撑，为 SRT 计划、科技竞赛和重大工程建造技术与管理的有关科学研究提供平台。

该实验室目前拥有如下软硬件：(1)工程施工的构件实物模型、机械设备模型，施工现场扬尘、噪声、高温作业环境监测的 HSE 设备，Perception Neuron 动作捕捉设备等；(2)系列教学专业软件和工程施工仿真动画视频等；(3)广联达虚拟仿真教学平台和装配式建筑施工 VR 教学平台；(4)广联达 BIM 软件等。

图 7-92 绿色建造技术与管理教学实验室

9. 建设管理系综合实验室

建设管理系综合实验室于建设管理系 2016 年 3 月搬入西主楼办公时正式设立，地点位于西主楼 5 层南侧炮楼的两间房间，面积约 100m^2。在学校“十三五”“双一流”学科建设经费的支持下，实验室聚焦城市科学与管理、安全与健康，可持续建设、智能建造等重点领域，已初步建成以虚拟现实、智能建造、大数据处理与分析为特色的多个实验系统。图 7-93 是试验场景的模拟图示。

实验室配备有：头戴显示器、背包电脑、眼动仪、万向跑步机、智能热源、气味播放器、多导生理仪等在内的各类虚拟现实设备以及多套自主研发的实验系统；动作捕捉系统、智能机械臂、3D 打印机等在内的各类实验设备；多台高性能服务器、LED 大屏幕和展厅等。

图 7-93　实验室模拟分析疲劳与不安全行为

7.5.2　研究机构

1. 抗震抗爆研究室和结构工程研究所

唐山大地震后，地震工程和结构抗震成为非常热门的课题，各地各单位纷纷成立研究机构。此时土木系已优先很多单位开展工作，条件有利。拟在抗震工程专业基础上建立地震工程研究室，但遭争议与质疑。1978 年成立抗震抗爆工程研究室，沈聚敏任研究室主任。工程结构实验室也重组挂牌，实验室由新建的研究室领导。研究室在 20 世纪 80 年代总人数近50人之多,同时大量招收博士生和硕士生,人数占全系研究生的一半有余。研究领域包括：结构抗震研究,高层建筑抗震研究,混凝土三轴强度及高强混凝土研究,结构动力学及动力实验技术研究,结构及地面在地震作用下的反应研究,海洋平台结构研究,计算机在土木工程领域的应用研究,结构构件的静力与拟动力实验技术研究等。研究室为研究生开设了多门课程,包括钢筋混凝土结构,高等混凝土力学,结构抗震,结构抗爆,结构动力学,地震工程学,高层建筑抗震,结构实验技术等,其内容新颖、水平高,为校内外所推崇。

图7-94是工程结构实验室东门的照片,图7-95和图7-96是实验室进行的模拟试验图集。

图7-94　工程结构实验室

图7-95　重力式钢筋混凝土海洋平台模型试验(1984年)

图 7-96　高层建筑振动台模型试验

清华大学为提高科学研究的水平和加强科学研究的组织与领导，于 1983 年决定成立系一级的科研实体，组建研究所。结构工程研究所的前身是土木系 1956 年成立的工程结构实验室，1963 年建立的抗爆工程研究机构和 1978 年建立的抗震抗爆工程研究室。清华大学结构工程研究所是清华大学设立的相当于系一级的研究机构，是土木工程系师生从事结构工程研究的基地。它的主要任务是：发展结构工程学科，开发结构工程技术，解决工程实际问题，培养博士和硕士研究生，并为博士后流动站提供博士后研究条件。后来也成为国家教育委员会设立的“结构工程与振动开放研究实验室”的一个分部，接收国内外学者和科技人员的学术访问和前来从事研究工作。此外，承担大学本科的部分教学工作[34]。

结构工程研究所（英文名字为：Research Institute of Structural Engineering，RISE），下设抗震与抗爆工程、结构力学、钢筋混凝土结构、钢结构与近海结构、计算机应用 5 个研究室及工程结构实验室。研究所从事的研究领域有：抗震结构工程、抗爆结构工程、计算结构力学及结构分析、钢筋混凝土力学、高强混凝土及应用、结构的安全性与耐久性、近海结构工程、钢结构的损伤破坏与寿命评估、结构动力实验方法、计算机在土木工程中的应用等①。工作人员除土木工程系有关教研组的部分教师兼职外，有专职的研究与工程技术人员。

1986 年、1992 年两次印制了介绍结构工程研究所的中英文并列的彩色画册(在当时尚属稀有)。1986 版画册的全部中文稿是陈肇元和沈聚敏撰写的，英文是过镇海翻译的。图 7-97 选自 1986 版和 1992 版画册的封面和其中对抗震结构工程的介绍。画册中还介绍了当时的研究内容、研究课题和研究人员，部分信息见表 7-46。

表 7-46　结构工程研究所机构构成及人员(1992 年)

研究室	1986 年		1992 年	
	研究内容	研究人员	研究内容	研究人员
抗震抗爆研究室	抗震结构工程	沈聚敏、张良铎、陈聃、裘宗濂、方鄂华、王娴明、翁义军、那向谦、朱宏亮	抗震结构工程	沈聚敏、方鄂华、王娴明、翁义军、冯世平、傅平均、黄勇、张良铎、陈聃、裘宗濂
	抗爆结构工程	陈肇元、崔京浩、阚永魁、邢秋顺、王志浩、沈聚敏	抗爆结构工程	陈肇元、崔京浩、阚永魁、邢秋顺、王志浩、沈聚敏
结构力学研究室	变分原理和有限元法	龙驭球、包世华、韩守询、支秉琛、匡文起、袁驷	计算结构力学及结构分析	龙驭球、包世华、支秉琛、匡文起、张铜生、江爱川、袁驷、辛克贵、刘西拉
钢筋混凝土结构研究室	钢筋混凝土的本构关系和有限元分析	过镇海、王传志、滕智明、李著璟、江见鲸、张秀琴	钢筋混凝土的本构关系和有限元分析	过镇海、王传志、滕智明、李著璟、施泽元、江见鲸
	高强混凝土及其应用	朱金铨、庄崖屏、赵光仪、卢璋、石裕翔、叶知满、吴佩刚、陈肇元	高强混凝土及其应用	庄崖屏、朱金铨、赵光仪、石裕翔、叶知满、吴佩刚、陈肇元
			结构的安全性与耐久性	刘西拉、张良铎、王娴明、钱稼茹、冯世平、张天申

① RISE 清华大学结构工程研究所画册，1986—1992 年。

续表

研究室	1986 年		1992 年	
	研究内容	研究人员	研究内容	研究人员
钢结构与近海结构研究室	海洋平台结构工程	陈聃、韩守询、李少甫、朱金铨、钱稼茹、张惠英	近海结构工程	陈聃、钱稼茹、张惠英、李少甫
	钢结构稳定与疲劳	王国周、李少甫、瞿履谦、王珊	钢结构损伤破坏与寿命评估	李少甫、王国周、瞿履谦、杨小明
计算机应用研究室	计算机辅助设计(CAD)	陶全心、王鲁生、任爱珠	计算机辅助设计(CAD)	陶全心、王鲁生、任爱珠、张建平
	计算机辅助试验(CAT)	王际芝、王玉庭、林铸	计算机辅助试验与教学(CAT, CAI)	江见鲸、王际芝、朱金铨、匡文起、王玉庭、张晶、李宝贤
工程结构实验室	结构动力学与动力实验技术	裘宗濂、宝志雯、陈志鹏、傅平均	结构动力学与动力实验技术	裘宗濂、陈志鹏、王宗纲

结构工程研究所培养研究生的专业有：(1)结构工程,(2)地震工程及防护工程,均有博士学位授予权。

抗震抗爆研究室在 1980—1996 年间编写了 6 集科学研究报告集,第 1~2 集仅作为科学研究报告自行印制,第 3~6 集由清华大学出版社出版发行。这 6 集报告的题目分别是：结构动力反应的研究(1980)、加气混凝土构件的计算及其试验基础(1980)、钢筋混凝土结构的抗震性能(1981),钢筋混凝土结构构件在冲击荷载下的性能(1986)、结构模型的振动台试验研究(1990)、混凝土力学性能的试验研究(1996)(见图 7-98)。

作为与院系同级的科研实体的结构工程研究所,为清华大学在结构工程学科的发展做出了巨大的贡献。在 1996 年由工程结构教研组和抗震抗爆研究室合并而成土木系下的结构工程研究所时,也完成了它的历史使命。

2. 土木工程安全与耐久教育部重点实验室(原结构工程与振动开放研究实验室)

1985 年,国家教委在全国重点高等学校批准成立了首批 7 个开放实

图 7-97　结构工程研究所画册的封面(上)和其中对抗震结构工程的介绍(中 1986 版，下 1992 版)

验室，本室是其中之一。成立时实验室的名称为“结构工程与振动开放实验室”(见 1985 年 12 月 26 日国家教育委员会〔1985〕教技字 033 号文件)。名称中突出“开放”二字，强调向国内外开放。一年以后，在实验室前加上“研究”二字，成为“结构工程与振动开放研究实验室”，强调实验室的性质为研究型实验室①。

从 20 世纪 90 年代初期开始，国家科技部在中国科学院所属的研究单位及教育部所属的高等学校陆续部署建立了若干个国家重点实验室。

① 江见鲸，陈志鹏：《把开放实验室办成人才培养基地和学术研究中心》，载《新清华》，1996 年 9 月 28 日，增刊，第 3 版。

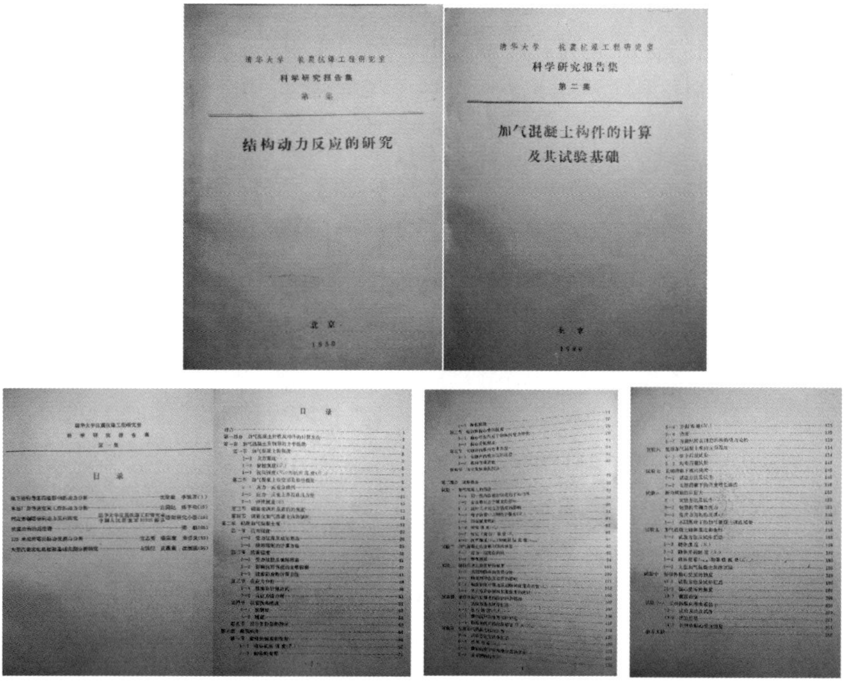

图 7-98　抗震抗爆研究室印制的研究报告集 1~2 集的封面和目录(1980)

为了从称呼上与国家重点实验室相呼应,1999 年 9 月 28 日,教育部下发了教技〔1999〕6 号文《关于公布第一批教育部重点实验室名单的通知》,将教育部所属的开放研究实验室更名为教育部重点实验室。“结构工程与振动教育部重点实验室”是当时教育部 146 个开放研究实验室中 38 个首批更名的“教育部重点实验室”之一。

本实验室是教育部部属的重点实验室,依托清华大学,研究定位为“应用基础研究”。实验室成立时由清华大学 4 个系的相关实验室组成,包括土木工程系的工程结构实验室、水利水电工程系的水工结构实验室、工程力学系的强度中心实验室、汽车工程系的汽车实验室。1999 年年底,汽车实验室调整至国家科技部批准成立的“汽车节能与安全国家重点实验室”; 2002 年,强度中心实验室调整至教育部批准成立的“破坏力学教育部重点实验室”; 2005 年,水工结构实验室调整至国家科技部批准成立的“水沙科学与水利水电工程国家重点实验室”。2004 年年底,为了充实本实验室的研究力量,遵照学校“凝练方向,适度拓宽”的精神,将建筑材料实验室与岩土工程研究所(后来的地下工程研究所)纳入本实验室。至此,本实验室完全由土木工程系的工程结构实验室、建筑材料实验室,以及结构工程研究所、防灾减灾研究所、结构力学教研室、岩土工程研究所等单位的有关人员组成,研究力量有了较大的加强,原有的研究方向也作了相应的调整。2005 年 10 月 29 日,学术委员会会议作出了《关于局部调整研究方向与调整实验室名称的意见》的决定 。2005 年 11 月 20 日,由重点实验室主任与学术委员会主任签字联名向学校科研院(并转教育部科技司)提交了《关于局部调整研究方向与调整实验室名称的报告》。2009 年 12 月 9 日,清华大学科研院发文《关于教育部重点实验室名称调整的通知》(清科通〔2009〕191 号),指出:“接教育部教技函〔2009〕79 号文件的通知,根据科技和学科发展的需求以及实验室学术委员会的意见,教育部同意我校‘结构工程与振动’教育部重点实验室调整名称为‘土木工程安全与耐久’教育部重点实验室。”

开放实验室成立初期的研究方向包括：结构抗震理论、坝的强度与稳定理论、结构非线性分析理论、结构抗爆理论、振动理论与近代振动实验及分析技术、近代光测力学技术；1997—2004 年的研究方向调整为：结构分析与结构受力性能、坝体强度与稳定理论、结构抗震抗爆和城市防灾减灾；2005 年以后的研究方向为：土木工程结构安全、土木工程防灾减灾、混凝土结构及材料的耐久性、地下工程与地基稳定性。

实验室制定有“管理办法”“课题计划指南”“研究基金申请办法”等一系列完善的规章制度,强调向国内外开放,旨在充分利用清华大学的教学与科研设施,为国内外的优秀科学工作者提供条件,促进跨学科研究合作,促进学术思想和人才的广泛交流。

教育部在 1986—2002 年基本每年都提供给实验室 10 万~20 万元人民币(多时曾达 40 万元)的开放研究基金,国内外的科学与教育工作者、工程技术专家都可以在实验室提出的“课题计划指南”范围内提出课题申请,经学术委员会评议批准后,来实验室开展科学研究工作。1986—2002 年,总计批准项目 151 项,提供研究经费 351. 8 万元人民币。在实验室工作的访问学者共计 151 人,其中国内访问学者 137 人,国外访问学者 14 人,国内访问学者来自全国 18 个省(市)及香港地区,国外访问学者来自美国、日本、俄罗斯、新加坡、德国、英国等地。

重点实验室不定期由清华大学出版社出版研究报告集，1991—2003年共出版了 7 集《结构工程与振动研究报告集》(主编前后有陈志鹏、沈聚敏和江见鲸)，第 7 集为英文版。

实验室实行主任负责、学术委员会评审的制度，学术委员会主任和实验室主任由教育部聘任，学术委员会副主任、委员和实验室副主任由实验室提名报学校批准委任，历届学术委员会主任及实验室主任见表 7-47。

表 7-47　历届学术委员会主任及实验室主任

届　次	任　期	学术委员会主任	实验室主任
1	1985 年 12 月—1996 年 5 月	张光斗	沈聚敏
2	1996 年 5 月—1999 年 9 月	陈肇元	江见鲸
3	1999 年 9 月—2004 年 12 月	陈肇元	江见鲸
4	2005 年 1 月—2007 年 12 月	陈肇元	聂建国
5	2008 年 1 月—2017 年 9 月	陈肇元	聂建国
6	2017 年 9 月—	谢礼立	聂建国

实验室在 1989 年、1994 年、1998 年、2002 年、2007 年、2012 年、2017 年均向教育部提交了详细工作报告。前两次的报告主要是作为重点实验室运行补助费的申请报告，以取得教育部开放基金的支持。后 5 次是为接受由教育部组织的实验室评估。

7.5.3　科学研究的主要方向和内容

1. 20 世纪 70 年代末至 2000 年

1985 年，陈肇元和邝守仁对土木系的学科发展做了展望和设想①：

当前，高层建筑、地下建筑、特殊结构的建筑大量增加。随着能源、海洋开发和地下空间利用等方面新技术的发展，结构体系日趋复杂，结构的受力和环境条件也更加复杂和多变。而且我国是一个多地震的国家，绝大部分新建的土建工程结构都必须考虑地震作用。

为了适应这种要求，我系要以“钢筋混凝土非线性力学”作为结构工程学科的重点发展方向。围绕这一方向，继续开展和加强结构抗震分析与设计、海上平台设计理论、抗爆结构分析与设计、混凝土材料的强度理论与结构关系、非线性有限元分析、结构系统分析及识别等方面的研究。

---

① 陈肇元，邝守仁：《展望与设想》，载《新清华》，1985 年 7 月 19 日，第 903 期，第 2 版。

另外，电子计算机应用于土木工程，应是我系科学研究工作的重要方面。除各个教研组全面开展计算机的应用技术外，最近将专门成立一个“计算机应用技术”的教研组。

要扩大各个教研组的学科工作面。诸如城市交通工程、城市地下结构和路桥结构、建筑工程中的有机材料等。总之，要跨入大结构、大土木的领域，尤其重要的是要与计算机、自动化、化学、数学等学科交叉，开创新的研究领域。

土木系70年系庆的纪念文集《辉煌七十秋》(1996)和《攀登与奉献：清华大学科技五十年》(2001)中，都有对土木系历年科学研究方面的总结。这里依据这两个文献的相关内容给出20世纪70年代末期到2000年之前的相关内容，见表7-48。

表7-48　土木工程系的科研工作汇总

研究方向	主要研究内容
抗震结构工程	研究钢筋混凝土、钢和钢骨钢筋混凝土构件及其节点在往复水平力作用下的性能，结构的屈服后性能以及地震倒塌的评估和预测，探索结构的破坏机理。研究高层建筑、高耸塔桅、地下建筑等重大或复杂结构的地震反应及其抗震设计，建立合理的设计概念与准则。结构反应控制与隔震减震。现有建筑物抗震性能评定准则及其加固技术
抗爆结构工程	研究爆炸冲击波加载作用的室内模拟技术。材料和结构构件在爆炸荷载作用下的动力性能，爆炸和冲击下岩土中结构动力分析，爆炸荷载下建筑物的倒塌过程及减灾措施
结构力学和结构分析	能量—变分原理及微分方程求解器的研究；新型有限元系列的研究；分区混合有限元、广义协调元、样条有限元和有限元线法；结构的静力分析、弹塑性动力分析、温差分析、孔洞应力集中、断裂分析和结构损伤等。变形块体系统的研究和基于损伤分析的工程材料本构关系的研究
钢筋混凝土的本构关系和有限元分析	在试验基础上研究和建立各种应力条件下的混凝土强度准则和本构模型，钢筋和混凝土间的粘结滑移模型。 非线性有限元分析技术，高温下混凝土强度和变形性能的试验研究、钢筋混凝土结构高温性能的试验研究分析
高强混凝土及其应用	研究用普通方法配制C60、C100高强混凝土的工艺及物理力学性能，高强混凝土配筋构件在各种受力状态下的强度与变形性能。高强混凝土在建筑结构工程与其他特种工程中的应用，设计方法及施工工艺，新型超塑化剂及增强剂的研制
结构的安全性与耐久性	研究结构耐久性随时间变化规律，各种影响因素的作用机理、物理模型和数学模型，现有结构的性能评定及耐久性评估，结构耐久性设计

续表

研究方向	主要研究内容
近海结构工程	研究罕遇地震条件下平台结构的动力性能和动力反应,改善和控制平台结构动力性能的理论和方法,钢平台结构的受力分析及损伤寿命估算,可移动混凝土重力平台的研究
钢结构的损伤破坏与寿命评估	研究钢结构初始缺陷和损伤对其承载能力的影响,构件的整体稳定与局部屈曲,焊接圆管节点的刚度、强度与疲劳损伤,结构的逐步破坏行为及寿命评估
结构动力学与动力实验技术	研究复杂结构的动力分析,土—结构的动力相互作用,隔振理论与技术,结构物的安全检测及参数估计,振动信号的数据处理原理,振动台及拟动力试验技术,结构动力特性现场测试技术,爆炸模拟地震测试技术
计算机辅助设计	研究房屋结构的模型化技术,结构设计过程的计算机模拟,结构设计的图形交互技术,设计型专家系统的实用研究。建筑工程施工过程的计算机模拟及进度控制
交通工程与地下建筑	城市交通规划与控制；公路网规划与决策系统；公路与城市道路桥梁的静动力分析、设计和可行性研究；地铁和轻轨线路客流量预测
建筑管理	研究工程项目的网络计划管理,建筑工程管理信息系统,国外建筑工程投标报价实用专家系统,快速投标报价。房地产开发中的土地分级评估,资金的综合平衡与投资效益的研究,在施工技术方面研究施工平面图的自动布局,大型土方工程的优化调配,特殊模板工程设计等
建筑材料	建筑胶凝材料与混凝土研究,高性能混凝土的研究,天然矿产资源与工农业废料的资源化研究,如沸石岩的开发应用,固硫碴/粉煤灰等的利用,建筑功能材料的研究(防水、装饰、隔热、保温、隔声),建材再生与利用
工程测量	红外光电测距仪研制及应用,GPS 及北斗卫星定位理论及应用研究,大比例尺机助制图系统研究,近景摄影在古建筑及文物测量中的应用,遥感在城市规划及震害分析中的应用,红外光点位移测试系统的研究,卫星定位接收机研制,高精度卫星定位算法研究

钱稼茹在《攀登与奉献：清华大学科技五十年》中介绍了土木工程科研沿革,将 20 世纪 70 年代末期至 90 年代间的科研工作归纳为 10 个方面(本文在个别地方有所补充),如下 1)~10)部分所述。后面的 11)部分是这个时期工程测量方面的科研工作汇总(主要来自过静珺)。

1) 工程力学研究

龙驭球在变分原理和新型有限元方面取得了丰硕的研究成果。龙驭球于 1980 年创立多区广义变分原理,适应了有限元分区插值的需要,是对传统变分原理加以改造而提出的新型变分原理,包括多区势能原理、多区余能原理和多区混合能量原理,对发展新型有限元有普遍的指导作用。1982 年创立分区混合有限元,其特点是将结构分为势能区和余能区,分别采用位移元和应力元,为含应力奇点的难题提供高效和新颖的解法,成功地解决了混合型断裂 Reissner 板弯曲裂、三维表面裂纹、V 型切口和两种材料 V 型切口等问题。1984 年提出样条有限元,采用样条局部插值新模式,突破了样条总体插值法只能用于规划区域的局限性,构造出 18 种样条单元。1986 年创立了含 14 个可选参数的广义变分原理,突破了变分原理中不含可选参数的传统做法,使变分原理达到了新的理论高度。1987 年创立广义协调有限元,在传统的协调元和非协调元之间开辟一条新路,提出“广义协调”新概念,克服了协调元难于构造和性能偏硬的缺点,克服了非协调元不能保证收敛的致命弱点,构造出 40 多种精度高和收敛可靠的新单元。1993 年提出广义协调平板型壳元,这是一种珠联璧合的新型壳元,一方面采用了含转角自由度的膜元;另一方面采用了广义协调板弯曲元。两种优质单元的强强联合,使新型壳元的性能远远优于传统的壳元。此单元在建筑科学研究院编制的大型软件 SATWE 中被采用。1997 年提出四边形面积坐标新理论。传统的面积坐标只用于三角形单元,现将它推广应用于四边形单元,不仅发展了面积坐标理论,而且为构造四边形单元开辟了一条新途径,成功地构造出采用面积坐标的四边形膜元和板弯曲元。当网格畸变时,其计算精度并不下降,优于采用等参坐标的四边形元。1999 年提出完全不封闭的新型厚板单元。厚板单元的剪切封闭问题曾困扰有限元学术界 30 多年,剪应变场合插值新方案的提出,为彻底解决剪切锁闭问题找到了出路。在此基础上又提出了两类构造厚薄板通用单元的新方案,构造出一系列优质单元,并可推广用于层合板壳问题。

1989 年袁驷创立有限元线法,并对这一崭新的半解析方法体系进行了一系列的创造性的开拓、突破与发展。有限元线法充分利用了当时的最新计算技术和软件成果,以高效能的常微分方程求解器为支撑软件,综合了多种经典方法的优点,突破了面向代数方程求解方法的一统天下,开辟了面向常微分的半解析法的新领域。作为新型而富有特色的半解析法,在《薄壳结构设计计算规程》中列为重点推荐的方法之一。1992 年袁驷推出了国内外第一个有限元线法的通用程序软件——FML92, 随后不断升级,并已先后在大型水泥筒仓、浮顶油罐、冷却塔、高层建筑等多项实际工程设计中得到有效应用。

2）防护工程研究

20 世纪 70 年代初，结合我校 200#反应堆的要求，土木系研究设计了防护用的山洞。根据战略要求，1973 年研究并设计水封油库，1978 年投入使用，经过 20 多年的运行，效果很好。70 年代中期，与有关部门合作，开始研究高强混凝土防护门，到 1980 年研制成功，并投入使用。80 年代，又陆续研制成钢包高强混凝土拱型防护门、高强钢管拱型防护门。80 年代末，为上海人民广场地下人防工程研究钢管混凝土柱无梁板体系，后来，这种结构体系在地下防护工程中被广泛推广应用。

总结 20 世纪 80 年代之前土木系在防护工程研究中的成就，主要有：在国内最早建立了在实验室条件下从事抗爆结构动力性能试验的装置，并帮助协作单位建成系统的大型设备，这个装置包括核爆压力模拟加载器、材料与结构的快速动力加载试验机等，并自行开发试验用的量测仪器和传感器，为从事实验研究创造了物质条件；研究了地下结构的动力分析方法，取得了系统的成果并编制了工程设计应用手册；系统地进行了各种结构材料、各类构件的动力性能测试并进行理论分析，提出了动力作用下结构和构件的动力设计计算方法；针对重大工程如大型机库、大型高抗力防护门、大型地下防护结构的无梁板体系、北京地铁防护结构等开展研究，使工程设计得到了突破；许多成果被列入相关的设计规范。在地方高校中，我校开展的防护工程研究居领先地位。通过这项研究，与许多科研单位建立了紧密的联系，为研究单位培养了技术力量，也为土木系培养了一支研究骨干队伍。

3）结构工程研究

在钢筋混凝土基本构件的受力性能和设计理论、设计方法方面，土木系在 20 世纪 60 年代初，尤其是在“文化大革命”后，进行了系统的研究，许多研究成果被国家规范采纳。例如，籍孝广的混凝土板、梁和框架的极限荷载试验研究，是国内最早的混凝土构件极限状态研究；混凝土梁受剪性能的研究成果，修改了 50 年代由苏联引进的抗剪计算公式，为修订我国规范提供了依据；结合在工程中开始采用的预制构件上现浇混凝土叠合层的做法，过镇海开展了叠合梁的试验研究，提出的计算公式及设计方法沿用了 20 多年，后来的计算公式也是在这个研究成果的基础上发展起来的。滕智明进行了钢筋与混凝土黏结滑移本构关系的研究。赵光仪完成了连续梁弹塑性内力重分布、抗剪强度设计的研究。滕智明、过镇海等进行了预应力混凝土吊车梁和屋架的试验研究，为这些新型结构应用于工程、编制全国通用标准图奠定了基础。

20世纪60—70年代，过镇海和张秀琴等进行了“加气混凝土及构件的性能”的研究。70年代初，古国纪和傅平均等进行了“单层工业厂房空间作用”研究，在大量现场实测数据以及理论分析的基础上，提出了厂房空间工作的理论和计算公式，被设计规范采用，其研究成果在1978年第一次全国科学技术大会上获奖。80年代，来晋炎在国内最早开始研究并推广盒子结构建筑，取得了很好的效益。

在预应力混凝土方面，土木系结合重大工程的需要，20世纪70年代初开展了核反应堆预应力混凝土压力容器的研究，80年代初开展了国家科技攻关项目重型水压机框架预应力大梁的研究，都取得了很好的成果。

混凝土受压和受拉应力-应变全曲线，是研究和分析混凝土结构和构件的承载力和变形的主要材性依据。20世纪80年代初，王传志、过镇海、张秀琴等研制成功用液压千斤顶作为刚性元件的试验装置，在国内率先测定了单调荷载和重复荷载下混凝土受压应力-应变全曲线，建立了全曲线方程。之后，又顺利完成了混凝土偏心受压、中心受拉、偏心受拉和剪切的全过程试验研究，建立了相应的应力-应变全曲线。

1984年，王传志、过镇海、张达成等研制成功国产第一台混凝土真三轴试验装置，并投入运行。至20世纪90年代初，完成了混凝土二轴和三轴压、拉应力状态的系统试验，研究了破坏机理和破坏形态，建立了混凝土单轴、多轴应力状态的破坏准则，以及非线弹性的正交异性本构模型。20世纪90年代，庄崖屏等通过试验，研究了高强混凝土的强度和变形。

高强混凝土的发明，推动了结构的发展。土木系在高强混凝土结构领域的研究始于20世纪70年代防护门的研究。20多年来，陈肇元、庄崖屏、朱金铨、赵光仪等在高强混凝土结构方面，一直没有停止过研究和应用推广。20世纪80年代末至90年代初，土木系作为主要承担单位，参加国家自然科学基金和城乡建设部的“七五”重点项目“高强混凝土结构性能设计方法施工工艺的研究”。1994—1998年，土木系主持国家自然科学基金委、建设部、铁道部和国家建材总局联合资助的重点项目“高强与高性能混凝土材料的结构与力学性态的研究”，取得了丰硕的研究成果，广泛用于高层建筑、桥梁和地铁等工程，编写的行业标准《高强混凝土结构设计指南》对工程起到了指导作用，《高强混凝土原理》获教育部特等奖。土木系在高强混凝土及其结构的研究方面，一直处于国内领先地位。

在钢结构方面，王国周在 20 世纪 50 年代开展了高强螺栓残余应力对钢结构承载能力影响、钢结构稳定以及钢结构焊缝连接、铆钉连接的强度及匀质系数的研究，为编制钢结构设计规范提供了依据。60 年代，陆赐麟等开展了预应力钢结构的研究。80 年代，李少甫开展了海洋平台焊接管节点的疲劳研究，之后又陆续开展了大跨结构的稳定、轻钢结构、钢框架梁—柱节点的研究。

进入 90 年代，随着我国基本建设尤其是市政工程的发展，土木系在结构工程方面扩大了研究领域，聂建国等对钢—混凝土叠合梁组合板开展了系统的研究，研究成果已经用于北京、盐城、深圳的立交桥、跨河桥和跨铁路桥，用于重型荷载的电厂厂房，有的研究成果已为规范采用。石永久、王元清等开始了玻璃幕墙结构方面的研究工作。

4）结构抗震研究

1976 年唐山地震后，沈聚敏、陈聃、张良铎、裘宗濂、方鄂华等开始了结构抗震研究。那时正好在前三门工地开门办学，参加前三门高层住宅的设计，前三门住宅大都是混凝土剪力墙结构，这是一种新的结构体系，国内没有现成的设计方法。结合工程需要，土木系与中国建筑科学研究院等单位合作，开展了剪力墙结构的抗震研究。之后，土木系将结构抗震研究的重点放在建筑结构的抗震上，随着建筑层高的增加和新结构体系的采用，陆续开展了多种建筑结构体系的抗震研究，例如砖混结构、框架结构、框架轻板柱框剪结构、大开间剪力墙结构、鱼骨式剪力墙结构、底部大空间剪力墙结构、大板结构、筒中筒结构、灵活隔断住宅结构等。同时，还开展了在用结构的抗震鉴定及抗震加固研究，完成了清华大学主楼等工程的抗震加固设计，并开展了结构消能减震研究；结合建立我国自己抗震设计方法的需要，对钢筋混凝土柱、剪力墙、联系梁等构件进行了系统的研究，取得了丰硕的成果。

土木系在全国领先开展了结构构件受力全过程的计算机分析方法研究，开展了钢筋混凝土房屋结构屈服后性能分析研究，结构非线性分析和弹塑性时程分析研究，地震波的波动理论研究。这些工作对推动我国抗震设计理论、方法的发展起到了极大的作用。

20世纪80年代初，教育部组织5所大学共同完成国家科技攻关项目“南海北部湾涠11-1钢筋混凝土多用平台可行性研究”。土木系为副组长单位，除了参加平台的力学分析、结构设计外，重点完成平台的动力分析和抗震分析。80年代中期，土木系又继续承担了国家科技攻关项目“极端荷载下混凝土平台结构的安全设计措施”。遗憾的是，由于种种原因，混凝土平台结构没有实施建造。

20世纪80年代，由于通信发展的需要，北京、天津、上海、沈阳等地先后建造了混凝土电视发射塔。土木系陆续参加了中央塔、上海塔、四川塔的抗震研究，完成了中央塔、四川塔模型的振动台试验和中央塔、上海塔的抗震分析。

20世纪80年代末至90年代初，高层建筑结构在我国兴起。国家自然科学基金委和城乡建设部组织了城乡建设“七五”重点科技项目“高层钢结构成套技术”。土木系作为主要参加单位之一，承担了结构体系、弹塑性时程分析、偏心支撑钢框架、开缝剪力墙、梁墙连接节点、试设计等项目的研究，为我国高层钢结构建筑的发展作出了贡献。

20世纪80年代开始，裘宗濂、宝志雯、陈志鹏等开展了结构动力特性的实测研究，为结构抗震提供实测数据。80年代初，完成了香港5幢高层建筑的实测。20年来，陆续完成了北京的京广大厦、京城中心、深圳的地王大厦等50多幢高层建筑的实测，秦山核电厂安全壳、主厂房等20多幢厂房的实测以及中央电视塔、天津电视塔、南京电视塔的实测。2000年前后完成了深圳赛格广场大厦的实测。

进入20世纪90年代，在结构的抗震研究方面，由混凝土结构、钢结构扩展到钢骨结构、钢管混凝土结构，结构抗震设计理论及方法的研究也由基于承载力的设计发展到基于位移的设计，结构形式也由建筑结构、塔桅结构等发展到大跨桥梁、公路桥梁等。

5）建筑材料研究

1978年国家教委下达“沸石岩建材资源化”的大课题，冯乃谦等两年内取得三项科研成果——“沸石岩水泥”“沸石岩轻骨料”和“沸石岩载气体多孔砼”。1980年召开了沸石岩实验楼鉴定会，受到专家好评，此后在全国的水泥厂、建材业掀起推广应用沸石岩的高潮，长盛不衰。1998 年，冯乃谦主编的《天然沸石粉在混凝土与砂浆中应用技术规程》(JGJ 7112—97)颁布实施。

20 世纪 80 年代，建材的研究着眼于国家重大项目，如水压机基座混凝土、海洋平台混凝土的研究，燃煤固硫渣建材资源化的研究等，同时重点，研究混凝土的耐久性、高强混凝土和高性能混凝土材料的力学性态，例如，混凝土的冻融破坏与钢筋锈蚀预测模型、粉煤灰高性能混凝土、沸石岩水泥水化机理、省能型硅酸盐多孔混凝土的优化机理、大坝混凝土中二次钙矾石生成机理、高性能混凝土的流变学特性及泵送性评价方法、混凝土耐久性和电性能、污染混凝土的电化学、侵蚀介质混凝土的传输过程与电模拟等。

根据我国地少人多、环境污染严重的现状，我国建筑材料必须充分利用工业废料，经过高科技的创新研究，将其变为有用之材。除国家攻关项目外，土木系还自行开辟了许多面对国民经济主战场的课题，如"J 型泡沫系列多孔节能建材制品"，研究成果转让多家公司，取得良好经济和社会效益，被建设部和国家科技部等五部门联合颁发"国家重点新产品"证书。

20 世纪 70 年代初，卢璋等开发 NF 高效减水剂，经过多年的努力，已经转化为生产力，取得逐年增长的经济效益和良好的社会效益，多次被评为北京市高科技产品，成为面向主战场的成功试点。外加剂成分增加了脂肪萘磺酸等 5 个系列。

6) 结构的安全性与耐久性研究

土木系自 20 世纪 90 年代初开始在用钢筋混凝土结构的性能评定及耐久性研究，比较系统地进行了混凝土结构的耐久性研究，并提出了耐久性设计建议及结构耐久性检测指南。1994—2000 年，土木系作为负责单位，承担了我国土木、水利学科唯一的一项国家攀登计划 B"重大土木与水利工程安全性与耐久性的基础研究"，由张光斗、潘家铮两位院士为项目顾问专家，刘西拉任首席科学家。该项目以结构生命周期中施工、使用和老化三阶段为主线，以平均风险率较高的施工与老化阶段为重点，以高坝、大型桥隧和高层建筑为依托，系统地进行有关结构安全性与耐久性的基础研究。

20世纪90年代中期，土木系开始了重大结构工程的安全监测研究。一方面在国家攀登计划B支持下，进行安全监测的损伤识别和剩余可靠度研究；另一方面，结合香港青马桥、汲水门桥和丁九桥，研究实时监测系统的实施。香港青马桥主跨1377m，是当时世界上跨度最大的公路铁路两用悬索桥。1995年，土木系完成了桥面桁架安装阶段的动力测试。1997年香港回归前夕，青马桥正式通车前，完成了整桥的动静力测试，为建立安全监测系统提供了实测依据。

1996年，土木系用GPS技术实测了深圳地王大厦在大风时的位移，这是国内外将GPS技术用于高层建筑位移实测的首例。1999年，完成了虎门大桥GPS位移实时监测系统的安装调试，之后进行了虎门大桥应变实时监测系统的实施工作。

20世纪90年代，土木系完成了包括清华大学主楼、科学馆、西直门立交桥、十三陵水库溢洪道在内的100多个结构的技术现状检测和评估，为这些结构物的安全使用提供了依据，同时也积累了大量的资料，取得了丰富的经验。

7）防灾减灾研究

土木系在防灾减灾领域的研究始于20世纪90年代初，有两个主要研究方向：一个方向是利用IT技术对灾害信息进行管理、分析与处理；另一个方向是混凝土结构的抗火。

在第一个研究方向，完成了基于GIS的典型中等城市（镇江市）防灾减灾对策示范研究，完成了澜沧江下游区域综合防灾减灾信息与决策支持系统、汕头市综合防灾减灾信息系统的研究。经过10年的科研实践，土木系已经在潜在灾害分析、灾害损失预测、GIS等计算机技术在防灾减灾系统中的应用等方面积累了大量的经验。

在混凝土结构的抗火方面，过镇海等利用自己研制的设备，完成了混凝土、钢筋在高温下的力学性能研究，钢筋混凝土受弯构件、压弯构件在四面高温、三面高温下受力性能的研究和钢筋混凝土框架高温性能的研究。

8）交通工程研究

20世纪80年代中，土木工程系成立城市交通与地下建筑教研组，建立和发展交通工程学科，通过调查研究，决定土木系交通工程学科的重点为科研和培养研究生。当时，正值国家开展城市经济发展规划和城市建设规划的编制工作，土木系确定以交通规划作为主要研究方向，并介入了国家“七五”重点项目“北京市城市交通综合体系规划研究”中关于停车规划的研究工作，本项目成果获北京市科技进步一等奖和国家科技进步二等奖，随后又争取到了国家自然科学基金的资助。

1995 年交通工程研究所成立，逐步向跨学科及产、学、研结合的模式发展。20 世纪 90 年代末，研究领域已拓展到交通管理，重点在智能交通系统（ITS）理论与应用、交通环境与可持续发展战略及交通规划新理论体系研究等方向。研究所还是“九五”攻关项目“中国 ITS 发展框架体系”的子课题“ITS 经济技术评价”的组长单位；参加了国务院“中国交通与环境战略”的研究，向国务院提出了《改善中国城市交通与环境问题的建议书》，为公安部研究制订了《畅通工程评价指标与评价方法》，开发了相关的软件系统；将传统的交通规划理论转变为依据可持续发展为原则的规划理论体系，由单一方式的交通规划发展到多方式综合交通枢纽规划，并在大连市轨道交通、长春市快速轨道交通、金华市道路交通、温州市交通枢纽的规划中应用，得到了良好的效益。

9）计算机应用研究

计算机技术的迅猛发展，使土木工程这一古老的学科焕发了青春。计算机在土木工程中的应用，已从早期的数值分析发展到了工程设计的各个阶段和许多环节。

1985 年，土木系开始进行计算机应用研究，到 2000 年，共承担了科研项目 44 项，其中有国家自然科学基金重大项目“图形交互基础上的高层建筑初步设计专家系统”、国家自然科学基金项目“复合智能技术在建筑施工现场管理中的应用研究”“面向对象技术在集成化建筑施工 CAD 系统中的应用”等。

10）地下空间开发及地基基础研究

童林旭等于 20 世纪 80 年代中开始开展城市地下空间的开发与利用研究。随着建筑高度增加，基础埋深加大，地基基础成为工程设计、施工中的突出问题。20 世纪 90 年代，陈肇元、崔京浩、宋二祥等开始研究深基坑支护技术和地下结构的施工，宋二祥开始研究高层建筑地基基础分析与设计、土—结构相互作用、复合地基等。陈肇元和总参工程兵三所共同主编了《基坑土钉支护技术规程》，王德怀、郭红仙和程晓辉等在此规程的基础上，开发了土钉支护施工计算机辅助软件。陈肇元与崔京浩主编的图书《土钉支护在基坑工程中应用》由中国建筑工业出版社出版发行，第二年再次印刷，之后两年又再版。基坑支护技术研究成果在广州地铁车站、润扬大桥深基坑支护等多个工程中得到了应用。

11）工程测量和地球空间信息研究

1979年开始，储钟瑞、刘翰生、杨德麟、过静珺等老师开始了红外测距仪的研制工作，还开展了近景摄影测量、航空摄影测量和三维激光扫描仪对建筑物和文物三维测量的研究。过静珺、季如进等带领学生完成了颐和园和山东曲阜孔庙三大殿的近景摄影测量任务，并和清华建筑系合作用三维激光扫描仪进行故宫大成殿古建筑测绘。

1988年开始研究GPS技术，并将其用于石油物探、地震台网和城市控制网的试验。过静珺等还完成了多项GPS工程测量规范的编制。20世纪90年代开始开展GPS高精度测量技术应用研究，并用于虎门大桥、黄埔大桥、深圳地王大厦等工程的变形监测。（1993年葛茂荣）开发的GNSS卫星定位高精度解算和网平差软件在国家测绘局及多个高校和研究单位得到应用。研制了GNSS高精度单频接收机，并成功用于南极考察。1996年开始参与我国北斗卫星导航系统的建设工作。

2. 2000年成立土木水利学院之后

2000年成立土木水利学院，土木系下设7个研究所（教研室），建设管理系下设3个研究所。土木系的科研工作覆盖了土木工程、交通运输工程、测绘科学与技术等相关领域。建设管理系的科研工作主要在建设项目管理、房地产经济与管理和建筑施工技术等方面。各个研究所的研究方向（摘自2016年土木工程系和建设管理系的宣传册）归纳如下。

结构工程研究所的主要研究方向为：混凝土结构、钢结构、钢—混凝土组合结构、高层建筑结构、工程结构抗震、轻型钢结构、大跨钢结构、桥梁结构、FRP结构、玻璃幕墙结构、混凝土结构耐久性、结构现场静动力测试、结构加固新技术、结构试验技术。

防灾减灾工程研究所的主要研究方向为：地震动与地下结构抗震、结构抗震、抗火、抗撞击、抗爆与防连续倒塌、灾后功能可恢复结构、土木工程结构信息技术、城市综合防灾减灾、结构健康监测、结构生命周期性能等。

建筑材料研究所的主要研究方向为：高性能混凝土与工程应用、混凝土材料与结构耐久性、水泥基材料化学、断裂力学及时变性能、固体废弃物综合利用的基础理论与应用、高性能纤维增强水泥基复合材料、水泥混凝土化学外加剂的理论与实践、新拌混凝土的工作性及流变性、路面材料与结构等。

交通工程研究所的主要研究方向为：城市群交通一体化研究、交通行为分析与建模、交通流特性分析，智能交通系统规划设计、交通仿真与交通环境、道路设计、资产管理及生态道路研究、公共交通理论与方法研究，智能交通控制系统研究等。

地下工程研究所的主要研究方向为：土体力学性质从微观到宏观的多尺度研究、地下工程开挖和基坑支护及对周边环境的影响、地下结构抗震及地下人防工程、地基与上部结构共同作用分析、岩土工程灾害的防治、新型能源开发与可持续发展中的岩土问题、新型微生物岩土处理技术、城市地下空间规划学（含平战一体化）、地下空间资源学（资源评估与政策管理）等。

地球空间信息研究所的主要研究方向为：大地测量与工程测量、卫星导航与定位、摄影测量与遥感、地理信息系统、3S集成技术与应用、现代测绘技术与应用等。

结构力学教研室的主要研究方向为：新型有限元、广义协调元、新型自然坐标理论及其应用、有限元超收敛与自适应计算、结构特征值分析、求积元法、结构可靠度与安全评估及结构非线性分析等。

工程管理研究所的主要研究方向为：可持续建设评价与管理、绿色建筑与施工、建筑信息模型（BIM）、虚拟施工（VC）/虚拟原型（VP）、施工安全、建筑经济学、建筑市场与行业公共政策、建设领域反腐败、工程担保、项目采购管理、建筑企业管理、建筑业职业健康、工程项目风险管理等。

房地产研究所的主要研究方向为：房地产经济学、城市经济学、房地产投资、住房制度与政策、房地产金融、土地资源管理、物业与资产管理等。

国际工程项目管理研究院的主要研究方向为：国际工程战略与风

险、可持续发展与韧性城市、项目融资/特许经营/政企合作(PPP,含BT/BOT/TOT/PFI等)、人因工程与绩效评价、项目管理设计管理与合同管理、建设工程风险管理与安全管理、工程管理/项目管理信息化、建筑应急管理现代化结构施工技术与管理、新型结构灾后评估与维修技术等。

目前,土木工程系、建设管理系进一步凝练了以下6个可推动的基础研究重点方向：

(1) 高性能结构与材料方向：涵盖混凝土材料低碳化、高性能化、混凝土结构收缩表征及计算、水泥基材料徐变、高性能结构钢材、高性能复合钢材、复合材料结构、组合结构、高强钢结构、高层新型抗侧力体系、抗震韧性结构体系、产品与评价、装配式结构抗震研究、精细建模分析、结构安全检测、监测与评估、交通基础设施安全保障、结构可靠度、有限元超收敛计算、弱形式求积元法与应用、时域积分法计算等多个研究领域。

(2) 防灾减灾科学与工程方向：涵盖城市震害模拟、逃生疏散、韧性城市、结构可靠性、计算力学新方法、钢管混凝土结构抗灾机理、海洋工程结构、混凝土耐久性、BIM/CIM、数据挖掘、城市规划、震损智能评估、结构抗火耐蚀等多个研究领域。

(3) 城市科学与管理方向：涵盖基础设施投资建设与运营、城市韧性测度与管理、住房政策与住房市场、建成环境与人的互动关系、城市效率度量、城市升级与更新等研究领域,并致力于为相关领域的政策制定与行业发展提供科学支撑。

(4) 智能交通工程方向：涵盖交通强国战略、大区域智能交通规划、智能技术破解交通拥堵理论、全寿命管养、智慧道路材料与结构、道路安全与道路风险、虚拟城市交通仿真、未来交通模式、无人驾驶测试技术、智能网联与交通控制、疫情对交通系统和公交影响、地下交通系统与规划、交通人文、交通信号控制、多尺度城市信息、桥梁智慧检测和监测、基础设施损失识别等多个研究领域。

(5) 智能建造与工程方向：涵盖施工过程智能化模拟、施工安全风险智能识别、施工现场对象智能识别、基于“互联网+”的构件生产优化管理、建造自动化与机器人、面向智能建造的新材料与结构体系(包括高强钢结构)、3D打印混凝土材料性能分析、大型复杂曲面结构施工、数字摄影测量和地形快速重建技术、超高层建筑健康监测、施工噪声知识本体建模等多个研究领域。

（6）岩土工程与地下资源开发方向：涵盖山区高填方机场的变形与稳定预测、岩土体材料的多场耦合机理与模拟、城市浅层/深层地热资源开发利用、岩土体微生物加固技术、地下空间规划及管理关键技术等多个研究领域。

7.5.4　科研成果

本节基于 1998 年以来科研统计资料，汇总土木工程系及建设管理系近 20 年来在科学研究方面的情况，包括科研项目与经费、专利、论文、主编规范/标准、获奖等内容。

1. 科研项目、经费、专利及论文

1）2000 年之前

1998 年新批准的项目中，有国家自然科学基金项目 5 项，北京自然科学基金项目 3 项，教委博士点基金项目 1 项，教委回国留学人员基金项目 2 项。在研项目一共有 115 项，其中，国家攀登计划项目 1 项，自然科学基金项目 16 项，教委博士点基金项目 4 项，“九五”攻关及海洋“863”在研项目 5 项，省部委项目 25 项，横向在研项目 52 项，国际合作 6 项，校内基金项目 6 项。

1999 年新批准的项目中，有国家自然科学基金项目 8 项，其中江见鲸负责的“21 世纪中等城市综合防灾减灾信息与决策支持系统”，刘洪玉合作负责的“房地产业与社会经济协调发展研究”为重点项目；获批北京自然科学基金项目 2 项，博士点基金项目 1 项。当年的在研项目共有 130 项，其中横向项目 72 项。

2000 年新批准的项目中，有国家自然科学基金项目 5 项，北京自然科学基金项目 3 项，博士点基金项目 2 项，教育部高等学校骨干教师资助计划项目 2 项。其中聂建国获得了国家杰出青年基金，项目名称为“新型钢—混凝土组合梁的基本性能及其工程应用的系列研究”。自此，土木系在钢—混凝土组合结构方面进入快速发展的时代。2000 年在研项目共计 185 项，其中国家自然科学基金及教育部各类基金项目 29 项，省部委项目 23 项，国际合作项目 7 项，横向项目 90 项，校内基金项目 9 项，系 985 项目 27 项。

1998年、1999年和2000年土木系的科研经费总计分别为：660.8945万元、812.0424万元和903.5276万元，这三年的发表论文情况见表7-49，1998年和2000年授权专利都是2项实用新型专利，1998—2000年的项目获奖数分别为5、11和7项。

表7-49　1998—2000年发表论文情况

年　　度	国际会议	全国会议	国外刊物	全国刊物	地方刊物	论文合计
1998	17	78	25	129	6	286
1999	27	73	15	169	10	324
2000	33	62	22	194	5	338

2）2001—2010年

在全系师生的共同努力下，2001—2010年，土木、建管两系在科研项目、科研经费和科研成果等方面不断取得新的进展。2001年科研经费突破千万元，达到1444.65万元。

2007年，科研经费有了大幅提高，到款超过历史最好水平，达到4615.35万元，比2006年增长2085.39万元。申请到国家自然科学基金项目14项，经费394万元；国家支撑计划5项，经费304万元；“863”计划批准2项，经费169万元；其他国家及省部委项目18项，经费463.2万元；横向课题合同142项。

2007年，以聂建国为学术带头人，土木工程系中青年学术骨干和青年教师为主体的团队获得教育部2007年度教育部长江学者创新团队资助计划，项目经费300万元，2007年清华大学共有3个团队获得此项资助。

2007年的科研成果包括：省部级科技奖2项，专项奖9项，被授权的专利6项，科研成果鉴定2项，申报科技成果2项，发表论文469篇。

2010年科研经费达到5891.68万元。2010年授权专利中，发明专利11项，实用新型专利23项，年授权专利数由之前不足10项一下突破到34项。

2001—2010年发表论文情况见表7-50，宋二祥发表在《岩土力学》的文章《某特深基坑支护的非线性三维有限元分析》(2004，25(04)：538)和聂建国发表在《建筑结构学报》的文章《高强不锈钢绞线网—渗透性聚合砂浆抗弯加固的试验研究》(2005，26(02)：1)，2007年被评为中国百篇最具影响学术论文(国内学术论文)。

表 7-50　2001—2010 年发表论文情况

年　　度	国际会议	全国会议	国外刊物	全国刊物	地方刊物	论文合计
2001	53	64	31	216	398	
2002	90	80	37	262	473	
2003	39	53	22	174	291	
2004	101	53	43	237	435	
2005	98	56	18	266	438	
2006	116	63	26	302	507	
2007	78	66	44	279	469	
2008	103	99	58	328	588	
2009	66	34	61	358	519	
2010	104	32	65	355	556	

结构工程方面,叶列平于 2003 年开始主持国家自然科学基金重点项目“高性能纤维增强复合材料在土木工程中应用的基础研究”,土木系在这一方面的研究也逐渐深入。韩林海在 2004 年获得了国家杰出青年基金项目“新型钢管混凝土结构理论与应用关键问题的系列研究”,土木系对新型钢管混凝土结构的研究步入了新的阶段。钱稼茹受上海核工程研究设计院委托,主持了“CNP1000 安全壳结构模型动态试验”的研究(2005—2006 年)。辛克贵在 2005—2007 年受清华大学建筑设计研究院委托,对“免拆模板薄壁型钢混凝土结构体系研制开发”“钢结构居住建筑成套技术开发”和“背槽式板材干挂幕墙体系研制开发”开展了研究。郭彦林受广州新电视塔建设有限公司委托,开展了“广州新电视塔外框筒底部透空区群柱试验研究”(2006—2008 年),2008 年郭彦林受北京大诚太和钢结构科技有限公司的委托,开始“冷弯薄壁型钢桁架式轻钢结构关键技术研究”项目的研究工作(2008—2013 年)。

防灾减灾方面,任爱珠老师负责了国务院应急管理办公室的项目“台风、地震、滑坡等重大自然灾害耦合及其引发建筑和工程设施破坏的综合预测预警与智能决策技术”(2007—2008 年),承担单位是清华大学公共安全研究中心,土木系宋二祥、郭红仙、刘华北、陆新征等不同专业方向的老师也都参加了这个项目的研究。韩林海于 2007 年开始参加支撑计划和国家自然科学基金重点项目,关于建筑耐火抗火技术方面的研究。2009 年,钱稼茹主持的国家自然科学基金重点项目“超高建筑地震灾变过程与倒塌机制及控制研究”(2009—2012 年)展开研究。

地下工程方面，刘晶波、宋二祥于2005年申请的北京市自然科学基金重点项目“北京地铁地下结构抗震安全性评价体系及关键技术研究”获批；宋二祥主持了科技部“863”项目“山区机场高填方地基稳定及变形控制关键技术研究”(2007—2009年)；2010年开始，宋二祥受中国交通建设股份有限公司委托，开始了“港珠澳大桥桥隧结合段若干关键技术问题研究”的技术咨询工作(2010—2011年)。

防护工程方面，土木系参加了国家人防办“十五”计划的项目，如宋二祥主持了“核爆冲击波对多高层建筑防空地下室的倾覆作用及设计对策研究”(2003—2005年)。刘晶波参加了“炮航弹爆炸冲击作用下地下人防工程结构动力反应分析与智能防护研究”(2005—2006年)。祝文君负责青岛市人民防空办公室委托的项目“青岛市人防工程规划及城市地下空间发展规划”，并完成了“鄂尔多斯市核心高层区地下空间规划设计”(2009 —2010年)。

结构试验技术方面，邱法维在2004—2007年主持了国家自然科学基金重点项目“现代结构拟动力地震模拟协同试验方法与系统”的研究。结构检测与鉴定方面，张天申受兖州煤业股份有限公司委托，于2005年完成了“大凫线特大桥治理(检测)”；2009年国庆节前，完成了北京市城市道路养护管理中心委托的“国庆活动路线桥梁通道检测及验证”的技术服务工作。

交通规划方面，陆化普主持了科技部“863”项目“经济圈交通网络结构优化技术”(2007—2009年)，参加了支撑计划“北京日常交通运营状态仿真评价系统”(2008—2009年)。陆化普、石京等对济宁—曲阜、杭州、临沂、大连、廊坊、昆明、齐齐哈尔等地的综合交通规划开展了研究。

2000—2010年，国内房地产业发展迅速，建管系抓住这个机会，进行了大量的研究。刘洪玉在2000—2003年主持了国家自然科学基金重点项目“房地产业与社会经济协调发展研究”，2004年完成了科技部“十五”攻关计划“城市数字化工程发展战略与政策研究”(2002—2004年)，完成了中央国家机关住房制度改革办公室和中央国家机关住房资金管理中心委托的项目“中央国家机关公务员住房政策体系研究”(2003—2005年)，北京搜房信息咨询有限公司委托的“中国房地产TOP10研究”(2004—2007年)和北京市城建研究中心委托的“北京市房地产市场发展研究”(2006—2007年)等项目。张红完成了青岛市城阳区国土资源局委托的“青岛市城阳区土地定级估价与动态监测”(2004年)项目。

建筑业的迅猛发展以及中国建筑企业走出国门,也使建设投资和管理的研究成为热点。受北京市建设委员会委托,张智慧于2004—2005年完成了“北京市建筑业发展战略研究”“北京市建设工程质量与建材使用质量监管机制研究”和“北京市建筑劳务队伍管理问题研究”等研究项目。王守清于2004—2007年开展了“欧亚基础设施项目PPP竞争力建设”的研究。方东平于2007—2008年完成了建设部质量安全司委托的研究项目“建筑业从业人员安全管理及教育培训机制建设”。王守清在2008—2010年主持了国家自然科学基金国际交流与合作项目“中国PPP项目风险公平分担机制研究”。

2004—2005年,张建平和马智亮分别参加了科技部“十五”攻关项目“在基于IFC标准的4D施工管理原型系统研究与示范应用”和“建筑工程网络协同工作平台研究”,为之后建筑信息技术的研究奠定了基础。马智亮在2008—2010年展开了住房和城乡建设部科技司负责的支撑计划“基于BIM技术的下一代建筑工程应用软件研究”。张建平开始了广联达软件股份有限公司委托的长达10年的技术开发项目“建筑工程项目管理信息技术”(2008—2017年),在2009—2012年完成了项目“基于BIM的工程图形技术及平台研究”。

建筑材料研究方面,李永德受四川海吉建材有限公司委托完成了项目“混凝土高效减水剂的研究及开发”(2002—2006年)。郭玉顺完成了云南省公路科学技术研究所的项目“轻质混凝土用于大跨径桥梁的研究”(2003—2005年)。阎培渝完成了天津城投建设有限公司委托的项目“以耐久性为目标的天津站交通枢纽混凝土结构设计与施工优化的研究”(2006—2008年)。李克非参加了国家自然科学基金重点项目“混凝土结构耐久性及其对策的基础研究”(2006—2009年)。孔祥明参加了支撑计划“固体废弃处理技术及应用技术的研究”(2007—2010年)。2009年阎培渝、李克非分别开始了“973”子课题“水泥基材料的产物与结构稳定性及服役行为”(2009—2013年)和“水泥基材料孔结构表征与传输机制”(2009—2013年)的研究。

测绘技术与应用方面,白征东受国防科工委(北京安华北斗公司)委托,完成了“高精度定位终端集成的关键技术和应用演示验证”(2005—2008年)的研究,2007—2008年完成了中国地质环境监测院委托的项目“基于‘北斗一号’卫星系统的地质灾害监测示范工程”。唐中实完成了国务院三峡工程建设委员会办公室(移民安置规划司)委托的项目“三峡库区高切坡监测预警信息系统软件开发与数据库建设”(2007—2009年)和国家发展和改革委员会的项目“主卫星数据在三峡库区应用高技术产业化示范工程”(2010—2012年)。

2008年在北京举办奥运会,有不少老师和研究生参加了与奥运工程及北京市重点工程建设相关的研究工作,为奥运会的顺利召开作出了自己的一份贡献。不完全统计,奥运会相关项目见表7-51,涉及结构与监测、场馆检测鉴定与加固、施工技术与管理、交通规划与管理、运营管理等方面。

表7-51　与2008年奥运会相关的科研项目(不完全统计)

负责人	项目名称	项目来源	研究时间
董　聪	新型大跨空间结构的设计理论、优化方法的研究	北京市自然科学基金(重点项目)	2002—2003
郭彦林	中央电视台新台址建设工程CCTV主楼SRC组合柱及节点试验研究及分析	中央电视台新台址工程建设工程办公室	2004—2005
陆化普	北京市交通科技发展规划与示范应用	北京市科学技术	2003—2004
陆化普	城际智能交通管理与信息服务系统	北京市科委员会	2003—2004
董　聪	奥运场馆结构选型与优化设计关键技术	北京市科学技术委员会	2003—2004
方东平	奥运场馆建设风险研究	第29界奥林匹克运动会委员会	2003—2004
张建平	国家体育场项目4D施工管理系统	北京城建集团有限责任公司技术中心	2003—2006
钱稼茹	奥运场馆结构安全监测关键技术研究	北京市自然科学基金重点项目	2004—2006
郭彦林	CCTV新台址主楼结构综合分析	中央电视台新台址工程建设工程办公室	2005—2006
郭彦林	中央电视台新台址建设工程A标段CCTV主楼施工分析和结构预调值计算等	中国建筑工程总公司	2005—2006
季如进	奥林匹克公园中心区公共区域运营与管理研究	北京新奥集团有限公司	2005—2006
钱稼茹	国家游泳中心结构及室内环境关键技术研究	北京市国有资产经营有限责任公司	2005—2006
方东平	“2008”奥运工程“五统一”评价体系	北京市“2008”工程建设指挥部办公室	2006
阎培渝	以耐久性为目标的天津站交通枢纽混凝土结构设计与施工优化的研究	天津城投建设有限公司	2006—2008
张天申	北京体育大学游泳馆鉴定加固	北京体育大学	2007
钱稼茹	北京大学体育馆钢结构健康监测	北京大学基建工程部	2007—2009

续表

负责人	项目名称	项目来源	研究时间
王元清	北京南站及重型钢结构工业厂房的设计咨询	清华大学建筑设计研究院	2007—2010
郭红仙	石笼挡墙结构设计施工技术指南	北京甲壳虫工程技术有限公司	2008

3）2011—2017 年

进入清华新百年的第一年，土木系、建管系在科研成果、科研到款等方面取得前所未有的成绩，2011 年科研到款 9706 万元，比 2010 年增加 65%。本年度获得国家自然科学基金 17 项，批准经费 1134 万元；国家支撑计划 1 项，经费 850 万元；“973”项目 1 项，经费 260 万元；其他省部委项目 23 项，经费 474 万元；清华大学自主科研项目 4 项，经费 284 万元；国际合作项目 9 项，经费 309 万元；横向课题合同 165 项，合同额达 9946 万元；军工项目 4 项，合同额 63 万元。获得国家科技进步二等奖 4 项，其中一项是清华大学第一完成单位，其他 3 项清华大学是参加单位；省部级科技进步专项奖 3 项，其他专项奖 4 项；专利授权 34 项，软件登记 15 项，申报成果 3 项，科研成果鉴定 3 项，发表论文 479 篇。

2011—2017 年，土木系和建管系每年新增加的科研项目、科研经费、专利授权、发表论文情况见表 7-52～表 7-55。

表 7-52　2011—2017 年新增项目情况

年度	新增项目数	项目来源												
		“973”	国家科技支撑计划	“863”	国家科技部其他项目	国家基金	教育部科技项目	中央其他部委项目	北京市项目	国际合作项目	企事业单位委托项目	省市自治区项目	专项	其他
2011	224	1	1	0	0	17	11	11	3	9	164	0	4	3
2012	193	3	10	4	3	20	9	9	4	9	109	3	1	9
2013	232	0	1	0	0	23	3	10	5	15	155	13	1	3
2014	198	2	4	3	2	14	6	12	6	16	120	11	1	1
2015	215	0	3	0	0	21	4	14	3	11	147	5	1	5
2016	204	0	0	0	10	15	4	4	7	9	146	3	1	5
2017	187	0	0	0	20	24	0	8	3	6	107	3	1	15

表 7-53　2011—2017 年科研到账经费

年　　度	2011	2012	2013	2014	2015	2016	2017
到账经费(万元)	9705.71	8764.63	9453.13	9561	7988.08	8489.9	9475

表 7-54　2011—2017 年授权专利数

年　　度	2011	2012	2013	2014	2015	2016	2017
发明专利	17	24	13	21	28	38	31
实用新型	17	16	28	29	25	15	9
总　　数	34	40	41	50	53	53	40

表 7-55　2011—2017 年发表论文情况

年　度	国际会议	全国会议	国外刊物	全国刊物	论文合计
2011	109	27	60	283	479
2012	62	32	73	295	400
2013	80	21	132	284	517
2014	85	48	182	366	681
2015	44	39	169	253	505
2016	31	31	161	158	381
2017	24	/	184	279	487

2011—2017 年，7 位青年教师获得了国家自然科学基金委优秀青年科学基金项目的资助，见表 7-56。

表 7-56　2011—2017 年国家自然科学基金委“优青”资助情况

姓　　名	领　　域	获批时间
陆新征	高层建筑抗震	2012
樊健生	钢—混凝土组合结构	2012
郑思齐	城市增长机制与管理研究	2013
施　刚	钢结构	2015
冯　鹏	新型 FRP 组合结构	2015
李　萌	交通供需平衡机理与调控	2016
陶慕轩	钢—混凝土组合结构	2017

2015 年郑思齐获得了国家自然科学基金委员会“杰青”项目的资助，研究领域为城镇发展与管理；2016 年樊健生获得了“杰青”项目的资助，研究领域为钢—混凝土组合结构。

2. 主编规范/标准

1990—2017 年，土木系作为主编单位或主要参编单位编写的规范/标准情况见表 7-57。

表 7-57　1990—2017 年土木系主编/主要参编的规范/标准目录(不完全统计)

标准名称	编　号	年　份	土木系主要起草人
混凝土结构设计规范	GBJ 10—89	1990	滕智明
基坑土钉支护技术规程	CECS 96：97	1997	陈肇元、宋二祥、崔京浩
天然沸石粉在混凝土与砂浆中应用技术规程	JGJ/T 112—97	1998	冯乃谦
混凝土结构设计规范	GB 50010—2002	2002	过镇海
混凝土结构耐久性设计与施工指南	CCES 01—2004	2004	陈肇元、李克非、廉慧珍、路新瀛
混凝土结构耐久性设计规范	GB/T 50476—2008	2008	陈肇元、李克非、廉慧珍
轻型钢结构住宅技术规程	JGJ 209—2010	2010	石永久
拱形钢结构技术规程	JGJ/T 249—2011	2011	郭彦林、韩林海
结构混凝土性能技术规范	CCPA-S001	2012	陈肇元、廉慧珍、阎培渝、路新瀛
纤维增强复合材料桥板	GB/T 29552—2013	2013	冯鹏
活性粉末混凝土	GB/T 31387—2015	2015	阎培渝
道路交通拥堵经济损失评估指南	GA/T 1248—2015	2015	陆化普、石京
结构用纤维增强复合材料拉挤型材	GB/T 31539—2015	2015	冯鹏
混凝土用氧化镁膨胀剂	CBMF 19—2017	2017	阎培渝
城市道路车辆平均运行速度计算方法	GA/T 1391—2017	2017	李瑞敏
建筑用不锈钢焊接管材	JG/T 539—2017	2017	韩林海、王元清、李威
结构用纤维增强复合材料拉索	GB/T 35156—2017	2017	冯鹏

3. 科研成果部分获奖名单

自 1978 年"单层工业厂房空间作用"(负责人古国纪,参加人傅平均)在第一次全国科学技术大会上获奖后,土木工程系(含建设管理系)的科研获奖日益增多。表 7-58 列出了 1979—2017 年间的部分获奖名单(来自系科研文档)。

表 7-58　1979—2017 年部分科研成果获奖名单

序号	负责人	项目名称	获奖名称	等　级	年　度	备　注
1		联合 DCS-500 红外光电测距仪	国防科委国防工办	三等奖	1979	协作完成
2		沸石岩水泥及其混凝土	北京市科技进步奖	三等奖	1979	

续表

序号	负责人	项目名称	获奖名称	等　级	年　度	备　注
3		砖混结构提高抗震能力的研究	北京市科技进步奖	三等奖	1979	协作完成
4		框架轻板住宅建筑	北京市科技进步奖	三等奖	1979	协作完成
5	方鄂华	北京市模板建筑成套技术	国家建工总局优秀科研成果奖	一等奖	1980	
6	王娴明	内埋式振弦应变计	北京市科技进步奖	四等奖	1980	
7	甘绍熺	新浇混凝土对模板侧压力的试验研究	北京市科委	四等奖	1980	协作完成
8	陈肇元	聚合物浸渍混凝土防护门(037)	建材部	三等奖	1980	
9	宝志雯	建筑物的脉动信号分析	北京市科委学术成果奖		1980	
10	过镇海	加气混凝土受弯构件性能试验研究	北京市科技进步奖	三等奖	1981	
11	卢　谦	建筑企业管理评价研究	建设部委托中国建筑技术发展中心	二等奖	1982	协作完成
12	朱金铨	高强混凝土及其在大跨度拱形防护门中的应用	海军后勤部	四等奖	1982	
13	龙驭球	分区广义变分原理和分区混合元法	北京市学术成果奖		1982	
14	卢　璋	NF 高强减水剂	安徽省科技成果奖	二等奖	1982	
15	卢　谦	工业化住宅建筑体系经济分析研究	建设部委托中国建筑技术发展中心	二等奖	1983	协作完成
16	卢　璋	光爆锚喷支护推广和改进	煤炭部	特等奖	1983	协作完成
17	龙驭球	分区广义变分原理和分区混合有限元样条有限元	清华大学科研成果奖		1983	
18	钱素英	框架轻板柱框剪体系多层住宅及建筑的研究	北京市科技进步奖	二等奖	1983	
19	卢　谦	国内外建筑企业承包管理研究	建设部委托中国建筑技术发展中心	二等奖	1984	协作完成

续表

序号	负责人	项目名称	获奖名称	等　级	年　度	备　注
20	过镇海	配筋加气混凝土受弯板材的设计技术条件	国家建材总局科技成果奖	三等奖	1984	
21	龙驭球	直流式变流量定温放水太阳能热水器系统	北京市科技成果奖	三等奖	1985	
22	陈　聃	南海北部湾钢筋混凝土多用平台可行性研究	国家教委科技进步奖	一等奖	1986	
23	冯乃谦	天然沸石建材资源化及其应用技术的研究推广	清华科技成果推广应用效益显著奖		1986	
24	卢　璋	混凝土外加剂的研究	清华科技成果推广应用效益显著奖		1986	
25	卢　璋	混凝土外加剂的研究	国家教委优秀科技成果奖		1986	
26	龙驭球	分区广义变分原理和分区混合有限元样条有限元	国家教委科技进步奖	二等奖	1986	
27	张良铎	结构抗爆抗震研究（JCK-5-9）	国家科技进步奖	二等奖	1986	
28	张良铎	结构抗爆抗震研究（“七七”工程）（JCK-5-12）	国家计委科技进步奖	一等奖	1986	
29	沈聚敏	钢筋混凝土房屋结构屈服后的性能和非线性地震反应	国家教委科技进步奖	二等奖	1986	
30	陈肇元	钢筋混凝土抗爆结构新型结构构件及其设计方法	国家教委	二等奖	1986	
31	冯乃谦	天然沸石岩建筑材料资源化及其应用技术的研究与推广	国家教委优秀科技成果奖	二等奖	1986	
32	卢　璋	NF 高效减水剂	国家教委优秀科技成果奖		1986	
33	杨德麟	DCH-500 型红外光电测距仪	国家教委优秀科技成果奖		1986	
34	陈　聃	海上钢筋混凝土多用平台可行性研究	国家教委科技进步奖	一等奖	1986	协作完成

续表

序号	负责人	项目名称	获奖名称	等　级	年　度	备　注
35	冯乃谦	天然沸石岩气体多孔轻骨料混凝土及其制品的研究	国家建材局科技进步奖	三等奖	1986	
36	冯乃谦	F-矿粉高强砼及其载体效应	第二届全国发明展览会	银牌	1986	
37	卢　谦	建筑工程招标投标快速报价成本估算专家系统	北京市建筑工程总公司科技成果奖	二等奖	1987	
38	王传志	钢筋混凝土结构设计规范（TJ 10-74）	国家计委工程建设优秀国家标准规范	二等奖	1987	
39	方鄂华	底层大空间上层大开间大模板高层建筑技术	北京市科技进步奖	一等奖	1987	
40	冯乃谦	载体流化剂的研究	北京市科技进步奖	三等奖	1988	
41	卢　谦	TQC 法在科技研究中的应用	国家科委全国工程建设质量管理奖	二等奖	1988	协作完成
42	龙驭球	广义协调元及含多个任意参数的广义变分原理	北京市学术成果奖		1988	
43	方鄂华	底层大空间上层大开间大模板高层建筑技术（城-2-001-03）	国家科技进步奖	二等奖	1988	
44	冯乃谦	载体流化剂	第二届北京发明展览会	银牌	1988	
45	冯乃谦	载体流化剂	北京国际发明展览会	铜牌	1988	
46	冯乃谦	载体流化剂的研究	北京市 100 项科技成果国庆献礼优秀项目奖		1989	
47	冯乃谦	第十一届亚运会昌平自行车赛场跑道施工测量及面层施工技术的研究	北京市 100 项科技成果国庆献礼优秀项目奖		1989	

续表

序号	负责人	项目名称	获奖名称	等　级	年　度	备　注
48	冯乃谦	第十一届亚运会昌平自行车赛场跑道施工测量及面层施工技术的研究	建设部全国施工新技术优秀项目奖		1989	
49	王志浩	钢包高强混凝土拱形防护门(89166-b)	中国人民解放军科技进步奖	二等奖	1989	
50	冯乃谦	第十一届亚运会昌平自行车赛场跑道施工测量及面层施工技术的研究(89城-2-04)	北京市科技进步奖	二等奖	1990	
51	冯乃谦	掺 F 矿粉混凝土的研究	国家科技进步奖	三等奖	1990	
52	冯乃谦	控制砼塌落度的添加剂——载体流化剂的研究	北京市科技进步奖	三等奖	1990	
53	刘西拉	单层钢筋砼工业厂房破损评估专家系统方法的研究	四川省科学技术进步奖	二等奖	1990	
54	卢　谦	建筑工程项目计划管理软件	中国建筑学会建筑统筹管理研究会全国计划管理软件评比奖	二等奖	1990	
55	杨德麟	DCH2-E 型相位式红外测距仪	北京市科技进步奖	三等奖	1990	
56	过镇海	多轴应力下混凝土的破坏准则	校基础研究成果奖		1990	
57	过镇海	多轴应力下混凝土的破坏准则	国家教委科技进步奖	二等奖	1990	
58	赵光仪	钢筋砼连续梁抗剪强度设计的研究	国家教委科技进步奖	三等奖	1990	
59	过静珺	城镇地籍整理的研究——小城镇地籍调查方法研究(90188)	国家土地管理局	三等奖	1990	
60	童林旭	地下车库建筑设计标准的研究	建设部优秀人防工程科技成果奖	一等奖	1991	

续表

序号	负责人	项目名称	获奖名称	等级	年度	备注
61	陈肇元	防空地下室结构反梁的抗剪设计计算	建设部优秀人防工程科技成果奖	二等奖	1991	
62	陈肇元	防空地下室工程无梁板抗冲切设计	建设部优秀人防工程科技成果奖	三等奖	1991	
63	赵光仪	钢筋混凝土连续梁弯矩调幅限值和超静定框架弹塑性设计方法的研究	校基础研究成果奖		1991	
64	滕智明	混凝土设计规范（GBJ 10—89）（建-2-004-02）	国家科技进步奖	二等奖	1991	参加者
65	邢秋顺	高强钢管拱型防护门(91-1-8-4)	中国人民解放军总后勤部科技进步奖	一等奖	1991	
66	廉慧珍	高效低污染流化床锅炉	“七五”攻关重大成果集体荣誉奖		1991	国家计委、国家科委、财政部颁发
67	过静珺	HF-II 型红外光点位移测试系统	国家科技进步奖	三等奖	1992	第 5 完成人
68	陈肇元	钢管砼柱和无梁板体系在人民广场大型地下车库中的应用	人防工程科学技术进步奖	一等奖	1992	
69	童林旭	地下车库建筑设计标准的研究	人防工程科学技术进步奖	三等奖	1992	
70	王国周	《钢结构设计规范》（CBJ 17—88）（92-009-04）	冶金部科技进步奖	一等奖	1992	参加者
71	方鄂华	大开间灵活分隔住宅体系（92 城-1-01）	北京市科技进步奖	一等奖	1992	
72	过静珺	HF-Ⅱ红外光点位移测试系统研究	国家体委科技进步奖	二等奖	1992	第 5 完成人
73	过静珺	小城镇地籍测量方法研究	国土局科技进步奖	三等奖	1992	第 3 完成人
74	龙驭球	广义能量原理与新型有限元研究	国家教委科技进步奖	一等奖	1993	

续表

序号	负责人	项目名称	获奖名称	等　级	年　度	备　注
75	方鄂华	高层建筑钢结构成套技术(建-2-003-03)	国家科技进步奖	二等奖	1993	参加者
76	方鄂华	高层建筑钢结构成套技术	建设部科技进步奖	一等奖	1993	参加者
77	过静珺	HF-Ⅱ红外光点位移测试系统研究(文-3-001-05)	国家科技进步奖	三等奖	1993	第 4 完成人
78	过静珺	结构物三维动态位移时程信号红外激光量测法研究	国家教委科技进步奖	二等奖	1994	
79	钱稼茹	上海电视塔地震工程试验(943093)	上海市科技进步奖	三等奖	1994	参加者
80	刘西拉	工程建设中的智能辅助决策系统的应用研究	国家教委科技进步奖	二等奖	1995	
81	冯乃谦	天然沸石在水泥混凝土中应用的基础研究(95-309)	国家教委科技进步奖	三等奖	1995	
82	龙驭球	结构分析的新型离散法与半解析法研究(95-301)	国家教委科技进步奖	三等奖	1995	
83	朱金铨	高强砼结构——材料及结构性能、设计方法和施工技术(12-3-001-02)	国家科技进步奖	三等奖	1995	参加者
84	王国周	国家标准《钢结构设计规范》(GBJ 17—88)(20-3-001-04)	国家科技进步奖	三等奖	1995	参加者
85	赵光仪	钢筋砼连续梁和框架考虑内力重分布设计规程	建设部科技进步奖	一等奖	1995	
86	钱稼茹	上海广播电视塔地震工程试验研究	建设部科技进步奖	二等奖	1995	参加者
87	郭玉顺	JQN 高效保温板的研制、生产、应用及推广	海淀区科技进步奖	一等奖	1995	
88	刘西拉	钢筋砼结构在施工过程中的安全分析	校内基础研究奖		1995	

续表

序号	负责人	项目名称	获奖名称	等　级	年　度	备　注
89	沈聚敏	结构在地震下性能的振动台试验研究	国家科技进步奖	三等奖	1996	
90	沈聚敏	结构在地震下性能的振动台试验研究（12-3-006-01）	国家教委科技进步奖	二等奖	1996	
91	郭玉顺	新型成孔技术及其JQN高效保温板（95-053）	国家教委科技进步奖	三等奖	1995	
92	张良铎	国家标准《构筑物抗震设计规范》（GB 50191—93）	国家科技进步奖	二等奖	1996	参加者
93	张　跃	结构模糊随机动力系统理论及其应用研究	校内基础研究奖		1996	
94	刘西拉	钢筋砼结构在施工过程中的安全分析（96-058）	国家教委科技进步奖	二等奖	1996	
95	杨德麟	EPSW电子平板测绘系统	国家教委科技进步奖	三等奖	1997	
96	沈聚敏	结构动力特性实测与研究（96-579）	国家教委科技进步奖	三等奖	1996	
97	过静珺	GPS导航技术在农业飞防中的应用（96农-2-01）	北京市科技进步奖	二等奖	1996	
98	解　滨	《建设工程施工合同示范文本》（GF-91-0201）协议条款指导填写及微机软件	北京市科技进步奖	三等奖	1997	
99	聂建国	钢—砼组合梁的受力性能与设计方法	清华大学科技成果推广应用效益显著奖		1997	
100	冯乃谦	天然沸石粉在砼中应用技术的研究	清华大学科技成果推广应用效益显著奖		1997	
101	沈聚敏	结构模拟地震反应的拟动力试验研究（97-052）	国家教委科技进步奖	三等奖	1997	
102	聂建国	钢—砼组合梁的受力性能与设计方法（98城-2-011-02）	国家教委科技进步奖	二等奖	1998	

续表

序号	负责人	项目名称	获奖名称	等　级	年　度	备　注
103	过静珺	GPS导航技术在农业飞防中的应用研究(01-3-012-03)	国家科技进步奖	三等奖	1998	第3完成人
104	覃维祖	大掺量粉煤炭砼在建筑工程中的应用技术研究	北京市科技进步奖	三等奖	1998	参加者
105	冯乃谦	高性能砼应用技术研究	建筑部科技进步奖	三等奖	1998	
106	叶列平	钢骨砼结构构件受力性能及其设计方法的研究(98-236)	教育部科技进步奖	三等奖	1998	
107	聂建国	钢—砼叠合板组合梁的试验研究(98城-2-011-02)	北京市科技进步奖	二等奖	1999	第2完成人
108	刘洪玉	北京市房屋土地信息系统总体方案	北京市科技进步奖	三等奖	1999	
109	陈肇元	人民防空工程设计规范(99RFKY0012)	人防科技进步奖	二等奖	1999	
110	王传志	核电厂抗震设计规范的研究和编制(9913202)	中国地震局科技进步奖	一等奖	1999	参加者
111	过静珺	利用广播电台调频副载波作数据通讯的差分GPS系统研制(YJ99-3-01-02)	中国科学院科技进步奖	三等奖	1999	第1完成人
112	王志浩	现代预应力钢筋混凝土结构体系与计算理论及应用(99-046)	教育部科技进步奖	二等奖	1999	参加者
113	缪立新	大城市停车场系统规划技术(99-2-1103)	建设部科技进步奖	二等奖	1999	参加者
114	郭玉顺	填埋场：防水防渗材料的筛选与研制	教育部科技进步奖	二等奖	1999	第4完成人
115	江见鲸	基于GIS的典型中等城市综合防灾分析示范系统(99-021)	教育部科技进步奖	二等奖	1999	

续表

序号	负责人	项目名称	获奖名称	等　级	年　度	备　注
116	陈肇元	核袭击下城市房屋倒塌对人防工程的作用(99RFKY002)	人防科技进步奖	一等奖	1999	
117	陈肇元	抗爆隔墙的临战构筑(99RPKY033-01)	人防科技进步奖	三等奖	1999	
118	张建平	钢筋砼模板工程计算机辅助设计系统的研究与应用(2000城-2-013)	北京市科技进步奖	二等奖	2000	
119	缪立新	城市商业区停车场决策规划系统(2000城-3-018)	北京市科技进步奖	三等奖	2000	
120	聂建国	钢—高强砼组合梁的试验研究(2000城-2-012)	北京市科技进步奖	二等奖	2000	第2完成人
121	方东平	钢筋砼结构施工期安全分析与控制软件(SAC)及其应用(2000 计-3-011)(参加)	北京市科技进步奖	三等奖	2000	
122	廉慧珍 阎培渝	KF新型胶凝材料及其配制高性能混凝土的研究(2000城-3-010)	北京市科技进步奖	三等	2000	第2完成单位，第1完成人
123	董　聪	结构系统可靠性理论与计算方法(2000-015)	中国高校科学技术奖	一等奖	2000	
124	刘西拉	重大土木工程安全性与耐久性的基础研究(2000-066)	中国高校科学技术奖	二等奖	2000	
125	董　聪	结构优化与结构风险评估的理论及方法(2001基-3-002)	北京市科技进步奖	三等奖	2001	
126	董　聪	复杂结构优化理论与算法(2001-021)	中国高校科学技术奖	一等奖	2001	
127	聂建国	钢—混凝土组合梁的受力性能与设计方法	清华大学科技成果推广应用效益显著专项奖		2001	

续表

序号	负责人	项目名称	获奖名称	等　级	年　度	备　注
128	陈肇元	土钉支护原理设计工法应用研究（2001-J-063-D02/02）	河南省科学技术进步奖	二等奖	2001	第 2 完成单位，第 2 完成人 宋二祥、张明聚、郭红仙、程晓辉
129	冯乃谦	天然沸石在建材中应用的基础研究（2002 城-2-006）	北京市科学技术奖	二等奖	2002	
130	龙驭球	广义协调理论与四边形面积坐标法新型有限元研究（2002-005）	教育部提名国家科学技术奖自然科学奖	一等奖	2002	
131	董　聪	结构智能故障诊断的或然理论与方法（2002-058）	教育部提名国家科学技术奖自然科学奖	二等奖	2002	第 1 完成单位
132	过静珺	虎门大桥三维位移 GPS 实时动态监测系统 2002-建-3-001-D02	广东省科学技术奖	三等奖	2002	第 2 完成人
133	陆化普	城市道路交通管理规划（2002J-3-116-02）	辽宁省科技进步奖	三等奖	2002	第 2 完成单位，第 1 完成人
134	宋二祥	刚性桩复合地基作用机理与设计分析方法研究（2003 城-2-007）	北京市科技进步奖	二等奖	2003	第 1 完成单位，宋二祥（1）、池跃君（3）、沈伟（5）、刘彦生（7）、傅景辉（9）
135	叶列平	FRP 加固混凝土结构基本理论和设计方法的研究（2003-006）	教育部提名国家科学技术自然科学奖	一等奖	2003	
136	聂建国	预应力钢—混凝土组合梁受力性能与设计方法研究（2003410298-1-02）	湖南省科学技术进步奖	一等奖	2003	第 2 完成单位，第 2 完成人
137	聂建国	预应力钢—混凝土组合梁受力性能与设计方法研究	教育部提名国家科学技术奖	二等奖	2003	第 2 完成单位，第 2 完成人
138	过镇海	《混凝土结构设计规范》（GB 50010—2002）（2003-1-407）	华夏建设科学技术奖励委员会（中联重科杯）	一等奖	2003	第 7 完成人

续表

序号	负责人	项目名称	获奖名称	等　级	年　度	备　注
139	钱稼茹	国家标准《建筑抗震设计规范》（GB 50011—2001）（2003-1-0505）	华夏建设科学技术奖励委员会（中联重科杯）	一等奖	2003	第13完成单位，第14完成人
140	唐中实	澜沧江—湄公河区域综合开发和协调的信息管理与决策支持系统建设（2003EC218-2R07）	云南省科技进步奖	二等奖	2003	第7完成人
141	陆化普	澜沧江—湄公河区域综合开发和协调的信息管理与决策支持系统建设（2003EC218-R05）	云南省科技进步奖	二等奖	2003	第5完成人
142	郭彦林	多肢格构柱稳定承载力的设计理论及其应用(2004-119)	教育部提名国家科学技术奖科技进步奖	一等奖	2004	
143	过镇海	钢筋混凝土的高温性能及其计算（2004-051）	教育部提名国家科学技术奖科技进步奖	二等奖	2004	过镇海、时旭东
144	聂建国	钢—混凝土组合结构关键技术的研究及应用（2004-J-221-2-02-D02）	国家科技进步奖	二等奖	2004	第2完成单位，第1完成人，樊健生第8完成人
145	聂建国	首都圈大型公共建筑抗震加固研究	建设部华夏科技进步奖	一等奖	2004	第7完成人
146	聂建国	钢—混凝土组合梁疲劳性能试验研究（2004-J-221-2-02-R01）	北京市科技进步奖	三等奖	2004	第1完成人
147	任爱珠	城镇救灾过程的应急评估方法研究（200413201）	中国地震局	二等奖	2004	
148	郭彦林	复杂空间钢结构曲线滑移、非对称整体提升等施工技术的研究与应用（2004-J-221-2-03-D03）	国家科技进步奖	二等奖	2004	第3完成单位，第7完成人

续表

序号	负责人	项目名称	获奖名称	等　级	年　度	备　注
149	郭彦林	澳门多功能体育馆整体提升综合施工技术	中国机械工业科技进步奖	二等奖	2004	第 2 完成单位，第 3 完成人
150	郭彦林	广州机库大面积钢屋盖多吊点非对称整体提升安装综合技术	中国建筑工程总公司科技进步奖	一等奖	2004	第 2 完成单位，第 7 完成人
151	郭彦林	广州（新）白云国际机场航站楼工程大跨度双曲面钢屋盖曲线滑移施工综合技术	中国建筑工程总公司科技进步奖	二等奖	2004	第 2 完成单位 第 4 完成人
152	郭彦林	大跨度双曲面钢屋盖曲线滑移综合施工技术	华夏建设科学技术奖	三等奖	2004	第 2 完成单位 第 4 完成人
153	郭彦林	深圳文化中心钢结构工程铸钢节点枝状空间钢结构的研究和应用	中国建筑工程总公司科技进步奖	三等奖	2004	第 2 完成单位，第 4 完成人
154	郭彦林	铸钢节点的研究与应用	华夏建设科学技术奖	三等奖	2004	第 2 完成单位，第 4 完成人
155	宋二祥	润扬长江公路大桥悬索桥北锚碇特大基础关键技术研究	江苏省科技进步奖	一等奖	2004	第 3 完成单位，第 7 完成人
156	冯乃谦	预防混凝土耐久性病害综合征技术研究及应用（一）（K2004-2-78-3）	山东省科学技术奖	二等奖	2004	第 2 完成人
157	方鄂华	高层建筑混凝土结构技术规程（JGJ 3—2002）（2004-1-0907）	“中联重科杯”华夏建设科学技术奖	一等奖	2004	第 9 完成人
158	王元清	点支式玻璃建筑的基础理论与设计方法研究（I01-2005-005）	北京市科学技术奖	二等奖	2005	王元清、石永久、罗忆、李少甫、徐悦、马赢、吴丽丽、施刚、程明
159	钱稼茹	保温砌模现浇钢筋混凝土网格剪力墙承重体系的研究（M05-2005-008）	北京市科学技术奖	三等奖	2005	第 3 完成单位，第 2 完成人

续表

序号	负责人	项目名称	获奖名称	等 级	年 度	备 注
160	石永久	多高层钢结构新型节点抗震基本理论与设计方法研究（2005-047）	教育部提名国家科技奖（自然科学奖）	二等奖	2005	石永久、王元清、施刚、陈宏、李少甫、李兆凡、荆军、赵大伟
161	刘西拉	钢筋混凝土工程耐久性评估技术研究	北京市科学技术奖	三等奖	2005	第 3 完成单位，第 3 完成人
162	石永久	轻型房屋钢结构的设计理论与关键技术研究（2006 城-3-007）	北京市科学技术奖	三等奖	2006	2（1）
163	邓晓梅	中国工程保证担保制度的研究与应用	高等学校科学技术进步奖	一等奖	2006	第 2 完成单位
164	马智亮	中国建筑数字建造研究开发与应用（KJ2006-1-03-D3）	中建总公司科学技术奖	一等奖	2006	专项奖，第 3 完成单位
165	马智亮	施工企业信息化管理模式与信息系统的开发和利用（2006-2-2102）	“中国建筑设计院 CADG 杯”华夏建设科学技术奖	二等奖	2006	第 2 完成单位，第 4 完成人
166	聂建国	高强不锈钢绞线网—渗透性聚合砂浆抗弯加固的试验研究	第四届中国科学技术协会期刊优秀论文奖	优秀奖	2006	王寒冰、张天申等 5 人
167	王元清	点支式玻璃建筑的工程应用与关键技术研究（2006-J-1-03-D02）	珠海市科学技术奖	一等奖	2006	第 2 完成单位，王元清第 2 完成人，石永久第 4 完成人
168	方东平	古建筑结构理论和保护研究（06-2-052-D3）	陕西省科学技术奖	二等奖	2006	第 3 完成单位，第 3 完成人
169	钱稼茹	国家游泳中心结构关键技术研究（2006 城-2-005）	北京市科学技术奖	二等奖	2006	第 4 完成单位，第 4 完成人
170	石永久	轻型房屋钢结构的设计理论与关键技术研究（2006 城-3-007）	北京市科学技术奖	三等奖	2006	2（1），王元清、施刚、李少甫
171	张建平	建筑业企业信息化应用软件开发（2006-1-0603）	“中国建筑设计研究院 CADG 杯”华夏建设科学技术奖	一等奖	2006	3③

续表

序号	负责人	项目名称	获奖名称	等　级	年　度	备　注
172	刘晶波	强震环境下北京地铁地下结构抗震的设计及分析方法(2006城-3-006)	北京市科学技术奖	三等奖	2006	4(2),宋二祥(5)
173	过静珺	北京市全球卫星定位综合服务系统(2007-01-01-05)	中国测绘学会、国家测绘局测绘科技进步奖	一等奖	2007	6(2)
174	郭彦林	广州新白云国际机场航站楼结构综合技术研究与应用(2007-1-0101)	"中国建筑设计研究院CADG杯"华夏建设科学技术奖	一等	2007	7(1)
175	聂建国	国家体育场大型柱脚—混凝土承台研究与应用(2007城-2-003)	北京市科学技术奖	二等奖	2007	4(3)
176	钱稼茹	城市桥梁抗震设计研究及已建桥梁抗震能力分析(2007城-3-009)	北京市科学技术奖	三等奖	2007	4(2)
177	郭彦林	现代钢结构稳定性关键技术研究及应用	首届中国钢结构协会科学技术奖	一等奖	2007	
178	阎培渝	黄土地区路面设计施工技术研究(共7个单位参加)(A07-2-037-003)	中国公路学会科学技术奖	二等奖	2007	土木工程系③,⑤
179	冯乃谦	混凝土高性能化的研究和应用(2007-J-2-05-D02)	中国建筑材料联合会、中国硅酸盐学会建筑材料科学技术奖	二等奖	2007	土木工程系②,①
180	叶列平	高性能纤维增强复合材料在土木工程中的关键技术研究与应用	中冶集团科学技术奖	特等奖	2007	土木系②,③,冯鹏(11),陆新征(12)
181	刘晶波	高坝抗震分析时域显式整体分析法与场址地震动输入确定及工程应用(2008-J-222-2-04-D03)	国家科技进步奖	二等奖	2008	4③,(3)

续表

序号	负责人	项目名称	获奖名称	等 级	年 度	备 注
182	钱稼茹	国家体育场结构关键技术研究与应用(2008-1-0102)	华夏建设科学技术奖	一等奖	2008	9(2),(3)
183	郭彦林	CCTV 新台址主楼关键结构与施工变形预调技术的研究及应用(2008-191)	教育部科学进步奖	二等奖	2008	1(1),(1)
184	聂建国	奥运场馆加固、改造关键技术研究(2008-2-0503)	华夏建设科学技术奖	二等奖	2008	3(3),(5)
185	王元清	点支式玻璃建筑的工程应用与关键技术研究(B11-0-2-04-D02)	广东省科学技术进步奖	二等奖	2008	2(2),(2)
186	钱稼茹	国家体育场大跨度钢结构设计成套技术(2008 城-2-003)	北京市科学技术奖	二等奖	2008	8(3),(4)
187	过静珺	地质灾害监测预报的关键技术方法(KJ2008-2-16-D3)	国土资源科学技术奖	二等奖	2008	3(3),(4)
188	聂建国	西部地区中小跨径适用桥梁形式的研究	中国公路学会科学技术奖	二等奖	2008	土木工程系(2),(2)
189	钱稼茹	新型多面体空间刚架和 ETFE 气枕关键技术及其在国家游泳中心的应用(2008-1-04-D10)	第四届中国建筑工程总公司科学技术奖	一等奖	2008	土木工程系(10),(13)
190	陈肇元	杭州湾跨海大桥混凝土结构耐久性成套技术研究与应用(A08-T-003-004)	中国公路学会科学技术奖	特等奖	2008	土木工程系(4),(4)
191	钱稼茹	新型组合剪力墙及筒体结构抗震理论与技术 2009-J-221-2-02-D03)	国家科学技术进步奖	二等奖	2009	3(3),(3) 叶列平(6)
192	王元清	高层混合结构体系的关键技术及应用(2009-J-221-2-04-D02)	国家科学技术进步奖	二等奖	2009	6(2),(4) 石永久(10)

续表

序号	负责人	项目名称	获奖名称	等　级	年　度	备　注
193	郭彦林	现代钢结构稳定性关键技术研究与应用（2009-J-221-2-06-D01）	国家科学技术进步奖	二等奖	2009	4(1),(1)
194	张建平	基于IFC标准的建筑工程4D施工管理系统的研究和应用(2009-1-0201)	华夏建设科学技术奖	一等奖	2009	5(1),(1)
195	叶列平	轻质混凝土用于大跨径桥梁的研究(2009KC117-1-D03)	云南省科学技术奖	一等奖	2009	3(3),(5) 郭玉顺(9)
196	王元清	杆系钢结构高等分析设计计算的关键技术及其工程应用（20094269-J2-036-D02)	湖南省科学技术进步奖	二等奖	2009	4(2),(5) 石永久(6) 施刚(7)
197	过静珺	央视新台址CCTV主楼精密施工测量技术研究（2009-01-02-07)	测绘科技进步奖	二等奖	2009	个人参加(2)
198	叶列平	高性能纤维增强复合材料在土木工程中的关键技术研究与应用(2009城-2-002)	北京市科学技术奖	二等奖	2009	7(2),(3)
199	张建平	基于IFC标准的建筑工程4D施工管理系统的研究和应用(2009城-3-011)	北京市科学技术奖	三等奖	2009	5(1),(1)
200	郭彦林	首都机场A380机库钢屋盖整体提升关键技术研究(2009城-3-002)	北京市科学技术奖	三等奖	2009	4(3),(3)
201	王元清	已有建筑物钢结构加层的抗震性能分析与设计方法研究	河北省科学技术奖	三等奖	2009	2(2),(2) 石永久(5)

续表

序号	负责人	项目名称	获奖名称	等级	年度	备注
202	王元清	现代工业建筑钢结构设计理论和计算方法的关键技术及其应用(0908033-02)	中国机械工程学会中国机械工业科学技术奖	一等奖	2009	土木工程系(2),(2),石永久(4)
203	郭彦林	低位三支点长行程顶升钢平台可变模架体系	中建总公司科技奖	一等奖	2009	个人参加(7)
204	郭彦林	CCTV主楼结构施工阶段分析、变形预调及施工监测应用技术	中建总公司科技奖	一等奖	2009	土木工程系(3),(3)
205	郭彦林	首都机场A380机库钢屋盖整体提升关键技术研究(2009城-3-002)	中国钢结构协会科技奖	一等奖	2009	土木工程系(3),(3)
206	郭彦林	天津泰达市民文化广场钢结构与幕墙支承体系关键技术	中国钢结构协会科技奖	二等奖	2009	土木工程系(1),(1)
207	聂建国	钢—混凝土组合(箱)梁桥建设成套技术研究	中国公路学会科学技术奖	二等奖	2009	土木工程系(3),(3),樊健生(10)
208	刘晶波	大炸高爆炸成型弹丸飞行稳定性和破甲性能研究	中国人民解放军总参谋部	三等奖	2009	个人参加(2)
209	叶列平	轻质混凝土用于大跨径桥梁的研究	中国公路学会科学技术奖	三等奖	2009	土木工程系(3),(5)
210	唐中实	全国省级国土资源遥感调查成果数据集成与信息系统建设	中国地理信息系统协会(中国GIS优秀工程)	银奖	2009	土木工程系(1),(1)
211	祝文君	青岛市城市地下空间开发利用规划	新中国成立60周年山东省城市规划设计成就奖	成就奖	2009	土木工程系(2),(3)
212	过静珺	特大异型工程精密测量与重构技术研究及应用(2010-J-252-2-13-D04)	国家科技进步奖	二等奖	2010	6(4),(6)

续表

序号	负责人	项目名称	获奖名称	等　级	年　度	备　注
213	郭彦林	大型复杂钢结构施工力学及控制新技术研究与工程应用（2010-160）	教育部科学技术进步奖	一等奖	2010	4（1），（1）
214	张建平	青岛海湾大桥建设工程项目管理信息系统（2010-1-0603）	华夏建设科学技术奖	一等奖	2010	3(3) 张建平③
215	郭彦林	CCTV 主楼结构施工过程仿真技术即施工模拟分析、变形预调、施工监测的应用	华夏建设科学技术奖	一等奖	2010	7（3），（7）
216	石永久	半刚性连接钢结构体系设计理论、关键技术研究与工程应用（JB2010-1-11-2）	山东省科学技术奖	一等奖	2010	6（2），（1） 施刚（3）， 王元清（6）
217	聂建国	钢—混凝土组合技术在旧桥加宽中的应用研究（2010-J-2-47-D02）	重庆市科学技术奖	二等奖	2010	3（2），（1） 樊健生（6）
218	秦　权	公路桥梁抗震设计细则（2010-J-3-51-D04）	重庆市科学技术奖	三等奖	2010	8（4） 秦权（4）
219	钱稼茹	钢管混凝土核心柱抗震设计方法研究（2010JB3101-2）	河北省科学技术进步奖	三等奖	2010	土木工程系（2） 钱稼茹（2）
220	郭红仙	岩土锚固安全评价与处治技术研究（A10-1-010-004）	中国公路学会科学技术奖	一等奖	2010	土木工程系（4） 郭红仙（6）
221	叶列平	基于震害调查研究的多层建筑及单层厂房抗震设计技术（2010-1-03-D1）	中国建筑工程总公司科学技术奖	一等奖	2010	土木工程系（3），（3），钱稼茹（5），赵作周（7），陆新征（11）
222	聂建国	新型大跨重载钢—混凝土组合结构的研究及应用（2010-1-01-D1）	中国建筑工程总公司科学技术奖	一等奖	2010	土木工程系(1),(1) 樊健生（2），田春雨(3)，温凌燕(4)

续表

序号	负责人	项目名称	获奖名称	等级	年度	备注
223	秦　权	公路桥梁抗震设计细则（A10-2-037-004）	中国公路学会科学技术奖	二等奖	2010	土木工程系(4) 秦权(4)
224	过静珺	伽利略计划合作技术方案演示验证系统（2010-01-03-03）	卫星导航定位科学技术奖	三等奖	2010	5(3) 过静珺(5)
225	过静珺	卫星定位城市测量技术规范（2010-01-03-01）	卫星导航定位科学技术奖	三等奖	2010	10(2) 过静珺(3)
226	宋二祥	坑道口部被覆结构设计计算方法研究	中国人民解放军科学技术进步奖	三等奖	2010	宋二祥(2)
227	郭彦林	复杂钢结构施工过程时变分析及控制关键技术研究与工程应用（2011-J-221-2-01-D01）	国家科学技术进步奖	二等奖	2011	7(1),(1) 田广宇(6), 辛克贵(9), 王小安(10)
228	李克非	提高海工混凝土结构耐久性寿命成套技术及推广应用(2011-J-223-2-03-D04)	国家科学技术进步奖	二等奖	2011	10(4),(5)
229	石永久	建筑钢结构新型连接节点及体系的设计理论、关键技术与工程应用（2011-J-221-2-08-D02）	国家科学技术进步奖	二等奖	2011	6(2),(1) 王元清(5), 施刚(8),
230	李　萌	机动车动态监控监管关键技术及应用(2011-J-24000-2-02-D02)	国家科学技术进步奖	二等奖	2011	7(2),(10)
231	唐中实	3S技术支持下的三峡库区高切坡监测预警信息系统建设关键技术研究（2011-02-03）	地理信息科技进步奖	二等奖	2011	1(1),(1)

续表

序号	负责人	项目名称	获奖名称	等　级	年　度	备　注
232	唐中实	EPS2008 地理信息工作站—大型信息化测绘数据生产与管理平台软件(2011-01-02-01)	测绘科技进步奖	二等奖	2011	2(2),(5) 赵红蕊(6)
233	刘洪玉	城市住房价格指数编制方案与推广应用研究(2011-2-2601)	华夏建设科学技术奖	二等奖	2011	2(1),(1) 吴璟(4), 郑思齐(6)
234	叶列平	国家标准《纤维增强复合材料建设工程应用技术规范》	中冶集团科学技术奖	一等奖	2011	8(2),(2), 冯鹏(13), 陆新征(14)
235	阎培渝	矿物掺合料在水泥基材料水化硬化过程中的作用机理	建筑材料科学技术奖	二等奖	2011	1(1),(1), 王强(2), 韩建国(3)
236	赵红蕊	基于差分 GPS 技术的交通事故现场勘查及三维虚拟现场重建	北京测绘学会测绘科技进步奖	三等奖	2011	1(1),(1) 谢宝童(6), 白征东(7)
237	刘晶波	地铁地下结构抗震理论及关键技术研究与应用	中建总公司科学技术成果奖	一等奖	2011	刘晶波(2),宋二祥(3)
238	吴建平	多元动态交通流信息融合与交通动态信息实时诱导发布系统	南宁市科学技术进步奖	二等奖	2013	吴建平(1/10)
239	聂建国	大跨建筑钢—混凝土组合结构新技术及其应用	国家技术发明奖	一等奖	2012	聂建国(1/6),樊健生(2/6),陶慕轩(3/6),温凌燕(5/6),卜凡民(6/6)
240	钱稼茹	国家体育场(鸟巢)工程建造技术创新与应用	国家科学技术进步奖	二等奖	2012	钱稼茹(8/10)
241	张君	混凝土静动力损伤断裂与控制理论	教育部自然科学奖	二等	2012	张君(2/2)
242	宋二祥	山区机场高填方地基稳定及变形控制关键技术研究	教育部科学技术进步奖	二等奖	2012	宋二祥(1/23),徐明(3),杨军(5),郭红仙(7)

续表

序号	负责人	项目名称	获奖名称	等　级	年　度	备　注
243	过静珺	基于“北斗一号”卫星系统的地质灾害监测示范工程	国土资源科学技术奖	二等奖	2012	过静珺(3),白征东(4),朱永辉(11)
244	陆化普	高速公路网典型事故预防与交通事件应急管理系统	公安部科学技术奖	二等奖	2012	陆化普(3/15),李瑞敏(8/15)
245	董　聪	绿色建筑全生命周期关键技术研究	华夏建设科学技术奖	三等奖	2012	董聪(5)
246	王元清	轻钢结构体系加固技术与可靠性研究应用	辽宁省科学技术奖	一等奖	2012	王元清(2/11)
247	过静珺	中央电视台新台址CCTV主楼精密工程测量关键技术研究	北京市科学技术奖	三等奖	2012	过静珺(5/9)
248	陆化普	快速公共汽车交通系统设计规范	北京市科学技术奖	三等奖	2012	陆化普(3/12),张永波(11/12)
249	李克非	港口工程全寿命周期设计方法理论分析与研究	中交股份科学技术进步奖	特等奖	2012	李克非(3/15)
250	陆新征	连续配筋混凝土路面施工技术研究	中国公路学会科学技术奖	二等奖	2012	陆新征(6),叶列平(12)
251	龙驭球	广义协调与新型自然坐标法主导的高性能有限元及结构分析系列研究	国家自然科学奖	二等奖	2013	龙驭球(1/5),岑松(2/5),陈晓明(5/5)
252	陆新征	高性能纤维增强复合材料加固混凝土结构的力学性能及设计理论	国家自然科学奖	二等奖	2013	陆新征(2/4),叶列平(4/4)
253	冯　鹏	土木工程用高性能纤维复合材料制备及应用关键技术	国家科技进步奖	二等奖	2013	冯鹏(4/15),叶列平(7/15),陆新征(9/15)
254	钱稼茹	高层建筑混凝土结构技术规程(JGJ 3—2010)	华夏建设科学技术奖	一等奖	2013	方鄂华(1/2),钱稼茹(2/2)
255	潘　鹏	混凝土结构防屈曲支撑消能减震体系研发与工程应用	华夏建设科学技术奖	三等奖	2013	潘鹏(4)
256	韩林海	既有建筑安全性改造关键技术研究	华夏建设科学技术奖	一等奖	2013	韩林海(15/18)

续表

序号	负责人	项目名称	获奖名称	等　级	年　度	备　注
257	韩林海	农村建筑防火与抗火技术研究与示范	华夏建设科学技术奖	三等奖	2013	韩林海(3),任爱珠(7),许镇(14),宋天诣(15)
258	聂建国	顶推法施工的大跨度曲线预应力混凝土斜拉桥技术	北京市科学技术奖	二等奖	2013	聂建国(4/10)
259	阎培渝	北京国贸三期 A 阶段工程设计与施工关键技术	北京市科学技术奖	三等奖	2013	阎培渝(3/15),王强(9/15)
260	赵作周	大型复杂高层建筑高性能抗震体系及关键技术	北京市科学技术奖	二等奖	2013	赵作周(6/15),钱稼茹(11/15)
261	张建平	基于 BIM 的昆明新机场机电设备安装 4D 管理系统与信息知识管理平台	云南省科技进步奖	三等奖	2013	张建平(2/15),吴大鹏(7),余芳强(8),胡振中(9),郭宇恒(11)
262	石永久	超高层及大跨空间钢结构施工关键技术与工程应用	山东省科学技术进步奖	二等奖	2013	石永久(2),王元清(8)
263	韩林海	脱空钢管混凝土计算理论与质量控制成套技术	四川省科学技术进步奖	一等奖	2013	韩林海(4)
264	叶列平	多目标性能化抗震设计理论、关键技术与工程应用	山东省科学技术进步奖	三等奖	2013	叶列平(2/10)
265	胡振中	基于 BIM 的机电设备智能管理系统	中建总公司科学技术奖	二等奖	2013	胡振中(3)
266	魏　亚	基于耐久性的水泥混凝土路面结构设计技术研究	中国公路学会科学技术奖	一等奖	2013	魏亚(9/10)
267	路新瀛	冰冻海域跨海大桥耐久性保障体系建立与实现	中国公路学会科学技术奖	一等奖	2013	路新瀛(2/25),郑思齐(9),张琦(12),赵璐(15),张秦(20)
268	陆新征	桥梁事故调查及过程反演计算机辅助技术研究(一期)	中国公路学会科学技术奖	一等奖	2013	陆新征(3),许镇(13),任爱珠(15)
269	聂建国	波纹钢腹板混凝土连续刚构桥梁设计与施工技术研究	中国公路学会科学技术奖	一等奖	2013	聂建国(11)

续表

序号	负责人	项目名称	获奖名称	等　级	年　度	备　注
270	吴建平	城市动态交通仿真平台关键技术及产业化应用	中国智能交通协会科学技术奖	三等奖	2013	吴建平（1/15），杜怡曼（7），周杨（14），孔源（15）
271	冯鹏	百万千瓦级机组排烟冷却塔相关技术研究与应用	中国电力科学技术奖	二等奖	2013	冯鹏（17/18）
272	吴建平	城市动态交通仿真平台	中国产学研合作创新成果奖			吴建平（1/7），杜怡曼（2），周杨（3），奇格奇（7）
273	魏亚	非水反应高聚物注浆防渗加固成套技术及装备	国家技术发明奖	二等奖	2014	魏亚（5/6）
274	叶列平	《混凝土结构设计规范》（GB 50010—2010）	华夏建设科学技术奖	一等奖	2014	叶列平（6/15）
275	郭彦林	波浪腹板钢结构应用技术及生产装备研发	华夏建设科学技术奖	二等奖	2014	郭彦林（1）
276	赵作周	《全国民用建筑工程设计技术措施》2009 版	华夏建设科学技术奖	一等奖	2014	无排名
277	阎培渝	天津津塔超高层纯钢板剪力墙结构设计施工关键技术	天津市科学技术奖	三等奖	2014	阎培渝（4/12）
278	聂建国	信息化仿真技术在连续钢混凝土组合桁架桥设计与施工中应用技术研究	天津市科学技术奖	一等奖	2014	聂建国（2），陶慕轩（7）
279	李瑞敏	区域公路网交通安全管控关键技术及应用	江苏省科学技术奖	二等奖	2014	李瑞敏（6/11）
280	陆新征	高层混凝土结构火灾机理及灾后关键技术与应用	上海市科技进步奖	三等奖	2014	陆新征（5/15）
281	吴建平	城市动态交通仿真平台关键技术及产业化应用	北京市科学技术奖	三等奖	2014	杜怡曼（1/6），吴建平（2），周杨（3）
282	纪晓东	高强混凝土组合结构受力性能及设计方法研究	河北省科学技术奖	三等奖	2014	纪晓东（2/10）

续表

序号	负责人	项目名称	获奖名称	等　级	年　度	备　注
283	王元清	合肥新桥国际机场航站楼钢结构设计与施工控制关键技术	安徽省科学技术奖	一等奖	2014	王元清(3/10)
284	赵作周	村镇建筑抗震节能结构体系与成套技术	北京市科学技术奖	二等奖	2014	赵作周(6/10)
285	路新瀛	青岛海湾大桥耐久性保障技术	山东省科学技术进步奖	一等奖	2014	路新瀛(2/12),张秦(12/12)
286	石永久	钢—混凝土组合扁梁及其框架的承载性能与设计理论研究	中国钢结构协会科学技术奖	特等奖	2014	石永久(1),王元清(2)
287	王强	深圳平安金融中心大体积底板混凝土设计与施工关键技术	中建总公司科学技术奖	三等奖	2014	王强(2),阎培渝(7)
288	郭红仙	公路支护结构隐蔽工程施工质量与运行状况快速检测技术研究	重庆市交通科学技术奖	一等奖	2014	郭红仙(3),程晓辉(6)
289	祝文君	城市地下空间利用基本术语标准	上海建工集团科技进步奖	一等奖	2014	童林旭(3),祝文君(4)
290	陆新征	爆炸荷载下多高层框架结构连续倒塌破坏效应与防护眼镜	中国人民解放军总参谋部军队科技进步奖	二等奖	2014	陆新征(5)
291	魏亚	山区高速公路运营保障关键技术及装备	国家科学技术进步奖	二等奖	2015	魏亚(6)
292	张君	现代混凝土结构非线性收缩及应力梯度的测试表征与计算方法	教育部自然科学奖	二等奖	2015	张君(1/6),侯东伟(2),祁锟(3),高原(4),韩宇栋(5),罗孙一鸣(6)
293	胡振中	基于自主BIM平台的建筑机电安装工程模块化生产、集成交付及运维技术	华夏建设科学技术奖	二等奖	2015	胡振中(2/15),陈祥祥(6),田佩龙(13),何田丰(14),郭华华(15)

续表

序号	负责人	项目名称	获奖名称	等　级	年　度	备　注
294	钱稼茹	复杂高层建筑高效抗震结构体系设计与建造关键技术	华夏建设科学技术奖	一等奖	2015	钱稼茹(6/15)
295	阎培渝	大掺量矿物掺合料在大体积混凝土中的作用机理及其工程应用	华夏建设科学技术奖	一等奖	2015	阎培渝(2/15)，韩建国(4/15)
296	郑思齐	城市居住用地和公共服务设施空间配置定量支持技术与集成应用	华夏建设科学技术奖	二等奖	2015	郑思齐(1)，吴璟(2)，张英杰(3)，孙聪(4)，张博(5)，刘洪玉(6)，孙伟增(7)，徐杨菲(8)，张索迪(9)，王璞(10)
297	王元清	装配式建筑建造标准编制与应用技术研究	辽宁省科学技术进步奖	二等奖	2015	王元清(3/15)
298	魏亚	锁蒙高速公路路面与桥梁工程施工质量远程智能控制技术研究	云南省科技进步奖	二等奖	2015	魏亚(3/2)，阎培渝(8/2)
299	王元清	点支式玻璃幕墙与采光顶创新技术及工程应用	山东省科技进步奖	二等奖	2015	王元清(2)，石永久(5)
300	魏亚	公路工程质量安全过程控制智能化与远程监控技术研究	中国公路学会科学技术奖	一等奖	2015	魏亚(5/25)
301	李瑞敏	天空地一体的区域地质灾害监测评估与应急遥感服务系统	吴文俊人工智能科学技术奖	二等奖	2015	李瑞敏(2/5)
302	阎培渝	平安金融中心超大人工挖孔嵌岩桩施工关键技术	中建总公司科学技术奖	三等奖	2015	阎培渝(4/15)
303	路新瀛	输变电设备防腐材料开发及应用关键技术	国家电网公司科学技术进步奖	二等奖	2015	路新瀛(13/16)
304	祝文君	海口市地下空间开发利用规划(2013—2020)	北京市城市规划学会北京市优秀城乡规划设计评选	二等奖	2015	祝文君(2)

续表

序号	负责人	项目名称	获奖名称	等　级	年　度	备　注
305	祝文君	海口市地下空间开发利用规划(2013—2020)	海南省城市规划协会海南省优秀城乡规划设计评选	二等奖	2015	祝文君(2)
306	王元清	航天某实验室大跨重载钢桁架销轴节点承载性能研究	中国钢结构协会科学技术奖	二等奖	2015	王元清(2),令狐珺竹(7)
307	冯　鹏	《纤维增强复合材料桥板》(GB/T 29552—2013)	中国建筑材料联合会建材行业标准创新奖	创新奖	2015	冯鹏(2)
308	潘　鹏	大型复杂结构在线混合试验关键技术与应用	国家科学技术进步奖	二等奖	2016	土木工程系(2)潘鹏(2/10),聂鑫(3),陶慕轩(5),纪晓东(8),邓开来(10)
309	刘晶波	城市大型地下结构抗震设计理论与方法及工程应用	教育部科学技术进步奖	一等奖	2016	土木水利学院(2)刘晶波(4/15)
310	冯　鹏	《纤维增强复合材料建设工程应用技术规范》(GB 50608—2010)等12 项标准	中国标准创新贡献奖	一等奖	2016	土木工程系(2)冯鹏(6/9)
311	阎培渝	600m 超高层巨型框架—核心筒结构施工综合技术的研究与应用	北京市科学技术奖	二等奖	2016	土木工程系(2)阎培渝(2/10),过静珺(4),王强(5)
312	王元清	既有建筑结构检测评定与加固改造关键技术及工程应用	辽宁省科学技术奖	二等奖	2016	土木工程系(2)王元清(2),石永久(4),宗亮(7)
313	阎培渝	高抗冻耐蚀混凝土研究及其在寒冷地区公路建设工程中的应用	承德市科学技术进步奖	二等奖	2016	土木工程系(2)阎培渝(2/10),胡瑾(4),米贵东(7)
314	郭彦林	新型海防高抗力地面单机掩蔽库选型研究	军队科技进步奖	三等奖	2016	郭彦林(2/7)
315	聂建国	信息化仿真技术在连续钢混凝土组合桁架桥设计与施工中应用技术研究	华夏建设科学技术奖	二等奖	2016	聂建国(2),陶慕轩(7)

续表

序号	负责人	项目名称	获奖名称	等级	年度	备注
316	孔祥明	超高层钢板—混凝土组合剪刀墙裂缝控制关键技术研究与应用（4/8）	华夏建设科学技术奖	三等奖	2016	土木工程系(3)孔祥明(4/8)
317	董聪	架空输配电线路抗风关键技术及应用	中国电力科学技术奖	三等奖	2016	土木工程系(5)董聪(11/17)
318	陆新征	大型火力发电主厂房单跨框架混凝土结构抗震性能及体系研究应用	中国电力科学技术奖	三等奖	2016	土木工程系(3)陆新征(3/6),许镇(6/6),叶列平(9/6)
319	路新瀛	输变电设备防腐材料开发及应用关键技术	中国电力科学技术奖	三等奖	2016	土木工程系(6)路新瀛(12/15)
320	陆新征	特大型桥梁综合防灾减灾与安全控制技术	中国公路学会科学技术奖	特等奖	2016	土木工程系(14)陆新征
321	王守清	城市轨道交通项目PPP模式的应用研究	中国公路学会科学技术奖	二等奖	2016	建设管理系(3)王守清(2/10),冯珂(9/10),高雨萌(10/10)
322	李全旺	敲击扫描式桥梁损伤快速检测技术及装备	中国公路学会科学技术奖	一等奖	2016	土木工程系(3)李全旺(4/15)
323	陆化普	我国交通运输发展与国际一流水平对标研究	中国公路学会科学技术奖	二等奖	2016	土木工程系(3)陆化普(4/10)
324	孔祥明	水泥混凝土化学外加剂的基础理论研究	中国建筑材料联合会中国硅酸盐学会建筑材料科学技术奖	二等奖	2016	土木工程系(1)孔祥明(1/9),张艳荣(2),卢子臣(3),张珍林(6),蒋凌飞(9)
325	吴建平	动态交通仿真技术	2016年度中国仿真学会技术发明奖	二等奖	2016	土木工程系(1)吴建平(1),杜怡曼(2),孔源(3),贾宇涵(4),胡冬梅(5),胡可臻(6),杨森炎(7),李婷婷(8)

续表

序号	负责人	项目名称	获奖名称	等　级	年　度	备　注
326	李克非	环境与荷载耦合作用下海工混凝土结构耐久性及可靠度设计方法研究	广东省土木建筑学会科学技术奖	一等奖	2016	土木工程系(3) 李克非(11/21)
327	于　清	复杂建筑结构弹塑性分析技术研究与应用	广东省土木建筑学会科学技术奖	一等奖	2016	土木工程系(2) 于清(5/9)
328	董　聪	输电线路抗强风关键技术及研究	国家电网公司科学技术进步奖	一等奖	2016	土木工程系(5) 董聪(11/50)
329	阎培渝	深圳平安金融中心结构施工关键技术研究与应用	中建总公司科学技术奖	一等奖	2016	土木工程系(3) 阎培渝(3/15),过静珺(4/15)
330	聂建国	天津海河吉兆桥工程	中国土木工程詹天佑奖	一等奖	2016	土木工程系(2) 聂建国(2),陶慕轩(6)
331	王守清	城市轨道交通 PPP 模式的应用研究——以青岛地铁 13 号线二期项目为例	中国项目管理成就奖		2016	建设管理系(3) 王守清(2/10),冯珂(9/10),高雨萌(10/10)
332	吴建平	城市动态交通仿真平台	日内瓦国际发明展	金奖	2016	土木工程系(1) 吴建平(1/6),杜怡曼(2),周杨(3),奇格奇(4),贾宇涵(5),孔源(6)
333	吴建平	现代有轨电车交通系统仿真模型全国大赛	现代有轨电车交通系统仿真模型全国大赛	三等奖	2016	土木工程系(1) 吴建平(1/8),杜怡曼(2),奇格奇(3),李婷婷(7),胡可臻(8)
334	吴建平	城市交通信号在线优化	中国(成都)海外人才创新创业项目大赛	二等奖	2016	土木工程系(1) 吴建平(1/5),杜怡曼(2),孔源(3),贾宇涵(4),胡可臻(5)
335	李克非	环境与荷载耦合作用下海工混凝土结构耐久性及可靠度设计方法研究	中国交通建设集团科技进步奖	一等奖	2016	土木工程系(3) 李克非(11/21)

续表

序号	负责人	项目名称	获奖名称	等　级	年　度	备　注
336	杨　军	基于无线传感网的大型桥梁结构监测系统建设和关键技术研究	中国公路学会科学技术奖	一等奖	2016	土木工程系(2)杨军(3/15)
337	刘晶波	城市大型地下结构抗震设计理论与方法及工程应用	国家科学技术进步奖	二等奖	2017	土木工程系(2)刘晶波(4/10)
338	陆化普	高速公路警情监测预警与公安交通安全执法关键技术及应用	国家科学技术进步奖	二等奖	2017	土木工程系(4)陆化普(7/10),李瑞敏(9/10)
339	潘　鹏	既有建筑装配化外套加固成套技术研究与应用	北京市科学技术奖	二等奖	2017	土木工程系(2)潘鹏(3/10),孙江波(5/10)
340	许　镇	基于数字化技术的城市建设多灾害防御技术与应用	北京市科学技术奖	二等奖	2017	土木工程系(2)许镇(3/10)
341	王元清	高层和超高层装配式混凝土结构关键技术与应用研究	2017年辽宁省科学技术进步奖	二等奖	2017	土木工程系(4)王元清(3),赵作周(5)
342	赵作周	建筑结构抗地震倒塌机理及应用技术研究	华夏建设科学技术奖	二等奖	2017	土木工程系(2)赵作周(3),钱稼茹(7)
343	钱稼茹	高层民用建筑钢结构技术规程	华夏建设科学技术奖	一等奖	2017	钱稼茹(3)
345	王元清	纵向变厚度钢板(LP钢板)的轧控技术和性能研究及其工程应用	中国钢结构协会科学技术奖	二等奖	2017	土木工程系(2)王元清(2/9),班慧勇(5),刘晓玲(7)
346	李　鹏	外海深厚软土沉管隧道地基基础沉降机理及控制技术研究与应用	中国航海科技奖	一等奖	2017	土木工程系(8)李鹏(30/30)
347	陆新征	铁路客站结构整体稳定性能安全评价研究	中国铁道学会科学技术奖	三等奖	2017	土木工程系(3)陆新征(3/10),李易(4),叶列平(5),林楷奇(6)
348	王　强	输电线路盐渍土及冻土设计关键技术	国家电网公司科学技术进步奖	二等奖	2017	土木工程系(3)王强(2/17)

续表

序号	负责人	项目名称	获奖名称	等　级	年　度	备　注
349	宋二祥	深埋沉管隧道半刚性沉管结构体系研发与应用	中国航海科技奖	特等奖	2017	土木工程系(5)宋二祥(5/30),徐明(20/30)
350	吴建平	基于行为的交通仿真模型	中国仿真协会科学技术奖	一等奖	2017	土木工程系(1)吴建平(1/13),贾宇涵(4),李婷婷(7),许明(8),孔源(9),胡可臻(10),胡冬梅(11),杨森炎(12),刘明宇(13)
351	宋二祥	复合地基理论、关键技术及工程应用	中国岩石力学与工程学会技术进步奖	特等奖	2017	土木工程系(5)宋二祥(6/20)
352	祝文君	北京市地下空间规划设计技术指南	北京市优秀城乡规划设计奖	二等奖	2017	土木工程系(2)祝文君(4/6)
353	钱稼茹	钢管混凝土柱环梁节点关键技术研究	广东省优秀工程勘察设计奖	一等奖	2017	土木工程系(2)钱稼茹(3/12)

7.6　挂靠土木系的学术组织及其活动

土木系开展的很多科研工作,在国内都是最早的。在自我开展好科研工作的同时,老师们还非常重视和外界的学术交流,在宣传推广新技术方面走在了前列。王国周、陈肇元、沈聚敏、过镇海、龙驭球、崔京浩和冯乃谦等意识到各自专业领域在我国土木工程中的重要性和巨大的技术经济社会影响,纷纷结合专长,积极组织全国性的学术交流会,倡议成立学术组织,带领国内同行共同推进行业的进步。在这些学术组织的带领下,相关领域科学研究与工程应用蓬勃发展,大大促进了相关领域理论体系的建立与应用技术的进步,使我国这些领域的科学研究与应用技术水平处于世界前列。

7.6.1　结构稳定与疲劳分会

1985 年 10 月,王国周在清华大学发起并组织召开了“结构稳定与疲劳协会成立大会暨首届(85)学术交流会”,选举成立结构稳定与疲劳协会第一届理事会。王国周任理事长,王珊任秘书长。结构稳定与疲劳分会是中国钢结构协会领导下的二级协会组织,挂靠清华大学土木系。1991年成立了钢结构的教学专门委员会,并组织召开钢结构教学研讨会。到1994年,学术交流会和教学研讨会各举办3次。1996年首次将学术交流会与教学研讨会合并举办,之后每两年召开一次学术交流会暨教学研讨会。至2017年,一共召开15届18次交流研讨会,见表7-59和图7-99~图7-101。以学术会议论文集为载体,出版了15本科技图书或论文集,开始4届为论文集/研究报告的形式,之后连续出了11集《钢结构工程研究》,最近改为《钢结构》增刊。

理事长、常务副理事长和秘书长一直由土木系老师担任。王国周、李少甫、石永久先后担任理事长;李少甫、石永久先后担任常务副理事长;王珊、杨小明、石永久、王元清、施刚、班慧勇先后担任秘书长。

表7-59　历届结构稳定与疲劳分会学术交流会暨教学研讨会

届　次	时　间	会议地点	承办单位
1(学术)	1985	北京	清华大学
2(学术)	1987	北京	清华大学、冶金工业部建筑研究总院
3(学术)	1991	北京	清华大学
1(教学)	1991	天津	天津大学
2(教学)	1992	武汉	武汉工业大学
4(学术)	1993	上海	宝山钢铁(集团)公司
3(教学)	1994	烟台	烟台大学
5	1996	重庆	重庆建筑大学
6	1998	杭州	浙江大学
7	2000	长沙	湖南大学
8	2002	南昌	南昌大学
9	2004	太原	太原理工大学
10	2006	泰安	山东科技大学
11	2008	沈阳	沈阳建筑大学
12	2010	宁波	宁波大学
13	2012	武汉	武汉大学、中信建筑设计研究总院有限公司
14	2014	合肥	合肥工业大学
15	2016	昆明	昆明理工大学、贵州大学

图 7-99　1994 年烟台第 3 届教学研讨会(2 排左 5 王国周、2 排左 7 李少甫、3 排左 2 王珊)

图 7-100　1996 年重庆第 5 届学术讨论会暨教学研讨会(1 排左 6 王国周、1 排右 4 李少甫、3 排左 1 石永久、3 排左 3 郭彦林、3 排右 3 王元清)

7.6.2　混凝土结构基本理论及工程应用委员会

1987 年,陈肇元、沈聚敏和过镇海等连同建设部建筑科学研究院蔡绍怀、同济大学蒋大骅、天津大学于庆荣 6 人,共同倡议召开全国性学术大

图 7-101　2016 年昆明第 15 届学术交流会暨教学研讨会

会,专门研讨混凝土结构的基本理论和工程应用,介绍和交流学术研究成果和工作经验。成立中国建筑学会建筑结构学术委员会混凝土结构学组。开始主要是发起单位组织学术会议,后来挂靠中国建筑科学研究院,蔡绍怀任主任委员。2002 年 10 月,中国建筑学会建筑结构分会混凝土结构基本理论及工程应用委员会成立,挂靠单位为清华大学土木工程系,聂建国任主任委员。至 2017 年,委员会一共主办了 14 届学术会议(见表 7-60、图 7-102~图 7-105)。第 1 届到第 3 届会议分别为“约束与普通混凝土强度理论及应用”“混凝土结构基本理论及应用”和“混凝土结构基本理论及工程应用”,之后届次也加在会议名称里。

表 7-60　全国混凝土结构基本理论及工程应用学术会议一览表

届　次	时　间	会议地点	承办单位
1	1987. 10	烟台	清华大学,中国建筑科学研究院,天津大学
2	1990. 10	北京	清华大学
3	1993. 10	长沙	湖南大学
4	1996. 10	福州	福州大学
5	1998. 10	天津	天津大学
6	2000. 10	上海	同济大学
7	2002. 9	南京	东南大学
8	2004. 9	重庆	重庆大学
9	2006. 10	西安	西安建筑科技大学
10	2008. 8	大连	大连理工大学
11	2010. 8	长沙	中南大学
12	2012. 12	宁波	浙江大学宁波理工学院
13	2014. 12	南宁	广西大学
14	2016. 12	北京	中冶建筑研究总院,清华大学

图 7-102　混凝土结构基本理论和工程应用会议发起人(1987.10)(从左到右为蒋大骅、于庆荣、蔡绍怀、沈聚敏、陈肇元和过镇海)

图 7-103　1987 第 1 届会议合影(3 排左 2 沈聚敏、4 排左 3 陈肇元、5 排右 1 过镇海,还有赵光仪、邢秋顺、冯世平)

图 7-104　1990 年第 2 届会议合影(其中有沈聚敏、过镇海、江见鲸、庄崖屏、钱稼茹、赵光仪、张玉良、王际芝、刘西拉、冯世平、金同乐、叶列平等)

图 7-105　2006 年第 9 届会议(主席台前排右 2 陈肇元、左 3 聂建国)

7.6.3 《工程力学》和结构工程专业委员会

1991 年 6 月,中国力学学会将《工程力学》杂志挂靠到清华大学土木工程系。龙驭球、崔京浩、袁驷、陆新征教授先后担任主编。该杂志为月刊,在国内外公开发行,先后多次被评为“百种中国杰出学术期刊”“中国精品科技期刊”,并首批入选《RCCSE 中国权威学术期刊(A+)》,该期刊为 EI 收录的一级学会主办的 O3 力学类核心期刊,并为 EICompendex、Scopus 及 ISI web of knowledge 文摘数据库收录期刊。

1991 年开始举办每年一次的全国性结构工程学术会议。在 1995 年 9 月泉州华侨大学召开的第 4 届结构工程学术会议上,龙驭球与中国力学学会副理事长武际可教授磋商之后,联合朱伯芳等 7 名专家(龙驭球、朱伯芳、刘光栋、尹双增、崔京浩、岑章志、方竞、袁驷)发起成立中国力学学会结构工程专业委员会。1996 年春中国力学学会常务理事会通过并上报中国科协批准成立。1998 年 10 月在石家庄召开了第 1 届委员会会议,委员共有 24 人,主任委员为龙驭球院士,副主任委员为崔京浩、方竞和苏是嵋,袁驷为秘书长,见图 7-106。

结构工程专业委员会历届主任委员均由清华大学土木工程系教师担

图 7-106　结构工程专业委员会第一次会议

任，崔京浩、袁驷、韩林海、宋二祥、石永久先后担任该委员会的主任委员，现任常务副主任委员是陆新征。土木系担任委员的老师还有：韩守询、叶列平（曾任第 2 届委员会秘书长）、叶康生、聂建国、樊健生、邢沁妍等。

结构工程专业委员会成立之后，同《工程力学》编委会联合举办结构工程专业学术会议，至 2017 年已连续举办 26 届，见表 7-61，图 7-107 和图 7-108。

表 7-61　历届全国结构工程学术会议基本情况

届　次	时　间	地　点
1	1991.10.28—10.31	徐州，中国矿业大学
2	1993.5.4—5.8	长沙，湖南大学
3	1994.6.6—6.9	太原，太原理工大学
4	1995.9.19—9.23	泉州，华侨大学
5	1996.11.25—12.2	海口，海南大学
6	1997.10.22—10.26	南宁，广西大学
7	1998.10.7—10.12	石家庄，石家庄铁道学院
8	1999.10.22—10.26	昆明，云南工业大学
9	2000.9.16—9.20	成都，西南交通大学
10	2001.10.20—10.24	南京，河海大学

续表

届　　次	时　　间	地　　点
11	2002. 10. 20—10. 23	长沙，湖南大学
12	2003. 10. 19—10. 22	重庆，重庆大学
13	2004. 10. 16—10. 17	南昌，南昌大学(会址井冈山)
14	2005. 9. 18—9. 21	烟台，烟台大学
15	2006. 10. 13—10. 17	焦作，河南理工大学
16	2007. 10. 19—10. 23	太原，太原理工大学
17	2008. 11. 8—11. 12	武汉，华中科技大学
18	2009. 11. 27—12. 1	广州，广州大学
19	2010. 11. 5—11. 9	济南，山东建筑大学
20	2011. 11. 4—11. 7	宁波，宁波工程学院
21	2012. 10. 12—10. 15	沈阳，沈阳建筑大学
22	2013. 8. 10—8. 12	乌鲁木齐，新疆大学
23	2014. 10. 10—10. 12	兰州，兰州理工大学
24	2015. 10. 31—11. 1	厦门，厦门大学
25	2016. 8. 12—8. 14	包头，内蒙古科技大学
26	2017. 10. 21—10. 22	长沙，中南大学

图 7-107　第 2 届全国结构工程学术会议(前排左 1 顾莉珠、左 3 龙驭球、右 2 包世华、右 1 崔京浩)

图 7-108　第 8 届全国结构工程学术会议(前排右 1 袁驷、右 2 崔京浩,后排右 1 钟宏志、右 2 钱稼茹、右 3 石永久、右 4 陆新征)

7.6.4　高强与高性能混凝土专业委员会

1991 年 8 月,由陈肇元等倡议,成立中国土木工程学会混凝土与预应力混凝土分会高强混凝土专业委员会,2004 年改名为高强与高性能混凝土专业委员会。至 2017 年,委员会主办了 10 届全国高强与高性能混凝土学术交流会,第 1 届和第 2 届为"高强混凝土及其应用"学术讨论会,第 3~6 届为"高强与高性能混凝土及其应用"学术讨论会,以及 3 次专题研讨会(见表 7-62,图 7-109,图 7-110)。1994 年和 2001 年分别出版和再版了《高强混凝土结构设计与施工指南》,制定了土木工程学会标准《混凝土结构耐久性设计与施工指南》(CCES 01—1998),国家标准《混凝土结构耐久性设计规范》(GB/T 50476—2008)。陈肇元、吴佩刚和阎培渝先后担任主任委员;吴佩刚、庄崖屏、叶列平、冯鹏等先后担任副主任委员;阎培渝、叶列平、冯鹏等先后任委员会秘书长,冯乃谦、覃维祖、李克非、王强等是委员会的委员。

表 7-62　高强与高性能混凝土学术交流会

届　次	时　间	会议地点	主要承办单位
1	1992.6.24—6.27	北京	清华大学
2	1995.11.15—11.18	宁波	宁波大学

续表

届　次	时　间	会议地点	主要承办单位
3	1998. 10. 26—10. 30	济南	山东建筑工程学院
4	2001. 10. 17—10. 19	长沙	中南大学
5	2004. 4. 26—4. 29	青岛	青岛理工大学
6	2007. 8. 31—9. 2	乌鲁木齐	新疆大学
7	2010. 9. 7—9. 9	沈阳	沈阳建筑大学
8	2012. 11. 2—11. 3	上海	同济大学
9	2014. 11. 14—11. 16	福州	福建江夏学院
10	2016. 11. 25—11. 27	南京	东南大学

图 7-109　第 3 届全国高强和高性能混凝土及其应用学术讨论会合影（主席台右 3 陈肇元、左 1 吴佩刚）

图 7-110　第 8 届全国高强和高性能混凝土学术交流会合影(2 排左 8 廉慧珍、2 排左 9 阎培渝、3 排左 5 王强)

7.6.5　基坑工程专业委员会

20 世纪 90 年代，土木系在陈肇元的带领下积极开展了基坑土钉支护技术的研究，1997 年与总参工程兵三所联合主编了我国第一部关于基坑土钉支护技术的规程。在此过程中，陈肇元、钱七虎、唐业清、王新杰等深刻意识到成立有关学术组织的迫切必要性，经向有关方面建议，中国建筑学会批准成立基坑工程专业委员会，挂靠清华大学土木工程系（见图 7-111）。1997 年 9 月 29 日，基坑工程专业委员会正副主任委员在清华大学举行第一次会议，标志着中国建筑学会建筑施工学术委员会(后改为分会)基坑工程专业委员会正式成立。

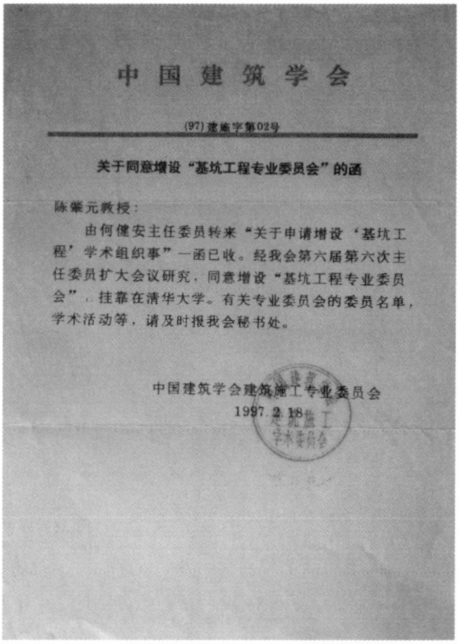

中国建筑学会

(97)建施字第02号

关于同意增设“基坑工程专业委员会”的函

陈肇元教授：

由何健安主任委员转来“关于申请增设‘基坑工程’学术组织事”一函已收。经我会第六届第六次主任委员扩大会议研究，同意增设“基坑工程专业委员会”，挂靠在清华大学。有关专业委员会的委员名单，学术活动等，请及时报我会秘书处。

中国建筑学会建筑施工专业委员会

1997.2.18

图 7-111　中国建筑学会关于同意增设“基坑工程专业委员会”的函件

首届专业委员会由钱七虎任主任委员，陈肇元等任副主任委员，宋二祥任秘书长。2004 年，第二届专业委员会成立之后，主任委员一直由清华大学土木工程系系友浙江大学龚晓南担任，宋二祥一直担任常务副主任，郭红仙一直担任秘书长，徐明任副秘书长。地下工程研究所的其他老师也都一直协助委员会开展相应的工作。

到 2017 年，委员会成功主办了 9 届全国基坑工程研讨会（见表 7-63、图 7-112～图 7-114）。每次会议均在会前以土木工程领域某一核心期刊增刊形式出版论文集，录用的论文从开始的数十篇到 160 多篇。参会代表人数从最初的 100 余人增加到 850 人。从 2006 年开始，专业委员会还组织编写了《基坑工程实例》系列丛书，由中国建筑工业出版社出版，两年一册，到 2017 年共出版 6 册，累计收录了全国不同地区不同支护形式的基坑工程实例 236 个。

表 7-63　基坑工程专业委员会主要活动一览表

时　　间	内　　容	地　　点	会议主要承办单位
1997.9.29	基坑工程专业委员会成立，正副主任委员举行第一次会议	北京	清华大学
1998.10.21—10.24	第一届全国基坑工程学术讨论会	济南	山东建筑工程学院
2000.10.31—11.2	第二届全国基坑工程学术讨论会	温州	温州市建设局
2001.11.20—11.22	复合土钉支护技术学术交流会	南京	解放军理工大学
2004.5.28—5.30	第三届全国基坑工程学术讨论会	广州	广东省水利水电科学研究院，清华大学土木工程系
2006.11.15—11.18	第四届全国基坑工程学术研讨会	上海	现代设计集团华东建筑设计研究院，上海交通大学
2008.10.16—10.16	第五届全国基坑工程学术研讨会	天津	天津大学
2010.7.15—7.17	第六届全国基坑工程学术研讨会	厦门	福建省建筑科学研究院
2012.11.9—11.12	第七届全国基坑工程学术研讨会	深圳	深圳市勘察测绘院有限公司
2014.11.14—11.15	第八届全国基坑工程学术研讨会	武汉	中煤科工集团武汉设计研究院，中冶集团武汉勘察研究院，武汉市测绘研究院
2016.10.27—10.29	第九届全国基坑工程学术研讨会	郑州	郑州大学，中国人民解放军总参谋部工程兵科研三所
2017.10	《中国建筑学会建筑施工分会基坑工程专业委员会二十周年纪念文集》出版发行		

续表

时　　间	内　　容	地　　点	会议主要承办单位
2017. 10. 15	中国建筑学会建筑施工分会基坑工程专业委员会成立20年纪念会	北京	清华大学

图 7-112　第 1 届全国基坑工程学术讨论会会场(前排右 1 陈肇元、2 排左 2 龚晓南)

图 7-113　第 9 届基坑大会参会委员合影(前排左 6 龚晓南、前排左 5 宋二祥、前排左 1 郭红仙、站立右 1 徐明)

图 7-114　基坑工程专业委员会成立二十周年纪念会合影(1 排左 6 陈肇元、1 排右 6 龚晓南、1 排右 5 张建民、1 排右 1 宋二祥、2 排左 1 郭红仙、4 排右 1 徐明、4 排左 1 杨军、3 排右 1 李鹏)

7.6.6 高性能混凝土专业委员会

1998年中国硅酸盐学会水泥与混凝土制品分会高性能混凝土专业委员会成立。最初是由冯乃谦提议,并联合中国建筑材料研究总院、北京交通大学、中国建筑科学研究院、冶金建筑研究院、中建西部建设有限公司、中国铁道科学研究院、中建科技等单位共同创建。冯乃谦担任第一届主任,2010年开始由张君接替,挂靠在土木系(见图7-115,图7-116)。委员会成立后,积极组织国内、国际高性能混凝土学术与工程应用研讨会,举办高性能混凝土论坛、典型工程案例参观调研,以及现代高性能混凝土科普讲座,为我国高性能混凝土发展起到了很好的推动作用。至2017年,已连续组织12届国内外高性能混凝土学术研讨会。朋改非、丁建彤、魏亚、孔祥明、韩建国、王强、郭自力等是委员会的委员。

图7-115　2012年武汉研讨会会议照片(主席台前排左4冯乃谦)

图7-116　第12届高性能混凝土国际学术研讨会合影

附录1　土木系历任系主任和系党委(总支)书记

土木系历任系主任和系党委(总支)书记名录

系　名	系主任	任职时间	系党委(总支)书记	任职时间
工程学系	周永德	1926—1927		
市政工程系	笪远纶	1928		
土木工程学系	卢恩绪	1929—1930		
	施嘉炀	1930.07—1938.05		
	蔡方荫	1938.05—1940.07		
	陶葆楷	1940.07—1948.08		
	张泽熙(代)	1948.08—1950.07		
	夏震寰	1950.07—1951.10		
	李庆海(代)	1951.10—1952.07		
	张　维	1952.07—1956.07		
	陈士骅(代)	1954.01—1955.01		
	陶葆楷	1956.07—1960.07	解沛基 陈　英 周维垣	1954—1956.07 1956.07—1959.02 1959.02—1959.12
土木建筑系	陶葆楷	1960.07—1966.06	刘小石	1960.07—1966.06
	梁思成	1960.07—1966.06		
建筑工程系	吴良镛	1978—1980.07	刘小石	1978—1980.07
土木与环境工程系	王国周	1980.07—1984.08	方惠坚	1980.07—1984.01
土木工程系	陈肇元	1984.08—1988.01	王鲁生	1984.01—1992.05
	江见鲸	1988.01—1992.05		
	刘西拉	1992.05—1998.06	史其信	1992.05—1998.11
	袁　驷	1998.06—2000.04	王志浩	1998.11—2000.04
土木工程系*	石永久	2000.04—2002.02		
	宋二祥	2002.03—2010.06		
	韩林海	2010.06—2017.01		
	潘　鹏	2017.01—2020.06		

注：*为土木水利学院时期，党委设在学院。土木工程系教师担任学院院长和书记的有：袁驷(院长，2000.01—2008.07)、石永久(书记，2008.09—2016.12)、方东平(书记，2017.01—2020.09)。同期的建设管理系主任为刘洪玉、方东平、吴璟。

2000年之前，土木工程系学术委员会主任先后由陈肇元(1993—1996)、方鄂华(1997—2000)担任，2000年成立建设管理系后土木工程系、建筑管理系仍设一个学术委员会，主任由江见鲸(2001—2004)、任爱珠(2005—2008)、聂建国(2008—2015)和石永久(2016—)担任。

附录 2　曾在土木系工作或学习的中国科学院院士和中国工程院院士

蔡方荫(1901—1963)江西南昌人。1925 年毕业于清华学校,1931—1940 年在清华大学、西南联合大学土木系任教。1955 年选聘为中国科学院学部委员(院士)。

夏坚白(1903—1977)江苏常熟人。1929 年毕业于清华大学土木系,1929—1934 年在清华大学土木系任教。1955 年选聘为中国科学院学部委员(院士)。

陈永龄（1910—2004）北京人。1932—1946年在清华大学土木系、西南联合大学土木系任教。1980年当选为中国科学院学部委员（院士）。

徐芝纶（1911—1999）江苏江都人。1934年毕业于清华大学土木系。1980年当选为中国科学院学部委员（院士）。

刘恢先（1912—1992）江西莲花人。1945—1947年在西南联合大学、清华大学土木系任教。1951—1952年在清华大学土木系任教。1980年当选为中国科学院学部委员（院士）。

张维（1913—2001）北京人。1952—1956年在清华大学土木系任教。1955年选聘为中国科学院学部委员（院士）。

卢肇钧（1917—2007）福建福州人。1941年西南联合大学土木系毕业。1991年当选为中国科学院学部委员（院士）。

李鹗鼎（1918—2001）天津人。1940年毕业于西南联合大学土木系。1995年当选为中国工程院院士。

顾夏声（1918—2012）江苏无锡人。1952—1984 年在清华大学土木系任教。1995 年当选为中国工程院院士。

曾庆元（1925—2016）江西泰和人。1956 年清华大学土木系研究生毕业。1999 年当选为中国工程院院士。

方秦汉（1925—2014）浙江黄岩人。1950 年清华大学土木系毕业。1997 年当选为中国工程院院士。

龙驭球（1926—　）湖南安化人。1948年清华大学土木系毕业，1948—1949年清华大学土木系研究生，1949年留校在土木系任教至今。1995年当选为中国工程院院士。

黄克智（1927—　）江西南昌人。1948—1952年清华大学土木系研究生。1991年当选为中国科学院学部委员（院士）。

程庆国（1927—1999）浙江桐乡人。1950年清华大学土木系毕业。1993年当选为中国科学院学部委员（院士）。

林皋（1929—　）江西南昌人。1951 年清华大学土木系毕业。1997 年当选为中国科学院院士。

邱大洪（1930—　）浙江吴兴（湖州）人。1951 年清华大学土木系毕业。1991 年当选为中国科学院学部委员（院士）。

陈肇元（1931—2020）浙江宁波人。1952 年清华大学土木系毕业。毕业后留校一直在土木系任教。1997 年当选为中国工程院院士。

陈厚群（1932— ）江苏无锡人。1950—1952 年在清华大学土木系学习。1995 年当选为中国工程院院士。

刘鸿亮（1932— ）辽宁大连人。1954 年毕业于清华大学土木系。1954—1982 年在清华大学土木系任教。1994 年当选为中国工程院院士。

钱易（1935— ）江苏苏州人。1959 年清华大学土木系研究生毕业留在土木系任教。1994 年当选为中国工程院院士。

李龙士（1935—　）福建南安人。1958 年毕业于清华大学土木系。1958—1970 年在清华大学土木系任教。1997 年当选为中国工程院院士。

廖振鹏（1937—　）四川成都人。1961 年清华大学土木建筑系毕业。1997 年当选为中国工程院院士。

江欢成（1938—　）广东梅州人。1957—1963 年在清华大学土木建筑系学习。1995 年当选为中国工程院院士。

龚晓南(1944—　)浙江金华人。1967年毕业于清华大学土木建筑系。2011年当选为中国工程院院士。

肖绪文(1953—　)陕西商洛人。1977年毕业于清华大学建筑工程系。2013年当选为中国工程院院士。

聂建国(1958—　)湖南衡阳人。1994年清华大学土木系博士后出站，留校在土木系工作至今，2013年当选为中国工程院院士。

岳清瑞（1962—　）黑龙江齐齐哈尔人。1985 年毕业于清华大学土木系。2017 年当选为中国工程院院士。

附录3　土木系、建管系教授名录

土木系教授名录(1926—2017年)

姓名(任职时间)	姓名(任职时间)	姓名(任职时间)
周永德(1926—1927年调出)	潘文焕(1926—1927年调出)	笪远纶(1926—1931年调出)
钱昌祚(1926年调出)	罗邦杰(1926,1928—1930年调出)	杜光祖(1927年调出)
吴毓骧(1927年调出)	施嘉炀(1928—1952年调出)	孙瑞林(1928年调出)
卢恩绪(1929年调出)	许　鉴(1930年调出)	王裕光(1930—1951年调出)
钟春雍(1930年调出)	张润田(1930,1935—1937年调出)	张泽熙(1931—1950年调出)
蔡方荫(1931—1940年调出)	陶葆楷(1931—1948,1952—1980年调出)	张　任(1932,1934—1935年调出)
张乙铭(1933年调出)	李　协(1935—1936年调出)	李谟炽(1936—1947年调出)
洪　绅(1936年调出)	吴柳生(1936—1983年去世)	杨铭鼎(1938年调出)
陈永龄(1938—1939年调出)	覃修典(1938—1939年调出)	张有龄(1938—1939,1951年调出)
王龙甫(1939—1946年调出)	衣复得(1939年调出)	张昌华(1942年调出)
李庆海(1942—1954年调出)	阎振兴(1942—1946年调出)	刘恢先(1945—1946,1951年调出)
谭葆泰(1946年调出)	夏震寰(1947—1952年调出)	李丕济(1947—1952年调出)
储钟瑞(1947—1985年退休)	陈樑生(1948—1954年调出)	张光斗(1949—1952年调出)
王竹亭(1949年调出)	金　涛(1951—1952年调出)	张　维(1952—1956年调出)
李颂琛(1952—1963年调出)	杨曾艺(1952—1963年调出)	王兆霖(1953—1979年调出)
张　典(1953—1978年去世)	杨式德(1953—1976年去世)	陈祖东(1954—1958年调出)
施士昇(1961—1985年退休)	王国周(1961—1987年退休)	籍孝广(1961—1986年退休)
许葆玖(1961—1984年调出)	顾夏声(1961—1984年调出)	王继明(1961—1984年调出)
龙驭球(1978—2018年离休)	李国鼎(1980—1984年调出)	黄　熊(1980—1981年去世)
王传志(1980—1988年退休)	张良铎(1980—1989年离休)	陈致忠(1980—1987年退休)
刘翰生(1980—1987年离休)	滕智明(1983—1993年离休)	陈肇元(1983—2018年退休)
沈聚敏(1983—1995年离休)	刘元鹤(1985—1987年离休)	李著璟(1985—1990年退休)
卢　谦(1985—1990年退休)	陈　聃(1985—1991年去世)	过镇海(1985—1998年退休)
裘宗濂(1986—1991年退休)	童林旭(1987—1994年退休)	包世华(1987—1991年退休)
罗福午(1988—1990年退休)	韩守询(1988—1992年退休)	庄崖屏(1988—1993年退休)
李少甫(1988—1995年退休)	冯乃谦(1988—2000年退休)	江见鲸(1988—2004年退休)
刘西拉(1988—1998年调出)	瞿履谦(1988—1989年退休)	支秉琛(1989—1994年退休)
杨德麟(1989—1997年退休)	郑金床(1989年调出)	佟一哲(1989—1993年退休)

续表

姓名(任职时间)	姓名(任职时间)	姓名(任职时间)
方鄂华(1989—1998年退休)	陶全心(1990—1993年退休)	廉慧珍(1991—1994年退休)
匡文起(1991—1997年退休)	袁　驷(1991—　)	王鲁生(1991—1995年退休)
郑国忠(1992—1995年退休)	朱金铨(1992—1998年退休)	崔京浩(1992—1994年退休)
赵光仪(1993—1994年退休)	秦　权(1993—2003年退休)	史其信(1993—2009年退休)
王际芝(1994—2001年退休)	张铜生(1994—1995年退休)	钱稼茹(1994—2010年退休)
过静珺(1995—2002年退休)	王娴明(1995—1997年退休)	吴佩刚(1996—2002年退休)
雷钟和(1996—1996年退休)	朱　嬿(1996—2000年调出)	刘洪玉(1996—2000年调出)
郭彦林(1997—　)	覃维祖(1997—2006年退休)	叶知满(1997—1997年退休)
王作垣(1997—2002年退休)	任爱珠(1997—2009年退休)	刘晶波(1997—　)
王志浩(1998—2007年退休)	朱宏亮(1998—2000年调出)	卢有杰(1999—2000年调出)
聂建国(1999—　)	宋二祥(1999—　)	阎培渝(1999—　)
郭玉顺(2000—2004年退休)	石永久(2000—　)	季如进(2000—2000年调出)
陆化普(2001—　)	叶列平(2001—　)	那向谦(2001—2004年退休)
辛克贵(2001—2012年去世)	李永德(2002—2007年退休)	张建平(2002—　)
吴炜煜(2003—2006年退休)	董　聪(2003—　)	马智亮(2003—　)
张惠英(2004—2007年退休)	张　君(2004—　)	钟宏志(2004—　)
韩林海(2005年调入—　)	张玉良(2005—2006年退休)	时旭东(2006—　)
王元清(2006—　)	赵红蕊(2008—　)	石　京(2009—　)
路新瀛(2010—　)	李克非(2011—　)	樊健生(2011—　)
吴建平(2011—　)	陆新征(2012—　)	冯　鹏(2013—　)
潘　鹏(2014—　)	施　刚(2014—　)	

建管系教授名录

姓名(任职时间)	姓名(任职时间)	姓名(任职时间)
朱　嬿(2000—2009年退休)	刘洪玉(2000—　)	朱宏亮(2000—2010年退休)
卢有杰(2000—2006年退休)	季如进(2000—2014年退休)	方东平(2002—　)
张智慧(2000—　)	王守清(2003—　)	张　红(2007—　)
郑思齐(2013—　)		

参 考 文 献

[1] 朱有瓛,高时良. 中国近代学制史料: 第3辑上册[M]. 上海: 华东师范大学出版社,1990.

[2] 清华大学. 清华大学志(1911—2010): 第一卷[M]. 北京: 清华大学出版社,2018.

[3] 清华大学校史研究室. 清华大学史料选编: 第一卷[M]. 北京: 清华大学出版社,1991.

[4] 罗香林. 梁诚的出使美国[M]. 台北: 文海出版社,1979.

[5] 苏云峰. 从清华学堂到清华大学 1911—1929: 近代中国高等教育研究[M]. 北京: 生活·读书·新知三联书店,2001.

[6] 黄延复. 图说老清华[M]. 武汉: 长江文艺出版社,2002.

[7] 清华大学校史研究室. 清华大学史料选编: 第二卷下册[M]. 北京: 清华大学出版社,1991.

[8] 清华大学. 清华大学志(1911—2010): 第三卷[M]. 北京: 清华大学出版社,2018.

[9] 清华大学校史研究室. 清华大学一百年[M]. 北京: 清华大学出版社,2011.

[10] 陈超群. 清华大学工学院的创建[D]. 北京: 清华大学,2005.

[11] 刘继青. 清华大学早期工程教育的发展及其外来影响[J]. 高等工程教育研究,2011(01): 83-89,125.

[12] 清华大学土木工程系. 辉煌七十秋[M]. 北京: 清华大学出版社,1996.

[13] 陈明章. 学府记闻——国立清华大学[M]. 台北: 南京出版有限公司,1981.

[14] 清华大学校史馆. 清华大学图史: 1911—2011[M]. 北京: 清华大学出版社,2014.

[15] 王鲁生,王国周. 土木工程系志[M]//清华大学土木工程系. 辉煌七十秋. 北京: 清华大学出版社,1996.

[16] 清华大学校史馆. 清华大学图史[M]. 北京: 清华大学出版社,2019.

[17] 西南联合大学北京校友会. 国立西南联合大学校史: 一九三七至一九四六年的北大、清华、南开[M]. 北京: 北京大学出版社,1996.

[18] 清华大学校史研究室. 清华大学史料选编: 第三卷下册[M]. 北京: 清华大学出版社,1994.

[19] 周本贞. 西南联大研究[M]. 北京: 中国大百科全书出版社,2005.

[20] 清华大学校史编写组. 清华大学校史稿[M]. 北京: 中华书局,1981.

[21] 施嘉炀. 土木工程系的成立与早期的发展[M]//清华大学土木工程系. 辉煌七十秋. 北京: 清华大学出版社,1996.

[22] 清华大学校史研究室. 清华大学史料选编: 第四卷[M]. 北京: 清华大学出版社,1994.

[23] 清华大学校史研究室. 清华大学史料选编：第五卷下册[M]. 北京：清华大学出版社,2005.
[24] 清华大学校史研究室. 清华大学史料选编：第三卷上册[M]. 北京：清华大学出版社,1994.
[25] 陶葆楷. 复员后的工学院[M]//清华大学土木工程系. 辉煌七十秋. 北京：清华大学出版社,1996.
[26] 清华大学校史研究室. 清华大学史料选编：第五卷上册[M]. 北京：清华大学出版社,2005.
[27] 清华大学校史研究室. 清华大学史料选编：第六卷,第一分册[M]. 北京：清华大学出版社,2007.
[28] 清华大学校史研究室. 清华大学史料选编：第六卷,第三分册[M]. 北京：清华大学出版社,2009.
[29] 萧超然. 北京大学校史：1898—1949[M]. 北京：北京大学出版社,1988.
[30] 罗福午. 清华七十年人生回首[M]. 北京：清华大学出版社,2017.
[31] 奚和泉. 半个世纪清华情：清华大学 1965 届校友入学五十周年纪念文集 1959—2009[M]. 北京：清华大学出版社,2009.
[32] 叶宏开. 体魄与人格并重：清华大学百年体育纪略[M]. 北京：清华大学出版社,2011.
[33] 中国高等教育学会. 蒋南翔文集(下卷)[M]. 北京：清华大学出版社,1998.
[34] 过镇海,陈志鹏. 实践·奋进·严谨·创新：清华大学工程结构实验室 50 周年纪念文集[M]. 北京：中国建筑工业出版社,2011.
[35] 钱稼茹. 土木工程系科研沿革[M]//《攀登与奉献》编委会. 攀登与奉献(上册)北京：清华大学出版社,2001.
[36] 袁驷,雷钟和. 龙驭球传[M]. 北京：清华大学出版社,2019.
[37] 魏篙川. 清华大学校园规划与建筑研究[D]. 北京：清华大学,1995.
[38] 陈肇元. 陈肇元自传[M]. 北京：科学出版社,2016.
[39] 郑小筠. 华韵清辉——艺术教育在清华[M]. 北京：清华大学出版社,2011.
[40] 清华大学. 清华大学志(1911—2010)：第二卷[M]. 北京：清华大学出版社,2018.

后　　记

2021 年是清华大学建校 110 周年，也是土木工程建系 95 周年，出版此书是为献礼。

2017 年 11 月，《清华时间简史：土木工程系》入选学校“学科院系部门发展史编纂工程”首批资助项目，院系也相应成立了系史编纂组织机构，启动了系史的编纂工作。其间召开了多次工作会议，制订了工作计划和分工，确定了主笔人。在收集、整理土木工程系相关档案资料、校报校刊、图书著作和校友文集的基础上，按照土木工程系在不同时期的历史沿革、师资队伍、课程设置、人才培养和科学研究等框架组织编写内容，于 2020 年年底完成初稿并在系内外征求意见，根据反馈意见修改补充后于 2021 年年底提交书稿给清华大学出版社。

本书编纂之初，设定了数据资料的截止时间为 2017 年年底，新的内容待再版时补充。本书虽名为《清华时间简史：土木工程系》，实际上也包含了建设管理系的内容。2000 年成立建设管理系后，土木工程系和建设管理系在行政上作为一个实体在运行，为行文简便，有时用“土木工程系”指代两系。

由于我们的阅历、水平和掌握的资料有限，再加上土木工程作为学校的主干学科，90 多年来开枝散叶、分分合合，有诸多变迁，许多问题还有待厘清和考证。因此，本书的编写难免有不少疏漏、不妥之处，还望读者海涵谅解并不吝赐教，待再版时及时修订。期待读者的反馈，也向关心土木工程系发展的校友和社会各界人士征集系史相关的实物、文字、图片和音视频资料（email：tmx@tsinghua.edu.cn）。

本书编纂过程中得到了各方面的帮助，感谢土木工程系老师（包括离退休老师）提供了珍贵资料或审阅了书稿，感谢系机关同事提供了翔实的历史数据和统计表格，感谢校史馆、档案馆、图书馆、学生部和校友会提供了查阅校史和校友资料的便利，也感谢众多校友的积极建言献策。特别要感谢方惠坚、罗福午、廉慧珍、过镇海、陈志鹏、甘绍熺、崔京浩、朱金铨、过静珺、傅平均、卢有杰、史其信、钱稼茹、张建平、袁驷、石永久、宋二祥、刘洪玉、方东平、陆新征、李珍、祝磊给予的帮助和支持。

祝愿清华大学土木工程系在历史的长河中，永葆年轻！